U0851632

高等职业教育铁道养路机械应用技术专业系列教材

铁路大型清筛设备及运用

秦驰越　于　磊◎主编

中国铁道出版社有限公司

2024年·北京

内容简介

本书是高等职业教育铁道养路机械应用技术专业系列教材之一。全书共分为五个项目，包括：铁路大型清筛设备认知；运行前整备检查作业；QS-650 型清筛机驾驶作业；标准化施工作业；清筛机保养及常见故障处理等。

本书可作为高等职业院校铁道养路机械应用技术专业、铁道工程类相关专业的教材，也可作为相关企业技术人员的学习参考用书。

图书在版编目（CIP）数据

铁路大型清筛设备及运用 / 秦驰越，于磊主编．—北京：中国铁道出版社有限公司，2021.7（2024.10 重印）
高等职业教育铁道养路机械应用技术专业系列教材
ISBN 978-7-113-27755-0

Ⅰ.①铁… Ⅱ.①秦… ②于… Ⅲ.①道砟清筛机-大型设备-高等职业教育-教材 Ⅳ.①U216. 6

中国版本图书馆 CIP 数据核字(2021)第 034419 号

书　　名：铁路大型清筛设备及运用
作　　者：秦驰越　于　磊

策　　划：陈美玲
责任编辑：陈美玲　　**编辑部电话：**(010)51873240　　**电子邮箱：**992462528@qq. com
封面设计：郑春鹏
责任校对：王　杰
责任印制：高春晓

出版发行：中国铁道出版社有限公司（100054，北京市西城区右安门西街 8 号）
网　　址：https://www. tdpress. com
印　　刷：三河市兴博印务有限公司
版　　次：2021 年 7 月第 1 版　2024 年 10 月第 3 次印刷
开　　本：787 mm×1 092 mm 1/16　**印张：**14. 5　**字数：**365 千
书　　号：ISBN 978-7-113-27755-0
定　　价：42. 00 元

重印说明

《铁路大型清筛设备及运用》于2021年7月在我社出版。本次重印作者在第1次印刷的基础上做了以下修改：

1. 删除了原书表2.1 QS-650型清筛机电气符号；
2. 删除了项目2中时间继电器相关内容；
3. 对项目2、项目4中专业名词进行规范统一。

中国铁道出版社有限公司

2022年9月

QIAN YAN 前言

“铁路大型清筛设备及运用”是高等职业教育铁道养路机械应用技术专业的核心课程。课程内容主要包括铁路大型清筛设备构造、工作原理以及设备驾驶、操作、运用及维修维护等。本课程是基础理论知识与操作技能并重的综合性课程，培养德技并修、理论扎实、技术过硬，能够从事铁道养路机械应用技术专业领域工作的高素质技术技能人才。为全面贯彻党的教育方针，落实立德树人根本任务，及时反映新时代课程改革的成果，满足教学需要和相关人员在岗培训的需求，包头铁道职业技术学院、天津铁道职业技术学院、黑龙江交通职业技术学院、郑州捷安高科股份有限公司联合中国铁路呼和浩特局集团有限公司、中国神华能源股份有限公司、中国铁路北京局集团有限公司等企业，以校企双元合作的形式组成本书的编写团队，坚持以“产教融合、质量一流、特色鲜明、合编共用”为原则，紧跟产业发展趋势和行业人才需求，紧跟职业教育改革步伐，由职业院校骨干教师与企业资深专家合力精心编写了本书。本书可作为职业院校铁道养路机械应用技术专业、铁道工程类相关专业的教材，以及相关专业的继续教育和职业培训教材，亦可作为铁路工务系统职工的学习参考资料。

本书以培养德技兼修的高素质技术技能人才为目标，具有以下特点。

1. 坚持把立德树人作为中心环节。挖掘各项目中的思政元素，有利于教材使用者进行课程思政教学设计，实现知识传授、技能培养和价值引领的统一。

2. 紧紧围绕铁道养路机械应用技术专业人才培养目标编排教材内容。以铁路大型清筛设备工作过程为主线，提取典型工作任务设计教学项目和任务，进行课程开发，正确处理知识、能力的辩证统一关系，突出设备应用。

3. 采用项目导向、任务驱动的编写模式。每个项目均包含项目描述和能力知识目标，帮助学生理解本项目的主要内容和学习目标，项目后附有适量的复习思考题，以便于学生课后复习巩固。

4. 紧密联系生产实际，突出实用性。应用现场实际案例和清筛机仿真操作视频进行解释说明（具体见各项目内二维码），使教学内容更加生动立体，有利于学生理解，提升学习兴趣。

5. 采用铁路行业最新技术规章、作业标准及管理规定。

本书由包头铁道职业技术学院秦驰越、天津铁道职业技术学院于磊担任主编，黑龙江交通职业技术学院刘勇担任副主编，郑州捷安高科股份有限公司朱运兰担任主审。参加本书编写的有：刘勇（项目1和项目2任务2.1～任务2.5），秦驰越（项目2任务2.6～任务2.10和项目3），于磊（项目4任务4.1～任务4.5），包头铁道职业技术学院郭晓昕（项目4任务4.6和项目5任务5.1），包头铁道职业技术学院刘新泰（项目5任务5.2～任务5.4）。

本书在编写过程中得到了中国铁路呼和浩特局集团有限公司呼和浩特工务机械段刘春生和娄伟东、郑州捷安高科股份有限公司康文宾、中国神华能源股份有限公司轨道机械化维护分公司徐桂新、中国铁路北京局集团有限公司大型养路机械运用检修段王向生等多位专家的大力支持。

由于作者水平有限，书中难免存在不当之处，恳请广大读者和同仁批评指正。

编　者

2021年5月

MU LU

目录

项目1　铁路大型清筛设备认知

项目描述

碎石道床在长期的运营过程中会出现污染情况，当其不洁度(按重量计)超过30%时，就会使道床失去弹性，增大列车与线路之间的冲击，影响列车运行的稳定性，道床就需要进行清筛作业，而道床清筛是一项工作量大、劳动强度高的作业项目。铁路大型清筛设备是最常用的铁路线路维护机械，能代替人工对道床进行周期性的大修清筛作业，恢复道床的弹性和排水性能。

本项目主要是对铁路大型清筛设备的认知，为今后的学习打下良好基础，主要内容包括清筛机主要功能，清筛机发展史，QS-650型全断面道砟清筛机组成、工作原理和主要参数等。

学习目标

1. 能力目标

(1)培养学生自学和独立思考的能力。

(2)培养学生团结协作和沟通协调能力。

2. 知识目标

(1)掌握清筛机的主要功能，了解其发展史。

(2)了解清筛机技术参数及使用范围。

(3)掌握QS-650型全断面道砟清筛机组成、工作原理和主要参数。

3. 素质目标

(1)培养学生学习本课程的兴趣。

(2)培养热爱劳动、热爱铁路事业的情怀。

(3)培养团队协作精神。

相关案例

2018年8月，乌鲁木齐工务机械段在南疆铁路喀什至阿克苏区间50多公里的铁路线路进行“集中修”清筛作业。

南疆铁路喀什至阿克苏区间，现场环境恶劣，地质情况复杂。线路修建于戈壁滩上，部分线路位于盐碱地，板结情况严重，同时常年受到风沙侵蚀，道床含沙量大。因风吹、水冲将泥土带入道床，或线路道床中道砟破碎的粉末和施工时道砟中混杂的黏性土，以及列车的煤灰等都会与道砟混合在一起，造成道床不洁，填满道砟空隙，形成不透水层，造成排水不畅，出现翻浆冒泥现象，后续会造成道床板结、弹性下降、减振效果变差等不良现象，所以要进行道床清筛，这项工作一般由铁路大型清筛机完成。

大型清筛机由挖掘电机通过减速装置带动链轮，使挖掘链进行运转，对道床进行挖掘，并由连续运动的扒板将污砟输入清筛机构。清筛机构对挖掘机构送来的污砟进行离心筛分。污土经刮板运送，由污土清扫机构抛到路肩以外。筛网上的净砟由筛带以同等的线速度飞落到回填输送带上，回填输送带不断地将筛分过的净砟经分砟板分流，均匀地回填到道床。由走行机构和筛分机构不断的运转前行，使清筛道床作业连续进行。

铁路道床需要定期进行清筛作业，清理污土，达到道床整洁、排水良好、增加道床厚度和弹性，提高线路平顺性的目的。

任务1.1　铁路清筛设备主要功能、发展史及主要类型认知

1.1.1　工作任务

通过学习相关知识，能承担以下工作任务：

(1)掌握铁路清筛设备的主要功能，了解其发展史。

(2)了解铁路清筛设备主要类型。

1.1.2　相关配套知识

1. 铁路清筛设备的主要功能

铁路清筛设备是用来清筛道床中道砟的作业机械。它将脏污道砟从轨枕下挖出，进行筛分后，将标准、清洁道砟回填至道床，筛出的污土和废砟则清除到线路外。

2. 铁路清筛设备的发展史

1945 年以前世界上大多数国家均采用人工清筛线路，由大量的工人通过人力对枕木下的道砟进行清筛作业。

1948 年瑞士马蒂萨公司研制出的 2ST5 型清筛机，是世界上第一台机械式清筛机，主要通过三角形挖掘链进行道砟挖掘与清筛；1957 年，苏联首次出现了具有全断面道床清筛能力的新型清筛机；1960 年，法国生产的德劳乌特清筛机对清筛机作业能力进行了极大的提升，最大作业效率可达 700 m^3/h；同年，法国雪克马弗公司生产的 400MH 型清筛机在清筛作业的基础上同时还可以进行拨道和整道，最大作业效率可达 800 m^3/h；1968 年，美国曼尼克斯公司研制的道床边坡清筛机，在当时世界上同类机器中具有最高的作业效率；1974 年，瑞士马蒂萨公司生产的 C330 型清筛机，效率为 600 m^3/h。

奥地利普拉塞—陶依尔公司自 1961 年以来一直致力于开发和生产道砟清筛机，代表性的产品是 RM76 型清筛机，于 1975 年投产，该机型及后来的改进产品目前仍被世界各地铁路公司广泛采用。1977 年，普拉塞—陶依尔公司在 RM76 型清筛机的基础上通过改进开发，研制出了适用范围更广的 RM77 型清筛机，这款清筛机能同时满足在钢轨或道床上走行作业。1978 年，该公司研制成功的 RM80 系列全断面道砟清筛机，在当时世界上同类型全断面清筛机的研制中处于领先水平。图 1.1(a)为普拉赛公司 RM80-UHR 型全断面道砟清筛机，后来该机型也成为我国最早引进的道砟清筛机型之一。目前，该公司仍在继续研制新型清筛机，最新的 RM900-HD100 型道砟清筛机是一种 8 轴、全液力驱动的铰链式清筛机，能灵活应用于各种工作场所，如图 1.1(b)所示。

(a) RM80-UHR型全断面道砟清筛机

(b) RM900-HD100型全断面道砟清筛机

图 1.1　普拉塞—陶依尔公司 RM 系列部分清筛机

我国在道砟清筛机械化作业方面起步较晚，到 20 世纪 80 年代中期，当时铁道部为了提高国内铁路铺设、维护中的道砟清筛和分配的生产效率和技术水平，从奥地利普拉塞—陶依尔公司引进了大型机械化清筛养路机械——RM80 型全断面清筛机。这款清筛机作为铁路铺设和维护等工作的主要机械设备之一，大大提高了当时国内铁路铺设、维护的质量和效率，在我国铁路提速和改造中起到了重要作用。

此后国内企业开始致力于研制拥有自主知识产权的国产养路机械设备。1987年，昆明中铁大型养路机械集团有限公司（现名：中国铁建高新装备股份有限公司）在国内率先试制成功QS-300型全断面道砟清筛机。1996年，该公司设立清筛机技术平台，进行大量的改进设计，并研制了QS-450Ⅱ型全断面道砟清筛机、QHC-450型全断面换砟机、CQS-550型道岔全断面道砟清筛机、QS-550型全断面道砟清筛机、QS-650型全断面道砟清筛机和QS-650U型全断面道砟清筛机等系列产品。目前，最新研制的全断面道砟清筛系列机型为QS-1200型全断面道砟清筛机，该机型是目前国际上生产效率最高、回填效果最好的枕底清筛机之一，图1.2为QS-1200型全断面道砟清筛机。

图1.2　QS-1200型全断面道砟清筛机

此外，国内进行过清筛机研制的公司还有湖北省襄阳市的金鹰重型工程机械有限公司和由中铁宝工有限责任公司与株洲中车时代电气股份有限公司合资组建的宝鸡中车时代工程机械有限公司等。研制成功并投入使用的主要机型包括：金鹰重型工程机械有限公司生产的QSZ-400型全断面道砟清筛机、QSZ-450型全断面道砟清筛机和中车生产的BS1200（SBC-HP3）型边坡清筛机等。以上国产清筛机的顺利研制和投入使用，有效改善了国内铁路铺设和维护中，依靠大量人工的情况，同时保证了铁路铺设和维护的质量，为铁路运行的安全可靠奠定了强有力的基础。

纵观铁路大型清筛设备的最新发展，无不向更高作业效率、更广适应范围、更全作业功能、更高作业精度发展，融入当今最先进的技术与方向发展，呈现出高效化、集成化、智能化、环保化等特点。下一步我国养路机械发展的趋势必将是智能化运维，作为铁路养护的重要组成部分，大型清筛机也必将向智能化作业方向发展。

3.铁路清筛设备的主要类型

按不同的作业条件、机械功能、挖掘机构形式和设备的生产率，铁路清筛设备可分为如下类型。

(1)按作业条件

①封锁线路作业式清筛机

封锁线路作业式清筛机作业时需要中断运输，即“开天窗”。根据清筛机作业时是否在轨道上行进，可以将其划分为以下两种形式。

a.大揭盖式清筛机。大揭盖式清筛机作业是在拆除轨排后的道床上进行的，如国产TDS-1型大揭盖式道砟清筛机。

b.轨行式清筛机。轨行式清筛机作业时不需拆除轨排，清筛是在轨道上运行的过程中完成的。例如：奥地利的普拉塞—陶依尔公司RM76型、RM80型全断面道砟清筛机，国产QS-650型、QS-550型、QS-300型清筛机。

②不封锁线路作业式清筛机

不封锁线路作业式清筛机是利用列车运行间隔时间进行清筛作业的，这类清筛机主要是国产小型枕底单(双)边清筛机。

(2)按机械功能

①全断面清筛机

全断面清筛机能在不拆解道床上部钢轨与轨枕的情况下，一次性对道床全部断面上的道砟进行清筛，如RM76型、RM80型、QS-650型、QS-550型、QS-300型清筛机等。

②边坡清筛机

边坡清筛机是专门用于道床两边边坡部分道砟清筛的大型养路机械，能够有效整治线路路肩和边坡等区域的翻浆冒泥病害，增加道床透水性，延长大修周期，减轻劳动强度，如BS-550型边坡清筛机和美国哈斯克公司C93型道床边坡清筛机。BS-1200型边坡清筛机是目前国内最先进的大型边坡清筛设备，其机动力强劲、性能优良，可对线路道床两侧边坡0～1 500 mm范围进行清筛，挖掘深度为轨面下850 mm，最大作业能力达1 200 m^3/h。

③道岔清筛机

道岔清筛机主要于道岔区清筛作业，无论在左开道岔或右开道岔清筛时，此设备总是在直线上行驶，从而在渡线道岔上清筛时不侵入邻线限界。此设备具有伸缩式底梁和挖掘链储存机构，在道岔清筛作时中无需拆接底梁和挖掘链，极大地缩短了辅助作业时间，减轻了劳动强度，提高了作业效率，如CQS-550型道岔清筛机。

(3)按挖掘机构形式

①耙链式清筛机

利用高速旋转的耙式挖掘链来挖掘输送道砟，如QS-650型、QS-550型、QS-300型清筛机等。

②犁铲式清筛机

用铲砟机构将轨枕下的脏污道砟铲起，并通过输送带将道砟送到振动筛上，如国产TDS-1型大揭盖式道砟清筛机。

③斗轮式清筛机

斗轮式清筛机挖掘机构由一系列挖斗组成，借助挖斗的循环回转来挖掘道砟，如BS-1200型边坡清筛车。

(4)按设备生产效率

①大型清筛机，生产率＞500 m^3/h，如SRM80型全断面道砟清筛机。

②中型清筛机，生产率为300～500 m^3/h，如QQS-300型清筛机。

③小型清筛机，生产率＜300 m^3/h。

QQS-300型清筛机是我国自行研制的中型全断面道砟清筛机，这种清筛机由于没有作业走行驱动装置，区间运行则靠机械车或机车牵引。而SRM80型全断面道砟清筛机是我国采用技贸结合的方式，引进奥地利普拉塞—陶依尔公司RM80型全断面道砟清筛机制造技术进行国产化生产的大型养路机械，它是轨行式、耙链式全断面枕底清筛机，在封锁线路的条件下，不需拆除轨排，可一次对道床全部断面上的道砟进行清筛。SRM80型全断面道砟清筛机自带动力，采用两台发动机驱动，总功率达到696 kW，生产率高达650 m^3/h。

SRM80型全断面道砟清筛机是我国铁路线路大修的主型机械，它的国产化生产和大规模投入使用，标志着我国线路机械的制造技术和铁路大修、维修的作业机械化水平已经发展到了一个新的阶段。

按照相关规定，产品型号名称执行《铁路线路机械产品型号编制方法》(TB/T 1854—2006)中标准名称，所以作为企业规定的产品型号名称——SRM80型全断面道砟清筛机，应统一命名为行政许可证书规定的产品型号名称，即 QS-650 型全断面道砟清筛机(以下简称为 QS-650 型清筛机)。

任务 1.2　QS-650 型清筛机基本认知

1.2.1　工作任务

通过学习相关知识，能承担以下工作任务：

(1)掌握 QS-650 型清筛机的工作原理及主要功能。

(2)了解 QS-650 型清筛机的技术参数与使用范围。

1.2.2　相关配套知识

1. 工作原理

QS-650 型清筛机是柴油发动机驱动、全液压传动的轨行式大型养路机械，它利用挖掘链的扒指挖掘道床上的道砟，以及道砟振动筛分的原理进行工作。

在封锁线路上清筛机作业时，机器在线路轨道上低速行驶，通过穿过轨排下部、呈五边形封闭的挖掘链，靠扒指将道砟挖起并经导槽提升到筛分装置上。脏污道砟通过振动筛的筛分后，符合标准、清洁的道砟经道砟溜槽、导板及回填输送带回填到线路上；碎砟及污土经主污土输送带、回转污土输送带输送到线路两侧或卸到污土车上。

2. 主要功能

(1)通过穿入轨排下的挖掘链运动，实现道床全断面上道砟的挖掘，将脏污的道砟从轨枕底下挖出，经筛分装置筛分后，清洁道砟回填至道床，污土抛至规定区域。

(2)对线路翻浆冒泥地段的污染道砟可进行全抛作业。

(3)在标准挖掘链的基础上，采用水平导槽加长节来加宽挖掘宽度，使得清筛机既适用于标准线路，又可清筛道床断面较宽的特殊线路区段。QS-650 型清筛机的最大挖掘宽度可达 5 030 mm。

(4)筛分装置采用多层可更换筛网尺寸的振动筛，可适用于多种粒径的道砟。

(5)清筛机设有前起道、拨道装置和后拨道装置。作业时，前起道、拨道装置对钢轨进行起道和拨道，可以减少挖掘阻力和避开障碍物；后拨道装置则将拨过的轨道放回原位或指定位置。

(6)道砟分配装置是分配直接落到道床上或落到回填输送带后再撒落到道床上的道砟量，把清洁的道砟输送到挖掘链后部，并均匀地撒布到两钢轨外侧的道床上。

(7)平砟器及道砟清扫装置可以将回填到轨枕上下的道砟推刮平整，并清除回填时落到钢轨、轨枕上的道砟。

3. 主要技术性能

(1)作业条件

道床类型	碎石道床
线路最大坡度	33‰
最小作业曲线半径	250 m
最小运行曲线半径	180 m

特殊环境	可在雨天和夜间及风沙环境下作业
(2)作业性能	
整机作业效率	≥650 m^3/h
作业速度	0～1 000 m/h
挖掘宽度	4 030～5 030 mm
挖掘深度	1 000 mm(由轨顶面向下)
挖掘装置形式	耙链式
挖掘装置驱动功率	277 kW
筛分装置驱动功率	43 kW
筛网有效面积	25 m^2
筛网层数	3层
筛孔尺寸	
上	85 mm×85 mm
中	55 mm×55 mm
下	30 mm×30 mm
道砟回填带最大摆角宽度	5 120 mm
回转污土输送带摆角	±70°
最大拨道量	±300 mm
(3)整机性能	
转向架芯盘距	23 000 mm
转向架固定轴距	1 800 mm
轮径	4 900 mm
车钩中心距轨面高度	(880±10) mm
柴油机功率	2×348 kW
传动形式	全液压传动
最高自行速度	80 km/h
最大连挂速度	100 km/h
制动方式	空气制动及手制动
单机紧急制动距离	80 km/h 速度下不大于 400 m
外形尺寸	
长	31 345 mm
宽	3 150 mm
高	4 740 mm
整机质量	90 t

4. 使用范围

QS-650 型清筛机是我国引进奥地利普拉塞—陶依尔公司 RM80 型全断面道砟清筛机制造技术，进行国产化后生产的铁路养路设备，它属于大型的、轨行式、耙链式、全断面道砟清筛机，是铁道线路大修的主要设备，如图 1.3 所示。

图 1.3　QS-650 型清筛机

QS-650 型清筛机是我国现阶段应用范围比较广泛的车型，装备有测量、监控和记录装置。这不仅提高了清筛机作业的自动化程度，而且记录的数据能够监控作业深度、宽度和清洁度，有助于保证作业质量。此清筛机可在不拆除轨排的条件下，通过挖掘链将轨排下道砟挖出；振动筛对道砟进行筛分；污土由输送带抛到其前方线路的两侧或物料运给车内；清洁道砟可直接回填到道心内，也可由回填输送带回填到挖掘链后方钢轨两侧的道床内。在翻浆冒泥路段，可对道床道砟进行全抛作业。

项目小结

本项目包括铁路清筛设备主要功能、发展史及主要类型认知，QS-650 型清筛机基本认知，方便学生对清筛机进行基础认知，为今后学习 QS-650 型清筛机其他知识奠定良好的基础。

复习思考题

1. 试述清筛机主要功能。
2. 按机械功能分类清筛机有哪些类型？试举例说明。
3. 试述清筛机发展方向。
4. 试述 QS-650 型清筛机作业原理和主要功能。
5. 试述 QS-650 型清筛机的主要技术性能参数。

项目 2　运行前整备检查作业

项目描述

清筛车运行前整备检查作业就是出车前的准备工作，由机组人员在规定的时间内完成。检查及整备作业的范围包括：整机外部检查，前后司机室检查，燃油、机油、液压油等的检查及补充，随车备品的准备，发动机启动及制动机等系统的性能试验。学习检查及整备作业前要掌握清筛机车体、车架、车钩缓冲装置、电气系统、前后司机室、制动系统等知识。

通过本项目的学习，要掌握和了解 QS-650 型清筛机结构组成和各主要系统相关知识，具备清筛机检查及整备作业能力，具备制动机性能试验能力。

学习目标

1. 能力目标

(1)培养学生自学和独立思考的能力。

(2)具备 QS-650 型清筛机使用前准备作业能力。

(3)具备 QS-650 型清筛机整备作业能力。

(4)具备 QS-650 型清筛机发动机启动操作能力。

(5)具备 YZ-1 型制动机性能检查操作能力。

2. 知识目标

(1)掌握 QS-650 型清筛机车体结构。

(2)掌握 QS-650 型清筛机车架结构与作用。

(3)掌握 QS-650 型清筛机车钩缓冲装置作用。

(4)掌握 QS-650 型清筛机电气系统的功能。

(5)掌握 QS-650 型清筛机驾驶室位置及运行和操作位面板布置。

(6)掌握 YZ-1 型空气制动机结构和工作原理。

(7)掌握 QS-650 型清筛机使用前准备作业内容。

(8)掌握 QS-650 型清筛机整备作业内容。

(9)掌握 QS-650 型清筛机发动机启动操作流程和要点。

(10)掌握 YZ-1 型制动机性能检查流程。

3. 素质目标

(1)培养学生精益求精的工匠精神。

(2)培养学生严谨细致的职业素养。

(3)培养学生安全意识。

相关案例

2020 年 3 月 17 日上午，中国铁路沈阳局集团有限公司沈阳工务机械段近 1 500 名职工、65 台大型养路机械，在沈大线灯塔—张台子—辽阳、首山—小乐屯—鞍山、汤岗子—大石桥等 5 个作业点一字排开，随着清筛机组的徐徐启动，沈大线为期一个半月的线路清筛、更换钢轨集中修施工会战正式开始。以此为标志，东北地区既有铁路线路集中修全面拉开序幕。

沈大线北起辽宁沈阳，南至滨海城市大连，线路全长 399 km，是一条繁忙运输干线。沈阳局集团公司经过多次提速改造，目前已建成东北腹地通往大连港口的亿吨货运大通道。

为确保集中修和运输生产两不误，沈阳局集团公司科学制定施工方案，采取灵活运输组织方式，每天安排 4 h 施工“天窗”时间。沈阳工务机械段在沈大线灯塔至大石桥间开辟了 5 处施工现场，运用道床清筛机、线路捣固车、配砟整形车、动力稳定车及移动焊轨车等机械设备，同时对沈大线进行道床清筛、更换钢轨大修作业，解决既有线路的基础病害，全面改善沈大线运行基础条件。

清筛机启动前要进行出车前检查，各号位按照班子工作安排分工检查各作业装置锁闭情况，检查空气制动系统、手制动装置，液压制动系统的状态及性能，前、后折角塞门，车钩，是否正常等。最后由班长全面检查各锁定机构、传动装置及操作手柄，检查车辆防护、防溜、起复、消防等备品应齐全有效。检查发动机机油后启动发动机。

任务 2.1　QS-650 型清筛机结构认知

2.1.1　工作任务

通过学习相关知识，能承担以下工作任务：

(1)掌握 QS-650 型清筛机结构组成。

(2)了解 QS-650 型清筛机各部分名称。

2.1.2 相关配套知识

QS-650 型全断面道砟清筛机的结构组成如图 2.1 所示，主要由转向架、车架、牵引装置、前后司机室、挖掘装置、筛分装置、道砟回填装置、污土输送装置、起拨道装置、液压系统、电气系统、气动系统、动力传动系统及制动系统等部分组成。它是一种结构复杂、先进的自行式线路机械，集机、电、液、气于一体，具有操作简便、性能良好、作业高效的特点。

QS-650 型清筛机采用前方弃土式总体布置的设计方案。由分别装在前后机械动力间的两台德国道依茨公司制造的 BF12L513C 型风冷柴油机提供全车动力。采用两台双轴动力转向架，车架安装在转向架上，设有前、后司机室。司机室内装有用于行驶、作业操纵的各种控制仪表、元件等。机械动力间内安装着由柴油发动机、主离合器、弹性联轴器、万向传动装置、分动齿轮箱等组成的动力传动系统。车架中部设有道床挖掘装置、道筛分装置、道砟分配回填装置及污土输送装置。车架下则装有举升器、起拨道装置、左右道砟回填输送带、后拨道装置和道砟清扫装置等。气、液、电控制系统的管道与线路布置在车架的主梁上。QS-650 型清筛机主要部件：车体、转向架、挖掘装置、筛分装置、回填装置、污土传送装置、起拨道装置、道砟清除装置等。

QS-650 型清筛机的前驾驶室内的运行操作司机座位布置在走行方向的左侧；作业司机座位面对挖掘装置水平导槽，作业时司机通过窗户监控挖掘、清筛、回填等作业的全过程。后驾驶室内的运行操作司机座位同样布置在走行方向的左侧；操作人员通过后机房走道可到工作平台上观察控制道砟筛分、导流、回填等作业。驾驶室密封、隔声，司机前、侧方安装刮雨器的大玻璃窗，司机视野宽阔。驾驶室设有冷暖空调，司机操作舒适安全。

任务 2.2 车架认知

2.2.1 工作任务

通过学习相关知识，能承担以下工作任务：

(1)掌握 QS-650 型清筛机车架结构与作用。

(2)了解车架受力特点。

2.2.2 相关配套知识

1. 车架结构与作用

QS-650 型清筛机车架由厚度 5～25 mm 标准型钢和板材组焊而成，它的作用是：承受整机自重和纵、横向的作用力，并且是安装司机室、柴油发动机、传动装置、工作装置、液压系统、气动系统、电气系统和操纵、控制机构的基础。

车架由前、后端梁，前后对称的主梁、横梁、连接梁、支架、支座等结构件焊接组成，其结构如图 2.2 所示。

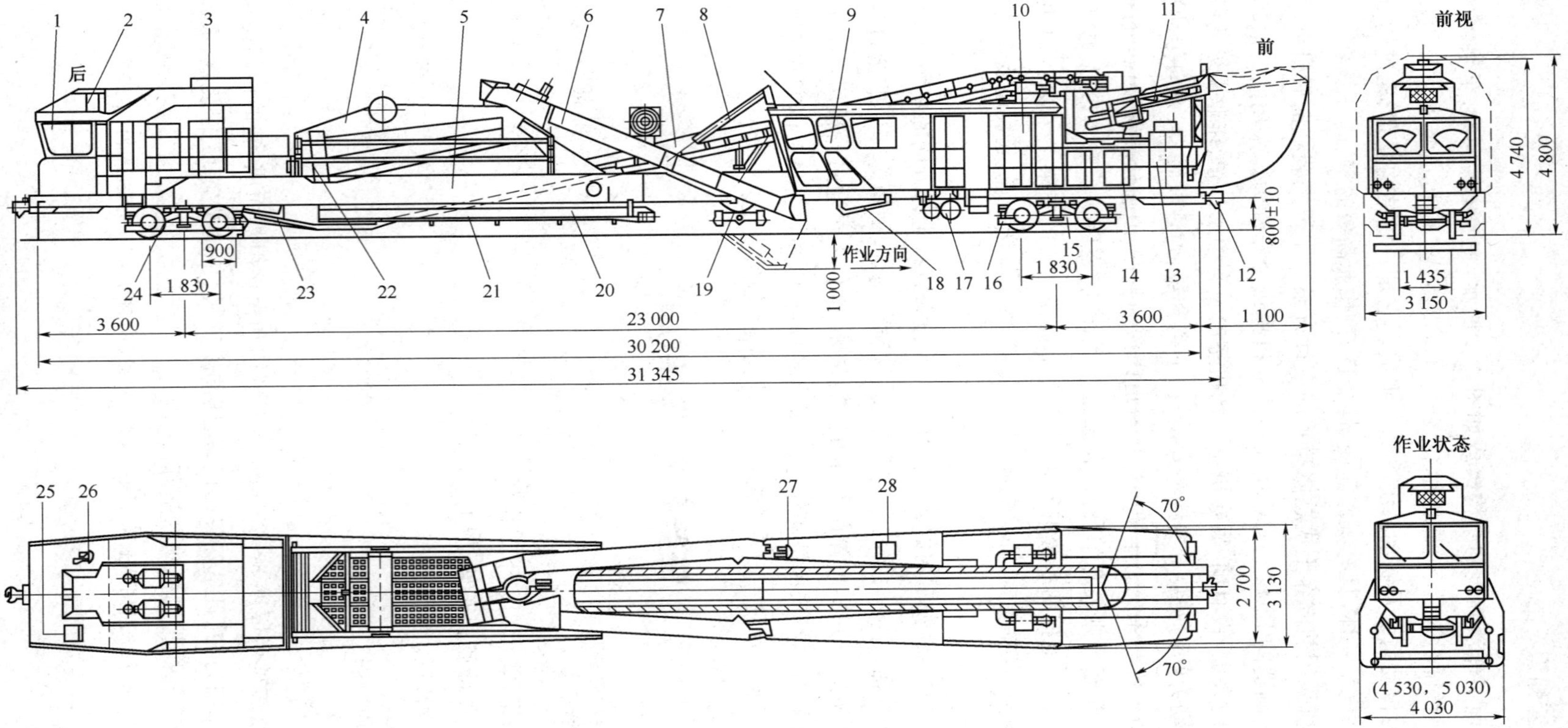

1—后司机室；2—空调装置；3—后机械动力间；4—筛分装置；5—车架；6—挖掘装置；7—主污土输送带；8—液压系统；9—前司机室；10—前机械动力间；11—回转污土输送带；12—车钩；13—油箱；14—工具箱；15—转向架；16—车轴货轮箱；17—气动系统；18—举升器；19—起、拨道装置；20—道砟回填输送带；21—后拨道装置；22—道砟导向装置；23—道砟清扫装置；24—制动系统；25—后司机座位；26—后双音报警喇叭；27—前双音报警喇叭；28—前司机座位

图 2.1　QS-650 型清筛机结构（单位：mm）

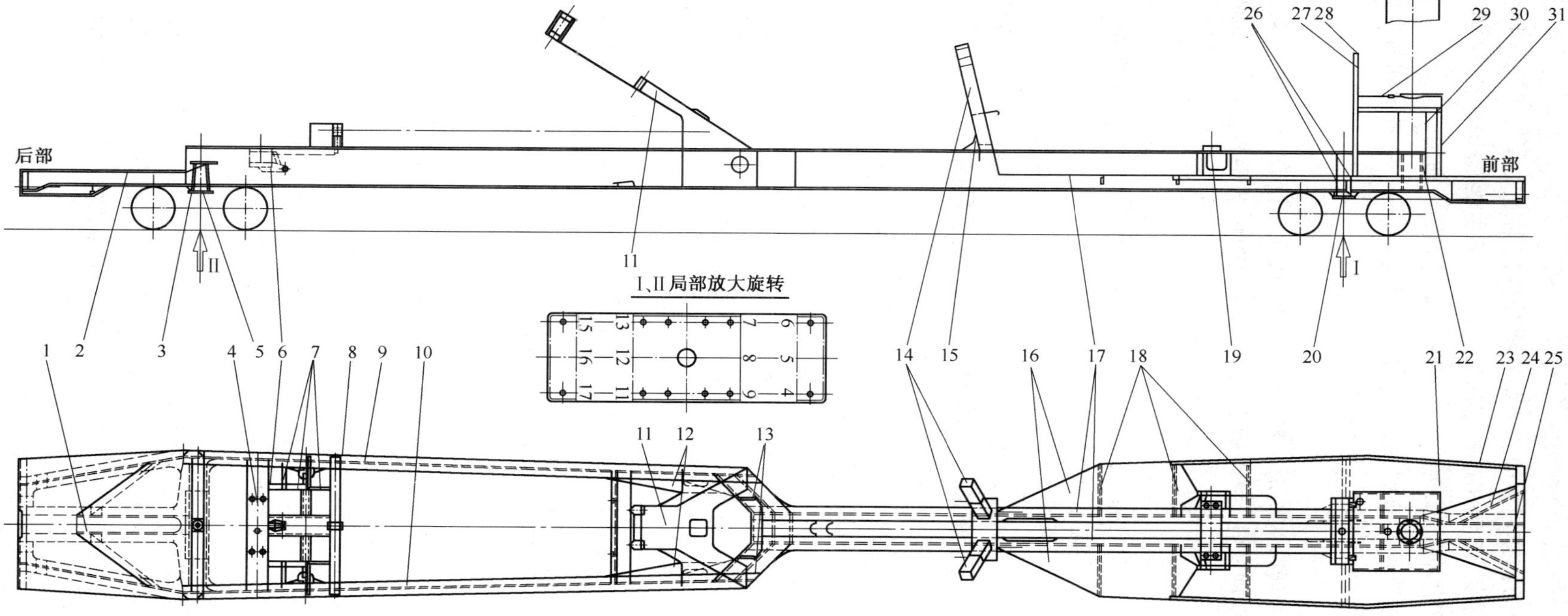

1—后端梁；2—后台板；3—后横梁；4—后主传动箱座板；5—后转向架座板；6—回填输送带支架；7—小梁；8—转动轴承座架；9—后左工字主梁；10—后右工字主梁；11—链槽支架；12—斜腹板；13—连接梁；14—立柱架；15—角筋板；16—操纵室底板；17—前左、右工字主梁；18—小支架；19—前主传动箱座板；20—前转向架座板；21—左、右前台板；22—转柱筋板；23—左、右前端侧梁；24—翼板；25—前端梁；26—前横梁腹板；27—主污土输送带支架；28—中间隔板；29—盖板；30—回转带转柱；31—前壁板

图 2.2　QS-650 型清筛机车架结构

(1)主梁

主梁是车架承受载荷及各向作用力的主体梁。清筛机挖掘链要穿过枕底,因此主梁由相互靠近的两根前左、右工字主梁 17 和相距较宽的后左、右工字主梁 9、10,用连接梁 13 组焊起来。两对称主梁间还焊有横梁,使车架构成一个主要承受力的框架结构。

车架可承受 2 000 kN 的纵向力,满足清筛机编组运行的要求。车架在载荷作用下,不应发生永久性变形。制造时,车架中部预拱度为120^{+10}_{0} mm。

(2)横梁

横梁由钢板焊接,横截面通常为箱形结构,前、后横梁底面坐落在前、后转向架座板 20 和 5 上,其中部设有转向架中心轴座孔,两端焊有与旁承接触的耐磨钢板。两中心轴孔间的距离,即为两台转向架的中心距,设计要求为 23 000 mm。

(3)副梁

副梁有纵向与横向两种,焊接在前、后主梁之间。它们的作用除加强车架整体的强度与刚度外,也是安装柴油发动机、传动装置和工作装置的基础。

(4)支架

支架主要是支承清筛机的工作装置,其中有:车架中部挖掘链槽支架 11;链槽调整液压油缸和起重装置安装立柱架 14;车架前部主污土输送带支架 27、中间隔板 28、回转带转柱 30、转柱筋板 22;车架后部的回填输送带支架 6 等。

车架前部两根前左、右工字主梁 17 相距较近,因而在主梁两侧焊接有三对小支架 18,使前端加宽,它用作支承前司机室、机械动力间和操纵室的底板。

(5)前、后端梁

前、后端梁焊接在前、后端主梁外,其作用是安装车钩缓冲装置并延伸了车体长度。前、后端梁也是金属焊接构件,由牵引梁、端梁、斜撑加强梁等焊接起来。前端梁上面铺有左、右前台板 21,后端梁上面铺有后台板 2(布置后司机室的地方)。

2. 车架受力特点

QS-650 清筛机的车架结构形式特殊,受力复杂,在各种工作状态下的受力特点如下:

(1)静止状态

静止状态时,清筛机车架承受静态垂直载荷,它包括车架自重以及除转向架外清筛机其他部分的重量载荷。

(2)区间运行状态

清筛机区间运行状态时,车架除承受静态垂直载荷外,同时还承受轮轴产生的牵引力以及行走时的惯性、振动冲击力的作用。

(3)作业状态

清筛机作业时,受力状况最为复杂。其中有:走行装置产生的用以克服运行阻力及挖掘阻力的最大牵引力,起、拨道装置的起道力与拨道力;振动筛产生的激振动等。

(4)连挂运行状态

清筛机连挂运行时,走行装置挂空挡,由机车或其他车辆牵引。此时,车架除受上述静止状态的作用力外,还受到牵引车辆通过车钩传来的牵引力以及运行阻力,该运行阻力由两转向架车轮与钢轨的摩擦力生成,并通过心盘总成传给车架。在连挂状态下,清筛机的最大冲击力为 2 000 kN。

任务 2.3　车钩缓冲装置认知

2.3.1　工作任务

通过学习相关知识，能承担以下工作任务：

(1)了解 QS-650 型清筛机车钩缓冲装置组成。

(2)掌握 QS-650 型清筛机车钩缓冲装置作用。

(3)掌握车钩三态作用。

2.3.2　相关配套知识

1. 车钩缓冲装置组成

车钩缓冲装置由车钩、缓冲器及其他附属零部件组成。如图 2.3 所示，QS-650 型清筛机采用 6G 型上作用式车钩与 MT-3 型缓冲装置，车钩和缓冲器间通过钩尾框连成一体。在车钩缓冲装置中，车钩是用来连接车辆和传递牵引力及冲击力的；缓冲器是用来缓和列车运行及调车作业时车辆之间的冲撞，吸收冲击动能，减小车辆相互冲击时所产生的动力作用；钩尾框则起着传递纵向力(牵引力或冲击力)的作用。因此，车钩缓冲装置具有以下三种功能：

(1)连接——使车辆与车辆之间能够连挂和摘解，并保持一定的距离。

(2)牵引——把动车的牵引力传递给其他车辆。

(3)缓冲——缓和与衰减运行中由于牵引力的变化和制动力前后不一致而引起的冲击与振动。

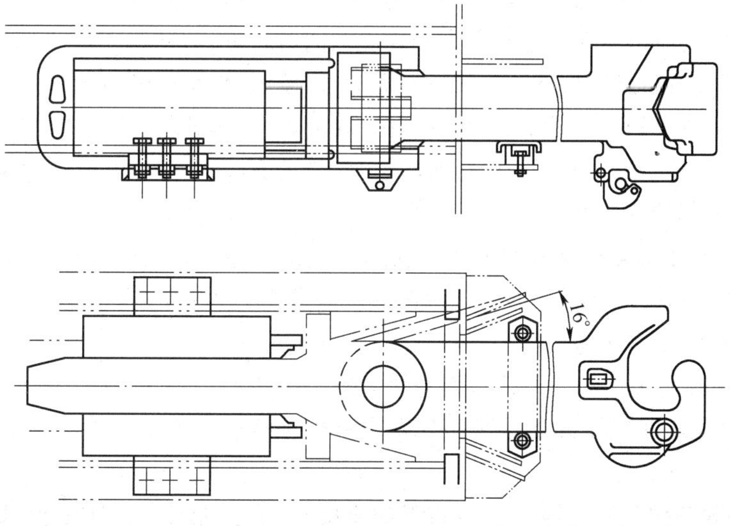

图 2.3　6G 型车钩和 MT-3 型缓冲装置

2. 6G 型车钩

6G 型上作用式车钩是个大摆角车钩，它的最大许用摆角为±17.5°，用以克服大型清筛机轴距大难以通过小半径曲线的问题。

6G 型上作用式车钩的结构基本与十三号车钩(上作用式)相同,钩头内的零部件可以互换,不同之处在于 6G 型车钩的钩尾销由原来十三号车钩 100 mm×44 mm 的长圆形,改为 ϕ89 mm 的圆销,并由此改变了钩体尾部及钩尾框端的结构尺寸与之相配。圆销的使用,取消了车钩本身结构对钩体回转角的限制,6G 型车钩回转角是由车辆底架开挡角度来设定的。

6G 型上作用式车钩工作时,各零部件处于不同位置,起着不同的作用,从而使车钩具有开锁、全开和闭锁三种工作状态,称为车钩的三态作用。

(1)开锁位置

开锁位置为摘解车辆时的预备位置。车钩处于闭锁位置时,提起钩提杆,上锁销脱离防跳台,带动钩锁铁上移,直至钩锁铁的凹槽与钩腔的突起台阶接触为止。此时,若放下钩提杆,钩锁铁下端缺口处坐在钩舌推铁一端的口面上,使钩锁铁不至落下,而呈开锁状态。

实际上,车钩的开锁位置是一种闭而不锁的状态,此时,钩舌虽未张开,但钩锁已被人为操纵顶起一个高度,即解除了对钩舌的锁闭,只要车辆稍稍移动,钩舌即可向外转开,使车辆分离。

(2)全开位置

全开位置为车钩钩舌完全张开准备挂钩时的位置。车钩处于闭锁或开锁位置时,用力提起钩提杆,上锁销便脱离防跳台,带动钩锁铁迅速上升,当钩锁铁凹槽靠住钩腔突起台阶时,即以该处为支点回转,钩锁铁的下端提拔钩舌推铁的一端,使钩舌推铁转动。同时,钩舌推铁的另一端推出钩舌,使车钩呈全开状态。此时,放下钩提杆,钩锁铁便坐在钩舌尾部上。

(3)闭锁位置

闭锁位置为两车钩相互连挂时所处的位置。车钩处于全开位置时,向钩腔内推动钩舌,钩锁铁便由钩舌尾部上滑下,坐在钩舌尾部的钩锁铁座上,这样便挡住了钩舌,使其不能转动,呈锁闭状态。同时,上锁销下部突起部位卡在钩腔内防跳台处,起防跳作用。

车钩中心距轨顶面高应为(880±10) mm。必须按照《机车车辆自动车钩缓冲装置第二部分:自动车钩及附件》(TB/T 456.2—2019)有关规定,对车钩进行“开锁”“全开”“闭锁”等三态作用及防跳性能检查。车钩处于闭锁位置时,提钩链应有 210～260 mm 的松余量。

3. MT-3 型弹簧摩擦式缓冲器

缓冲器是用来缓和与衰减车辆在启动、制动及连接挂钩时由于牵引力的变化或相互碰撞而引起的纵向冲击和振动。缓冲器有耗散车辆之间冲击和振动的功能,从而可减轻对车辆结构的破坏作用,提高车辆在运行时的平稳性。

QS-650 型清筛机采用的是 MT-3 型弹簧摩擦式缓冲器,它具有容量大、性能稳定的特点,是较为先进的弹簧摩擦式缓冲器。MT-3 型缓冲器的容量不小于 45 kJ,最大阻抗力为小于 2 000 kN。

MT-3 型弹簧摩擦式缓冲器的结构如图 2.4 所示,它由箱体、中心楔块、楔块、固定斜板、动板、外固定板、弹簧座及各种弹簧组成。

当缓冲器受冲击时,中心楔块 5 与楔块 7 沿着固定斜板 8 滑动,同时夹紧动板 4。当楔块移动到一定距离后与动板 4 一起移动,这时,动板 4、固定斜板 8 和外固定板 3 构成另一组摩擦副,消耗吸收一部分动能,并共同推动弹簧座 10 压缩外圆弹簧 12、内圆弹簧 13 和角弹簧

14,将一部分冲击动能转变为弹簧的位能。

当缓冲器卸载时,复原弹簧 9 借助弹力使中心楔块 5 复位,防止卡滞。

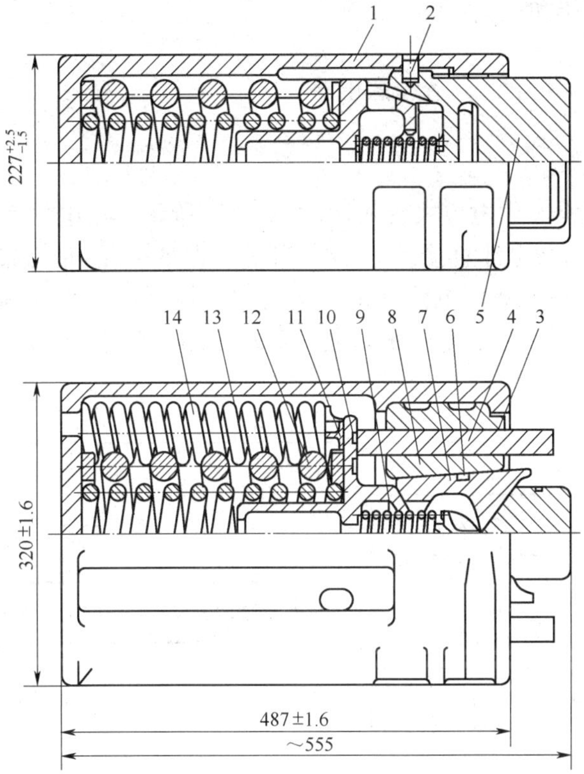

1—箱体;2—销子;3—外固定板;4—动板;5—中心楔块;6—铜条;7—楔块;8—固定斜板;9—复原弹簧;10—弹簧座;11—角弹簧座;12—外圆弹簧;13—内圆弹簧;14—角弹簧

图 2.4　MT-3 型缓冲器结构(单位:mm)

任务 2.4　电气系统认知

2.4.1　工作任务

通过学习相关知识,能承担以下工作任务:

(1)掌握 QS-650 型清筛机电气系统的功能。

(2)掌握 QS-650 型清筛机电气元件符号。

(3)掌握 QS-650 型清筛机电路图的识图知识。

(4)掌握 QS-650 型清筛机蓄电池知识。

2.4.2　相关配套知识

1. 电气系统的功能

QS-650 型清筛机电气系统控制功能包括:

(1)电源;

(2)柴油机起动和运转电路;

(3)空气制动电路;

(4)作业操作控制电路;

(5)照明电路;

(6)监视、仪表显示和信号、灯光报警电路;

(7)辅助电路。

2. 电气系统框图

QS-650 型清筛机全车供电方式有两种,如图 2.5 所示。从电气系统方框图可以看出,其中有一部分电路是由蓄电池直接供电,这一部分电路的接通,是为柴油机起动做准备的,在图上注明为 2 号线;另一部分电路是由柴油机起动控制电路来控制的,主要是走行和作业系统的电路,在图上用 5 号线来表示。电气系统各部分功能将在以后的项目和任务中逐步介绍。

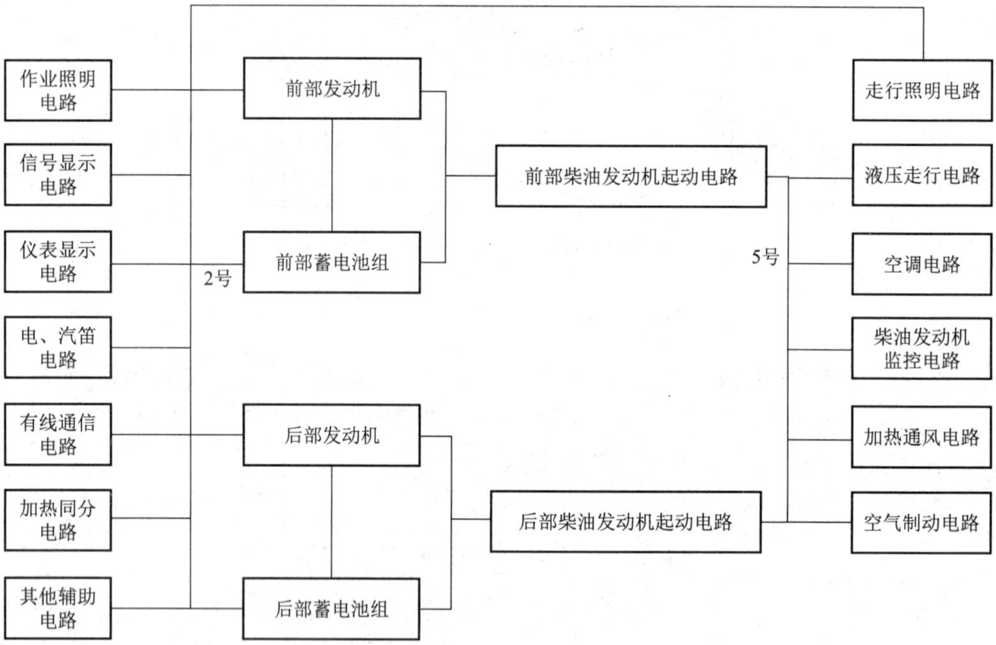

图 2.5 电气系统框图

3. 电气系统布置

QS-650 型清筛机的电气系统遍布整车,但主要部件都设置在控制箱和配线箱内,具体分布在整机的各个位置上,如图 2.6 所示。

4. QS-650 型清筛机电路图识读

QS-650 型清筛机电路图的识图方法同其他铁路大型养路机械一样,可用其基本原理来分析 QS-650 型清筛机的电气原理图。

(1)电路图中各种开关和继电器的触点在图上标示的位置表示这些电气元件的原始状态。当通电(断电)或者在外力作用下,这些原始位置将发生变化,例如在图上继电器的触点处于断

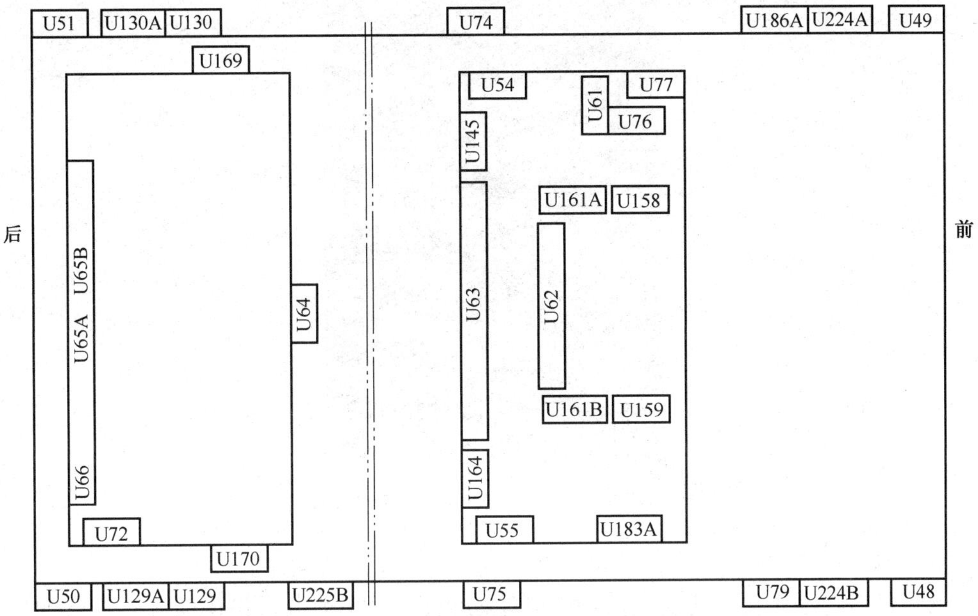

U48—前右侧开关箱；U49—前左侧开关箱；U50—后右外侧开关箱；U51—后左外侧开关箱；
U54—左道砟回填输送带自动位开关；U55—右道砟回填输送带自动位开关；U61—前驾驶控制箱和仪表盘；
U62—作业驾驶室熔断箱；U63—作业驾驶室操作配电箱；U64—紧急停车按钮箱；U65A—后司机室显示面板；
U65B—后司机室熔断器板；U66—后驾驶控制箱和仪表盘；U72—后仪表箱；U74—左外控制箱；
U75—右外控制箱；U76—通话装置箱；U77—前仪表箱；U79—前右侧配电箱；U129A—右布砟控制盒；
U129—外侧右开关箱；U130—外侧左开关箱；U130A—左布砟控制盒；U145—作业驾驶室左开关箱；
U146—作业驾驶室右开关箱；U158—回转污土输送带作业驾驶室左开关板；U159—回转污土输送带作业驾驶室右开关板；
U161A—左加热装置配电箱；U161B—右加热装置配电箱；U169—后左上侧开关箱；U170—后右上侧开关箱；
U183A—汽笛按钮箱；U186A—接线配电箱；U224A—插座箱；U224B—插座箱；U225B—电笛按钮箱

图 2.6 电气系统主要部件布置示意图

开(闭合)时，就是指继电器触点的原始状态为断开(闭合)通电以后，它们就闭合(断开)。油压开关在无油压或油压未达到规定值时触点断开(闭合)，达到压力值后触点闭合(断开)。温度开关在温度未达到时触点断开(闭合)，温度达到时触点闭合(断开)。

(2)电气元件代号如下：

a—蓄电池开关；h—信号灯；b—开关；n—二极管、蓄电池；d—电磁继电器；m—电动机；e—空气开关、熔断器；u—电磁继电器组、配电开关箱；g—测量仪表；f—测速发电机、可调电阻；s—电磁阀。

(3)电源：

QS-650 型清筛机的电气系统供电电压为直流 24 V，负极接在 QS-650 型清筛机车架上，电路上标为接地，其电位为 0 V，正极为＋24 V 电位。为了保证整车电气系统工作正常，尽量减少负极与车架上的接触电阻，因此在试车之前必须认真检查负极固定螺钉是否有松动和氧化生锈现象。柴油机“1”和柴油机“2”起动用的起动机分别由 2 台 12 V/200 A · h 的蓄电池串联供电。停车时，部分照明和仪表指示也由蓄电池供电。整车运行和作业时的电气系统是由柴油机运转后带动两台发电机供电。

前、后部电源电路完全一样，以后部柴油机“2”的电源为例说明，后蓄电池如图 2.7 所示。

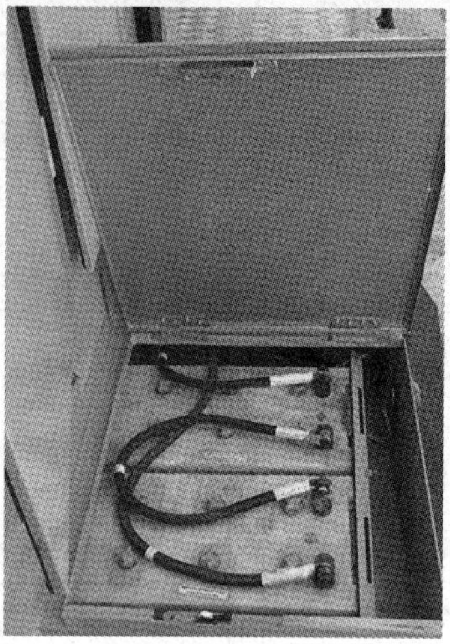

图 2.7　12 V/200 A·h后蓄电池

①蓄电池

蓄电池是一种利用化学能变化而产生电能的装置，为起动电机提供能源。在柴油机起动时，蓄电池必须在 5～10 s 的延续时间内供给起动电机 200～600 A 的大电流，而不致有大的电压降落。

蓄电池由极板、隔板、容器及电解液等部分组成。容器分为六格，每格内装有电解液，正负极板组浸入电解液中成为单格电池，每个单格电池的标称电压为 2 V。

②发电机

QS-650 型清筛机所用的发电机为三相硅整流发电机。最大输出电压为直流 28 V，最大工作电流105 A。在发动机接线盒内有三个接线端“B+”“D+”“W”“B+”驱动输出端向蓄电池组充电和向用电设备提供 24 V 直流电压；“D+”接线端，外接起动保护继电器，充电指示灯 h1、h2、h3 和其他用电设备；“W”输出端向 g4、g5 转速表提供转速变化直流电压信号。发电机与蓄电池共同配合工作，发电机随时向蓄电池充电，保证蓄电池电压在要求的范围内，使起动电机能正常工作。后发动机间如图 2.8 所示。

1—柴油发动机；2—机油散热器；3—发电机

图 2.8　后发动机间

(4)液压作业控制电路：由起拨道装置电路、起道夹钳装置电路、道砟回填装置电路、回转污土输送带装置电路、振动筛装置电路、辅助装置电路组成，共有36个电磁阀，其编号和功能明细，见表2.1。

表2.1 液压作业控制电路电磁阀明细表

序 号	编 号	功 能
1	s41	前部起道下降调整电磁阀
2	s42	前部起道提升调整电磁阀
3	s43	前部拨道向左调整电磁阀
4	s44	前部拨道向右调整电磁阀
5	s49	前部左侧起道夹钳夹紧调整电磁阀
6	s50	后部左侧起道夹钳夹紧调整电磁阀
7	s51	前部右侧起道夹钳夹紧调整电磁阀
8	s52	后部右侧起道夹钳夹紧调整电磁阀
9	s64	左道砟回填输送带往内调整电磁阀
10	s65	左道砟回填输送带往外调整电磁阀
11	s66	左侧道砟分配板向前调整电磁阀
12	s67	左侧道砟分配板向后调整电磁阀
13	s68	右道砟回填输送带往内调整电磁阀
14	s69	右道砟回填输送带往外调整电磁阀
15	s70	右侧道砟分配板向前调整电磁阀
16	s71	右侧道砟分配板向后调整电磁阀
17	s99	后拨道向左侧调整电磁阀
18	s100	后拨道向右侧调整电磁阀
19	s124	变量泵控制电磁阀
20	s139	起道夹钳夹持控制电磁阀
21	s140	起道夹钳压力控制电磁阀
22	s161	回油分配控制电磁阀
23	s141	回转污土输送带提升调整电磁阀
24	s142	回转污土输送带下降调整电磁阀
25	s143	作业安装控制电磁阀
26	s144	回转污土输送带左旋调整电磁阀
27	s145	回转污土输送带右旋调整电磁阀
28	s150	振动筛水平向上调整电磁阀
29	s151	振动筛水平向下调整电磁阀
30	s154	振动筛道砟导向板左旋调整电磁阀
31	s155	振动筛道砟导向板右旋调整电磁阀
32	s158	道砟导流闸板打开调整电磁阀
33	s159	道砟导流闸板关闭调整电磁阀

续上表

序　号	编　号	功　能
34	s160	作业控制电磁阀
35	s170	左侧护罩控制电磁阀
36	s171	右侧护罩控制电磁阀

以上电磁阀分为在液压阀安装一个电磁铁和安装二个电磁铁两种类型。装一个电磁铁的液压阀通电后，电磁铁将阀杆推向前，断电后靠阀内弹簧使阀杆回位，如电磁阀 s49。装两个电磁铁的液压阀，左边电磁铁通电，右边电磁铁必须断电，这样阀杆才能向右移动；左边电磁铁断电后，阀杆仍留在右边；只有当右边电磁铁通电后，阀杆才能移到左边，如电磁阀 s64。在液压系统中，所有电磁阀都并接发光二极管，显示电磁阀动作情况，便于维修。

继电器 d286 是液压作业系统的总开关。作业运行挡手柄置于"作业"挡，液压压力高于 1 200 kPa，压力开关 b41 的触点 1 和 3 闭合。继电器 d286 通电闭合，其触点 l 和 2、3 和 4、5 和 6 闭合，接通液压作业系统的电源。

(5)照明电路及辅助电路

①照明电路

QS-650 型清筛机电气照明系统分为走行照明、作业照明、工作照明、仪表显示和指示灯等电路。在柴油发动机不工作时，整车的一些必须要的照明灯、指示灯由蓄电池供电，但蓄电池的容量有限，因此在停车期间应尽量减少照明灯的开灯盏数。柴油发动机启动时启动机要耗掉大量电能，必须保证蓄电池有足够的电能才能顺利启动柴油发动机。

停车时，由蓄电池供电，供电范围为检修、清理作业环境、照明、仪表显示所必需的灯光；在柴油发动机启动运转后，三相发电机在向蓄电池充电和通过 2 号线向全车供电的同时，通过启动开关"1"挡来控制一部分工作灯、照明灯、仪表显示和指示灯等，具体电路本书不做分析。

②辅助电路

为了保证清筛机作业和运转的顺利进行，还设置了各种辅助电路。

a. 闸瓦磨损电路。闸瓦是易损件，除了人工定期检查外，在电路上也设有了显示电路。在闸瓦磨损后，其厚度小于 12 mm 时，红色信号灯(在前后驾驶仪表盘)发光，提醒操作者去检查闸瓦磨损的情况，给予更换。

b. 前后挡风玻璃设有雨刮器和冲水电动机。

c. 为了保证驾驶室内空气的清洁，在前后驾驶室内都安装了换气扇，有进风和排风两种作用。

d. 撒砂装置。为了防止机车在坡道上打滑，QS-650 型清筛机设置了撒砂装置，撒砂装置由开关和电磁阀组成控制电路。

e. 燃油加热和空调装置控制电路。

f. 在 QS-650 型清筛机设有三种警笛提示装置：

(a)蜂鸣器：可以提示驾驶室内的有关人员注意，表示操纵即将开始。

(b)电喇叭：提示在 QS-650 型清筛机周围的行人和作业者注意开始作业。

(c)气喇叭：由于功率较大，可以提醒较远距离的人员注意清筛机行驶方向。

g. 为了便于驾驶室之间互相联系，在 QS-650 型清筛机上安装了有线通信装置。每个驾驶室内有话筒和扬声器，当需要讲话时，按下开关即可以与其他驾驶室通话；松开开关，可以听到其他驾驶室的回话。

任务 2.5　司机室认知

2.5.1　工作任务

通过学习相关知识，能承担以下工作任务：

(1)了解 QS-650 型清筛机司机室位置。

(2)掌握前后司机室运行和操作位操作面板布置。

(3)了解司机室空调机和暖风设备结构、工作原理和主要参数。

(4)掌握司机室空调机和暖风设备操作和维修维护。

2.5.2　相关配套知识

1. QS-650 型清筛机司机室

在车架前、后部平台上布置有前司机室和后司机室，如图 2.9 所示。司机室内装有通风电风扇、空调装置、取暖和通信设备、行车安全装备等。在炎热的夏季，空调装置可使司机室内的温度保持在(25±2) ℃；而在寒冷的冬季，空气燃油加热器又可使司机室内的温度升高到(23±2) ℃。司机室的前窗和侧窗都镶装有玻璃，便于司机观察和瞭望运行与作业情况。司机座椅带有可调的空气减振装置，使作业人员在一个舒适、安全、可靠的环境中工作。

1—前司机室；2—后司机室

图 2.9　QS-650 型清筛机司机室示意图

2. 前司机室

前司机室位于清筛机的前部，回转污土输送带的后面，而且是在主污土输送带前端的下方。前司机室与前机房毗邻，它的后壁靠在起重装置的立柱上。为便于作业，前司机室后部下方设计成倒棱锥体框架结构，作业司机操纵位安放在两根主梁之间。

前司机室内设有运行司机操作位及作业司机操作位。运行司机操作位，设在清筛机前进方向运行时司机室的前方左侧。司机室的前窗和左边侧窗的玻璃，用橡胶密封条镶嵌在车体厢壁上，玻璃窗上装有刮水器和防冻设备。运行司机操作台上布置有：各种操作控制手柄、按钮、开关、指示灯、观察仪表盘以及主离合器踏板、手制动轮、有关电控箱柜、铁路机车行车安全装备等。前司机室运行司机操作位操作台，如图 2.10 所示。

作业司机操作位面对挖掘装置水平导槽部位。作业司机通过前面、左侧、右侧倒棱锥体体的玻璃窗，能很方便地观察到起重设备组装挖掘链的作业情况、挖掘装置挖掘道床作业情况、起拨道装置及道砟回填等作业情况。作业司机操作台上布置有:各种操作控制手柄、按钮、开关、指示灯、观察仪表盘以及起拨道装置、道砟回填分配装置的控制箱、角滚轮集中润滑操纵箱、污土输送带开关箱等。前司机室作业司机操作位操作台,如图 2.11 所示。

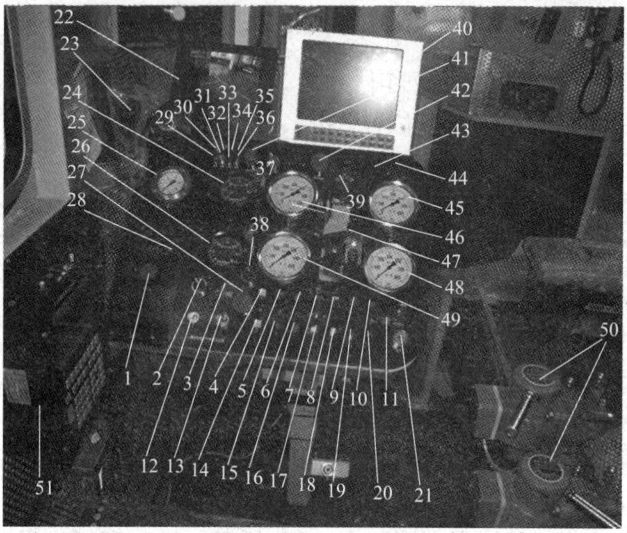

(a) 运行司机操作位操作面板

(b) 运行司机操作位操作台下部

1—紧急制动按钮;2—门雨刮开关;3—"1"号发动机启动开关;4—发动机预热开关指示灯;5—蓄电池充电指示灯;6—发动机油压报警指示灯;7—发动机温度报警指示灯;8—发动机离合器指示灯;9—主齿轮箱润滑报警指示灯;10—补油压力报警指示灯;11—旁路工作指示灯;12—控制箱锁;13—"2"号发动机启动开关;14—发动机预热指示灯;15—蓄电池指示灯;16—发动机油压报警指示灯;17—发动机温度报警指示灯;18—发动机离合器指示灯;19—主齿轮箱润滑报警指示灯;20—补油压力报警指示灯;21—喇叭按钮;22—六路视频显示屏;23—前后司机室通话麦克风;24—"1"发动机转速表;25—补油压力表;26—"2"发动机转速表;27—发动机停机开关;28—通话按钮;29—一轴高速脱挡指示灯;30—一轴高速挂挡指示灯;31—二轴高速脱挡指示灯;32—二轴高速挂挡指示灯;33—三轴高速脱挡指示灯;34—三轴高速挂挡指示灯;35—四轴高速挂挡指示灯;36—四轴高速脱挡指示灯;37—高速挂挡开关;38—"2"发动机转速调整开关;39—"2"正向走行压力表;40—运监显示屏;41—辅助制动开关;42—警惕按钮开关;43—点动挂挡按钮开关;44—仪表照明灯;45—"1"正向走行压力表;46—"2"正向走行压力表;47—走行方向选择手柄;48—"1"反向走行压力表;49—"2"反向走行压力表;50—空气制动阀(自动制动阀—单独制动阀);51—列调操作终端;52—主辅转换开关;53—驻车制动按钮开关;54—离合器转换开关

图 2.10　前司机室运行司机操作位操作台

（a）作业司机操作位操作台上部

1—蜂鸣器；2—蜂鸣器按钮；3—后转向架处缓冲器底梁照明开关；4—照明开关；5—挖掘链辅助泵接通开关；
6—挖掘链马达滤清器开关；7—话筒按钮；8—液压油箱油位；9—发动机紧急停机；10—雨刮器及喷水开关；
11—24 V 插座；12—旁路控制灯；13—补油压力；14—主齿轮箱；
15—发动机离合器；16—发动机温度控制灯；17—发动机机油压力报警灯；
19—喇叭按钮；20—蜂鸣器；21—蜂鸣器按钮

（b）作业司机操作位操作台下部

1—车轴 1 离合器压力表；2—车轴 2 离合器压力表；3—冷却风扇驱动；
4—右道砟分配输送带驱动压力表(右道砟分配输送带三通阀开关)；
5—污土输送带驱动压力表(污土输送带驱动三通阀开关)；
6—主输送带驱动压力表(主输送带驱动三通阀开关)；7—振动筛驱动压力表振动筛(驱动三通阀开关)；
8—左道砟分配输送带驱动压力表(左道砟分配输送带三通阀开关)；9—空调器压力表；10—主控压力表；
11—制动缸压力表；12—右道砟分配输送带三通阀开关；13—污土输送带驱动三通阀开关；
14—主输送带驱动三通阀开关；15—驱动三通阀开关；16—左道砟分配输送带三通阀开关；
17—U54 道砟分配输送带自动位开关；18—U146 开关箱；19—挖掘链马达三通阀，快—慢；
20—右挖掘链导槽水平调整手控阀；21—压力选择开关；22—区间运行，快—慢，三通阀；
23—U55 道砟分配输送带自动位开关箱；24—U145 开关箱；25—区间运行挡三通阀；
26—右挖掘链导槽垂直调整手控阀；27—控制链驱动，开—关，正向—反向，带锁板三通阀；
28—控制链驱动，压力表；29—链张紧手控阀；30—左挖掘链导槽水平调整手控阀；
31—调速换挡手柄锁定；32—左挖掘链导槽垂直调整手控阀；33—小闸

图 2.11　前司机室作业司机操作位操作台

3. 后司机室

后司机室在清筛机的后端，与后机房毗邻并经过通道可到振动筛后的作业平台上。

后司机室内仅设有运行司机操纵座位。司机座位布置在清筛机后部、运行方向的左侧。因为后司机室在清筛机最后端，所以司机视野比前司机室中的运行司机视野要宽阔。后司机室内的结构与装备基本上与前司机室相同。后司机室运行司机操作位操作台，如图 2.12 所示。

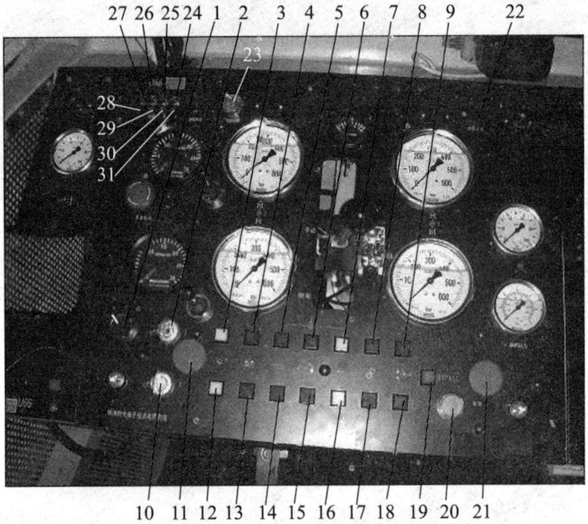

（a）运行司机操作位操作台U66控制箱

1—雨刮器及喷水开关；2—后发动机启动开关“2”；3—前发动机预热指示灯；4—前电瓶充电指示灯；
5—“2”发动机油压报警灯；6—“2”发动机油温指示灯；7—发动机离合器报警指示灯；8—“2”主齿轮箱润滑报警指示灯；
9—“2”补油压力报警指示灯；10—前发动机启动开关；11—发动机停机按钮；12—前发动机预热指示灯；
13—前蓄电池充电指示灯；14—“1”发动机油压报警指示灯；15—“1”发动机温度报警指示灯；16—发动机离合器指示灯；
17—主齿轮箱润滑报警指示灯；18—“1”补油压力报警指示灯；19—旁路工作指示灯；20—喇叭按钮；
21—警惕按钮开关；22—点动挂挡按钮开关；23—高速挂挡开关；24、25、26、27—四轴、三轴、二轴、一轴高速挂挡指示灯；
28、29、30、31——一轴、二轴、三轴、四轴高速脱挡指示灯

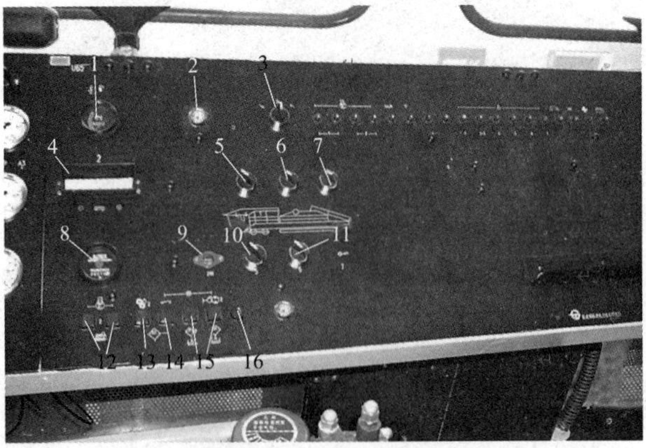

（b）运行司机操作位操作台U65控制箱（左）

1—发动机温度显示；2—发动机校验蜂鸣器；3—后司机室换气开关；4—电流表；5—司机室灯开关；
6—仪表灯开关；7—平台灯开关；8—作业时间表；9—24 V 插座；10—发动机室照明开关；11—后转向架照明开关；
12—发动机空气过滤器堵塞指示灯；13—主齿轮箱润滑油滤清器堵塞指示灯；14—主控压力油滤清器控制灯；
15—补油压力滤清器控制灯；16—干燥器工作指示灯

图 2.12

（c）运行司机操作位操作台U65控制箱（右）

1—前后发动机保险；2—速度表保险；3—雨刮器及滤清器保险；4—照明保险；5—泵插座保险；6—24 V 插座保险；7—风扇保险；8—空调保险

图 2.12　后司机室运行司机操作位操作台

后部作业平台，可供操纵人员监控道砟筛分、流动、分配情况；监测液压系统的压力及特殊故障的紧急停车。通道两侧设有操纵起拨道、振动筛水平调整、道砟导向、分配装置的操纵箱，右侧通道还设有液压压力测量转换开关，平台前壁上有紧急停车按钮。

QS-650 型清筛机前、后司机室微课见右侧二维码。

QS-650 型清筛机前、后司机室

4. 空调装置

QS-650 型清筛机选用 DYK 型液压空调机，安装在司机室顶部。

(1)空调装置结构和工作原理

空调机主要由制冷压缩机、冷凝器、蒸发器、热力膨胀阀、温控器、冷风机、热风机、液压马达、安装底板、控制面板、外壳等组成。结构如图 2.13、图 2.14 所示。

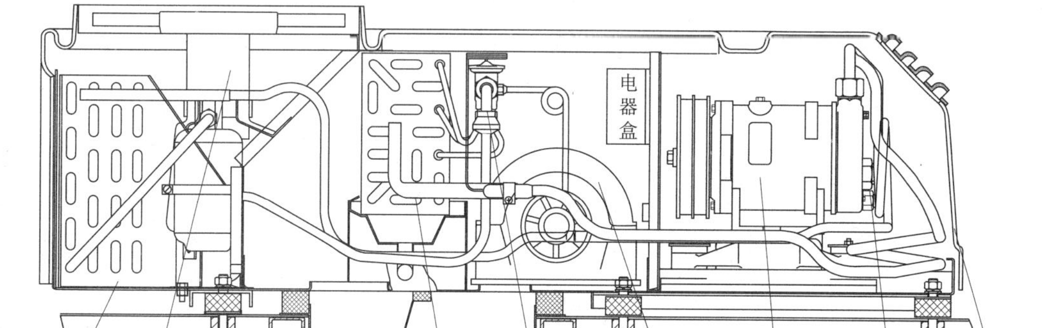

（a）DYK型空调机结构组成

1—冷凝器；2—热风机；3—控制面板；4—温控器；5—蒸发器；6—热力膨胀阀；7—冷风机；8—压缩机；9—液压马达；10—外壳

图 2.13

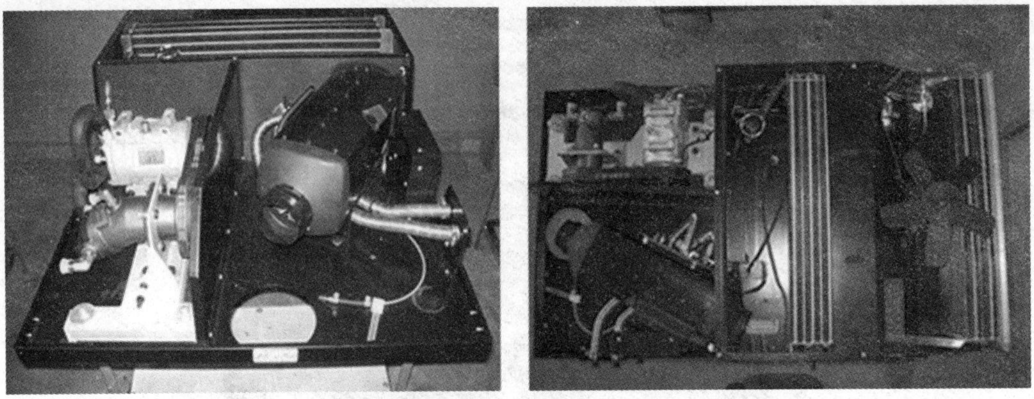

（b）DYK型空调机结构布置

图 2.13　DYK 型空调机

DYK 型空调机的动力由液压系统提供。制冷工作原理如图 2.14 所示。制冷剂经制冷压缩机压缩后，进入冷凝器冷却后，以液态和气态混合的形式进入储液瓶干燥过滤。高温高压的液体制冷剂经过膨胀阀减压节流后进入蒸发器，吸收车内空气的热量。吸热后的制冷剂变成低压蒸气，被重新吸回压缩机加压。

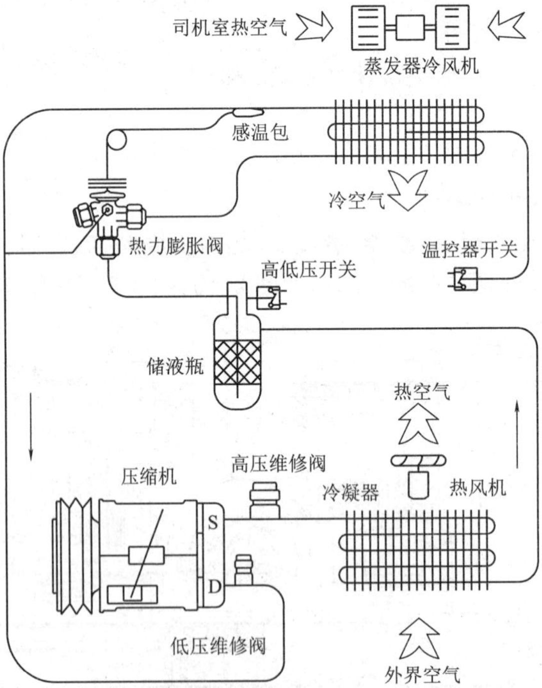

图 2.14　DYK 型空调机制冷工作原理图

(2)主要技术参数

①制冷系统

a. 制冷量	6.4 kW（压缩机转速 3 000 r/min）
b. 制冷剂	R134a
c. 制冷剂容量	(1.0±0.1) kg

d. 冷凝风机风量　　　　　　　1. 2 L/h

e. 蒸发风机风量　　　　　　　0. 95 L/h

②电气控制系统

a. 工作电压　　　　　　　　　DC 24 V

b. 电气系统最大功率　　　　　380 W

c. 压力开关(134a)

高压压力关点　　　　　　　3. 2 MPa

低压压力开点　　　　　　　0. 2 MPa

③液压系统

液压马达排量　　　　　　　0. 011 L/r

④制冷性能

当室外环境温度为 35～40 ℃时，司机室内温度可保持在 25 ℃以下(司机室密封条件良好时)。

⑤外形尺寸

长×宽×高　　　　　　　　　1 350 mm×850 mm×350 mm

⑥空调机质量

约 95 kg(含加热器)

(3)操作方法

①空调机开机

a. 柴油机稳定工作后，打开空调机控制面板上的冷风机开关。控制面板图，如图 2. 15 所示；选择适宜的排风量(低挡 50%、中挡 70%、高挡 100%)，此时热风机也同时工作；

b. 打开空调机控制面板上的温控器开关，选择适宜的设定温度(旋至终端将获得最低温度)，此时空调机开始制冷，控制面板上的冷风窗口应排出冷风。

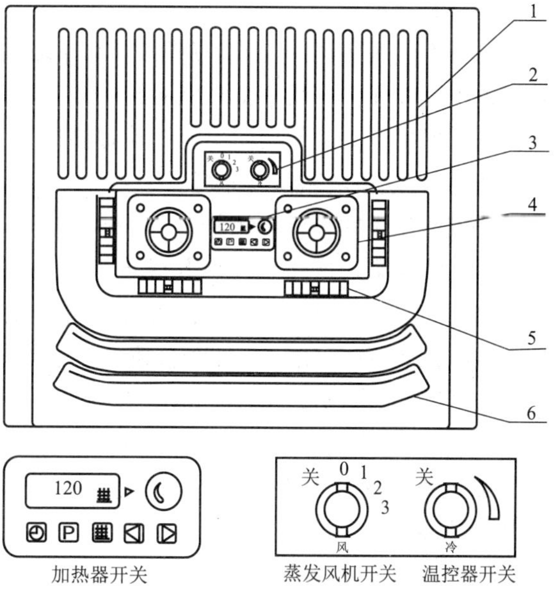

1—司机室内空气入口；2—空调操作开关 3—加热器操作开关；4—圆形通风口；5—长方通风口；6—冷风出风口

图 2. 15　控制面板图

②关机

a. 将温控器开关旋至关闭位置，制冷压缩机停止工作；

b. 将冷风机开关旋至关闭位置，冷风机和热风机同时停止工作。

注意：为防止蒸发器结霜，应避免冷风机低速与最低制冷温度的工况匹配，尤其是潮湿的天气。

加热器开机：按下定时器，开机 15 s 后油泵开始供油，电热塞点燃油气混合物，风机转速和供油量连续提高，一旦火焰传感器探测到火焰，电热塞关闭。加热器在“启动”挡下快速加热，直到热交换器达到工作温度。

加热器关闭：指示灯熄灭，停止供油，风机运转至加热器冷却。电热塞仍持续接通 15 s，以清除换热器内可染物。

注意:在启动过程,如果燃油未进入加热器,旋开关至“关”挡,加热器立即关闭。对循环加热的加热器,正常延时结束后,风机仍低速运转,直到加热器重新启动。

(4)维修与保养

①空调机

a. 空调机检查

检查空调机的压缩机和液压马达各部件的螺栓不应松动;调节螺栓使压缩机和液压马达之间的传动保持良好的传动状态;保证两个皮带槽在同一平面;调整适当的皮带张紧力:以 100 N 的垂直力作用在皮带中点处,可压下的挠度为 10~15 mm 为恰当;传动皮带应定期检查,表面是否完好,有无损伤和过度磨耗,如有损伤,应立即更换,运转 60 d 后检查一次。

b. 冷凝器的检查

冷凝器散热片表面如附上尘埃杂物而发生阻塞情形时,制冷剂气体的液化效率不仅会降低,还会使制冷管内产生异常高压。因此需用压缩空气或冷水冲,可用毛刷进行水洗,或用高压气吹干净,不可用热蒸汽喷。一般运用 60 d,冷凝器表面冲洗一次,并校正翅片。

c. 蒸发器的检查

蒸发器表面如附上尘埃杂物而发生阻塞情形时,会阻塞风道,引起蒸发器温度急速下降,蒸发器出风口风量明显减小,可用毛刷进行水洗,或用高压气吹干净蒸发器表面。一般运转 60 d 后,蒸发器表面冲洗一次,并校正翅片。

②日常维护

冬季不使用空调的季节,应经常开动压缩机,避免压缩机轴封处因油干而泄漏,也避免转轴因油干而咬死。一般一个月应运转一、二次,每次约 10 min 左右。冬季气温过低时,会因空调的低压保护开关起作用而不能起动,此时可将电源与压缩机电磁离合器直接接通,待保养运行完毕,再将这些电路恢复原样。

③液压系统的维修和保养

a. 滤油器第一次工作 100 h 应更换滤油器滤芯,第二次工作 500 h 更换滤油器滤芯。检查滤油器上的指示表,如果指针在红线位置,空调机马达不转或转动较慢,制冷不足,同时会造成液压油泵吸空,损伤液泵齿轮,此时应及时更换滤油器滤芯。

b. 经常检查液压系统各连接螺栓不应松动,并及时处理。

c. 检查溢流阀压力,调整压力时,先松开锁紧螺母,用内六角扳手顺时针旋转,压力升高,反之,压力降低,调至规定的 15 MPa,调整后应,拧紧锁紧螺母。液压原理图如图 2.16 所示。

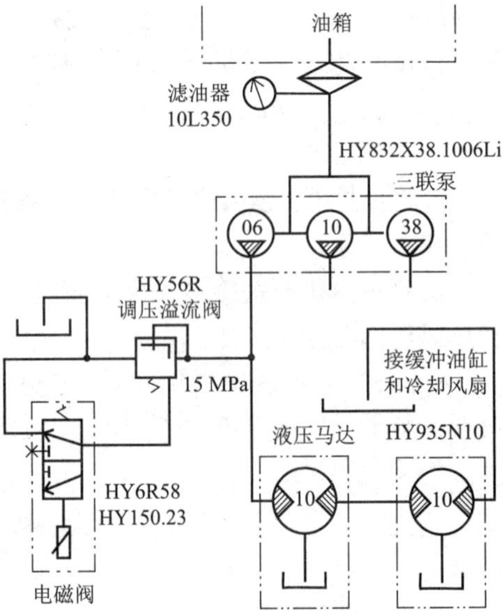

图 2.16　液压原理图

d. 检查油管、接头和油块,应用空调机之前,应细致检查,漏油时应及时处理,油管弯曲应自然,并将软管绑扎好。

④电气系统的维修和保养

a. 检查各电线和插接件应固定牢固，电线通过金属板的橡胶护圈不应脱落，避免电线和插接件碰到过热、转动和有毛刺的部件。

b. 检查熔断器和接线端子，插接件连接要牢固，保险断时，应全面检查电路，确认无误再更换保险。

(5)常见故障及排除

DYK 型液压空调机常见的故障有：系统不制冷、冷风量不足、液压马达不工作、风机不工作、司机室内漏水等。空调机常见故障及排除见表 2.2。

表 2.2　空调机常见故障及排除

故障类型	序　号	故障现象	排除方法
系统不制冷	1	驱动皮带太松或皮带断裂	调整皮带松紧或更换皮带
	2	制冷系统管道破损或制冷剂泄漏	重新加注制冷剂，更换制冷系统管道
	3	熔断器烧断	查明原因，更换熔断器
	4	风机电动机损坏	更换风机电动机
	5	温控器开关有故障	更换温控器开关
	6	电磁离合器线圈脱松或接地不良	接好线圈和地线
冷风量不足	1	冷凝器冷却风不流畅	清洗冷凝器
	2	蒸发器被异物堵塞	清洗冷凝器
	3	风机电动机有故障	更换风机电动机
	4	温控器开关有故障	更换温控器开关
	5	传动皮带折断	更换传动皮带
液压马达不工作	1	滤油器指示器在警示位	更换滤芯
	2	液压截止阀未关闭	关闭截止阀
	3	溢流阀开启压力过低	溢流阀开启压力调至规定的 15 MPa
风机不工作	1	熔断器断、接线脱落或断开	更换熔断器或接上电线路
	2	电瓶电压低	电瓶充电
	3	风机电动机有故障	更换风机电动机
	4	温控器开关有故障	更换温控器开关
司机室内漏水	1	蒸发器集水管阻塞或水槽两端漏水	清除阻碍物，水槽两端涂胶
	2	车顶周围有漏水孔	车顶涂防水胶

5. 取暖设备

QS-650 型清筛机取暖设备选用 D5LC 型暖风机。

(1)取暖机结构和工作原理

D5LC 型暖风机主机的内部结构如图 2.17 所示，主要由燃烧室 6、热交换器 8、燃油供给系统、暖风交换系统、电气控制系统、加热定时器 21 等六部分组成。

①燃烧室的主要功能是使燃油充分燃烧产生高温。它由燃油管路 11、电热塞 4 和外加热圈、过热传感器 5 和火焰传感器 7 等组成。外加热圈将燃油加热、雾化，经电热塞点火引燃，在燃烧器内燃烧；过热传感器测定燃烧室内的温度是否正常；火焰传感器用于感知燃烧室内的电

热塞是否点火。

②热交换器位于燃烧室后端。从燃烧室产生的大量热量，通过热交换器外部的散热片，迅速将进入机体的冷空气加热至 100 ℃以上的热空气，经主风扇排出。

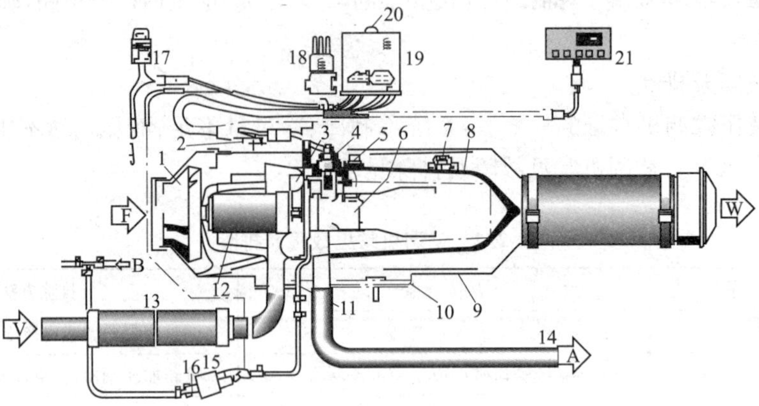

1—主风扇；2—PCB 元件(带温度传感器)；3—助燃风扇；4—电热塞；5—过热传感器；6—燃烧室；7—火焰传感器；8—热交换器；9—外壳；10—法兰密封垫；11—油管；12—电机；13—助燃风口消音器；14—废气管；15—电磁泵；16—过滤器；17—熔断器 25 A；18—电流调节器；19—控制器；20—操作开关；21—加热定时器；F—新鲜空气；V—助燃空气；B—燃油；W—热风；A—废气

图 2.17　D5LC 暖风机主机的内部结构

③燃油供给系统由电磁泵 15、燃油管道、过滤器 16、油箱等组成。

④暖风交换系统由主风扇 1、热交换器 8、进出风口、热风管等组成。

⑤电气控制系统用于控制各风扇、电磁泵、电热塞及自动控制元件(如火焰感温器、过热保护器、定时器)的正常工作。当暖风机热交换器温度过高或空气入口温度超过规定值(30 ℃)时，过热保护器动作，继电器自动切断电磁泵的电源，停止供油，燃烧室内停止燃烧；定时器可以设定并显示各种故障代码，便于判断和排除暖风机出现的故障。

⑥定时器用于设置定时自动启动和温度设定功能，以数字代码形式显示。

接通电源后，暖风机电机 12 带动主风扇 1 和助燃风扇 3 开始运转，电磁泵 15 吸入的燃油经油管送到燃烧室 6 的电热塞外圈上，被加热雾化，与助燃风扇 3 吸进的新鲜空气混合，混合的可燃气体被电热塞 4 点燃，在燃烧室 6 内充分燃烧。燃烧后的废气，经废气管 14 排出；司机室内的冷空气经进风口 F 进入热交换器 8，吸收燃烧室产生的热量从出风口 W 排出，通过热风管道送到司机室内。

(2)主要技术参数

型号	D5LC
加热介质	空气
燃油	柴油(若长期在−10 ℃以下的环境中使用暖风机时，应选用优质煤油作燃料或 35 号柴油)
最大耗油量	0.58 L/h
暖风出口温度	85～90 ℃
暖风排量	138～235 m^3/h
工作电压	DC 20～28 V
电功率	40～80 W

电压自动保护	低于 20 V、高于 30 V 时，自动关闭暖风机
正常工作环境温度	不高于 30 ℃
适用海拔高度	1 500 m
整机质量	8 kg
外形尺寸	526 mm×180 mm×195 mm

(3)安全注意事项

①注意废气排放：暖风机燃烧过程排放有毒废气，并产生高温，因此必须将排烟管出口设置在司机室外，并保持管路通畅，管路各处不得有泄漏；

②燃油管和排烟管要固定牢固，以免振动损坏；

③人员和易燃物体要避开暖风机的热风出口，以免烫伤或火灾隐患；

④暖风机冷风进口要装保护罩，防止异物进入风机造成损坏；每年夏季使用前要检查进风口保护网，要仔细清洁；

⑤只有盖好维修罩才可以开暖风机，运行期间不要打开维修罩；

⑥油罐、喷雾器、液化气罐、灭火器、拖布、衣服、纸张等要远离暖风机。

(4)操作步骤及方法

暖风机装有定时器，可以设置定时自动启动和温度设定功能，以数字代码形式显示；可在 1～7 d 之间设定三种不同的定时工作功能。暖风机控制盘如图 2.18 所示。

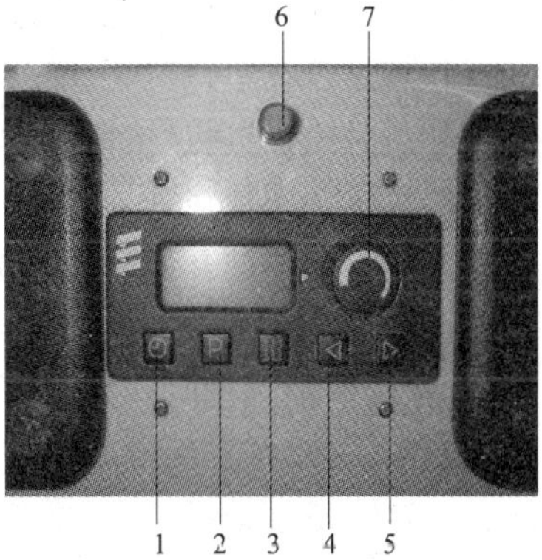

1—时钟键；2—预选键；3—加热开关键；4—减少键；5—增加键；6—解锁开关；7—温度选择旋钮

图 2.18　暖风机控制盘

①工作过程及操作方法

a. 准备启动

接通电源，定时器全屏闪烁；按时钟键 1，屏幕显示时钟“12:00”，用减少键 4 或增加键 5 设定时钟，时间闪烁停止后时钟设定完成；然后屏幕闪烁“MO”(星期一)，用减少键 4 或增加键 5 设定当前星期：MO、TO、WH、TH、FR、SA、SU(星期一～星期日)，闪烁停止后，“星期”设定完成。

b. 开启暖风机

按加热开关键 3，屏幕显示“120”和加热符号。暖风机出厂设置的加热时间为 120 min，可按减少键 4 或增加键 5 来调整暖风机工作时间(1～120 min)。暖风机启动后，电热塞线圈通电预热燃烧室，风机全速运转；预热完成后油泵开始供油，电热塞将燃烧室内汽化的燃油点燃；火焰传感器探测到燃烧室内稳定燃烧后，电热塞断电，风机高速运转；当热交换器达到设定的工作温度后，风机中速运转。

暖风机的发热量由环境温度控制：旋转温度选择旋钮 7，可设定暖风机进气口的温度(10～30 ℃)，当暖风机进气口温度达到设定温度时，暖风机自动换到低挡工作，风机低速运转；若进气口温度低于设定温度时，暖风机自动切换至高挡工作，风机高速运转。

如果暖风机开机后，油泵供油 90 s 后仍未点燃，则控制系统会自动进行第二次供油；如再次供油 90 s 后，暖风机仍不起动，屏幕将显示故障代码。

暖风机在加热过程中，火焰传感器随时检测燃烧室火焰燃烧状况，若火焰自己熄灭，控制系统则重新点火、供油；如果在 90 s 后暖风机仍不起动，屏幕将显示故障代码。暖风机在加热过程中，过热传感器测得热交换器的温度若高于最高允许温度时，称为“过热现象”，控制器会自动关闭暖风机的供油系统，同时屏幕显示故障代码。当暖风机工作电压低于 21 V 或高于 30 V 时，控制系统将会采取保护性停机，同时屏幕显示故障代码。如果暖风机的电热塞或油泵控制线路异常，暖风机则不能起动，同时屏幕显示故障代码；暖风机启动时控制器会自动检测风机，若风机不工作，或电机转速低于允许值，屏幕均显示故障代码。

c. 关闭暖风机

按加热开关键 3，电热塞延时通电 30 s，以清除燃烧残留物。风机继续运行 5 min，冷却机体。

注：如已设定好加热工作时间（1～120 min），到设定时间后会自动停机。

②定时器调整

定时器可以预选加热的开始时间，可以在 7 天之内编制 3 个开通时间的程序，但只有其中一个能被激活。定时器设有一个温度调节器，可预选进气口温度（10～30 ℃）。定时器屏幕上所有闪烁的符号均可以用按键（减少键 4 和增加键 5）来调节，如果 5 s 内设有按键，那么所显示的时间和星期就被存储。如果按压键时间在 2 s 以上，那么就激发快进功能。

a. 时钟和星期的设定：

按键 1，时钟显示 12:00，用键减少 4 或增加键 5 设定时钟，时钟设定完成后，星期符号闪烁，用减少键 4 或增加键 5 设定星期。

b. 解锁开关在闭合时（解锁开关键 6 按下状态）暖风机可实现的操作：

暖风机持续加热工况：按加热开关键 3 屏幕显示时钟、星期和加热符号，暖风机一直处于运行状态。若在运行时断开解锁开关（解锁开关键 6 弹起复位状态）。屏幕显示有 15 min 的剩余加热时间，可通过按增加键 5 延长到最多 120 min 或通过按减少键 4 缩短到最短 1 min。

暖风机预选加热开始时间的编程：按预选键 2，屏幕存储位置 1 闪烁，用减少键 4 或增加键 5 来调整加热的开始时间。星期符号闪烁时用减少键 4 或增加键 5 预选星期。通过多次按预选键 2，可以对存储位置 2 和 3 进行编程。或跳跃到时钟时间模式。

激发/取消预选时间：激发预选时间按预选键 2，直至显示所希望的存储位置为止。取消预选时间，多次按预选键 2，直至不再显示存储位置，并显示时钟为止。

c. 解锁开关断开时（解锁开关键 6 弹起复位状态）。暖风机可实现的操作：

暖风机限时加热工况：按加热开关键 3，屏幕显示加热时间 120 和加热符号，可通过按减少键 4 或增加键 5，使加热时间设定在 1～120 min 之间。

暖风机预选加热时间的编程：在暖风机关闭的条件下，按减少键 4 或增加键 5 持续 3 s，屏幕 120 闪烁，用减少键 4 或增加键 5 来调整所需要的加热时间，通常设在 10～120 min 之间。

d. “解锁”方法：

当显示屏出现 F12、F15 或 F50 时，说明控制器锁闭。首先要对相应的故障进行处理，之后解锁。

ⓐ按下解锁开关按钮，将开关闭合；

ⓑ按下定时器加热键，显示屏出现 F12、F15 或 F50；

ⓒ按下时钟键，在 2 s 内按选择键 P；

ⓓ将解锁开关断开，同时按时钟键与 P 键；

ⓔ将解锁开关闭合，直到显示屏出现如下显示：--:--；

ⓕ3 s 后，控制器自锁消除，显示如下：AF:00。

(5)维修保养

①暖风机工作一年后，应取下电热塞清除表面积碳。

②应保持油箱和过滤器的清洁，保持油管的畅通，应定期清洗。

③操作开关、电磁泵及其他电器元件均按一般低压电器维修办法进行维护。

④如发现暖风机加热效率明显降低，应检查热交换器内壁是否产生积碳。清除积碳的方法：拆下热交换器，用压缩空气吹扫热交换器内部。

⑤若排烟管、助燃风管、供油管外部粘有油、泥、沙时，应及时清除。

(6)常见故障及排除

暖风机常见故障及排除见表 2.3。

表 2.3　暖风机常见故障及排除

故障类型	序　号	故障现象	排除方法
电机不转	1	①碳刷与换向器间污染或接触不良	清换向器或更新碳刷
	2	②熔断器熔断	更换熔断器
	3	③转速异常	更换转速控制线路板
点不着火	1	①油路不通或油泵接头处漏气	疏通油路，修理接头
	2	②助燃空气进风口、排烟管堵塞	疏通
	3	③电热塞损坏	更换
	4	④电压低	充电或提高电压
	5	⑤温度太低，柴油结蜡	疏通油路后换用低温柴油
	6	⑥雾化圈中堆满油泥或积碳	拆机清除，助燃风口处加滤网
暖风机过热	1	①进、出风口不畅通	疏通
排烟管冒黑烟	1	①燃烧空气进、出口不畅通	疏通
	2	②起动时，机内燃油过多	正常燃烧 3～5 min 后，黑烟会自行消失
燃烧不良或燃烧中断	1	①燃油管内积水或有其他杂物	清除积水或杂物
	2	②油泵漏油	拆检、清洁、调整
	3	③换热器内积碳严重	清除积碳，用压缩空气吹净
	4	④油路系统漏气	拧紧接头，检查密封垫及油管是否损坏
打开控制开关后指示灯一直亮	1	①点火传感器故障	更换
	2	②控制器故障	检查修复
暖风机正常燃烧后，指示灯不亮，3～5 min 后又自动停机	1	①点火传感器故障	更换
	2	②控制器故障	检查修复
关机 5 min 后电机工作	1	①控制器故障	检查修复
	2	②过热保护器故障	检查修复
打开控制开关，3 min 内点不着火，指示灯不亮	1	①电磁泵故障	检查修复
	2	②油路太长	重新点火一次
关电磁泵后不熄火	1	①电磁泵活塞端面脏，关不死	检查并清除脏物、清洗滤芯
	2	②操作开关故障	更换或修复

任务 2.6　制动系统认知

2.6.1　工作任务

通过学习相关知识，能承担以下工作任务：

(1)了解 YZ-1 型制动机的组成与作用原理。

(2)掌握 YZ-1 型制动机主要部件的结构。

(3)掌握 YZ-1 型制动机的综合作用。

(4)掌握手制动机组成和功能。

(5)掌握基础制动装置的组成和工作原理。

2.6.2　相关配套知识

QS-650 型清筛机的制动系统由三大部分组成，一是空气制动机，二是手动制机，三是基础制动装置。空气制动机和手制动机的作用都是产生制动原力，最终通过基础制动装置将制动原力经杠杆传递给闸瓦，产生制动和缓解作用。QS-650 型清筛机采用 YZ-1 型空气制动机。

1. YZ-1 型制动机的组成与作用原理

(1)YZ-1 型制动机的组成

YZ-1 型制动机的组成如图 2.19 所示。

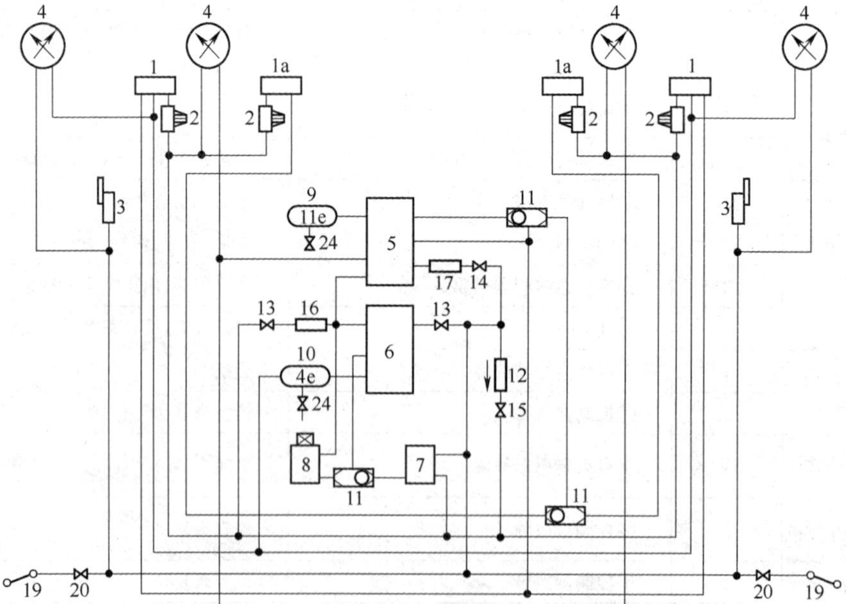

1—自动制动阀；1a—单独制动阀；2—调压阀；3—紧急制动阀；4—双针压力表；5—109 分配阀；6—中继阀；7—列车管紧急放风阀；8—电磁阀；9—工作风缸；10—均衡风缸；11—梭阀；12—滤尘止回阀；13、14、15—截断塞门；16、17—滤清器；18—BG 型 12 英寸制动缸；19—制动软管连接器；20—列车管折角塞门；21、22、23—压力开关；24—排水塞门

图 2.19　YZ-1 型制动机组成

(2)YZ-1 型制动机的原理

YZ-1 型制动机在自动制动作用时，自动制动阀实施均衡风缸的压力控制；中继阀根据均衡风缸的压力变化，使列车管的压力产生相应变化；分配阀响应列车管的压力变化，产生制动和缓解的控制。其制动控制路线如图 2.20 所示。自动制动阀 2→均衡风缸 3→中继阀 7→列车管 4→分配阀 6→制动缸 5。

YZ-1 型制动机在单独制动作用时，单独制动阀直接控制制动缸的压力。即：单独制动阀 1→分配阀 6 均衡部膜板下侧→制动缸 5。

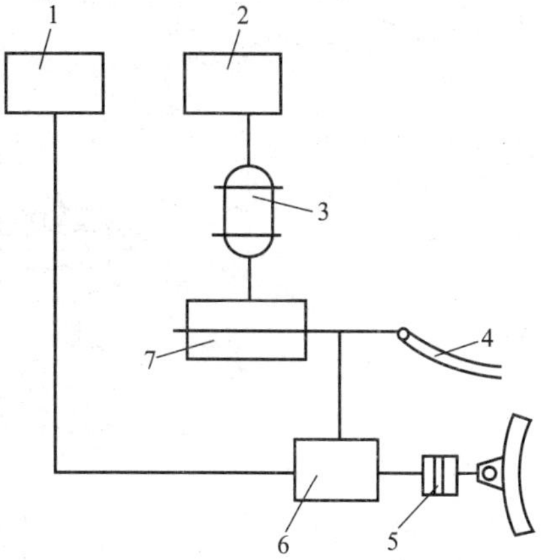

1—单独制动阀；2—自动制动阀；
3—均衡风缸；4—列车管；
5—制动缸；6—分配阀；7—中继阀

图 2.20　YZ-1 型制动机控制过程示意图

(3)YZ-1 型制动机主要技术性能

①自动制动性能(列车管压力 500 kPa)

a. 均衡风缸压力自零充至 480 kPa 的时间为 5～7 s。

b. 均衡风缸压力自 500 kPa 减压至 360 kPa 的时间为 5～8 s。

c. 常用全制动时制动缸最高压力为 340～380 kPa。

d. 常用全制动时制动缸升压时间为 6～9 s。

e. 常用全制动后制动缸压力由最高值缓解至 35 kPa的时间为 5～8 s。

f. 紧急制动时列车管压力由定值排至零的时间小于 3 s。

g. 紧急制动时制动缸最高压力为(450±10) kPa。

h. 紧急制动时制动缸升至最高压力的时间为 6～9 s。

②单独制动性能

a. 全制动时的制动缸最高压力为 360 kPa。

b. 制动缸压力自零升至 340 kPa 的时间不大于 4 s。

c. 制动缸压力自 360 kPa 降至 35 kPa 的时间不大于 5 s。

2. YZ-1 型制动机主要部件的结构和作用

(1)空气制动阀

空气制动阀设“空气位”和“电空位”两个位置。当转换拨杆置于“空气位”时，该阀作为自动制动阀使用，操纵中继阀实现列车管的压力控制，达到制动或缓解的目的；当转换拨杆置于“电空位”时，该阀作为单独制动阀使用，直接控制作用管的压力变化，产生单独制动或缓解。

空气制动阀共有 4 个工作位置，按逆时针排列顺序为：缓解、运转、中立和制动。

①空气制动阀的结构

空气制动阀的结构如图 2.21 所示，主要由手把、转轴、作用凸轮、定位凸轮、作用柱塞、转换柱塞、排气阀、电联锁及管座等组成。

a. 手把、转轴和凸轮

手把 1、转轴 13 和定位凸轮 3、作用凸轮 4 组成动作机构，实现不同工作位置的气路和电路通断，保证动作的准确可靠。手把只能在运转位取出。转轴 13 为空心方轴结构，外套定位凸轮 3 和作用凸轮 4，转轴中装有顶杆 14，顶杆上顶手把，下与排气阀 6 相连。由于工作位置范围小于180°，所以定位凸轮有两个作用：与定位柱塞9组成定位机构，确保工作位置的准确无误；与联锁开关组2构成电路的控制。作用凸轮根据各工作位置的行程变化来控制作用柱塞8的左右移动，实现气路的连通或切断。

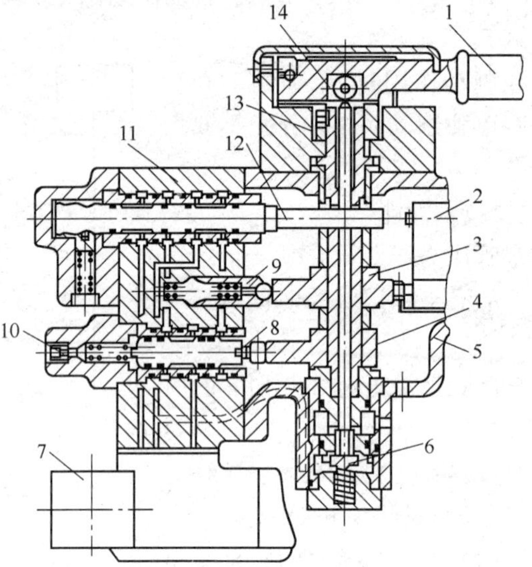

1—手把；2—联锁开关组；3—定位凸轮；4—作用凸轮；5—凸轮盒；6—排气阀；7—管座；8—作用柱塞；9—定位柱塞；10—空气位排气堵；11—阀体；12—转换柱塞；13—转轴；14—顶杆

图2.21　空气制动阀

b. 柱塞阀与联锁开关组

该制动阀共装有两个柱塞阀。上部为转换柱塞12，它不随手把转动而动作，而是通过阀左侧的电—空转换拨杆的扳动作左右移动，通过定位装置使该转换柱塞只有两个工作位："电空位"和"空气位"。柱塞的移动不仅切换了气路的连通，同时使开关座上方的电联锁开关的通、断也发生改变。下部为作用柱塞8，它随手把转动而动作，由凸轮与弹簧使作用柱塞左右移动，改变气路的连通。

制动阀上装有联锁开关组2，它有两个微动开关。上微动开关受转换柱塞12的控制；下微动开关受定位凸轮3的控制，并通过接线端子与外电路相连。在YZ-1型制动机系统中，只有在"空气位"时才使用下微动开关的电联锁。

c. 排气阀与管座

排气阀亦称单独缓解阀，它为橡胶平面密封结构。当手把下压时，通过顶杆14使排气阀6离开阀座，实现单独缓解作用。

管座7既是空气制动阀的安装座也是管路的连接座。管座上接三根管子，接管根据空气制动阀的作用位置的不同而不同。

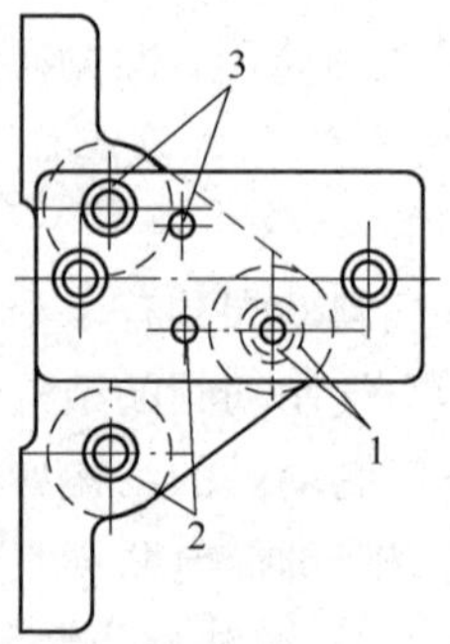

1—1号管；2—2号管；3—3号管

图2.22　空气制动阀管座接管图

空气制动阀管座接管如图2.22所示。

空气位(自动制动阀)：1号管是调压阀管，2号管是单独缓解管，3号管是均衡风缸管。

电空位(单独制动阀):1 号管是调压阀管,2 号管是作用管,3 号管空缺。

空气位(自动制动阀):1 号管是调压阀管,2 号管是单独缓解管,3 号管是均衡风缸管。

②空气制动阀的作用

a. 空气位

当转换柱塞拨在“空气位”后,该空气制动阀作为自动制动阀使用。转换柱塞将单缓管至作用柱塞通路切断,而沟通均衡风缸至作用柱塞的通路,从而使该制动阀能控制均衡风缸的排风和充风。此时有 3 个工作位置:缓解、中立和制动;其作用原理如图 2.23 所示(同时参见图 2.21)。

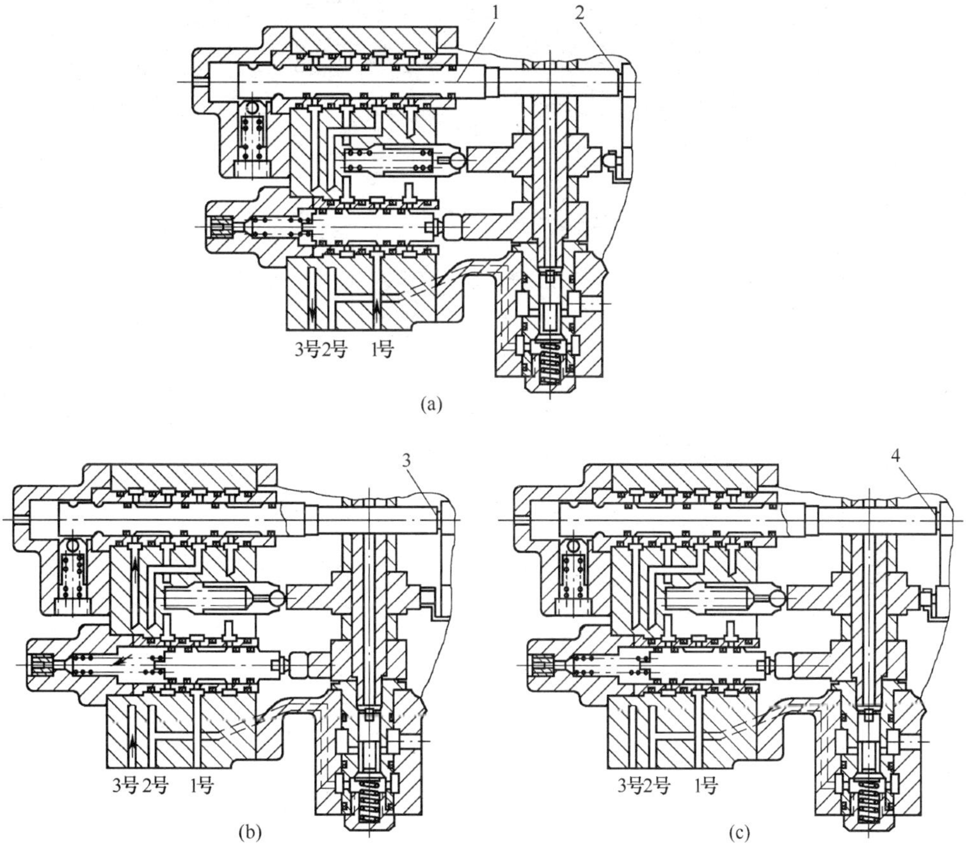

1—转换柱塞;2、3、4—已压缩开关;1 号—调压阀管;2 号—作用管;3 号—均衡风缸管

图 2.23　空气制动阀作用原理图——空气位

ⓐ缓解位[图 2.23(a)]。在缓解位时,作用凸轮 4 推动作用柱塞 8 左移,使调压阀 1 号管经作用柱塞 8 凹槽、转换柱塞 12 的固定凹槽与均衡风缸 3 号管连通,实现均衡风缸的充气。

ⓑ制动位[图 2.23(b)]。在制动位时,作用凸轮 4 有一个降程,在弹簧反力作用下使作用柱塞 8 右移,调压阀 1 号管的通路被转换柱塞 12 切断,同时均衡风缸 3 号管经转换柱塞 12 的固定凹槽至作用柱塞 8 尾部的缩孔通大气,使均衡风缸减压。定位凸轮 3 也使下微动开关的电触点闭合。

ⓒ中立位[图 2.23(c)]。在中立位时,作用凸轮 4 有较小的升程,使作用柱塞 8 左移至中间位,切断各管的通路。同时定位凸轮 3 与下微动开关的位置与制动位相同。由于运转位与中立位在气路上是相同的,而电联锁在相位上正好相反。所以在操纵上实际只有 3 个位置,中

立位与运转位都具有保压作用。

为了在制动保压时实施单独缓解，必须通过下压手把，将排气阀打开，使单缓管通大气。

b.电空位

转换柱塞12拨在“电空位”后，空气制动阀就作为单独制动阀使用。转换柱塞12将均衡风缸通路3号管阻断，仅沟通作用管2号管至作用柱塞8的通路，从而使制动阀能够控制作用管2号管的排风和充风。此时有4个工作位置：缓解、运转、中立和制动，其作用原理如图2.24所示，也可参照图2.21。

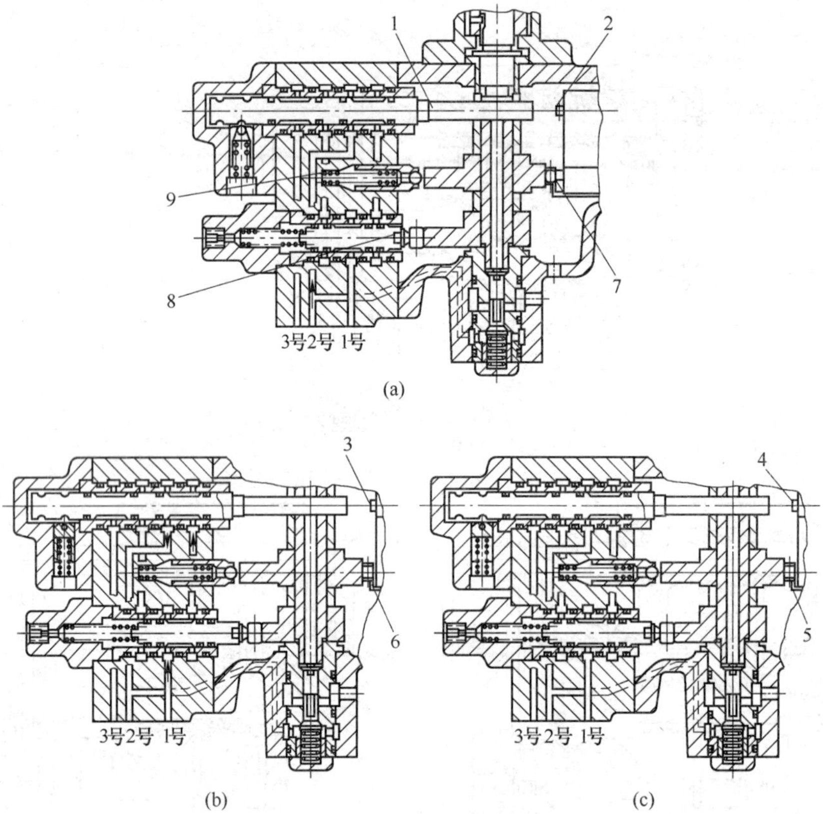

1—转换柱塞；2、3、4、7—未压缩开关；5、6—已压缩开关；8—作用柱塞；9—定位柱塞；

1号—调压阀管；2号—作用管；3号—均衡风缸管

图2.24　空气控制阀作用原理图——电空位

ⓐ缓解位[图2.24(a)]。在缓解位时，作用凸轮4与作用柱塞8的位置同空气位的缓解位相同，只是参与作用的不是均衡风缸管，而是作用管。作用管2号管经转换柱塞12固定凹槽与大气相通，实施了单独缓解。

ⓑ制动位[图2.24(b)]。在制动位时，作用柱塞8右移，使作用管2号管通大气的通路被切断，同时使调压阀1号管经作用柱塞8凹槽、转换柱塞12凹槽连通作用管2号管，实施了单独制动。

ⓒ中立位[图2.24(c)]。在中立位时，同空气位一样，切断各管的通路，保持作用管的压力，实施了制动后的保压。

ⓓ运转位。在运转位时，作用凸轮4与作用柱塞8位置与中立位相同，其气路的状态与中立位也相同。

(2)调压阀

调压阀是为满足系统中气路的不同的调定压力,并保证稳定的供风而设置的;其调定压力及供风能力是根据不同要求进行选择的。本系统中只选用相同规格的调压阀,满足了各气路的要求。因列车管的定压充风是间接通过中继阀来实现的;单独制动时向制动缸的充风是通过分配阀的均衡部来间接实现的,它们均不必用大流量的调压阀就能满足要求。全车共用4个型号为QTY-10的调压阀,其中自动制动阀和单独制动阀下部各装有两个调压阀。

该调压阀为气压传动的通用件,主要由调压弹簧、膜板、调整手轮、进风阀、阀座及溢流阀等组成,其结构如图2.25所示。

左侧通入压缩空气时,由于一级、二级弹簧4、5的作用,膜板7下凹,通过阀杆12顶开进风阀11,使空气经进风阀11通向外部,同时经下阀体上的平衡小孔8进入膜板下方气室。输出压力逐渐增大,则膜板上下侧压力差逐渐减小,膜板将渐趋平衡而上移,使进风阀逐渐上移。在输出压力与调定压力相等时,进风阀口关闭。该结构能使输出的漏泄得以补充,同时在输出压力高于调定值时,膜板7上凸,打开溢流阀6,使多余的压缩空气排出,直至平衡为止。调定值是通过手轮1旋转来调节的,顺时针旋转为增高,反之为降低。

进风阀为平板橡胶阀,总风缸管路的异物易使阀口漏风,导致溢流阀排风不止。溢流阀为金属锥形阀口,与阀杆配合需研磨良好,才能保证密封。

压力调好后,应将紧固螺母2拧紧,以保证调定压力值的稳定。安装时应尽量保证手轮向上,并注意下阀体上箭头指向,保证进、出口风的正确接管。

(3)中继阀

中继阀作为自动制动阀的执行元件,通过均衡风缸的压力变化来控制列车管的压力变化。

中继阀具有供、排风快和灵敏度高的特点。中继阀由双阀口式中继阀、总风遮断阀及管座等组成,其组成如图2.26所示。

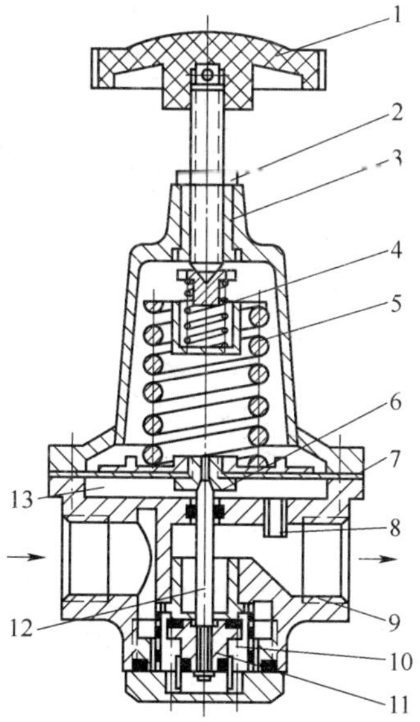

1—手轮;2—紧固螺母;3—上阀体;4—一级弹簧;
5—二级弹簧;6—溢流阀;7—膜板;8—小孔;9—下阀体;
10—阀弹簧;11—进风阀;12—阀杆;13—中央气室

图2.25　QTY型调压阀

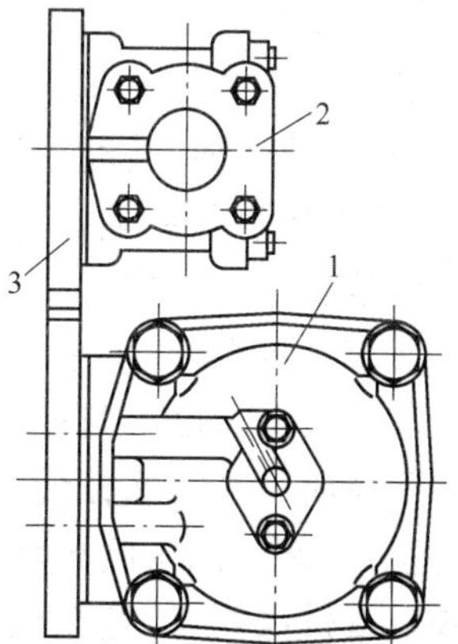

1—双阀口式中继阀;2—总风遮断阀;
3—管座

图2.26　中继阀组成

①双阀口式中继阀

如图 2.27 所示，双阀口式中继阀由主活塞、膜板、排风阀、供风阀、阀套及阀体等组成。

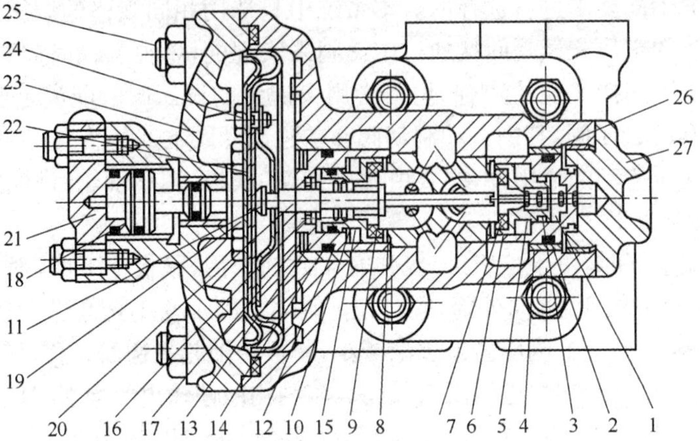

1—供风阀套；2、3、11、12、14—O形圈；4—供风阀；5—供风阀弹簧；6、15—胶垫螺帽；7—供风阀套挡圈；8—排风阀挡圈；9—排风阀胶垫；10—排风阀；13—定位挡圈；16—排风阀套；17—排风阀弹簧；18—过充柱塞；19—主活塞；20—顶杆；21—过充盖；22—膜板；23—中继阀盖；24—螺钉；25—螺栓；26—供风阀胶垫；27—螺盖

图 2.27　双阀口式中继阀

过充阀是为提高列车管的充风速度而设置的。因在 YZ-1 型制动机中，不利用中继阀的过充特点。

中继阀主要作用是控制列车管的充风和排风。主活塞 19 的左侧与均衡风缸管连通，其右侧与列车管相通。主活塞通过顶杆 20 与排风阀 10、供风阀 4 联动，排风阀室与大气相通，供风阀室通总风管。根据均衡风缸的压力变化，该阀共有 3 个作用位置，如图 2.28 所示。

a. 充气缓解位[图 2.28(a)]

主活塞 3 左侧均衡风缸压力增加，膜板活塞向右侧移动，通过顶杆将供风阀口 1 开启，总风管 6 压力空气经供风阀口 1 向列车管 5 充风，同时经 1 mm 的缩孔 8 使列车管与主活塞右侧连通，列车管压力的增加，逐渐平衡主活塞左侧压力，活塞左移逐渐缩小供风阀口，直至关闭。

b. 保压位[图 2.28(b)]

当主活塞 3 两侧压力接近一致时，主活塞处于平衡状态。供风阀口 1 与排风阀口 2 均在其弹簧作用下关闭。主活塞任何一侧压力降低或增高时，主活塞就向低压侧移动，从而相应地打开供风阀口或排风阀口，直至达到新的平衡，即保压位的主活塞最终处于平衡状态。

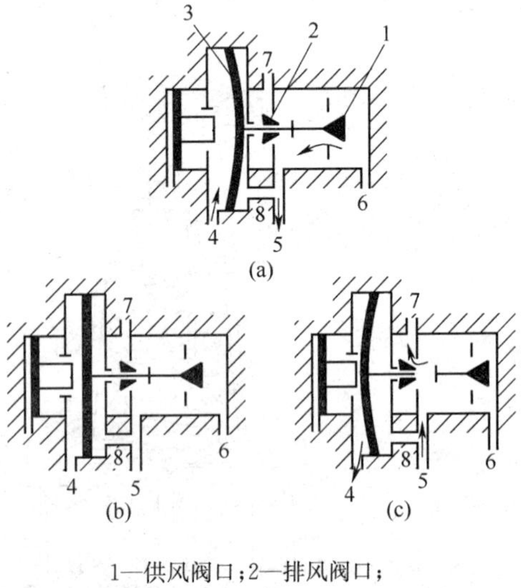

1—供风阀口；2—排风阀口；3—主活塞；4—均衡风缸管；5—列车管；6—总风管；7—排风口；8—缩孔

图 2.28　中继阀各作用位置示意图

c. 制动位[图 2.28(c)]

当主活塞左侧的均衡风缸压力降低，右侧列车管压力推动主活塞左移，主活塞使顶杆带动排风阀离开阀座，开启排风阀，此时列车管的压力空气经排风口 7 排向大气，同时活塞右侧室

压力空气经缩孔随列车管一同降压。

②总风遮断阀

如图 2.29 所示，总风遮断阀由阀体、遮断阀、阀座、弹簧等组成。总风遮断阀中的遮断阀与中继阀中的排风阀通用。该阀作为控制总风向列车管充风的一道关口，当遮断阀左侧无压缩空气时，总风压力克服弹簧的作用力使阀左移，打开阀口，使总风向列车管充风；若在其左侧通入总风后，其阀口迅速关闭，切断列车管风源。

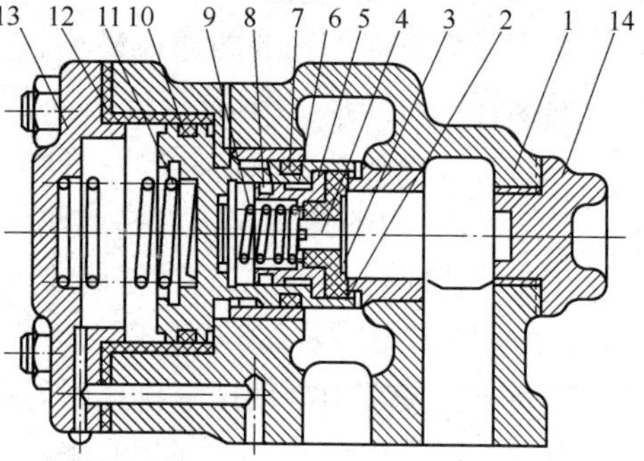

1—遮断阀体；2—阀座；3、12—胶垫；4—胶垫螺帽；
5—遮断阀；6—遮断阀套；7、8、10—O 形圈；
9—遮断阀弹簧；11—弹簧；13—遮断阀盖；14—螺盖

图 2.29　总风遮断阀

③管座

中继阀管座是作为双阀口式中继阀和总风遮断阀的安装座，同时也是外接管的连接座，这样便于组装和检修。管座上有 5 根管子，分别为：总风遮断阀管、总风管、列车管、均衡风缸管和过充阀管，其中过充阀管没有使用。

(4)紧急放风阀

紧急放风阀的作用是在紧急制动时加快列车管的排风，使紧急制动的作用可靠，提高紧急制动灵敏度和紧急制动速率。

紧急放风阀主要由阀和安装座组成，安装座内有容积为 1.5 L 的紧急室，列车管通阀安装座，将阀安装在安装座上。该阀的结构如图 2.30 所示，由紧急活塞、夹芯阀、放风阀、导向杆、传递杆和柱塞阀等组成。紧急活塞由橡胶膜板密封，导向杆和传递杆由 O 形橡胶密封圈密封。

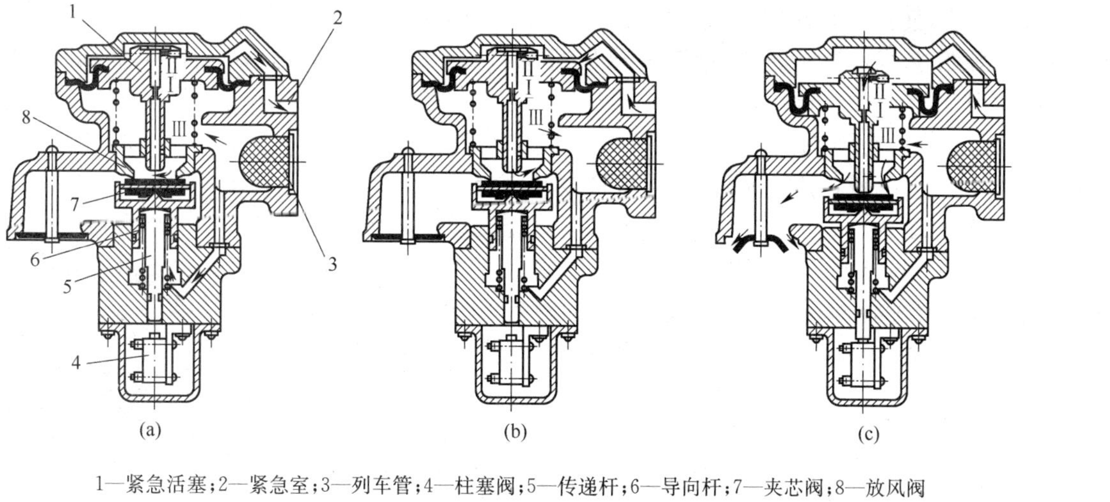

1—紧急活塞；2—紧急室；3—列车管；4—柱塞阀；5—传递杆；6—导向杆；7—夹芯阀；8—放风阀

图 2.30　紧急放风阀结构原理图

紧急活塞的上侧经阀盖和阀体内的通道与阀座内紧急室连通，下侧经阀座内通孔与列车管连通；导向杆的下侧经阀下盖、阀体也与列车管连通。该阀有 3 个作用位置：充气位、常用制动位和紧急制动位。

①充气位[图 2.30(a)]

当列车管充风时，紧急放风阀处于充气位。从列车管来的压力空气，经滤尘网进入紧急活塞下方，并推紧急活塞上移，直至活塞与上盖接触，并通过一个，16 mm 的密封圈与上盖密贴。

这时进入活塞下方的列车管压力空气，经活塞尾部与夹芯阀的间隙，通过活塞中心的空心杆和 ϕ1.7 mm 的缩孔Ⅰ，再经上部横向 ϕ0.5 mm 的缩孔Ⅱ向紧急室充风，直到紧急室压力与列车管压力相等为止。缩孔Ⅱ的通径最小，它起到了限制向紧急室充风的作用，使紧急室的压力不能与列车管压力同步上升，防止了列车管充风时因列车管压力的波动而引起的意外紧急放风。

由列车管进入紧急放风阀的空气除一路进入紧急室外，还有一路从 A 孔进入导向杆的下方，与导向杆 6 内的弹簧作用力共同使夹芯阀 7 密贴在阀座上，关闭了列车管的排风通路。

在充气位时，位于尾端的柱塞阀 4 处在复原状态。

②常用制动位[图 2.30(b)]

当列车管按常用制动速率排风时，紧急活塞下方的列车管压力也随之下降。但是紧急室的压力空气因受缩孔Ⅱ、Ⅰ的限制，来不及同步向列车管逆流，造成活塞上方的压力稍高于下方，使活塞缓缓下降，上方的密封圈与上盖分开，这就使缩孔Ⅰ成为紧急室向列车管逆流的限制孔。这个缩孔能保证在常用制动减压速率下，紧急室的逆流速率与列车管压力下降速率保持一致，使紧急活塞处于悬空状态。当列车管保压时，活塞在弹簧力作用下又恢复至充风位；但紧急室的压力与列车管压力均为制动保压后的压力。可见缩孔Ⅰ的大小直接影响该阀的性能，过大则会降低阀的紧急制动灵敏度，过小又会降低阀的常用制动的稳定性。

③紧急制动位[图 2.30(c)]

紧急制动时列车管压力以紧急速率快速排向大气，但紧急室的逆流速率远低于列车管的减压速率，使活塞上方的紧急室压力远高于活塞下方的列车管压力，活塞继续下移，压下夹芯阀，开放排风阀口，产生紧急制动。

因紧急活塞 1 杆尾部已紧贴夹芯阀 7，紧急室压力已无法经活塞杆中心孔道排出，它只能经横向 ϕ1.2 mm 的缩孔Ⅲ向外排出。可见缩孔Ⅲ的设计是为了限制紧急室在紧急制动时的排风速度，使其慢于列车管的排风速度，保证了排风阀口有足够的开放时间。

另外，放风阀下部的柱塞阀 4 也被压缩，使中继阀的遮断阀管充以总风，从而切断了中继阀向列车管充风的供风源。

紧急室压力排空后，在活塞弹簧的作用下，紧急活塞回复至充气位。此时，放风阀关闭，柱塞阀复原，列车管才能恢复充风。

(5)分配阀

YZ-1 型制动系统采用的是电力机车 DK-1 型制动系统中的 109 型分配阀，但也进行了部分改进，如安装座内的容积室由 3.8 L改为 1.85 L，取消局减阀与充气部；将安全阀设置在双室风缸上等。

①109 型分配阀的构造

如图 2.31 所示为 DK-1 型制动系统中的 109 型分配阀，它由主阀、安装座及安全阀三大部分组成。主阀用 M16 的双头螺栓和螺母安装在安装座垂直面上，安装面用橡胶垫密封，安装座坐式安装在支架上。将阀与接管通过安装座分离，使拆检极为便利。

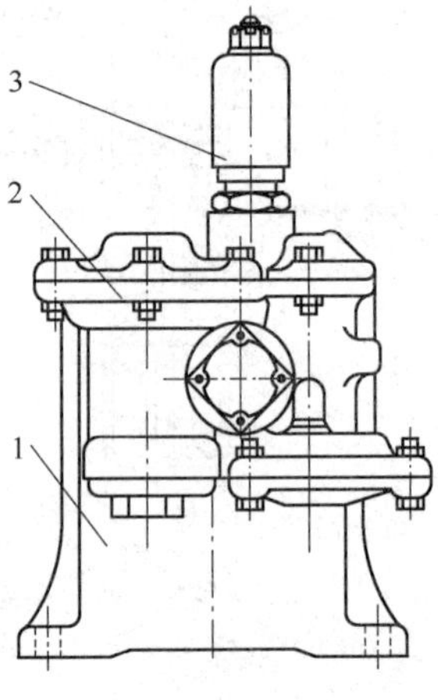

1—主阀；2—安装座；3—安全阀

图 2.31 109 型分配阀

a. 主阀

主阀控制不同通路的充风、缓解、制动和保压，是分配阀最主要部分。它由主阀部、均衡部和增压阀等三部分组成。

ⓐ主阀部(参见图 2.36)。主阀部是利用列车管与工作风缸的压力差来产生充风、局减、制

动、保压和缓解等作用的。它由主活阀 4 和橡胶膜板、滑阀 3、滑阀弹簧、节制阀 7、节制阀弹簧、稳定杆、稳定弹簧及挡圈等组成。主活塞的膜板上、下两侧互相密封，膜板上侧通列车管工孔，下侧通工作风缸 G 孔，主阀部就是利用膜板上下压力差，即列车管与工作风缸的压力差，带动节制阀 7 和滑阀 3 上下移动，形成各个不同的作用位置。稳定杆、稳定弹簧和挡圈等零件安装在主活塞杆尾部的套筒内。它在一定程度上阻碍了主活塞向上移动，可以防止列车在运行中因列车管轻微漏泄或压力波动而引起的意外自然制动，从而加强制动机在缓解状态时的稳定性。

节制阀、滑阀、滑阀座上的孔和槽布置如图 2.32 所示。

当主活塞两侧压力差引起上下移动时，它带动节制阀相对于滑阀以及带动滑阀相对于滑阀座移动，分别使对应通路连通或切断，从而产生充风、缓解、局减、制动和保压等作用。

ⓑ均衡部(参见图 2.37)。均衡部位于主阀部右侧，它由下部的均衡活塞部、上部的均衡阀部等组成。

均衡活塞部包括均衡活塞 9、橡胶膜板 10、密封圈等零部件。均衡阀 7 与均衡阀杆用销轴 8 连接，这样即使阀座与阀杆中心稍有偏斜，也不影响阀的气密性。橡胶膜板上侧通制动缸，下侧通容积室。均衡活塞杆上的轴向中心孔径杆上的四个径向孔通大气，并装有密封圈，以防止制动缸的漏泄。均衡阀上侧通总风管，下侧通制动缸。另在阀体上装有 $\phi0.8$ mm 的缩孔堵，以适应不同缸径的制动缸容量，使制动缸压力保持稳定。

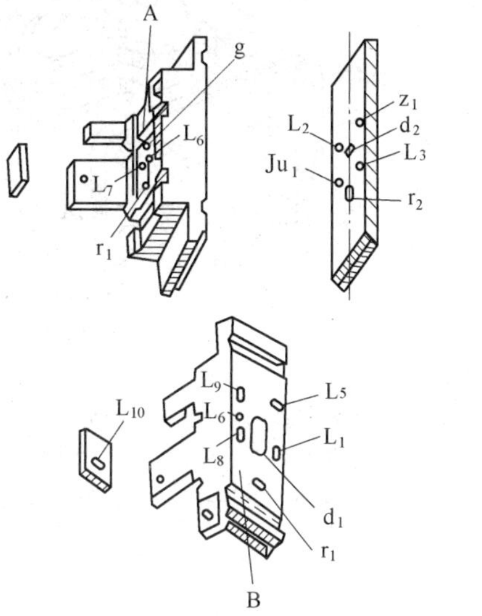

A—背面(滑阀)；B—底面(滑阀)

图 2.32　节制阀、滑阀、滑阀座孔、槽布置图

主阀部可控制容积室的压力变化，使均衡活塞按其上下两侧压力关系而上下移动或停留，从而使均衡阀顶开或关闭，并使均衡活塞杆上端中心孔关闭或开启，以控制制动缸的充风、保压和排风，实现制动、保压和缓解作用。单独制动阀作用时，直接接受作用管的压力变化，达到单独制动或缓解的目的。

ⓒ增压阀(参见图 2.37)。为提高紧急制动时制动缸压力，在主阀体中下部设有增压阀。

增压阀由增压阀杆 11、增压阀弹簧 12 和增压阀套等组成。增压阀杆的上侧通列车管，其轴向中心孔经下部径向小孔通容积室。增压阀套压在主阀体内，沿径向有 8 个 1 mm 的小孔，小孔通总风管。

自动制动阀在缓解或制动位时，增压阀杆由于增压阀弹簧和列车管压力的作用而处于下部位置，即关闭位。此时总风缸与容积室不通。只有在紧急制动时，由于列车管压力的骤降，下侧容积室的压力快速增长，增压阀杆向上移动，当容积室压力增大到一定值时，到上部位置，即开放位。此时总风管与容积室连通，即 C_3 与 r_3 相通，形成容积室的增压作用，经均衡部均衡阀开启，f_4 与 z_3 相通使制动缸压力也获得增压。

ⓓ主阀体。主阀体用铸铁铸成，内部有用来安装主阀部、均衡部和增压阀的空腔，并压装有与各部件相配的铜套，还有许多通道作为内部气路。主阀安装面上的通孔如图 2.33 所示，其中有一个孔径为 $\phi0.8$ mm 的缩孔堵，在施行制动的第一阶段局减时，流入安装座内局减室的压力空气，经该缩孔沿胶垫槽路缓慢排入大气，实现列车管的局减。在主阀体上左侧中部有

主阀部排风口 d_3（排容积室的风），其右侧中部为均衡部排风口（排制动缸的风）。

b. 安全阀

安全阀主要由阀、阀杆、调整弹簧、阀体等组成，如图 2.34 所示。安全阀的功用是限制容积室的压力，从而控制制动缸的压力，防止紧急制动作用后制动缸压力过高，使其在规定的范围内（调定压力为 450 kPa，无动力回送时定为 180～220 kPa）。

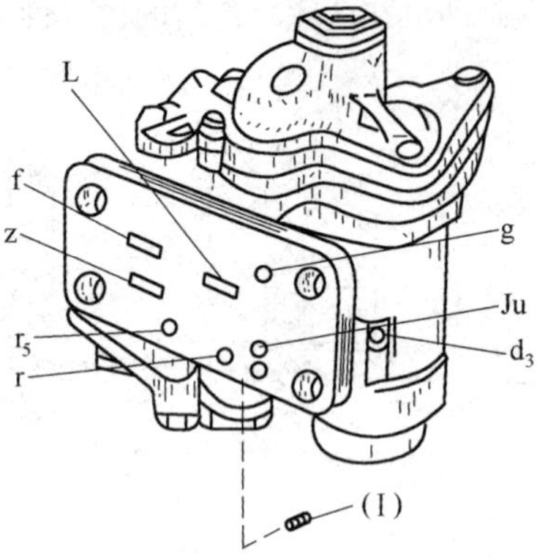

L—列车管；f—副风缸；z—制动缸；g—工作风缸；
r—容积室；Ju—局减室；d_3—主阀部排风口；
(I)—局减室排风缩堵孔（ϕ8 mm）；r_5—均衡活塞下方室

图 2.33　主阀安装面通孔

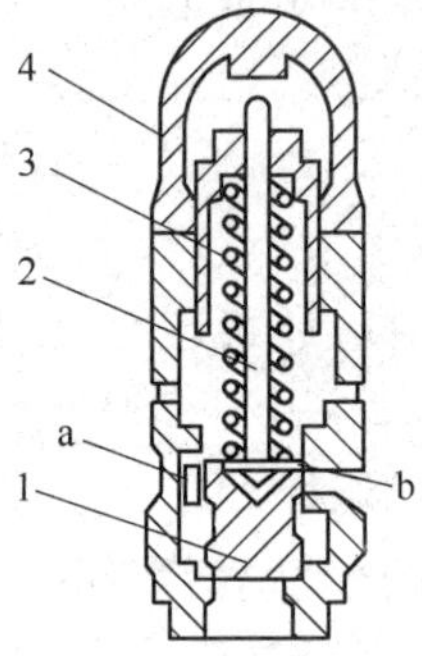

1—阀；2—阀杆；3—调整弹簧；
4—阀体；a—直孔；b—排风口

图 2.34　安全阀

当容积室压力超过调整弹簧压力时，阀口稍微离开阀座，压力空气进入较大的阀面上，使阀快速上升，阀杆上移，将通往阀上部的左侧直孔 a 通道关闭，同时开放排风口 b，使容积室压力降低。一旦容积室压力降低，调整弹簧又将阀稍微压下，此时左侧直孔 a 开放；压力空气进入阀的上部，使阀的上部受力增大，迅速将阀压下，关闭排风口 b。当容积室压力再度增加时，又重复上述过程。由于该过程很快，所以安全阀的动作是跳跃式的。

c. 安装座

安装座用灰铁铸成，座内铸有 1.85 L 的容积室空腔和 0.6 L 的局减室空腔。安装座背面和右侧面为接管面。背面接总风管（F）、制动缸管（Z）、作用管（R）、列车管（L）及工作风缸管（G）5 根管子。右侧面接单独缓解管（H），它经主阀安装面上的 r_5 孔，通分配阀均衡活塞的下侧。正面则为主阀安装面。顶面装有安全阀，与座内的容积室相通。安装座如图 2.35 所示。

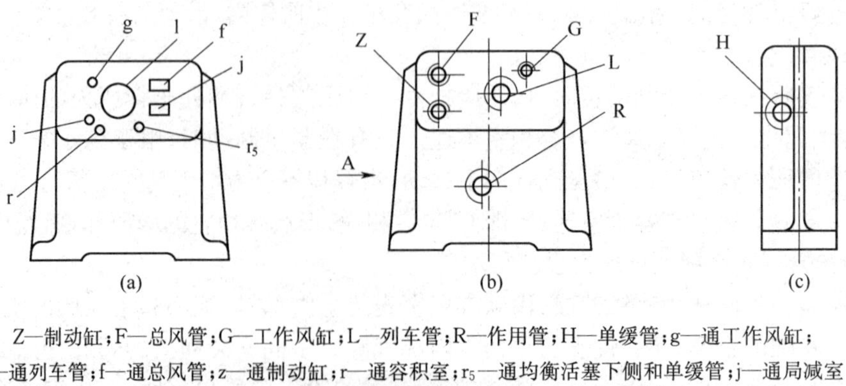

Z—制动缸；F—总风管；G—工作风缸；L—列车管；R—作用管；H—单缓管；g—通工作风缸；
l—通列车管；f—通总风管；z—通制动缸；r—通容积室；r_5—通均衡活塞下侧和单缓管；j—通局减室

图 2.35　分配阀安装座

②109 型分配阀的作用

分配阀具有充气缓解位、常用制动位、保压位和紧急制动位 4 个作用位置。

a. 充气缓解位

分配阀充气缓解位的作用原理如图 2.36 所示。

列车管充风时，压力空气经安装座主阀安装面 L 孔进入主阀，经主阀体内暗道及通路L_1到主阀部主活塞上方 L_{11}，将主活塞推向下方，主活塞杆通过其上肩推动滑阀一起向下移，直至主活塞下底面碰到主阀体时为止。主活塞处于充气缓解位。

列车管压力空气经主阀安装面 L 孔→滑阀座充风孔 L_2→滑阀充风孔 L_5→滑阀充风限制孔 g_1→滑阀室（主活塞下方）→滑阀室孔 g_2→经主阀体暗道至安装面上孔 g→安装座 G 孔→工作风缸。工作风缸一直充气至与列车管压力相等。

列车管压力空气经 L 孔和主阀体内暗道进入紧急增压阀杆上方的 L_{12}，与增压弹簧的共同作用，使增压阀杆处于下部关闭位。

容积室的压力空气经安装面上的 r 孔→增压阀杆下部周围空间 r_3→滑阀座孔 r_2→滑阀底部的缓解联络槽 d_1→滑阀座孔 d_2→主阀部排风口 d_3→大气。均衡活塞下方的压力空气经主阀体内暗道 r_4→安装座侧面 H 孔→通过外接的单缓管→安装座 R 管→容积室，再经上述通路通大气。

由于容积室的缓解，均衡活塞上下失去了平衡，制动缸压力使活塞下移，造成活塞杆顶端的排风阀口离开均衡阀，制动缸压力空气经安装座→主阀安装面上的 L 孔→均衡活塞上部外围 Z_3→活塞杆轴向中心孔和径向孔 d_5→均衡部排气口 O→大气。

b. 常用制动位

分配阀制动位的作用原理如图 2.37 所示。当列车管 L 减压后，主阀部的主活塞两侧形成一定的压差，主活塞尾部首先压缩稳定弹簧 14，带动节制阀上移。此时由于滑阀与滑阀座间的最大静摩擦力大于压缩稳定弹簧所需的张力，故滑阀暂时未动。节制阀上移时，先关闭滑阀背面的充风孔 g_1，以切断列车管与工作风缸的通路。同时又开放滑阀背面上的制动孔 r_1，以备下一阶段工作风缸向容积室充气。节制阀上的局减连络槽 A 连通滑阀背面的 L_6 与 L_7 孔，就使列车管 L→滑阀座孔 L_3→滑阀贯通孔 L_6→节制阀联络槽 A→滑阀贯通孔 L_7→滑阀座局减室孔→局减室 J 连通，空气经 J_2 到主阀安装面上的 $\phi 0.8$ mm 缩孔(Ⅰ)沿胶垫上的槽路排入大气；这就形成了分配阀的初制动位。

初制动位是不稳定的。列车管的局减作用加大了主活塞两侧的压差，主活塞继续上移，由初制动位移至制动位。滑阀也随之上移，与滑阀座的相对位置发生变化，即滑阀上的 L_6孔与滑阀座上的 L_3孔错开，切断列车管的局减通路；同时沟通滑阀底面上的 r_1孔与滑阀座上的 r_2孔，使容积室和制动缸充风，产生制动作用。

ⓐ容积室充风路线为：工作风缸→滑阀室→滑阀上的制动孔 r_1→滑阀座上的容积室孔 r_2→增压阀杆下部周围通道 r_3→主阀安装面的 r 孔→容积室 R。

ⓑ制动缸充风路线为：容积室压力→安装座背面 R 管→外接单缓管→安装座侧面接管 H 管→主阀安装面上 r_5→主阀体暗道和主阀体底面孔 r_4→均衡活塞下侧，推动均衡活塞上移顶开均衡阀；同时由总风管经体内暗道至均衡阀气室上方 f_4→开启的均衡阀口→均衡活塞杆上端外围空间 z_3→主阀安装面上的 Z 孔→安装座→制动缸 Z，制动缸压力增加。另一路经 z_3 至均衡阀上方，使均衡阀成为无压差阀，提高了均衡阀的动作灵敏度；再一路经缩孔(Ⅱ)进入均衡活塞上侧，参与均衡活塞的压力平衡。

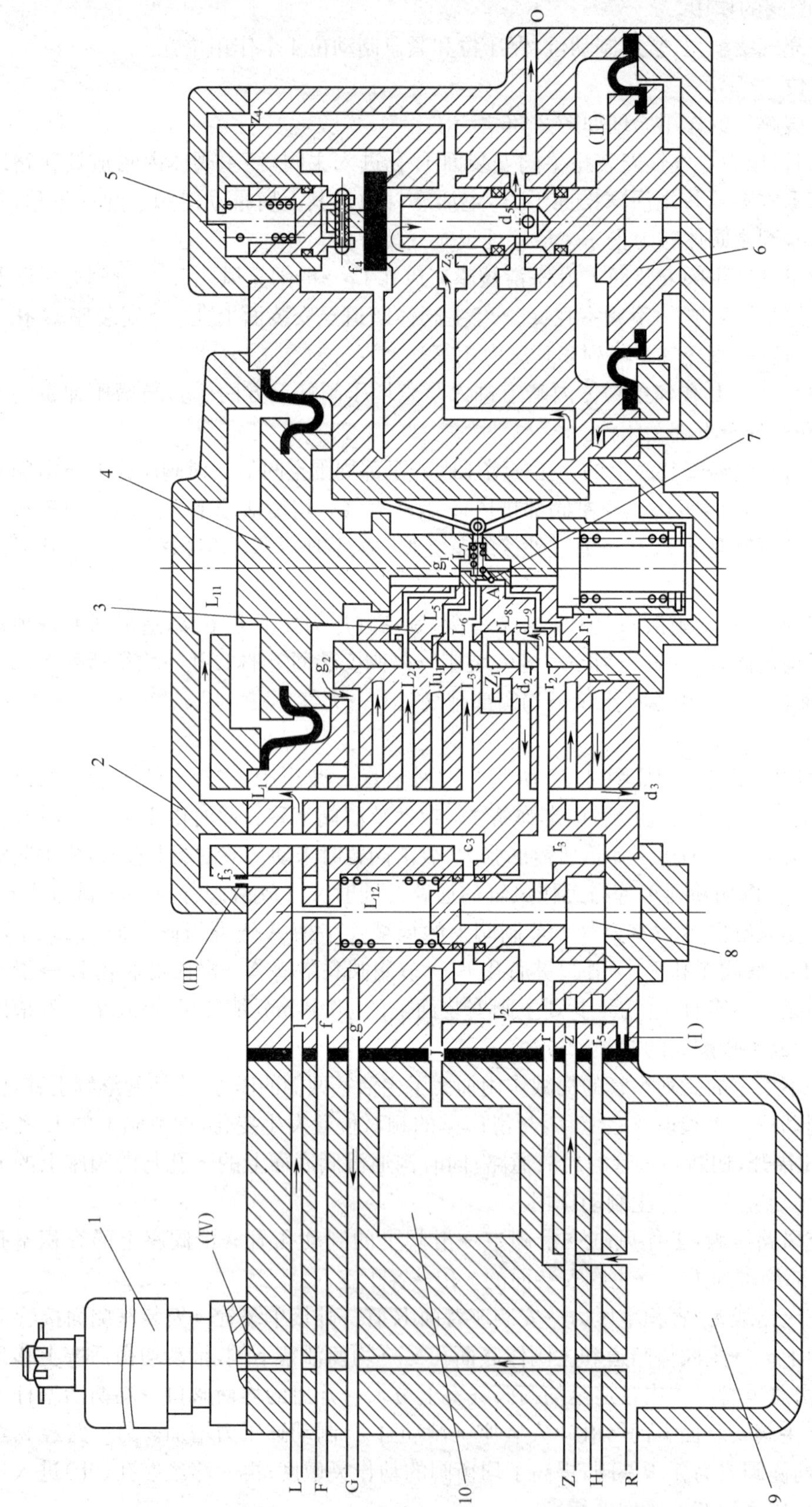

1—安全阀；2—主阀部；3—滑阀；4—主活阀；6—均衡活塞；7—节制阀；8—增压阀；9—容积室 R；10—局减室 J；
L—列车管；F—总风管；G—工作风缸；Z—制动缸；H—单缓管；R—作用管

图 2.36　分配阀工作原理——充气缓解位

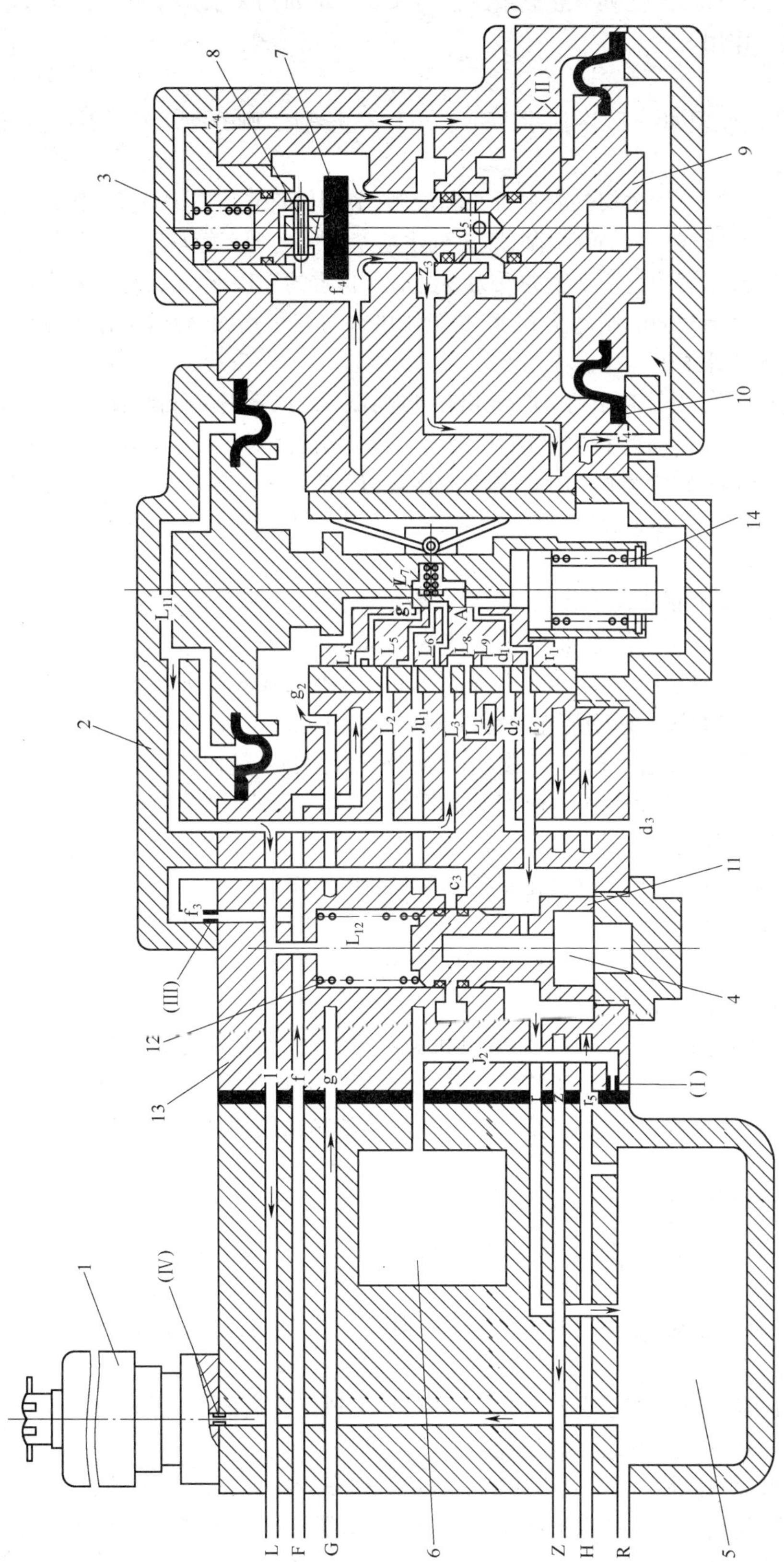

1—安全阀；2—主阀部；3—均衡部；4—增压阀；5—容积室 R；6—局减室 J；7—均衡阀；8—销轴；9—均衡活塞；10—橡胶膜板；11—增压阀杆；12—增压阀弹簧；
13—增压阀套；14—稳定弹簧；L—列车管；F—总风管；G—工作风缸；Z—制动缸；H—单缓管；R—作用管

图 2.37　分配阀作用原理——制动位

在该位时，由于增压阀杆上部的列车管剩余压力与弹簧力之和仍大于其容积室的压力，增压阀仍处关闭位，不参与作用。

c. 制动保压位

分配阀保压位的作用原理如图 2.38 所示。列车管 L 停止减压，则分配阀处于保压位置，使制动缸压力保持一定。

在列车管刚停止减压时，由于主阀部的主活塞和滑阀、节制阀都还在制动位，工作风缸仍在向容积室充风，因而工作风缸压力仍继续降低，直到主活塞两侧的列车管与工作风缸压力相接近时，在主活塞尾部原被压缩的稳定弹簧的反力及主活塞自重的作用下，主活塞带动节制阀向下移动，节制阀遮盖住滑阀背面的制动孔 r_1，切断工作风缸与容积室的通路，工作风缸停止向容积室充风；此时主阀部处于保压位。

在均衡部，容积室压力停止上升时，由于均衡阀仍在开放状态，总风管仍在向制动缸充风，当通过缩孔(Ⅱ)流到均衡活塞上侧的制动缸压力空气的压力增大到与均衡活塞下部容积室压力相近时，在均衡阀、均衡活塞自重及均衡阀弹簧的作用下，均衡阀压着均衡活塞杆一起下移，关闭阀口，切断总风管与制动缸的通路，停止制动缸的充风，制动缸压力停止上升，使分配阀处于制动保压位。

d. 紧急制动位

分配阀紧急制动位的作用原理如图 2.39 所示。紧急制动时，主阀各部分的作用，除增压阀外，均与常用制动位相同，只是动作更加迅速，通路变大。

由于列车管压力空气急速排出，在增压阀上部的列车管压力急剧下降，同时其下部的容积室压力迅速上升。当容积室的压力达到能克服增压阀弹簧的作用力和列车管较小的剩余压力时，增压阀上移，于是增压阀套径向小孔 C_3 开放，增压阀处于开放位。这时，总风从 $F \rightarrow f_3 \rightarrow$ 径向小孔 C_3 迅速流向容积室。容积室的压力由安全阀控制，按规定要求，紧急制动时的制动缸压力为 450 kPa。当容积室压力达到此值时，安全阀即动作，以保证容积室压力不超过此规定值。因此制动缸演练比常用制动时大，这就是紧急制动时的增压作用。

分配阀由常用制动转为紧急制动时，由于列车管压力急速下降和增压阀的作用，仍能有效地发挥紧急制动作用。当然其效果随常用制动时列车管减压量的增大而有所下降。

3. YZ-1 型制动机的综合作用

制动机的综合作用是协调制动与缓解。本制动机为双端操纵，两端的操纵方法完全一样。为防止两端的同时操纵，每台车仅备一组手把，手把只能在运转位取出。在操纵端作为自动制动阀使用的空气制动阀的转换拨杆应置于“空气位”；作为单独制动阀使用的空气制动阀的转换拨杆应置于“电空位”。

(1)自动制动和单独制动的综合作用

①单独制动阀在运转位，自动制动阀在各作用位置的作用

a. 缓解位

调压阀管与均衡风缸管连通，使调定的压力为 500 kPa 的总风经自动制动阀的作用柱塞、转换柱塞充入均衡风缸。

ⓐ中继阀。因均衡风缸增压，中继阀处于充气缓解位，总风经开启的供风阀充入列车管，直至与均衡风缸压力一致后中继阀回复到保压位。

ⓑ分配阀。列车管的增压使主阀部处于充气缓解位。列车管压力充入工作风缸；容积室压力由主阀排气口排出；均衡部均衡活塞下侧压力经外部的单缓管进入容积室，再由主阀排气口排出；制动缸压力由均衡部排气口排出。全车呈缓解状态，增压阀处于关闭状态。

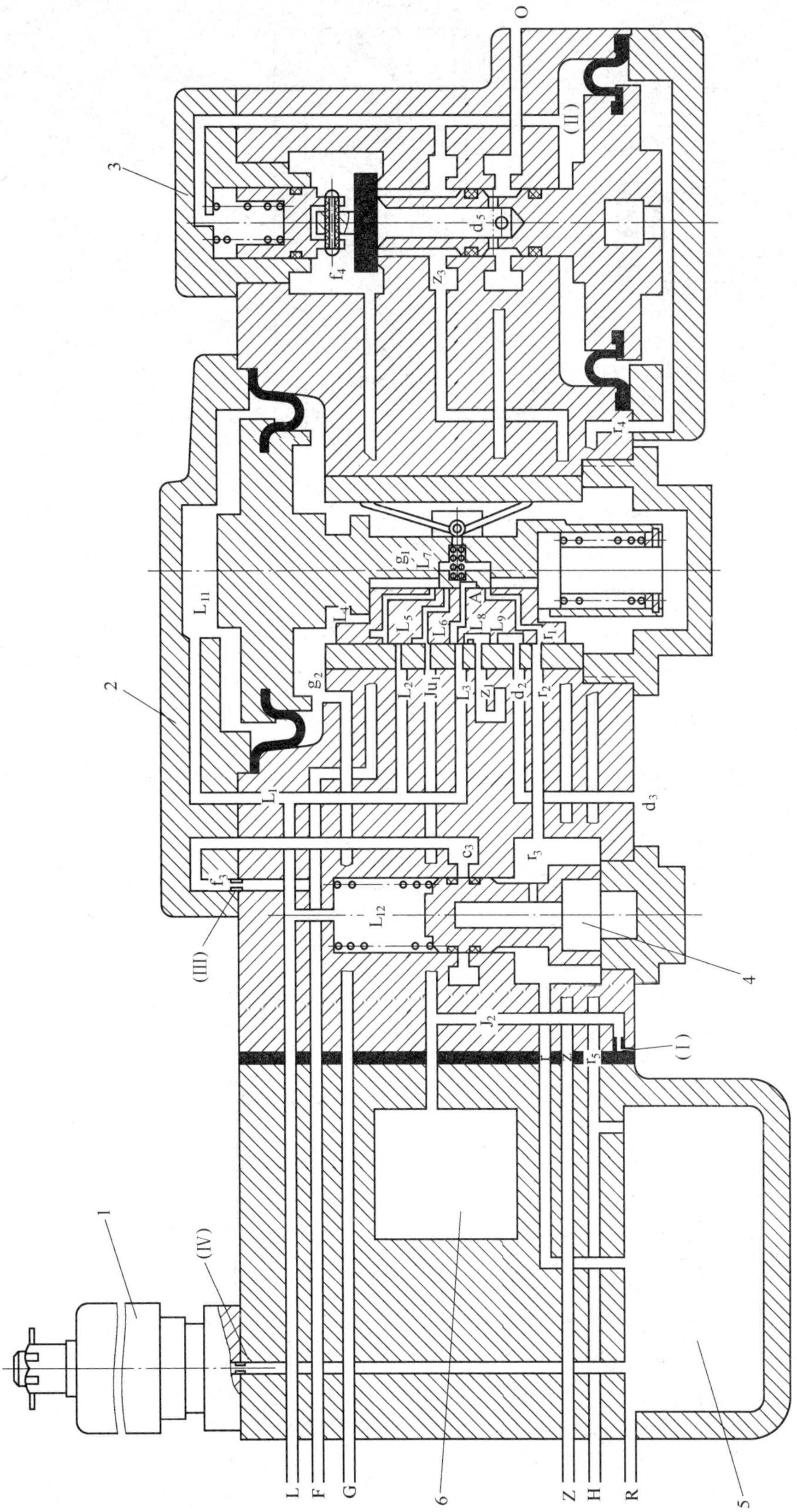

1—安全阀；2—主阀部；3—均衡部；4—增压阀；5—容积室 R；6—局减室 J；
L—列车管；F—总风管；G—工作风缸；Z—制动缸；H—单缓管；R—作用管

图 2.38　分配阀作用原理——制动保压位

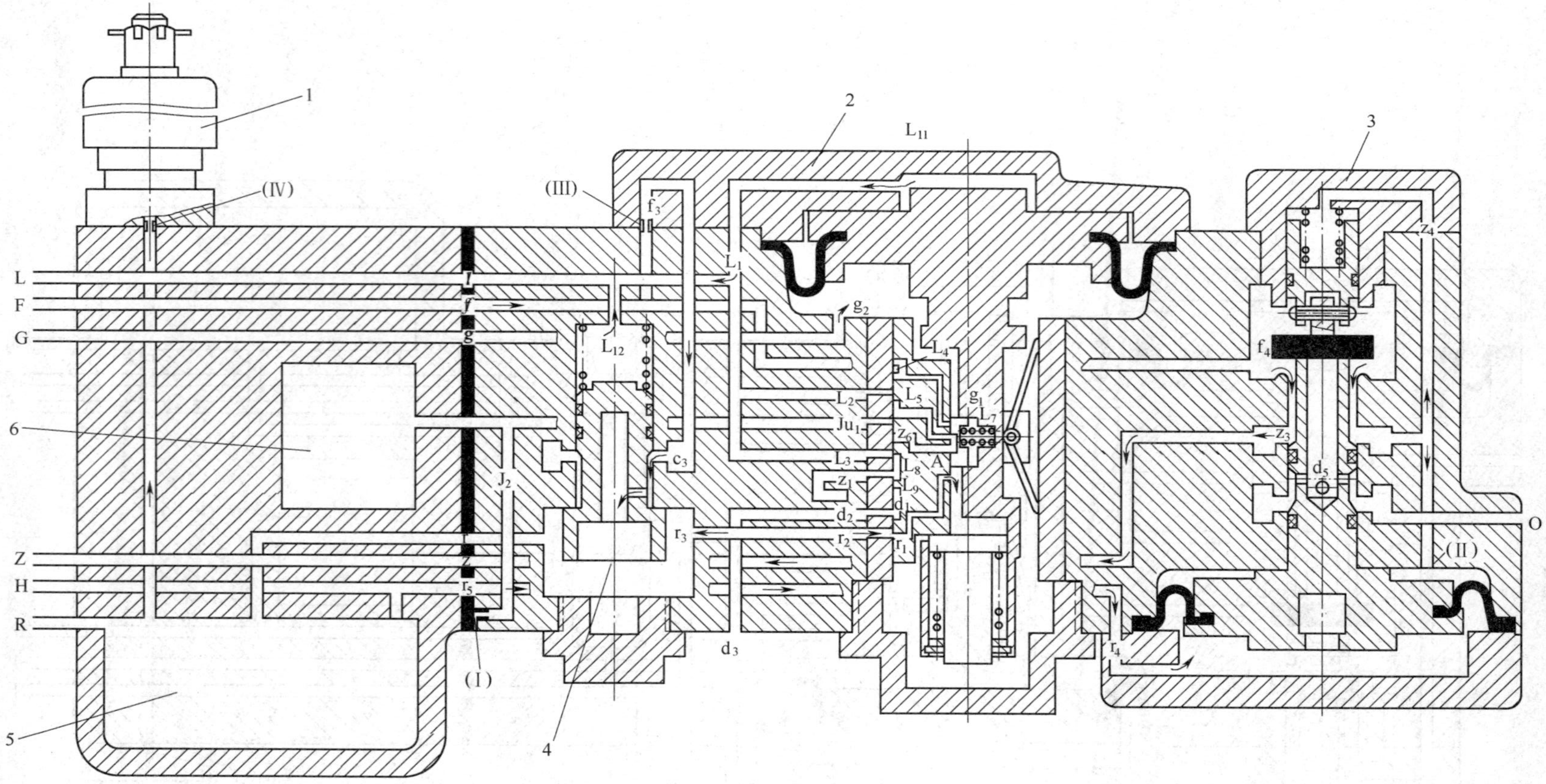

1—安全阀；2—主阀部；3—均衡部；4—增压阀；5—容积室 R；6—局减室 J；
L—列车管；F—总风管；G—工作风缸；Z—制动缸；H—单缓管；R—作用管

图 2.39　分配阀作用原理——紧急制动位

ⓒ紧急放风阀。此阀处于充气缓解位;列车管向紧急室充风,直至两者压力相等,放风阀关闭;同时,放风阀下部的柱塞阀复原,使中继阀的遮断阀管通大气,从而使中继阀的总风遮断阀处于开启状态,保证了中继阀供风源的开通。

b. 中立位

列车管减压后手把放于中立位,各通路均被切断,自动制动阀处于保压状态,且微动开关被制动阀的定位凸轮压缩,输出电联锁信号。

ⓐ电空阀。电联锁信号使电空阀得电,总风经电空阀到中继阀的总风遮断阀,使中继阀的总风被切断。

ⓑ中继阀。此阀主活塞呈保压状态。当列车管压力漏泄后,主活塞又转为充气缓解位,但因中继阀的总风已被切断,列车管的漏泄无法得到补偿,防止了长时间制动保压后的自然缓解。

ⓒ分配阀。此阀的主阀部处于保压状态,工作风缸停止向容积室充风而保压。与容积室连通的均衡活塞下侧也保压。当制动缸压力与容积室压力一致时,均衡部处于保压状态,制动缸压力漏泄时能自动得到补偿,增压阀仍处于关闭状态。

ⓓ紧急放风阀。此阀处于制动后的充气缓解位。紧急放风阀和其下部的柱塞阀状态同上述的缓解位。

c. 运转位

运转位与中立位的气路状态完全一样,各通路被切换,不同之处是微动开关被定位凸轮压缩,故无电联锁信号输出,电空阀失电,中继阀遮断阀通大气,总风被接通,因此制动保压后的列车管漏泄能自动补偿。中继阀、分配阀、紧急阀的状态位置与中立位完全一样。由此可见,制动保压操纵时,当需要有列车管漏泄的自动补风功能时,自动制动阀手柄置“运转位”;反之,当不需要列车管漏泄的自动补风功能时,自动制动阀手柄需置“中立位”。

d. 制动位

均衡风缸经作用柱塞、转换柱塞和排气缩堵以常用制动排风速率排至大气,微动开关仍被定位凸轮压缩,输出电联锁信号。

ⓐ电空阀。电空阀与中立位状态相同。

ⓑ中继阀。因均衡风缸的减压,中继阀的排风阀开启,列车管压力经排风阀排至大气,直至与均衡风缸压力一致,中继阀呈制动中立位。

ⓒ分配阀。分配阀的主阀部处于制动位,使容积室压力增高,均衡部处于制动位,开放总风与制动缸通路,制动缸增压,直至手柄转为中立位后,列车管压力与工作风缸压力平衡时,主阀部转为制动保压位;容积室压力与制动缸压力平衡时,均衡部转为制动保压位。增压阀仍处于关闭位。

ⓓ紧急放风阀。紧急放风阀处于制动位。紧急室压力以接近列车管的减压速率排至列车管。当手柄转至中立位后,列车管压力与紧急室压力平衡时,转为制动后充风状态。紧急放风阀仍关闭,其下部的柱塞阀处于复原状态。

②自动制动阀在缓解位,单独制动阀在各作用位置的作用

自动制动阀在缓解位时,分配阀处于充气缓解状态,容积室压力经主阀排气口排大气,但容积室与均衡活塞下侧的连通被梭阀所切断,而单独制动阀的作用管通过梭阀与均衡活塞下侧连通,达到单独制动和缓解的目的。

a. 缓解位

作用管经单独制动阀的作用柱塞、转换柱塞排大气,而均衡活塞下侧的压力空气又经外接

的单缓管和梭阀与作用管连通，于是均衡活塞下移。制动缸压力经活塞杆中心孔排入大气，达到单独缓解的目的。

b. 中立位

各通路均被切断，作用管保压达到单独制动保压的目的。

c. 制动位

经调压阀调整后的 360 kPa 总风压力，由调压阀管经单独制动阀的作用柱塞、转换柱塞通作用管，并再经梭阀和单缓管通均衡活塞的下侧，使均衡活塞上移，顶开均衡阀，总风经均衡阀口向制动缸充风，达到单独制动的目的。

③自动制动后的单独缓解

自动制动后，容积室压力空气经梭阀和单独缓解管至分配阀的均衡活塞下侧，由于梭阀的作用切断了单独制动阀作用管与分配阀均衡部的连通，因此无法达到用单独制动阀缓解的目的。此时可以下压自动制动阀手柄，顶开放风阀，使其与均衡活塞下侧连通的单独缓解管压力空气排大气，从而达到单独缓解的目的。

④紧急制动

YZ-1 型制动系统的紧急制动不是由自动制动阀直接控制的，而是由紧急制动阀直接排列车管的风实现的。

a. 自动制动阀。手柄在缓解位，总风以 500 kPa 的调整压力向均衡风缸管充风。

b. 单独制动阀。手柄在运转位，各气路的联络被切断。

c. 紧急放风阀。因列车管急剧排风，紧急活塞下移，顶开紧急放风阀，列车管压力空气经放风阀排入大气，放风阀下端的柱塞阀下移，使总风通中继阀的遮断阀管，直至紧急室压力空气排空后，紧急活塞回复至缓解充风位，柱塞阀才复位。

d. 中继阀。因列车管减压，中继阀处于充气缓解位，供风阀开启。但是因柱塞阀下移，总风经梭阀充入中继阀的遮断阀管而使总风源被切断。因此，中继阀虽处于充气缓解位，但是列车管还是得不到充风，保证了紧急制动作用的产生。

e. 分配阀。分配阀的主阀部和均衡部的位置同常用制动时的位置一样。增压阀产生动作，总风经增压阀充气孔充入容积室，并受安全阀的限制，使容积室的最高压力达 450 kPa。

⑤紧急制动后的单独缓解

紧急制动后的单独缓解与自动制动后的单独缓解类似，只需下压自动制动阀手柄就能实现单独缓解。所不同的是紧急制动后的单缓时间比常用制动后的单缓时间长，且制动缸压力不能完全缓尽。这是因为紧急制动后，增压阀发生作用，总风将通过增压阀向容积室补风，以提高容积室的压力，当下压手把单缓时，因增压阀没有复位，出现了一面单缓排气，一面总风补充的现象，故单缓的时间将要延长、制动缸压力不能缓尽。

(2)附挂回送时制动系统的转换手续

附挂回送时，一般挂在列车的尾部，整车处于无动力状态。要求制动系统起到车辆制动机的作用。为此，在挂车前需对制动系统办理一定的转换手续。

①两端的自动制动阀和单独制动阀手把均从运转位取出，以切除各制动阀的作用功能和可能发生的误操作。

②关闭中继阀的列车管截断塞门，使中继阀不再能控制列车管的压力变化。否则，中继阀的不正常的充、排风将影响全列车的正常操纵。

③开放无动力回送塞门。由于该车处于无动力状态，空气压缩机停止运转，中止了向总风

缸的供风。为此，必须开放无动力回送塞门，使总风缸从列车管那里得到充风，以作增压阀和制动缸的供风源。

④新造的轨道动力稳定车采用无动力回送主、辅车转换阀来代替②、③两项中塞门的转换。连挂车时，只需将主、辅车转换阀置于被动位就完成了转换操作。

⑤调整安全阀的最高压力为 180～220 kPa，以减轻特种车在列车制动中所承担的制动负荷。

如果分配阀出现故障，而又无法及时修理时，则可以关闭列车管支管塞门，使分配阀作关闭处理。

(3)多机连挂时非操纵端制动系统的转换手续

大型养路机械作业时，经常采用各型机械联合作业的方式，编组时，在非操纵端机械的制动系统原则上也需办理上述附挂转换的全部手续，但是如果空气压缩机正常运转，就不必执行上述第③项，即不需开放无动力塞门，而且第⑤项关于调低安全阀工作压力为 180～220 kPa，也可不作硬性规定。

4. 手制动机

手制动机是靠人力操纵并产生制动原力的机械制动机；其目的是当空气制动失灵时能使车辆停下，或车辆在无动力状态下能安全停放，特别是在斜坡道上停车时防止溜车。

QS-650 型清筛机的前、后司机室内均安装有手制动机，采用的是链条螺旋组合式手制动机，其结构示意可参见图 2.40。它由制动手轮、手轮轴、支承立柱、传动链条、链轮、螺纹丝杠、螺母、手制动杠杆、连接链条等零件组成。

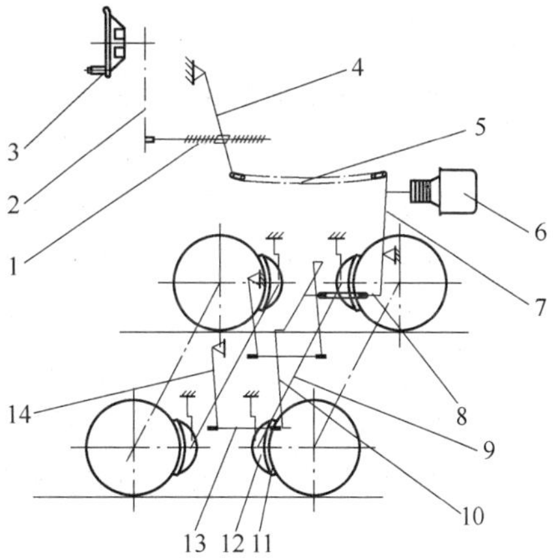

1—丝杠螺母传动；2—链传动；3—制动手轮；4—传动杠；5—拉链(连接链条)；6—制动缸；7—传动杠杆；8—上拉杆；9—制动梁；10—移动杠杆；11—闸瓦；12—闸瓦托；13—下拉杆；14—固定杠杆

图 2.40 基础制动装置的组成及操纵示意图

手制动机的作用是由手转动手轮来实现的。当顺时针方向转动手轮时，通过链轮传动机构使螺纹丝杠旋转，则丝杠螺母发生位移，带动手制动杠杆右移，连接链条拉动制动缸杠杆活塞端右移，制动缸活塞也被拉出(相当于空气制动机推制动缸活塞作用)对制动杠杆产生拉力，并传递到轮对的制动梁上，最终将闸瓦压紧在车轮踏面上，实现清筛机的制动。当逆时针旋转手轮时，则丝杠螺母左移，手制动杠杆也左移，此时，连接链条因不受力而松弛，基础制动装置在制动梁弹簧及制动缸内复位弹簧作用下缓解，制动缸活塞缩回，所有的杠杆都返回到原来位置。

手制动机常见的故障是手制动机失灵，转动手轮后无制动作用或手轮转不动，影响车辆的使用安全。造成手制动机失灵的主要原因是：

①手制动机内零件损坏，如链轮轮齿折断、丝杠螺母副裂损等。

②各转轴、传动杠杆严重变形。

③传动链条松脱或连接链条裂损。

④各销轴的开口销折断，致使销轴脱出。

5. 基础制动装置

QS-650 型清筛机设有空气制动和手制动两套制动系统，均通过基础制动装置进行制动。

基础制动装置是利用杠杆原理，将制动缸产生的推力或手制动时拉链的拉力，经杠杆和拉杆的作用扩大适当倍数后，传给各块闸瓦，使闸瓦抱紧车轮，产生制动作用，达到制动、停车的目的。

(1)基础制动装置的组成特点

QS-650 型清筛机基础制动装置为独立单闸瓦式，前、后转向架各有一套独立且结构形式相同的制动装置。每套装置设有 4 块闸瓦，装设在转向架的 4 个轮子内侧。基础制动装置由传动杠杆、上拉杆、下拉杆、移动杠杆、固定杠杆、制动梁及闸瓦等零件组成，如图 2.41 所示。

移动杠杆和固定杠杆分别有两根，它们各自铰接一根与车轴平行的制动梁。每根制动梁两端装有闸瓦托，闸瓦托用插销装有闸瓦。在移动杠杆与固定杠杆之间连接两根拉杆，以传递运动和动力。

此制动装置的特点是结构简单，检查和维修方便；但由于每个车轮仅一侧有闸瓦，故制动时作用在车轮上的压力和摩擦力不像双侧制动时能相互抵制，因而对同一转向架而言，前轴车轮所受垂直负荷有所增加，后轴车轮所受垂直负荷则有所减少。

(2)基础制动装置的工作原理

如图 2.41 所示，当进行空气制动时，制动缸推出活塞推杆，活塞推杆带动传动杠杆摆动使移动杠杆向右移动，并带动与其相连的制动梁右移，因而使制动梁两端的闸瓦首先压住车轮。然后移动杠杆以其与制动梁铰接的铰点为中心摆动，推动下拉杆带动固定杠杆下端左移，使固定杠杆相连的制动梁左移，因而使制动梁两端的闸瓦压住车轮，最后四个闸瓦紧压车轮，产生制动作用。

当制动缓解时，制动缸在其缓解弹簧的作用下复位，排出缸内的压缩空气，因而制动装置失去了外力，与此同时，闸瓦在移动杠杆、固定杠杆、下拉杆及本身的重力和复位弹簧作用下，自动离开车轮，呈缓解状态。

当进行手制动时，参见图 2.40，转动制动手轮，通过链传动引起螺纹丝杆转动，丝杆转动引起螺母移动并带动传动杆摆动，传动杆通过拉链拉动传动杠杆，此时与空气制动一样，同样使转向架产生制动作用。反转制动手轮时可使制动装置呈缓解状态。

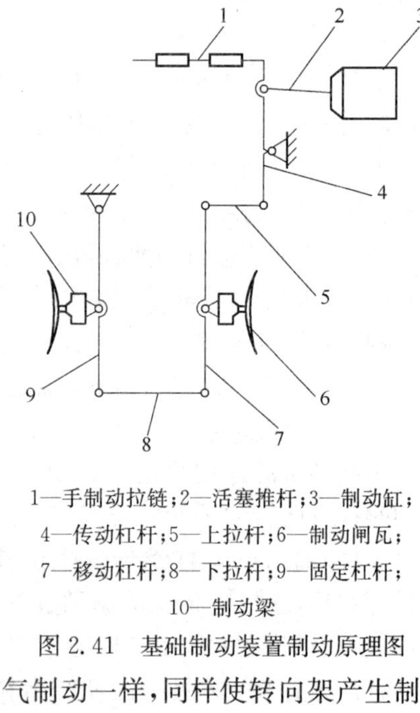

1—手制动拉链；2—活塞推杆；3—制动缸；4—传动杠杆；5—上拉杆；6—制动闸瓦；7—移动杠杆；8—下拉杆；9—固定杠杆；10—制动梁

图 2.41　基础制动装置制动原理图

任务 2.7　清筛机使用前准备工作

2.7.1　工作任务

通过学习相关知识，能承担以下工作任务：

(1)掌握大型养路机械使用安全基本要求。

(2)掌握 QS-650 型清筛机使用前准备工作内容。

(3)具备 QS-650 型清筛机使用前准备作业能力。

2.7.2 相关配套知识

1. 大型养路机械使用安全基本要求

(1)为保证大型养路机械运用中的行车、作业、人身和设备安全,凡从事大型养路机械工作的人员,都要认真执行《铁路技术管理规程》(普速铁路部分)、《普速铁路工务安全规则》和有关大型养路机械的安全措施。

(2)大型养路机械的安全工作实行安全第一、预防为主的方针,防患于未然。作业人员应严格执行岗位责任制,遵守作业规章和劳动纪律,保证大型养路机械施工作业的安全。

(3)大型养路机械必须由经考试合格并持有大型线路机械操作证的人员操作;由取得大型养路机械驾驶证的人员驾驶;学习驾驶员只能在驾驶员的指导下驾驶运行。

(4)大型养路机械配备的各种行车设备,各机组配备的安全辅助自救设备,必须齐全、完好。

2. 设备使用前准备工作

新到的QS-650型清筛机或停放较长时间的清筛机,在使用前都应做好以下准备工作:

(1)除去机械的包装和防锈涂层。

(2)观察整机是否正常,检查各部件、元件应无损坏或不到位现象。

(3)检查、确认各液面应符合要求:柴油机柴油、机油充足;分动齿轮箱、车轴齿轮箱液压油足量;液压油箱液压油满刻度线;挖掘齿轮减速箱、主输送带驱动装置减速箱、张紧油缸油腔液压油充足;振动筛驱动齿轮箱齿轮油充足;主离合器操作用补偿油杯中蓝色刹车液在规定液面。

(4)蓄电池电量充足。

(5)按照润滑保养要求对机器各部位加足润滑油脂,特别是角滚轮、转向架心盘、旁承等。

(6)施加安装在前司机室的手制动。

(7)在前司机室套装上空气制动阀(大、小闸)操纵手把,并放在运转位。

(8)关闭前后部各风缸、集尘器下部的排水阀。

(9)熟悉前后司机室主操作台面板上的仪表、开关、按钮、指示灯;熟悉各操纵手柄的位置,如柴油机调速手柄、调速换向手柄等。

(10)熟悉前驾驶室作业操作台面板上的各作业操纵手柄及开关、按钮。

(11)将控制道砟清扫器和后拨道装置的四通阀均置于打开位置。

(12)检查并将所有控制振动筛调平装置、道砟流动、道砟分配、道砟挡板、盖板、污土抛送以及输送带调整的开关置于"0"位。

(13)在后司机室:

①将启动钥匙从启动开关上拿开。

②从驱动控制阀中取出调速换向手柄并锁定控制阀,拿开驱动控制阀锁定钥匙。

③松开手制动。

④连接好所有的自动保险,关掉全部耗电装置。

(14)在车体外部将用于后部拨道装置、水平导槽举升器、水平导槽提升机、夹钳提升装置、拢砟板的控制阀置于中位。

(15)在前司机室操作位:

①将作业操纵台面上的所有控制阀置于中位,挖掘链控制阀由锁片牢固定位。

②将所有控制输送带及振动筛驱动的三通阀置于"OUT"位。
③三通阀换挡手柄不装。
④调速换向手柄拿开,驱动控制阀置于中位并锁住,拿开驱动控制阀锁定钥匙。
⑤液压夹钳提升控制开关、起道及回转装置的控制开关均置于"0"位。
⑥装入全部自动保险。
⑦所有作业地点照明设备尽可能关闭。
(16)在前司机室运行位:
①打开燃油箱的直通阀将油路接通。
②接通前蓄电池组的主开关。
③用钥匙将驱动控制阀解锁,将调速换向手柄放在驱动控制阀上。
④接上所有自动保险。
⑤所有耗电装置尽可能关闭。
至此,准备工作完成。

任务 2.8　清筛机整备作业

2.8.1　工作任务

通过学习相关知识,能承担以下工作任务:
(1)掌握柴油发动机燃油的整备内容。
(2)掌握柴油发动机润滑机油的整备内容。
(3)掌握齿轮箱润滑油的整备内容。
(4)掌握液压油的整备内容。
(5)了解清筛机加油部位及加油容量。
(6)具备清筛机整备作业能力。

2.8.2　相关配套知识

所谓整备作业就是出车前的准备工作,由机组人员在规定的时间内完成。整备作业的范围包括:燃油、机油、液压油等的补充,随车备品的准备,以及制动机等系统的性能试验。

1. 柴油发动机燃油的整备

柴油发动机是在气缸内将燃油的化学能转变为机械能的一种动力机械,因此,燃油是柴油发动机的"粮食"和动力,具有特别重要的作用。

(1)燃油的规格与选用

QS-650 型清筛机柴油发动机燃油系应采用相关规范规定的普通柴油共有 5 号、0 号、−10 号、−20 号、−35 号、−50 号 6 种标号。标号中的数字代表轻柴油的凝固点——即在低温下失去流动性时的摄氏温度值,各标号轻柴油的凝固点依次不高于 8 ℃、4 ℃、−5 ℃、−14 ℃、−29 ℃、−44 ℃。

柴油在接近凝固点之前,局部油液内就有石蜡状结晶析出,柴油的流动阻力增大,结晶物易使通路阻塞,供油不足,雾化不良,甚至供油中断,所以在柴油发动机使用时要正确选用燃油牌号。

选用燃油标号的原则:在 QS-650 型清筛机运用的最低环境温度下,燃油不会析出石蜡;凝点必须低于清筛机运用的最低环境温度;燃油品质必须符合要求;在保证清筛机正常运用的前提下,尽可能使用低标号燃油,以降低运营成本。

因此,在不同地域、不同季节,选用的柴油标号也不同。通常选用凝固点低于清筛机运用最低环境温度之下 3~5 ℃的普通柴油为宜。0 号柴油适于在全国各地区 4~9 月间使用;−10 号柴油适于长城以南地区冬季使用;−20 号柴油适于长城以北地区冬季使用;−35 号、−50 号柴油适于东北、西北等高寒地区冬季使用。使用单位在具体选用时应根据不同地区、季节和气温做出相应的规定。

(2)燃油整备注意事项

①确认所用燃油的标号及质量状况。

②用专用设备加油,禁止与其他任何油种及其加油设备混用。

③加油口应设滤清装置,防止异物混入。加油时必须经过燃油箱加油口滤网,滤网应完好。

④燃油添加前需在容器内经过一昼夜以上时间的沉淀;加油时,加油设备的吸油管在盛油容器内不要插到底,以免吸入沉淀的杂物。

⑤添加燃油时,清筛机应停在平直线路上;若遇线路造成整车的倾斜,应注视油量显示,防止燃油外溢。

⑥燃油加注容量为 2 200 L。清筛机在加注燃油时应加到燃油箱上油标(油位计)的上位;在运用中,应保持油位不低于燃油箱下油标的下位。

⑦加油完毕,拧紧注油口盖。

2. 柴油发动机润滑机油的整备

运动零件的摩擦副必须润滑,润滑对于柴油发动机的正常、持久和经济地工作有特殊意义,润滑剂——高品质的机油被视为柴油发动机的生存血液。机油在柴油发动机中起着减少机件间摩擦和磨损、冷却散热、清洗、密封等作用。

(1)机油的规格与选用

因为机油黏度随温度而变化,所以对黏度等级(SAE 标准)的选择是以柴油发动机工作处的环境温度为依据的。特别在冬季,外界温度较低,为了保证柴油发动机具有较好的冷启动性能,更应选用合适黏度的机油。QS-650 型清筛机用 BF12L513C 型发动机可选用的机油品种较多,推荐使用的牌号见表 2.4。

表 2.4 推荐用机油

季 节	环境温度(℃)	机油牌号
夏季	≥25	14 号中增压机油 40CD
	<25	11 号中增压机油
冬季	>0	11 号中增压机油 30CD
	−30~0	寒区中增压机油
	<−30	严寒区中增压机油

随季节的变化需要更换不同牌号、黏度的机油,但若使用多品位机油就可以避免由于环境

温度的变化所引起的换油事项。目前，推荐使用质量符合 APISG/CD 级、牌号为 15 W/40 的复式黏度机油，国产柴油发动机用 MD15W/40CD 柴机油，进口柴油发动机用 SHELL RIMULA X OIL SAE15W/40 柴机油，或性能指标符合要求的其他柴机油。

(2)机油整备注意事项

①确认所用机油的标号及质量状况。

②用专用设备加油，禁止与其他任何油种及其加油设备混用。

③机油储备量为 29×2 L，即每台柴油机为 29 L。柴油发动机机油油标尺有点刻度和线刻度之分，点刻度用于检查冷机状态下的机油油位；线刻度用于检查热机状态下的机油油位。

④在柴油发动机启动前，从加油口加注机油油面达到油尺上部的点刻度为止。

⑤启动柴油发动机怠速运转片刻，停机 1～2 min 后马上按照线刻度检查机油油面。具体操作过程为先抽出机油标尺，用无纤维的擦布将其擦净，再重新插入油底壳，插到限制位置后抽出，检查并加注机油，油面应尽可能达到最上面的线刻度。

⑥停车后的柴油发动机在测定机油油面时应水平放置。

⑦加油完毕，拧紧注油口盖。

3. 齿轮箱润滑油的整备

清筛机的传动系统中，有分动箱、车轴齿轮箱、挖掘齿轮箱等，为了减少各齿轮箱运动部件间的摩擦和磨损，减轻齿轮副冲击，在齿轮箱内应加注适量的润滑油。

(1)齿轮箱润滑油的规格与选用

根据清筛机的各齿轮箱的设计结构和功用，选择不同的润滑油。可选用标号为 85W90GL-15、85W140GL-15 的国产重负荷车辆齿轮油。目前，振动筛驱动齿轮箱随车配的是标号为 SHELL OMALA OIL100 的进口齿轮油，而其他各齿轮箱(包括前后主齿轮箱、车轴齿轮箱、挖掘齿轮减速箱、主输送带驱动装置减速箱、张紧油缸油腔等)配的是标号为 SHELL TELLUS OIL T46 的进口液压油。

(2)齿轮润滑油整备注意事项

①确认所用齿轮油的标号及质量状况。

②应用加滤网的专用加油漏斗加油，禁止与其他任何油种及其加油设备混用。

③加注齿轮油时应加到齿轮箱油标的上位；在运用中，应保持油位不低于齿轮箱油标的下位。

④加油时应注意其他零件表面的清洁，以免油垢污染。

⑤加油完毕，拧紧注油口盖。

4. 液压油的整备

QS-650 型清筛机采用全液压传动，其走行和工作装置皆采用液压驱动。液压油是液压传动系统中传递动力的工作介质，它的性能将影响到整车的运行品质、作业性能，以及液压部件的使用寿命。

(1)液压油的规格与选用

液压油为矿物油，其种类很多，常见的有机械油、汽轮机油、普通液压油、抗磨液压油、低温液压油、航空液压油等，每一种类的液压油又包含有许多规格、牌号的液压油。根据工作状况，QS-650 型清筛机推荐使用标号为 SHELL TELLUS OIL T46 的进口抗磨液压油，具有良好的抗磨、抗氧化和防锈性能，也可使用国产牌号为 YB-N46 或 YB-N48 的抗磨液压油。

(2)液压油整备注意事项

①确认所用液压油的标号及质量状况。

②用专用设备加油，禁止与其他任何油种及其加油设备混用。

③液压油必须经过精滤油车精滤后（过滤精度 20 μm）才能进入油箱。

④加油口应设滤清装置，防止异物混入。

⑤添加液压油时，清筛机应停在平直线路上；若遇线路造成整车的倾斜，应注视油量显示，防止液压油外溢。

⑥加注液压油时应加到液压油箱、相应齿轮箱油标的上位；在运用中，应保持油位不低于液压油箱、齿轮箱油标的下位。

⑦加油完毕，拧紧注油口盖。

5. QS-650 型清筛机加油部位及加油容量

QS-650 型清筛机加油部位及加油容量见表 2.5。

表 2.5　QS-650 型清筛机加油部位及加油容量

部　　位		油　　料	容　　量(L)
BF12L513C 柴油机	燃料箱	柴油	2 200
	油底壳	柴机油	2×29
液压系统		液压油	1 800
分动齿轮箱			2×28
车轴齿轮箱			4×25
挖掘出来减速箱			25
主输送带驱动装置减速箱			15
张紧油缸油箱			2.5
振动驱动齿轮箱		齿轮油	90
转向架心盘			0.2
备用油箱	机油箱	柴机油	2×20
	液压油箱	液压油	200

QS-650 型清筛机整备检查微课见右侧二维码。

QS-650 型清筛机整备检查

任务 2.9　发动机启动操作

2.9.1　工作任务

通过学习相关知识，能承担以下工作任务：

(1)掌握 QS-650 型清筛机发动机启动操作流程。

(2)掌握发动机操作注意事项。

(3)具备启动 QS-650 型清筛机发动机能力。

(4)具备监控 QS-650 型清筛机柴油机运转的能力。

2.9.2　相关配套知识

QS-650 型清筛机按规定进行检查和准备工作后，在各部状态良好下应启动柴油发动机进行清筛机的动态试验和检查。试验和检查正常后，清筛机才能处于进入运用状态。

1. 启动总则

QS-650 型清筛机只有在柴油发动机、液压部件和齿轮箱均注满油，温度适当的情况下才能启动。

如果主风缸内没有风压，发动机主离合器只能在相应的司机室中被操作，所以前、后柴油发动机仅能分别在前、后司机室中启动。一旦主风缸内风压达到 500 kPa 后，才可随意在某个司机室内启动任意一台柴油发动机。

2. 在前司机室中启动前柴油机

清筛机初始启动，此时主风缸内没有建立起风压，前司机室只能启动前柴油机，启动操作过程如下：

(1)确认在柴油机周围无妨碍启动的人和物品后，按下电喇叭鸣笛一长声，发出启动发动机的信号。

(2)用力踩下主离合器踏板，因为此时主风缸内无风压，助力缸不能工作，只能靠司机脚踏力使主离合器脱开，黄色指示灯亮。

(3)将启动钥匙(E30)插入前柴油机的启动开关，并将它由“0”位顺时针转动至第一限位。

观察：前柴油机的红色指示灯发亮，柴油机油压指示灯亮；蓄电池充电控制指示灯也会发亮。

声响：指示补油压力和主齿轮分动箱油压的脉冲蜂鸣器发声。

(4)将启动钥匙从第一限位继续顺时针转动拧转至最右端(第二限位)，这样，柴油机即可开始启动。一旦柴油机启动，就松开启动钥匙。

如果柴油机在 10 s 内还未启动，在重新启动前至少需间隔 30 s。

(5)在寒冷季节，应按下预热开关进行预热，预热指示灯亮，并保持 15～20 s，在最低温冬季连续预热最长不超过 3 min。

(6)柴油机启动后，缓慢松开离合器踏板，主离合器接合，离合器黄色指示灯熄灭。

(7)将前柴油机调速手柄压下约 2 s，以获得发动机正常的怠速空转速度。观察柴油机油压指示，机油压力应高于 200 kPa，符合这一要求，则柴油机油压和蓄电池充电指示灯熄灭。

(8)当前柴油机启动成功且主离合器合上后，应观察：

①补油压力红色指示灯和主齿轮分动箱指示灯会熄灭，脉冲蜂鸣器会停止发声。

②补油指示压力表，在任何时候都应指示在 2 500 kPa 以上。

在后司机室中启动后柴油机的过程与在前司机室中启动前柴油机的过程相同。

3. 在前司机室中启动后柴油机

当前柴油机启动后，主风管风压达到 500 kPa 时，就可以在前司机室中启动后柴油机(在后司机室中启动前柴油机的方法相同)。

在前司机室中启动后的柴油机的操作程序基本与前司机室中启动前柴油机相同，区别仅在操作手柄、指示灯、蜂鸣器等标志均应是在后柴油机的相应机构或仪表。当后柴油机离合器接合后，在后司机座上应观察：后柴油机油压表在柴油机空转时油压至少达到 200 kPa；后补油压力的压力表，在任何时候都应指示在 2 500 kPa 以上。

4. 自动监测控制

对于柴油机、主离合器、空气制动和液压回路，为保证安全，设有自动监测装置。自动监测装置的功能如下。

(1)柴油机启动

①启动开关只有当主离合器彻底脱开时才能使用。

②柴油机只有在操作燃油喷油泵的电磁阀得电时,即电路有 24 V 电压时才能被启动。

③柴油机只有当液压油箱及回路中有足够液压油时才能正常启动及运转。

(2)柴油机启动后自动停机

①柴油机启动后,如果机油压力太低,在 15 s 内会自动停机。

②如果主风缸风压小于 500 kPa,在启动 4 min 后会自动停机。

(3)工作中柴油机自动停机

①如果工作中机油压力变得太低。

②电流被切断。

③液压油箱和液压部件中油面太低。

④主风缸中风压太低(低于 500 kPa)。

⑤停机按钮突然被压下,即使是很短时间。

(4)如果柴油机在 15 s 内重新启动,在启动前先将点火钥匙向左拧至“0”位。

(5)当风压足够,柴油机停机时,主离合器会自动松开。

(6)空气制动起作用时,液压驱动会自动转到卸荷状态;制动缸中压力降至低于 60 kPa 时,液压驱动会重新自动回到工作状态。

(7)一旦液压多片式换挡离合器的油压降至低于 1 200 kPa 时,液压驱动会自动转到卸荷状态。

5. 柴油机运转监控

在 QS-650 型清筛机的主操纵台上,分布着许多仪表和报警指示灯,用以测量和监视关键部件的工作过程和工作状态。对危及行车安全或设备使用安全的情况提出警示,以引起操作者的注意,并及时加以处理。所以,仪表监视与报警系统是 QS-650 型清筛机的核心控制部分。

仪表监视是由各类传感元件将温度、压力、转速、方向的信号传送到各个仪表中,供操作者观察。

柴油机运转时应连续观察的仪表及指示灯见表 2.6,可在前司机室或后司机室中观察。

表 2.6　柴油机运行监控

部　件	仪表或指示灯		表示内容	
	名称	显示标志		
柴油机	机油压力表	指针范围	任何时候大于 200 kPa	
	机油压力表	亮红色	柴油机自动停机	
	温度表	指针范围	绿色正常,进入红色区域立即停机	
	①温度指示灯 ②温度脉冲蜂鸣器	亮红灯(同时) 发出蜂鸣声	柴油机温度太高,应立即停机	
	转速表(r/min)	指针范围	空转(怠速)	1 250
			满载	2 300
			最大允许(坡道)	2 500

续上表

<table>
<tr><th rowspan="2">部　件</th><th colspan="3">仪表或指示灯</th><th rowspan="2">表示内容</th></tr>
<tr><th>名称</th><th colspan="2">显示标志</th></tr>
<tr><td rowspan="2">发动机
蓄电池</td><td>充电指示灯</td><td colspan="2">红色</td><td>亮红色表示发动机不良，灯熄灭表示正在充电</td></tr>
<tr><td>电流计</td><td colspan="2">指针偏向</td><td>“+”蓄电池充电，“-”蓄电池放电</td></tr>
<tr><td>空气压缩机</td><td>主风缸压力表</td><td colspan="2">红色</td><td>空压机调节器(切断压力 720 kPa；开机压力 66 kPa)</td></tr>
<tr><td>主离合器</td><td>指示灯</td><td colspan="2">黄色</td><td>启动时短暂发亮，停机时常亮</td></tr>
<tr><td>主齿轮分动箱</td><td>油压指示灯</td><td colspan="2">亮红色</td><td>油压过低，应立即停止发动机</td></tr>
<tr><td rowspan="7">液压系统</td><td>补油压力表</td><td colspan="2">指针范围</td><td>容许压力 2 500 kPa(热油)</td></tr>
<tr><td>①水油指示灯
②补油蜂鸣器</td><td colspan="2">亮红色，(同时发出蜂鸣声)</td><td>补油压力过低，应立即停机</td></tr>
<tr><td>液压滤清器指示灯</td><td colspan="2">亮红灯(当液压油温大于 40 ℃)</td><td>必须更换：补油压力滤清器、控制压力滤清器、回油液压滤清器的滤芯</td></tr>
<tr><td>“控制压力”压力表</td><td colspan="2">指针范围</td><td>正常值约为 6 000 kPa</td></tr>
<tr><td>卸荷指示灯</td><td colspan="2">绿色</td><td>表示机器准备运行，如空气制动被缓解</td></tr>
<tr><td rowspan="2">液压油缸</td><td>油量</td><td>观察窗</td><td>应高于油面刻度指示</td></tr>
<tr><td>油温</td><td></td><td>液压油的工作温度正常为 60 ℃，容许短时达 82 ℃</td></tr>
<tr><td rowspan="2">空气制动</td><td rowspan="2">双针压力表</td><td colspan="2">白色指针</td><td>列车管压力正常值为 500 kPa</td></tr>
<tr><td colspan="2">红色指针</td><td>制动缸压力</td></tr>
</table>

6.操作注意事项

(1)避免误操作的防范措施

气动控制、空气制动、液压驱动均采取了一些预防措施以避免误操作，如取走除操作用的钥匙和手柄：在机器上锁定驱动控制阀钥匙；大闸手柄、小闸手柄、作业及运行驱动的换挡手柄和调速换向手柄，只能留存一个。

(2)柴油机操作规范

①清筛机上只有两把启动钥匙。

②点火开关上的启动钥匙只能在“0”位时插入或转动。

③蓄电池主开关只有在清筛机停止后才能操纵。

④在柴油机运转时，主离合器只有当机器不动时才能脱开，而且只能在短时间内完成，时间约为 30 s；也只有当液压驱动断开时(即空载)主离合器才能接合。

⑤柴油机调速换向手柄一次操作时间最多只能 3 s。速度换向手柄偏离中间位时，不允许改变柴油发动机的转速。

⑥在作业离合器或运行离合器开关打开时，不允许启动或停止发动机，即发动机启动和停止都要在关闭车轴齿轮箱离合器开关的情况下进行。

⑦柴油发动机在任何状态下工作时，机油压力必须保证在 200 kPa 以上。

⑧发动机温度表指针一旦进入红色区域内，必须立即停机检查。

(3)走行装置制动系统操作要求

①空气制动阀

空气制动机配备一套操纵手柄(大、小闸)，在相应的司机台上操作时套装到相应的空气制动阀上。

②驱动控制阀

驱动控制阀锁定钥匙只有在驱动控制阀锁定和调速换向手柄在中位时才能插入或取出；只有当锁定装置解锁后，驱动控制阀方能被操纵。调速换向手柄可通过一个横向导板在任何位置上固定。

③换挡手柄

只有在止挡位时，换挡手柄才能在三通阀"慢速—快速"上装入或取出。只有在空挡位时，换挡手柄才能在三通阀"区间运行"或"作业"上装入或取出。

④空气制动

包括直接制动、间接制动和紧急制动。当制动缸中压力超过160 kPa时，液压驱动自动断开，即卸荷，绿色指示灯熄灭。当空气制动缓解时，液压驱动重新自动接通，清筛机会加速或减速至调速手柄调定的速度。

任务2.10　制动机性能试验

2.10.1　工作任务

通过学习相关知识，能承担以下工作任务：

(1)掌握YZ-1型制动机性能检查内容。

(2)具备YZ-1型制动机性能检查操作能力。

2.10.2　相关配套知识

对QS-650型清筛机所用YZ-1型空气制动机进行性能试验，检查制动机的制动、保压和缓解作用是否良好。制动机试验程序如下。

1. 风缸压力的检查与调整

(1)检查总风缸压力达到(700±20) kPa。

(2)调整列车管压力为500 kPa。

2. 大闸制动性能试验

(1)小闸置运转位。

(2)大闸从制动位转至缓解位：

①均衡风缸压力自0充至480 kPa的时间为5～7 s。

②制动缸压力从最高值缓解至35 kPa的时间为5～8 s。

(3)大闸从缓解位转至制动位：

①均衡风缸压力自500 kPa减至360 kPa的时间为5～8 s。

②制动缸最高压力为(360±20) kPa。

③制动缸压力从零升至最高值的时间为6～9 s。

(4)大闸置于保压位：

①制动缸压力3 min泄漏不得超过10 kPa。

②列车管压力1 min泄漏不得超过10 kPa。

3. 小闸制动性能试验

(1)大闸置缓解位。

(2)小闸从运转位转至制动位：

①调整制动缸最高压力为 360 kPa。

②制动缸压力从零升至 340 kPa 的时间不大于 4 s。

(3)小闸从制动位转至缓解位：

制动缸压力自 360 kPa 降至 35 kPa 的时间不大于 5 s。

(4)小闸置于保压位：

制动缸压力 3 min 泄漏不得超过 10 kPa。

4. 紧急制动性能试验

(1)大闸置缓解后的运转位，小闸置运转位。

(2)下压紧急制动阀：

①列车管压力由 500 kPa 排至零的时间小于 3 s。

②制动缸的最高压力为(450±10) kPa。

③制动缸压力从零升至最高压力的时间为 6～9 s。

④在下压紧急制动阀的同时，将大闸手把转至制动位。

(3)下压旁路制动按钮：

①制动缸最高压力为 360 kPa。

②制动缸压力从零升至最高压力的时间不大于 4 s。

QS-650 型清筛机制动机性能试验微课见右侧二维码。

QS-650 清筛机
制动机性能试验

项目小结

本项目介绍了 QS-650 清筛机运行前整备检查作业，包括设备使用前准备工作，清筛机整备作业，发动机启动操作和制动机性能试验。学习操作和作业内容前要对 QS-650 型清筛机整体结构和各主要系统进行认知学习，包括车架认知，车钩缓冲装置认知，前后司机室认知和制动系统认知。

复习思考题

1. 车架由哪些构件组成，各有什么作用？
2. QS-650 型清筛机车架有哪些受力特点？
3. QS-650 型清筛机车钩缓冲装置的作用是什么？
4. QS-650 型清筛机电气包含哪些部分？试述电气箱整机分布情况。
5. QS-650 型清筛机有哪些辅助电路？各起什么作用？
6. QS-650 型清筛机驾驶室有什么要求，各驾驶室有哪些功能？
7. 前后司机座位附近有哪些操纵、控制装置？
8. QS-650 型清筛机驾驶室安装有哪些行车安全设备？
9. 驾驶室内通风、空调及取暖设备在什么位置？
10. 空调装置由哪些部分组成？怎样操作和保养？

11. QS-650 型清筛机空气燃油加热器由哪几部分组成？
12. 大型养路机械的制动系统一般由哪几部分组成？
13. YZ-1 型制动机自动制动和单独制动各有哪些性能参数指标？
14. YZ-1 型制动机的作用原理是什么？
15. 空气制动阀转换拨杆有几个位置？分别起到什么作用？
16. 空气制动阀由哪几部分组成？其四个工作位置各是什么？
17. 调压阀的作用是什么？
18. 中继阀由哪几部分组成？其作用是什么？
19. 说明双阀口式中继阀三个作用位置的工作原理。
20. 紧急放风阀的作用是什么？
21. 手制动机的主要用途有哪些？
22. 说明 QS-650 型清筛机基础制动装置的结构及结构特点。
23. 说明 QS-650 型清筛机基础制动装置的工作原理。
24. QS-650 型清筛机燃油整备应注意哪些事项？
25. QS-650 型清筛机液压油整备应注意哪些事项？
26. QS-650 型清筛机启动发动机时应注意哪些事项？
27. QS-650 型清筛机制动性能试验步骤有哪些？
28. QS-650 型清筛机装载标准是什么？

项目3　QS-650型清筛机驾驶作业

项目描述

QS-650型清筛机自带动力，可双向自轮运行。无动力状态下可机车牵引或编挂在其他工程列车中一起运行。本项目学习QS-650型清筛机区间运行操作、长途挂运操作和非正常行车处理。学习操作前要掌握清筛机发动机、动力传动系统、走行液压系统和GYK系统相关知识。

通过本项目的学习，要掌握QS-650型清筛机发动机及动力传动系统和走行液压系统相关知识，具备GYK基本操作和QS-650型清筛机驾驶的能力。

学习目标

1. 能力目标

(1)培养学生自学和独立思考的能力。

(2)具备QS-650型清筛机区间运行操作能力。

(3)具备QS-650型清筛机长途挂运的操作能力。

(4)具备QS-650型清筛机非正常行车处理能力。

2. 知识目标

(1)掌握BF12L513C型风冷柴油结构和特点。

(2)掌握BF12L513C型柴油发动机型号表示。

(3)掌握QS-650型清筛机动力传动及走行系统的结构组成和工作原理。

(4)掌握QS-650型清筛机动力传动及走行动力的传递路线。

(5)掌握走行驱动液压系统组成和工作原理。

(6)掌握GYK系统基本构成和工作原理。

(7)掌握GYK主界面屏幕显示及按键功能。

(8)掌握QS-650型清筛机运行安全要求、调车安全要求和长途挂运安全要求。

(9)掌握QS-650型清筛机区间运行操作流程。

(10)掌握QS-650型清筛机长途挂运的操作方法和注意事项。

(11)掌握QS-650型清筛机非正常行车处理方法和注意事项。

3. 素质目标

(1)培养学生精益求精的工匠精神。

(2)培养学生严谨细致的职业素养。

(3)培养学生安全意识。

相关案例

2017 年 8 月 25 日凌晨 1 点 40 分，随着一声穿越夜空的汽笛长鸣，呼和浩特工务机械段清筛一车间机械车列浩浩荡荡地开赴包白线(包头—白云鄂博)间和尚湾隧道。凌晨 4 时 25 分，伴随着施工封锁命令的下达，早已集结在施工现场的 300 多名施工人员和 14 台大型养路机械车有序地投入战斗，线路班在灯光的映射下急速地挥锹清砟开槽挖口子。破底清筛入槽口挖好后，14 台大型养路机械车拉着长长的汽笛声，分解续行、缓缓驶入施工地段，在开槽挖口处，清筛车在车间主任的指挥下，缓缓放下两侧“大臂”，“下放起拔道装置、往左点、夹紧钢轨……”“开始作业”，一声令下，只见清筛车的回转污土带将污土和碎石砟准确的倾吐在一旁的空地上，挖土链和清筛臂卷起的灰尘到处飘洒，清筛车缓缓前行，紧随其后的配砟车、捣固车、稳定车有条不紊地工作着。

由于和尚湾隧道多年未筛，道床板结严重，给此次施工带来巨大困难，为了啃下这块儿硬骨头，呼和浩特工务机械段充分做好各项准备工作，段、科室、车间干部靠前防范，紧盯施工关键环节，职工严把施工标准，用实干与奉献在和尚湾隧道奏响一曲精彩赞歌！

7 点 25 分，通过全体施工人员的共同努力，一举攻克和尚湾隧道清筛难题，本次施工安全、优质地完成了包白线线路清筛 0.73 km。机械车连挂成一条发光的黄龙驶回驻地。

QS-650 型清筛机是有前、后两个转向架上四轴同时驱动的大型养路机械，它既可以区间运行时高速行驶，也具有作业时低速走行功能，同时可与其他机械车连挂运行，如下图所示。

任务 3.1　QS-650 型清筛机发动机认知

3.1.1　工作任务

通过学习相关知识,能承担以下工作任务:

(1)掌握 BF12L513C 型风冷柴油机结构和特点。

(2)熟悉 BF12L513C 型风冷柴油机润滑系统、燃油供给系统和冷却系统结构和功能。

(3)掌握 BF12L513C 型柴油发动机型号表示。

3.1.2　相关配套知识

QS-650 型清筛机选用的是两台德国道依茨(DEUTZ)公司制造的 BF12L513C 型风冷柴油发动机。BF12L513C 型风冷柴油发动机采用 V 形、12 缸、增压、中冷式车用高速四冲程,额定功率为 348 kW,额定转速为 2 300 r/min。该机功率范围广、适应性强,在高温、严寒和干旱等恶劣气候条件下,也能满足使用要求;具有质量轻、外形尺寸紧凑、噪声小、故障率低、可靠性高、检修方便等特点,可以满足 QS-650 型清筛机的整车动力要求。

1. 主要结构

BF12L513C 型风冷柴油发动机的基本构造包括:固定部件——机体;运动部件——曲柄连杆机构;辅助装置——配气机构及进排气系统;燃料供给系统;润滑系统;冷却系统;起动系统等,如图 3.1 所示。

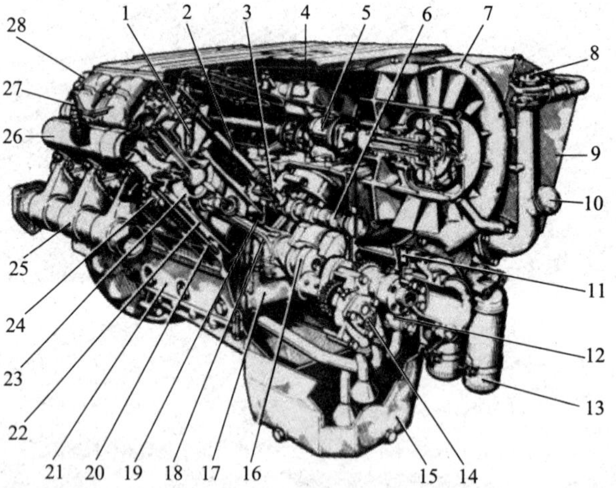

1—喷油器;2—推杆;3—挺柱;4—喷油泵;5—风扇传动箱;6—配气凸轮轴;7—冷却风扇;8—呼吸器;9—机油散热器;10—加油口;11—减振器;12—机油压油泵;13—机油滤清器,14—机油回油泵;15—油底壳;16—曲轴;17—主轴承盖;18—连杆;19—活塞油冷喷嘴;20—缸体螺栓;21—曲轴箱;22—汽缸体;23—活塞;24—汽缸盖;25—排气管;26—进气管;27—火焰加热塞;28—气门盖

图 3.1　BF12L513C 型柴油机构造

(1)机体:包括曲轴箱、汽缸体、汽缸盖、附件托架、飞轮壳、前托架、油底壳。

主要作用:支撑运动部件以及辅助装置。

(2)曲柄连杆机构：主要包括活塞组、连杆组、曲轴组。

主要作用：把活塞的往复直线运动转变成曲轴的旋转运动，对外输出动力，并带动集油发动机本身的辅助装置工作。

(3)配气机构和进排气系统：主要包括进气门、排气门、气门摇臂、挺杆、挺柱、进气管、滤清器、排气管、消声器等。

主要作用：按一定的要求导入新鲜空气，排除废气。

(4)燃料供给系统：包括柴油输油泵、柴油滤清器、高压油泵和调速器、喷油嘴等。

主要作用：按时、定量、定压向燃烧室喷射燃料。

(5)润滑系统：包括机油压油泵、机油滤清器、机油冷却器、主油道、限压阀等。

主要作用：保证柴油发动机各摩擦表面的润滑、冷却零件等。

(6)冷却系统：包括风扇、风扇变速器、液力耦合器等。

主要作用：保持柴油发动机在一定的温度下工作。

(7)起动系统：包括齿圈、起动电动机等。

主要作用：起动柴油发动机。

2. BF12L513C型柴油机特点

BF12L513C型风冷柴油机具有外形尺寸小、质量轻、经济性能好、使用可靠、适应性强、安装简单、维护方便、容易实现机种变型等优点。尤其是在高温、严寒、干旱等气候条件恶劣的地区使用，都有很好的适应性，实践证明是先进优良的动力装置。

BF12L513C型风冷柴油机主要有以下优点：

(1)标准化、系列化、通用化程度高。

(2)结构简单，维修方便。

(3)使用寿命长，可靠性好，故障少。

(4)噪声小。

(5)冷起动性能好。

(6)经济性能好。

(7)适应性好。

3. 润滑系统

润滑系统由压油泵、回油泵、机油散热器、机油精滤器、机油粗滤器、各种阀门以及管道等组成，如图3.2所示。

BF12L513C型风冷柴油机的润滑方式采用压力、飞溅、间歇的综合润滑方式。曲轴连杆机构的零件，特别是主轴承和连杆轴承，承受较大的载荷，相对运动速度很大，因此采用压力润滑。为避免过多的润滑油从活塞与气缸壁之间进入燃烧室，采用飞溅润滑。配气机构采用间歇式润滑。

润滑系统有以下特点：

(1)机油压力比较稳定。

在柴油机工作转速范围内，机油压力比较平稳，一般为0.2～0.4 MPa。油压比较稳定的原因是柴油机的主油道内设有限压阀。机油泵的流量比较大，限压阀的压力设定较低。主油道限压阀安装在曲轴箱第一横隔板靠飞轮端的主油道上，机油泵调压阀装在机油泵(压油泵)的出口处。

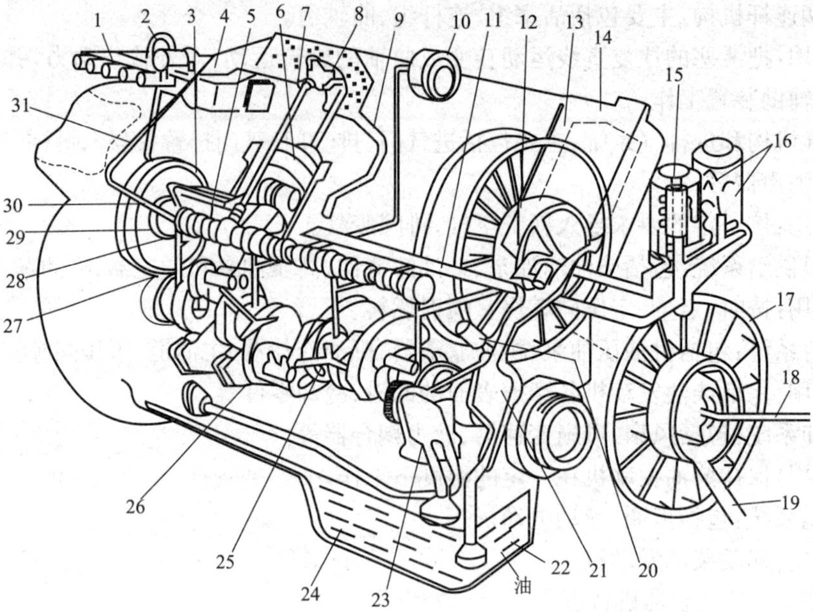

1—喷油泵;2—回油管;3—油道;4—油管;5—油道;6—活塞;7—推杆(空心,供给摇臂润滑用油);
8—摇臂;9—油管;10—油压表;11—油道;12—旁通阀;13—机油散热器的旁通阀;14—机油散热器;
15—机润滤清器的旁通阀;16—机油滤清器;17—风扇;18—油管;19—回油管;20—限压阀;21—机油泵;
22—吸油管;23—回油泵;24—油底壳;25—主轴承;26—连杆轴承;27—传动齿轮;28—活塞冷却喷嘴;
29—凸轮轴颈;30—油道;31—流向压缩机的油道

图 3.2 润滑系统

(2)采用高速机油泵。

当柴油机转速在 2 500 r/min 时,回油泵转速为 3 500 r/min,压油泵转速为 3 281.25 r/min,相应的机油流量为 1 401 L/min。

(3)采用全流式粗滤器和分流式精滤器。

两个粗滤器并联装在机油散热器和主油道之间,其过滤精度为 5～15 μm。离心式精滤器就是风扇液力偶合器罩盖,净化后的机油由此进入液力偶合器泵轮,经涡轮再流回油底壳。

(4)广泛采用耐油、耐温性能好的橡胶密封件,拆装简单、密封可靠。

(5)对机油油质要求较高。

润滑系统的主要部件有机油泵、机油散热器、机油滤清器和阀。

机油泵的作用是升高机油压力,强制地将机油压送到柴油机各摩擦表面,使机油在润滑系统中循环。机油泵为齿轮式,其工作可靠、结构简单。

机油散热器用铝合金管制成,冷却空气从水平方向从里向外吹过散热器,使工作过的机油带来的热量部分在空气中散掉,保证机油温度不超过 130 ℃。

机油粗滤器为全流式并连,可更换滤芯的纸质滤清器,能除去机油中较大颗粒的机械杂质,流通阻力较小。

机油精滤器是分流离心式,能够较彻底地除去机油中的机械杂质和氧化生成的胶化物。机油精滤器被设计成风扇液力偶合器的罩盖。

机油限压阀的作用是限制润滑系统的最高油压,防止润滑系统产生过高压力造成机油泵以及系统密封损坏。

机油散热器旁通阀的功用是保证柴油机在冷起动或是在高寒低温情况下正常工作。设置旁通阀后，当环境温度低、机油黏度大时，强制冷却不利于机油升高到正常温度，此时旁通阀打开，机油不经散热器直接经旁通阀到机油粗滤器，使机油升温加速。

4. 燃油供给系统

燃油供给系统的功用：按照柴油机工作过程的要求，定时、定量地顺序向各缸燃烧室内供油，并使燃油良好雾化，与空气形成均匀的可燃性混合物，以实现柴油机在功率、扭矩、排污、起动及息速等方面的要求。

BF12L413F 风冷柴油机的燃油供给系统如图 3.3 所示，由燃油箱、输油泵、柴油滤清器、喷油泵、喷油提前器、调速器、喷油器等组成。

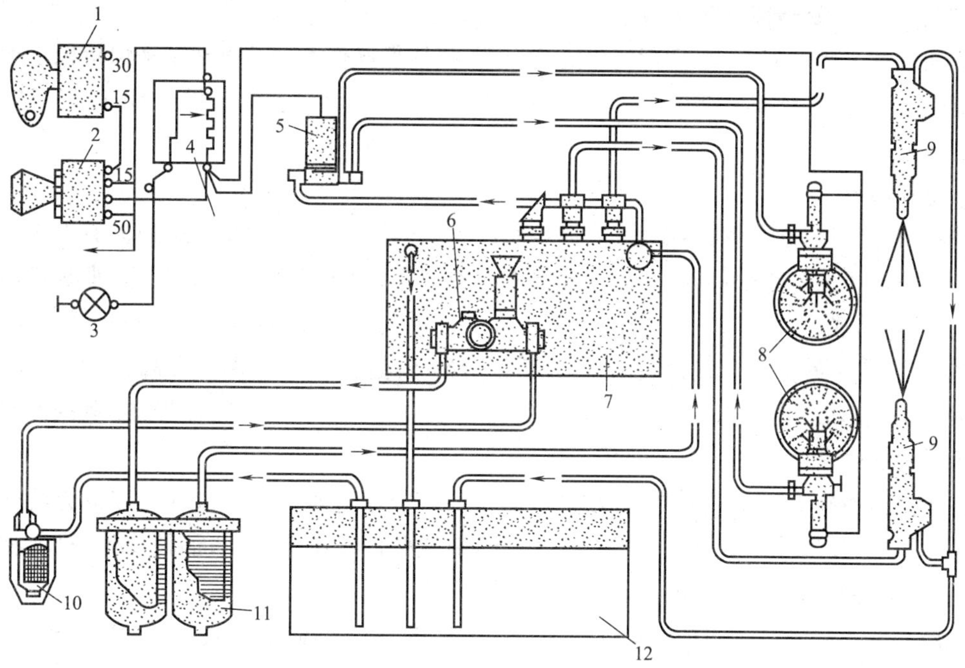

1—钥匙开关；2—加热启动开关；3—加热指示灯；4—加热电阻；5—电磁阀；6—输油泵；7—喷油泵；
8—火焰加热器；9—喷油器；10—燃油粗滤器；11—两级燃油滤清器；12—燃油箱

图 3.3　燃油供给系统原理图

喷油泵采用德国博世公司的 PE-P 型泵。此泵为直列柱塞泵，由高压泵凸轮轴直接驱动。低压柴油泵供油压力为 0.2 MPa，高压泵供油压力为 17.5 MPa，喷油器为长型喷油器。

为了保证柴油机在各种转速下都有最佳供油提前角，故在喷油泵传动系统中设置了喷油提前器。

喷油泵由曲轴后端斜齿轮驱动，传动平稳，供油准时正确。喷油泵配有博世公司生产的 RQV 型机械式调速器。

PE-P 型高压泵主要由十二个单元柱塞泵、油量调节机构、传动机构及泵体组成。当柱塞位于下死点时，柱塞套筒进油孔与喷油泵体的油腔相通，在输油泵的作用下柱塞顶部充满了柴油，当柱塞上行时进油孔关闭，柴油压力升高，当压力超过输油阀弹簧压力时，输油阀打开，柴油经高压油管流向喷油器。

柱塞和柱塞套是单元泵的一对精密偶件，供油量的大小由柱塞的有效行程来决定。柱塞的圆柱表面上有斜槽，斜槽与柱塞套油孔相通，若转动柱塞，改变柱塞斜槽与柱塞套油孔的相对位置，便可改变柱塞的有效行程，也就改变了喷油泵的供油量。

通过齿条拉动柱塞上的齿圈使柱塞转动，实现喷油泵供油量的调节。柱塞的上下往复运动，是依靠凸轮轴的转动实现的。

调速器装在喷油泵一端，与高压泵的凸轮轴相连接。它的功用是根据柴油机工况自动调节供油量。限制柴油机在一定转速范围内工作，并起稳定转速的作用。

柴油机工作时，负荷往往发生很大变化，如捣固车运行到上坡道，负荷增加，此时，如不及时增加柴油机的供油量，则会造成转速下降；反之，当负荷减小时，如供油量不及时减小，则转速急剧上升，很容易造成飞车事故。

柴油机在工作过程中，在负荷变化的情况下，只依靠操作者调节供油量来保持稳定运转是不可能的。为此，必须安装调速器。当负荷发生变化时，能够自动调节供油量，以保持柴油机在一定转速内运转。

5. 冷却系统

柴油机工作过程中，燃料在气缸内燃烧所产生的热量不可能全部用来做功，有很大一部分热量传给柴油机的各零部件，受热零件如果没有冷却介质及时地将热量送出去，那么机体温度将急剧上升，造成严重后果。如：使零件强度大大降低，造成零件破坏；零件受热后发生膨胀变形，破坏了零件之间的正常配合关系，造成活塞卡缸等故障；使机油温度升高、黏度大大降低，零件表面不能形成油膜，丧失润滑作用，使零件磨损加快等等。风冷柴油机就是利用冷空气将柴油机受热零件所吸收的热量及时传送出去。

但是柴油机在工作中并不是越冷越好，而是要求冷却适当。因为过度冷却也会给柴油机带来不利影响，使气缸温度过低，柴油点火延长，造成柴油机工作粗暴；油耗增加；机油黏度增加，造成运动件摩擦功率损失增加，使柴油机功率下降。

风冷柴油机用能自动调节风量的液力传动风扇作为冷却风源，在缸盖、缸套上设计有散热片，并有冷却空气导流装置。

冷却风扇为液力传动轴流式压风风扇。风扇转速随着发动机排气温度的变化，自动进行调节，使发动机保持适当的温度。

图 3.4 为冷却风扇总成。冷却风扇设计有前置式静叶轮导流装置。

前置静叶轮起导流作用，避免冷空气直接吹向风扇叶片，提高风扇效率；同时减少叶轮出口圆周速度的动能，以提高风压力。

风扇水平安装在曲轴箱上部气缸排 V 形夹角中间，利用风扇外壳，安装在附件托架上。风扇的传动采用了液力偶合器、胶辊联轴器、钢片法兰盘弹性连轴器等挠性元件，从而解决了柴油机转速变化时，由于风扇转动惯量大，造成风扇传动系统的断轴、打齿等问题。采用液力偶合器，可以根据发动机热状态自动地调节风扇转速。在小负荷时减少驱动风扇消耗的功率，提高柴油机的经济性。

6. BF12L513C 型柴油发动机型号表示

BF12L513C 型柴油发动机型号表示，如图 3.5 所示。

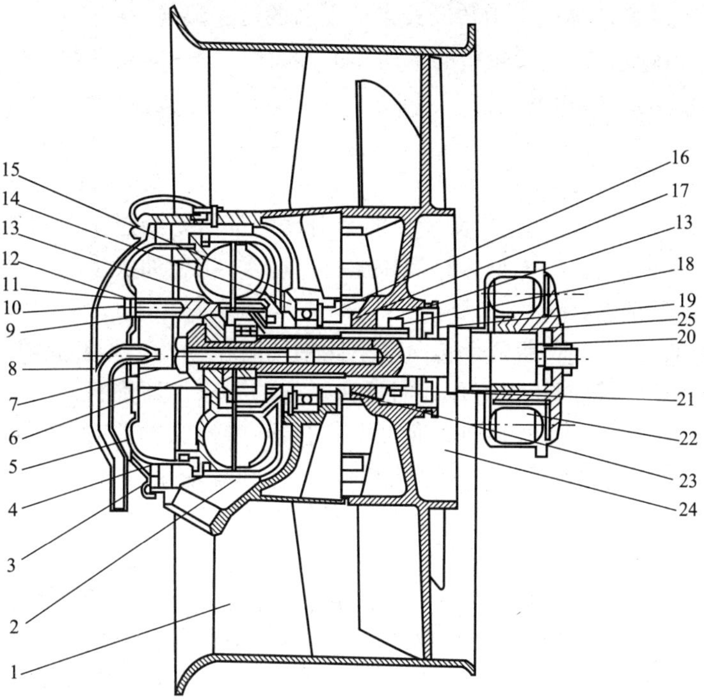

1—风扇静叶轮组合件；2—液力偶合器；3—护罩密封圈；4—滤清器密封圈；5—滤清器罩；6—偶合器垫；7—驱动轴紧固螺钉；8—风扇护罩；9—定位螺栓；10—螺钉；11—垫圈；12—滤清器压圈；13—中间环；14—弹性卡圈；15—轴承；16—油封；17—中间套；18—垫圈；19—自紧油封；20—驱动轴；21—螺母；22—橡胶柱；23—密封圈；24—动叶轮；25—油封弹簧

图 3.4　冷却风扇总成

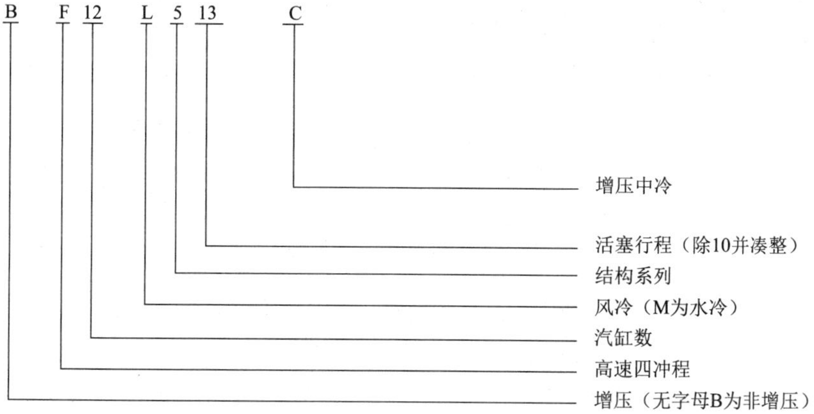

图 3.5　BF12L513C 型柴油发动机型号表示

任务 3.2　QS-650 型清筛机动力传动与走行系统认知

3.2.1　工作任务

通过学习相关知识，能承担以下工作任务：

(1)掌握 QS-650 型清筛机动力传动及走行系统的结构组成和工作原理。

(2)掌握 QS-650 型清筛机动力传动及走行动力的传递路线。

(3)了解分动齿轮箱、车轴齿轮箱的结构和工作原理。

(4)了解转向架的结构和组成。

3.2.2　相关配套知识

对于大型养路机械而言，从动力源输出的牵引动力都需要经过一系列的部件进行转换或处理，最终传递到车轮上，驱动大型养路机械运行。通常，将柴油发动机与动轮之间的传动部件总称为动力传动系统。

QS-650 型清筛机是有前、后两个转向架上四轴同时驱动的大型养路机械，它既具有区间运行时高速行驶的功能，同时也具有作业时低速走行的要求。清筛机的动力传动系统采用的是静液压传动，柴油发动机输出的动力通过主离合器、弹性联轴器、万向传动装置、分动齿轮箱、液压泵、液压马达以及车轴齿轮箱等传动部件传递到车轴轮对上，以实现清筛机的高速运行和作业走行。

1. 动力走行传动系统

QS-650 型清筛机的动力走行传动系统如图 3.6 所示，它由柴油发动机、主离合器、弹性联轴器、万向传动轴、分动齿轮箱、液压泵、液压马达、车轴齿轮箱、轮对等组成。

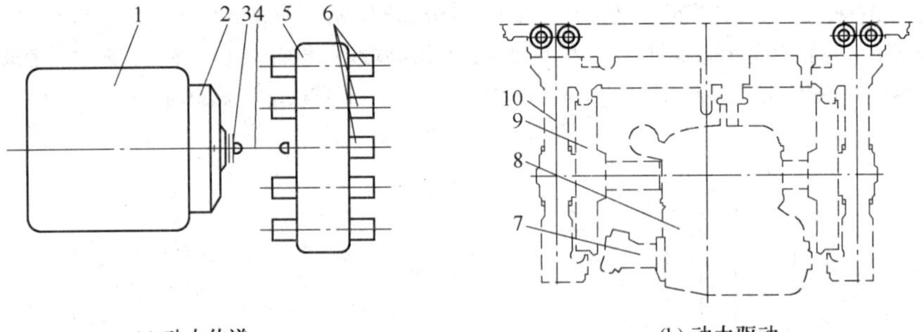

(a) 动力传递　　(b) 动力驱动

1—柴油发动机；2—主离合器；3—弹性联轴器；4—万向传动轴；5—分动齿轮箱；6—液压油泵；7—液压马达；8—车轴齿轮箱；9—轮对；10—转向架构架

图 3.6　动力走行传动系统

由图 3.6(a)可知，柴油发动机通过主离合器、弹性联轴器、万向传动装置、分动齿轮箱驱动若干个液压泵，使液压油产生高压力来传递动力，实现由机械能转变成液体压力能的过程。由图 3.6(b)可知，液压泵产生的液体压力能通过液压马达、车轴齿轮箱驱动轮对转动，从而实现液压能向机械能的转换。

QS-650 型清筛机的动力走行传动系统有两套，分别安装在前后机械动力间和前后转向架上。前柴油发动机驱动的动力走行传动系统，将动力传递到前转向架的两个轮对轴上，驱动前转向架轮对转动；后柴油发动机驱动的动力走行传动系统，将动力传递到后转向架的两个轮对轴上，驱动后转向架轮对转动。

BF12L513C 型柴油机是 V 形、12 缸、风冷、增压、中冷式车用高速四冲程直喷式柴油发动机，其额定转速为 2 300 r/min，额定功率 348 kW。

动力传动系统采用了 4 台 A4V-250HD 型通轴斜盘式轴向柱塞变量泵，驱动分别安装在每个车轴齿轮箱的输入轴端的 A6VM107HA1T 型变量轴向柱塞式液压马达，带动转向架轮对转动，进而实现清筛机的走行，可以实现作业走行 0～1 km/h、区间走行 0～80 km/h 范围内的无级调速。

2. GB2/380KR 型主离合器

(1)主离合器的作用

主离合器是连接柴油发动机和传动系统其他机构的重要部件，它的主要作用为：

①把柴油发动机与传动系统柔和地结合起来，使机械平顺地起步。

②迅速、彻底地将柴油发动机的动力与传动系统分离开。

③防止传动系统和柴油发动机的零部件超载。

(2)主离合器的结构和工作原理

QS-650 型清筛机采用的是 GB2/380KR 型主离合器，如图 3.7 所示。

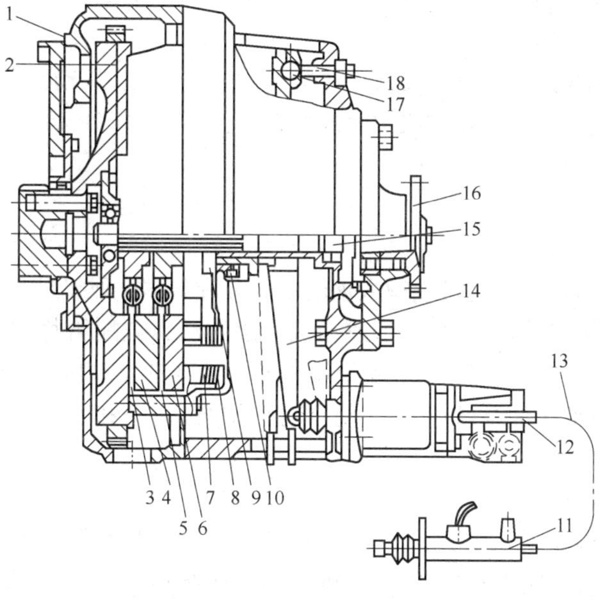

1—离合器外壳；2—飞轮；3、5—从动摩擦盘；4—中间压盘；6—压盘；7—压紧弹簧；8—离合器罩；9—止推盘；10—分离轴承；11—操纵油缸；12—工作油缸；13—油管；14—拨叉杆；15—输出轴；16—输出轴法兰盘；17—拨叉杆支座；18—调整螺母

图 3.7　GB2/380KR 型主离合器

它是一种常接合、干式、双片、弹簧圆周布置、气助液动操纵式摩擦离合器，具有传递扭矩大、径向尺寸小、接合平顺等优点。GB2/380KR 型主离合器由主动部分、从动部分及分离机构等组成。

①主动部分

离合器主动部分包括：飞轮 2、中间压盘 4、压盘 6 和离合器罩 8 等。中间压盘 4 和压盘 6 利用其外缘均布凸耳嵌入飞轮相应的切槽来传递扭矩。沿圆周均匀分布的两组环形压紧弹簧 7，将主、从动部件压紧。离合器罩用螺钉固定在飞轮上。

用为保证主动盘和从动摩擦盘之间能够彻底分离，在中间压盘和飞轮之间装有分离弹簧。同时，为防止从动摩擦盘 3、5 在分离时被中间压盘 4 和压盘 6 夹住，在离合器罩上装有均匀布置的限位调整螺钉，以限制中间压盘的行程。

②从动部分

从动摩擦盘 3、5 夹在飞轮、中间压盘和压盘之间。从动摩擦盘的主体是由环形薄钢片和从动盘毂铆接而成,故其转动惯量较小。从动盘钢片的两面铆有由石棉、铜纤维等材料制成的摩擦衬片。从动盘毂内有花键孔,它靠花键与输出轴 15 连接,柴油发动机的扭矩由输出轴法兰盘 16 输出。从动摩擦盘上装有扭矩减振器,以衰减传动系传来的扭转振动。

(3)分离机构

分离机构用来控制离合器的"分离"与"接合",它由分离杠杆、分离杠杆支座、止推盘 9 和分离轴承 10 等零部件组成。分离轴承 10 靠支承在拨叉杆支座 17 上的拨叉杆 14 推动。

当柴油发动机启动或传动系需要切断动力时,踏下离合踏板,通过气压助力使操纵油缸 11 压油给工作油缸 12,从而推动工作油缸 12 的推杆,顶动拨叉杆 14,使分高轴承 10 左移并带动止推盘 9。

止推盘 9 左移,使分离杠杆进一步压缩压紧弹簧 7,主被动部分分开,离合器呈"分离"状态。

当离合器踏板不动时,这种离合器由于压紧弹簧始终将主、从动部分压紧,离合器处于经常的"接合"状态,因此称为常接合式或常闭式离合器。

3. 分动齿轮箱和车轴齿轮箱

(1)分动齿轮箱

①分动齿轮箱的作用

分动齿轮箱的作用是将原动机或输入轴的动力分配给多个驱动装置的传动箱。

清筛机采用全液压传动,为了将柴油发动机输出的动力分配给每一个作业装置液压系统的动力元件,设有分动齿轮箱。QS-650 型清筛机有两台柴油发动机,也就有两个分动齿轮箱,它们分别驱动 8～9 台液压油泵,以满足走行、挖掘、筛分、输送和起拨道等多个系统动力驱动的要求。

②分动齿轮箱的结构

分动齿轮箱的结构如图 3.8 所示,它由一根输入轴、两根中间轴、两根输出轴组成。在圈面输入轴的后端,中间轴、输出轴的两端,均可驱动液压泵输出动力,所以,该分动齿轮箱最多可安装 9 台液压泵。液压泵靠油泵法兰盘与箱体连接,动力靠花键传递,各轴的转速则根据与其相连接的液压泵所要求的输入转速来确定。

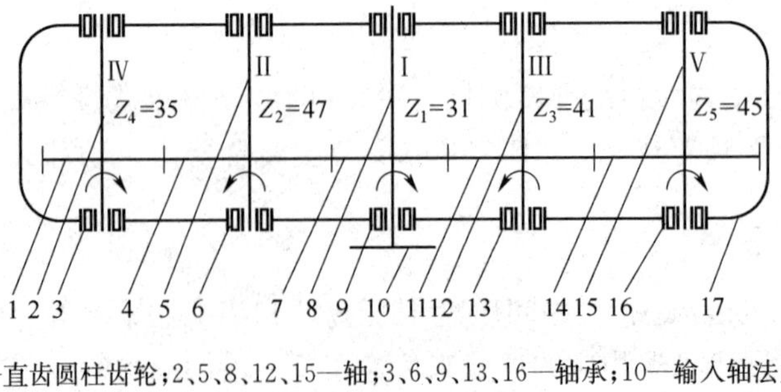

1、4、7、11、14—直齿圆柱齿轮;2、5、8、12、15—轴;3、6、9、13、16—轴承;10—输入轴法兰盘;17—箱体

图 3.8 分动齿轮箱结构示意图

分动齿轮箱内各轴均采用滚柱轴承支承在箱体 17 上,液压泵靠油泵法兰盘与箱体连接,动力靠花键传递。为防止润滑油泄漏,在液压泵法兰盘上装有密封装置。

分动齿轮箱内的齿轮与轴承通过强制和飞溅方式润滑。因此，在日常保养中，应注意检查分动齿轮箱内油面高度，缺油时应及时补足。

(2)车轴齿轮箱

①车轴齿轮箱的功用是改变液压马达输出的转矩和转速，以适应清筛机作业走行、区间运行、连挂运行不同工况条件下，对机械牵引力和运行速度的要求。

②车轴齿轮箱的结构、QS-650 型清筛机采用的车轴齿轮箱，其构造如图 3.9 所示。车轴齿轮箱由上箱体、下箱体、轴承盖、齿轮、换挡离合器、轴、加油通气器、放油螺塞等组成。由于车轴齿轮箱传递扭矩大，结构复杂，因此，整个箱体又分为左、中、右三个箱室，中间并排两行加强支承座对各轴起着主要的支承作用，它通过轴承盖单独与下箱体连接。车轴齿轮箱下箱体靠近车轴端伸出一块连接臂板，依靠连接杠杆弹性地支撑在转向架的摇枕横梁上。因此，当车轮轮对相对转向架运动时，连接杠杆曲臂摆动，车轴齿轮箱可绕车轴摆动，保证了走行动力的正常传递。箱体上设有加油通气器，用以加注润滑油和吸排箱体气体。在箱体上还设有观察孔、液位显示器等。由于车轴齿轮箱内装有润滑油泵，因此该箱内轴、轴承、齿轮均靠强制润滑。

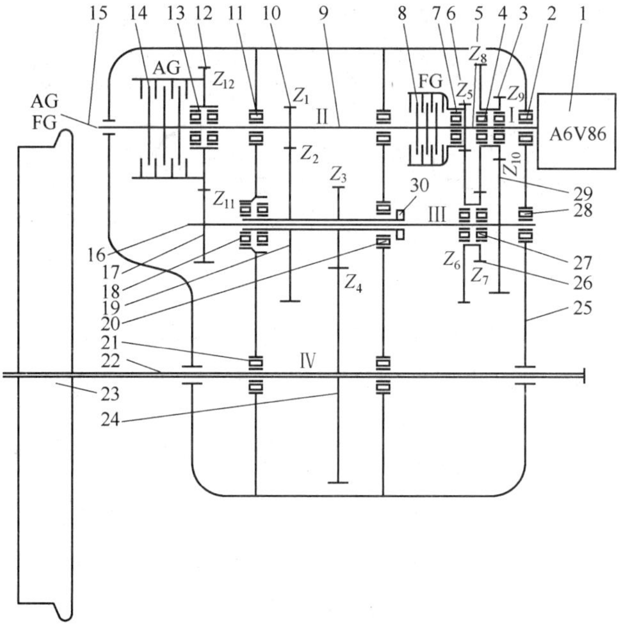

1—液压马达；2—输入轴轴承；3—输入轴双联齿轮(Z_8、Z_9)；4—输入轴双联齿轮轴承；5—输入轴(Ⅰ)；
6—输入主动齿轮(Z_5)；7—离合器轴端轴承；8—FG 离合器；9—离合器轴(Ⅱ)；10—离合器轴齿轮(Z_1)；
11—离合器轴轴承；12—AG 离合器齿轮(Z_{12})；13—AG 离合器齿轮轴承；14—AG 离合器；5—AG、FG 控制油路；
16—中间轴(Ⅲ)；17—中间轴小齿轮(Z_{11})；18—中间轴轴承；19—中间轴双联齿轮(Z_2、Z_3)；
20—中间轴双联齿轮支承轴承；21—车轴轴承；22—车轴(Ⅳ)；23—车轮(对)；24—车轴齿轮(Z4)；
25—车轴齿轮箱箱体；26—中间轴传动双联齿轮(Z_6、Z_7)；27—中间轴传动双联齿轮轴承；
28—中间轴端轴承；29—中间轴大齿轮(Z10)；30—润滑凸轮油泵

图 3.9　车轴齿轮箱

(3)AG(FG)型换挡离合器的工作原理

在车轴齿轮箱内，有两个采用液压操纵的多片式摩擦离合器 AG 和 FG，这种离合器也称为动力换挡离合器，其中 AG 为作业工况（低速挡）离合器，FG 为运行工况（高速挡）离合器。AG 型换挡离合器的结构如图 3.10 所示。

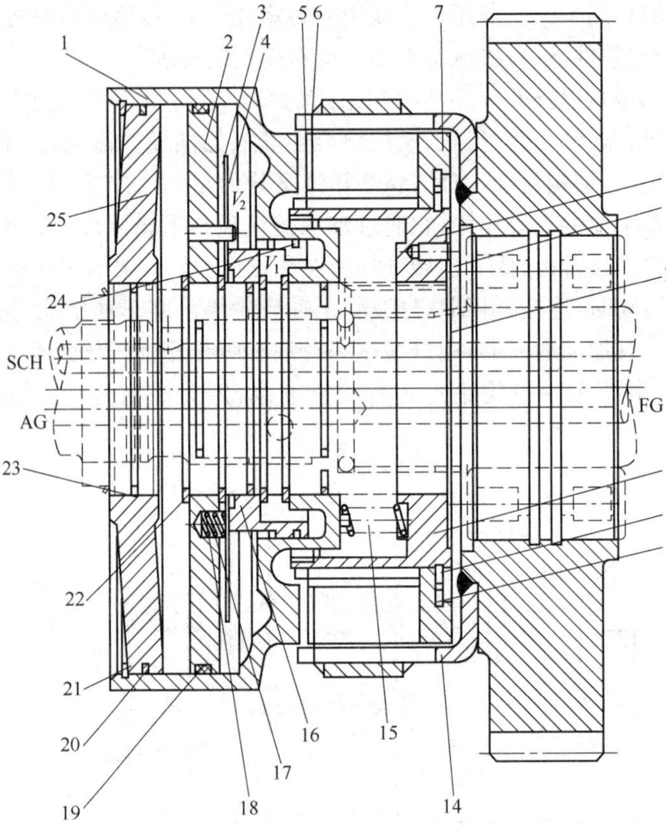

1、25—活塞缸体；2—大活塞；3—衬垫；4—阀；5—被动摩擦片；6—主动摩擦片；7—压板；8—垫圈；9—螺栓；10 —钢片；11—从动毂；12、13、21、22—卡环；14—齿轮及主动毂；15、17、18—弹簧；16—小活塞；19—O 形密封圈；20、23、24—密封环

图 3.10　AG 型换挡离合器

当司机接通 AG 型换挡离合器操纵阀的油路时，液压油经旋转配油腔和离合器轴上油道进入小活塞 16 右腔室 V_1 中。液压油推动活塞缸体 1、25 右移，迅速将换挡离合器主、被动摩擦片压在一起，离合器实现“接合”。同时，通过小活塞上的节流孔将阀 4 打开，液压油进入大活塞右腔 V_2 中，使活塞缸体产生更大的压力，将换挡离合器的主、被动摩擦片压紧，从而传递更大的扭矩。大活塞 2 左腔的液压油经 SCH 管道排出。

这种换挡离合器采用大、小两个活塞，小活塞室 V_1 体积较小，当液压油进入时，可迅速消除主、被动摩擦片间的间隙，使离合器“接合”迅速。大活塞室 V_2 体积大，活塞作用面积大，压紧力就大。另外液压油从 V_1 到 V_2 室时经过节流阀，这样进入大活塞 V_1 室的油压逐渐上升，则离合器的压紧力逐渐增加，从而保证了离合器“接合”过程的平顺。当离合器需要“分离”时，切断 AG 型换挡离合器操纵阀的油路，在压力弹簧 15 的作用下，活塞缸体迅速恢复到原始位置，从而实现离合器的“分离”。

FG 型换挡离合器与 AG 型换挡离合器在构造和工作原理上基本相同，但由于它传递的扭矩小些，故摩擦片、活塞缸体的直径也小些。

AG和FG两换挡离合器必须采用联锁，不能相互干涉，即当AG型换挡离合器“接合”时，FG型换挡离合器必须处于“分离”状态，而当FG型换挡离合器“接合”时，AG型换挡离合器必须处于“分离”状态。

(4)换挡作用

车轴齿轮箱通过液压操纵的多片式离合器控制，可实现作业走行、区间走行和连挂运行三种工况。

①高速挡

换挡手柄接通FG型换挡离合器操纵阀的油路，FG型换挡离合器“接合”，清筛机可以实现区间运行工况。

②低速挡

换挡手柄接通AG型换挡离合器操纵阀的油路，AG型换挡离合器“接合”，清筛机可以实现作业走行工况。

③空挡

换挡手柄置于空挡时，FG型换挡离合器和AG型换挡离合器均“分离”，清筛机可以实现连挂运行工况。

4. 转向架

转向架是将两个或两个以上的轮对，按规定的轴距，用侧架或构架连成一体，并装有减振弹簧的独立结构。它通过与车架连接，以承载和传递动力。车辆通过曲线时，转向架与车架之间能产生相对转动，使车辆能顺利通过曲线，减少运行阻力。

(1)转向架的作用

转向架具有承载传载、走行转向、缓冲减振、走行制动的用途。

①承载传载

转向架通过与车架连接，承受车架传来的载荷，并由各轮对传给钢轨。

②走行转向

转向架引导车辆沿钢轨运行。车辆在曲线上运行时，由于转向架与车架的相对转动，使车辆能顺利通过曲线，减少运行阻力。

③缓冲减振

转向架装有减振弹簧和减振器，能缓冲车辆的冲击和振动，提高运行平稳性。

④走行制动

制动系统的基础制动装置安装在转向架构架上，闸瓦直接对准车轮的踏面，制动时，闸瓦压紧车轮踏面产生摩擦阻力，实现制动作用。

(2)转向架的结构

QS-650型清筛机的转向架为双轴动力转向架，由侧梁、枕梁、弹簧减振装置、轮对轴箱装置、基础制动装置、心盘总成与旁承、车轴齿轮箱等部分组成，其构造如图3.11所示。

转向架的构架由两个侧梁和一个枕梁组成，侧梁和枕梁均采用钢板焊接的箱形结构。两侧梁用两根高强度材料制成的连接杆连成一体；两侧梁中部安放枕簧，其上支撑枕梁；枕簧为圆柱弹簧，四个一组。枕梁的导框套在侧梁的导柱上，以使枕梁和侧梁相连，从而组成转向架的构造。

QS-650型清筛机的转向架具有如下特点：

①转向架的侧梁与枕梁之间设有液压减振器4和枕簧5，它们可较好地缓和和吸收轮对及轴箱所受到的振动、冲击，起缓冲减振作用，提高清筛机运行平稳性。

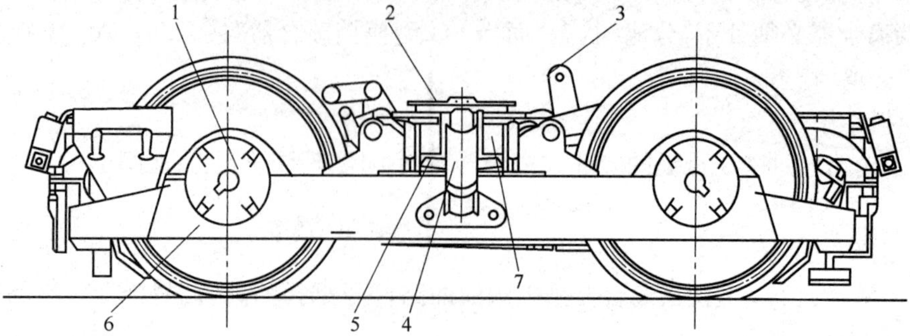

1—轮对轴箱装置；2—心盘总成；3—基础制动装置；4—液压减振器；5—枕簧；6—侧梁；7—枕梁

图 3.11　转向架结构

②转向架每根车轴上均设有车轴齿轮箱，起传递走行动力和减速的作用。针对区间运行和作业走行两种工况，车轴齿轮箱有两种不同的减速比。

QS-650 型清筛机转向架的轮径为 900 mm，固定轴距为 1 830 mm，心盘距为 2 300 mm，容许通过的最小曲线半径为 180 m。

(3)液压减振器

液压减振器是一种良好的减振装置，它通过内部的油液流经阻尼孔时产生的阻尼力，有效地消耗车辆的振动能量，达到衰减振动幅度的目的。车辆的振动速度越高、振幅越大，液压减振器的减振效果就越显著。

液压减振器的工作原理如图 3.12 所示。

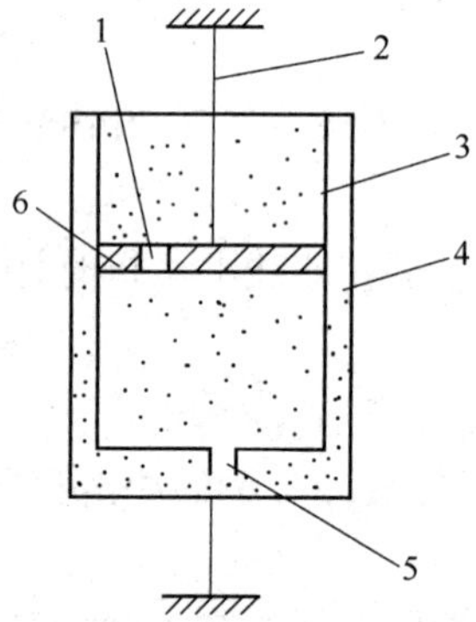

1—节流孔；2—活塞杆；3—缸筒；4—储油筒；5—补排油孔；6—活塞

图 3.12　液压减振器工作原理

当车架振动时，带动液压减振器的活塞在缸筒内上下运动，迫使缸筒内的油液通过活塞上的节流孔上下流动，产生节流阻力，实现减振作用。同时，油液通过缸筒底部的补排油孔进行补油和排油。

液压减振器受压时，油液通过节流孔从缸筒下部流向上部，多余油液通过补排油孔排入储油筒内；液压减振器受拉时，油液流向与受压时正好相反。补排油孔在结构上还有一个特点，即排油时孔变小，起节流作用，补油时孔变大，防止缸筒内出现真空。

在 QS-650 型清筛机转向架上，液压减振器设在侧梁中部与枕梁之间，它与枕簧共同起缓冲减振作用，可以较好地缓和并吸收轮对及轴箱所受到的振动、冲击，从而提高清筛机的运行平稳性。

(4)心盘总成与旁承

①心盘总成

心盘总成是转向架承载和传递走行动力的关键部件,它由中心销、上心盘、下心盘、平键等组成,其构造及安装如图3.13所示。

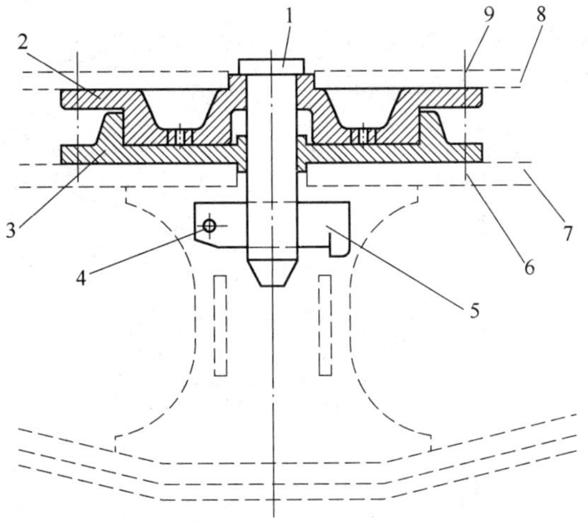

1—中心销;2—上心盘;3—下心盘;4—开口销;5—平键;6、9—螺栓连接;7—枕梁;8—车架

图3.13 心盘总成构造及安装图

上心盘通过螺栓与车架相连,而下心盘通过螺栓与转向架枕梁相连,二者可相对转动,使车架与转向架相对回转,从而使清筛机能顺利通过曲线轨道。

由于上心盘支承在下心盘的环槽内,故该心盘总成可承受径向力和轴向力,即通过它既可使车架承受的重量传给转向架,又可使转向驱动轮产生的牵引力由心盘传给车架。以中心销用平键卡住,它能防止上心盘与下心盘相互分离,保证车架与转向架连接可靠。心盘采用稀油润滑,润滑油管接在下心盘上,由前、后司机室内的润滑油杯供油。

②旁承

旁承是清筛机转向架的辅助承载部件。每台转向架设有两个旁承,分布在左、右两侧。旁承由上旁承和下旁承组成。上旁承是用铸铁制成的槽形结构,安装在车架大梁下面;下旁承用45号钢板制成,用螺栓连接在转向架枕梁上。上、下旁承的间隙调整量为0～0.2 mm。

旁承采用平面摩擦式,组装前上旁承槽内充有2号锂基润滑脂,通过槽底的小孔润滑上、下旁承摩擦面。当清筛机通过曲线时,由于离心力的作用,车体产生倾斜,使外侧的上、下旁承接触并承担一定的垂直载荷,通过上、下旁承的相对滑移,可使清筛机顺利通过曲线。

(5)轮对与轴箱

①轮对

轮对的作用是承受车辆传来的全部重量并引导清筛机沿钢轨运行,同时传递和承受清筛机与轨道间的相互作用力。轮对由一根车轴和两个车轮按规定的尺寸和压力,采用过盈压装而成。由于清筛机的车轴中部安装有车轴齿轮箱,并通过轴承支承在车轴上,故组装轮对时应先压装车轴齿轮和装入轴承、轴承盖等零部件。拆轮对时,应先沿车轮上注油孔注入高压油,减少车轮与车轴之间的摩擦阻力,然后进行拆卸。

②车轴

车轴按其两端轴箱中的轴承形式不同,可分为滑动轴承车轴和滚动轴承车轴。由于清筛机的车轴主要承受交变载荷,故采用滚动轴承车轴。

由于清筛机的车轴主要承受交变载荷,容易产生疲劳裂纹,故车轴应经过一定的冷、热加工工序,以使车轴具有较好的韧性,较高的抗拉强度和疲劳极限。

③轴箱

清筛机转向架上设有滚动轴承轴箱,安装在车轴轴端。轴箱由轴箱体、滚动轴承、轴箱盖、挡圈、密封装置等零部件组成,轴箱结构如图 3.14 所示。

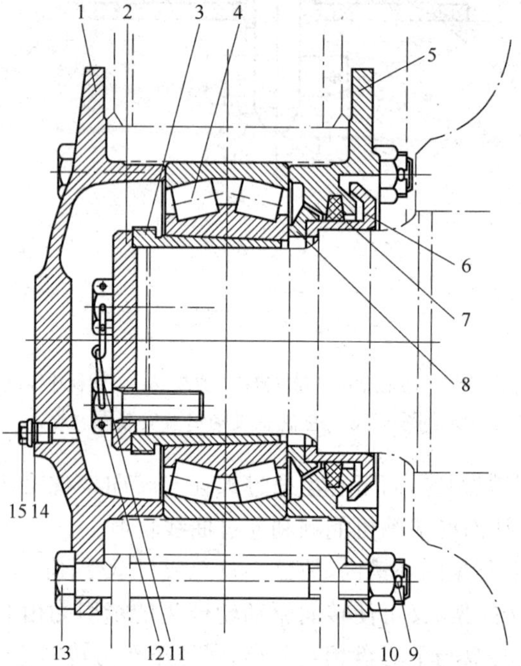

1—前轴箱盖;2—轴端盖;3—张紧套;4—滚动轴承;5—后轴箱盖;6—迷宫轴环;7—密封圈;8—挡圈;9—开口销;10—螺母;11—防松铁丝;12、13—螺栓;14—垫圈;15—注油塞

图 3.14　轴箱结构

轴箱中的滚动轴承为双列向心球面滚子轴承,它承载力大,能自动调心,其内圈的内表面为圆锥面,支承在张紧套上,调节张紧套与轴承的楔紧程度就可调整轴承的径向和轴向间隙。

轴箱组装时,必须按有关规定严格进行,保证轴承有合适的径向间隙和轴向间隙。轴箱内润滑油脂的充注量为其内空间容积的 2/3 为宜。

任务 3.3　走行驱动液压系统认知

3.3.1　工作任务

通过学习相关知识,能承担以下工作任务:

(1)掌握走行驱动液压系统组成。

(2)掌握走行驱动液压系统工作原理。

3.3.2　相关配套知识

QS-650 型清筛机的走行装置由两台两轴式转向架组成，转向架每根轴都由单独的变量马达驱动，区间运行速度为 0～80 km/h，作业走行速度为 0～1 km/h，与列车编组运行速度为 0～100 km/h。区间运行和作业走行时均可实现无级调速。

1. 调速回路

清筛机的走行驱动液压系统采用了变量泵变量马达容积调速回路，如图 3.15 所示。变量泵为 A4V250HD 型通轴斜盘式轴向柱塞变量泵，该泵的额定压力为 35 MPa，最高压力为 40 MPa，最大排量为 250 mL/r。变量马达为 A6VM107HA1T 型斜轴式变量马达，其额定压力和最高压力分别为 35 MPa、40 MPa；最小排量为 30.8 mL/r，最大排量为 107 mL/r。

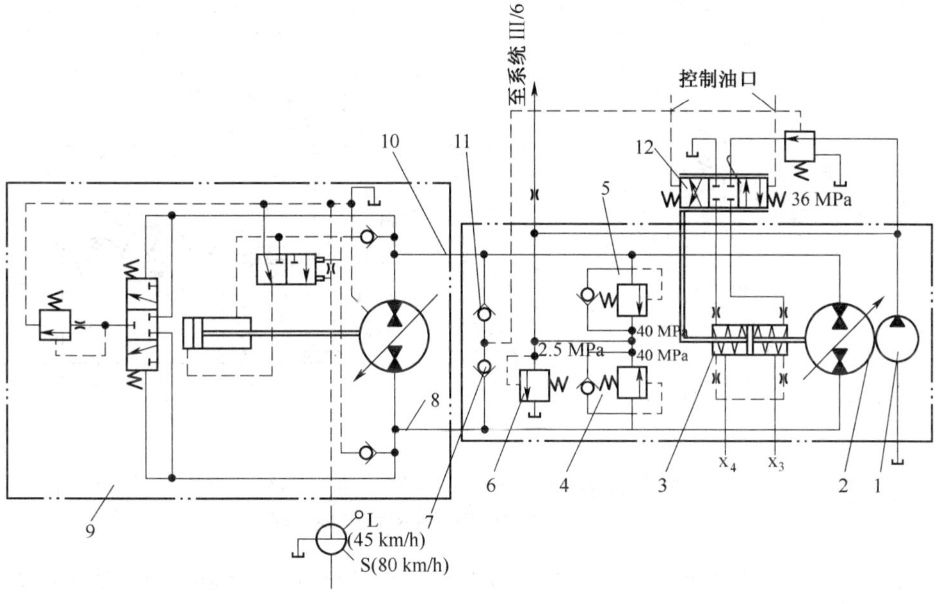

1—辅助泵；2—双向变量泵；3—变量液压缸；4、5—高压安全阀；
6—辅助泵溢流阀；7、11—单向阀；8、10—管路；9—变量马达；12—变量伺服阀

图 3.15　变量泵、变量马达容积调速回路

变量泵、变量马达均可正反双向旋转工作。当双向变量泵 2 正向供油时，管路 10 为高压管路，压力油进入变量马达 9，驱动液压马达正向旋转，清筛机前进。管路 8 为低压管路。高压安全阀 5 可防止正向行进时回路过载(超过 40 MPa 开启)，这时高压安全阀 4 不起作用(反向行进时防回路过载)。辅助泵 1(压力由辅助泵溢流阀 6 调定)顶开高压安全阀 4 并联的单向阀，向低压管路 8 补油，而高压安全阀 5 并联的单向阀在高压管路压力油的作用下封闭。当双向变量泵 2 反向供油时，管路 10 为低压，管路 8 是高压，变量马达 9 反向旋转，清筛机反向行走。各液压元件的分析原理同上。

回路的调速方法为：操纵手动减压阀式先导阀来调节变量泵的排量，在区间运行工况时，由于无工作负载，变量马达的排量最小、转速最高、输出转矩最小，可在 0～80 km/h 范围内无级变速。清筛机进入工作状态后，负载使系统压力升高，高压自动控制变量的变量马达 9 排量增大，转速下降，输出转矩增大。变量马达达到最大排量时，输出转矩为最大，转速最小，此时

调节变量泵的排量，可使清筛机在 0～1 km/h 范围内实现无级调速。

此调速回路为闭式回路，液压泵的吸油管直接与液压马达的回油管连通。

2. 手动减压阀式先导阀操纵回路

手动减压阀式先导阀操纵回路如图 3.16 所示，用于操纵走行驱动变量泵的变量机构。当扳动调速换向手柄 1，压下推杆 2，控制泵的压力油从阀口 P 流向阀口 B，作用于变量伺服阀 4 的左端；变量伺服阀 4 右端经减压阀式先导阀的阀口 A 与油箱相通，变量伺服阀 4 右移辅助泵 6 输出的压力油经截止阀 5、变量伺服阀 4 左位，进入变量液压缸 8 左腔，变量泵 7 排量变大。朝另一方向扳动调速换向手柄 1，压下推杆 3，压力油则进入变量液压缸 8 右腔，变量泵 7 斜盘倾角向另一方向变化，变量泵 7 反向输出排量，变量马达换向。

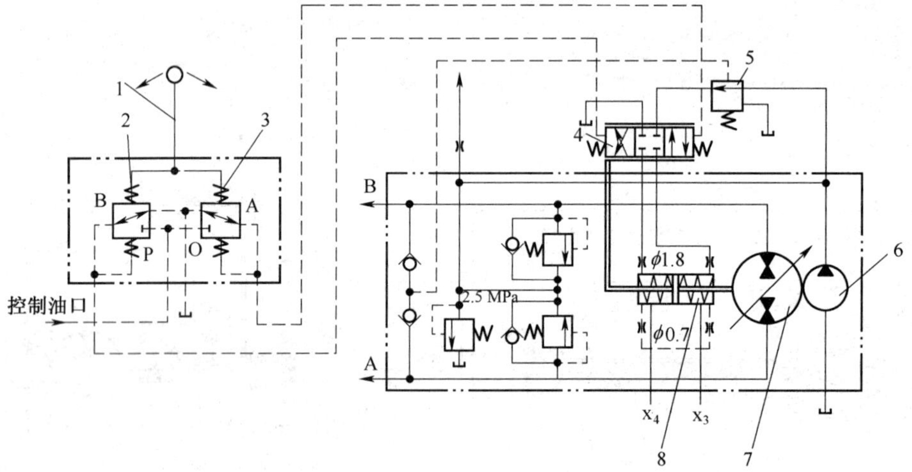

1—调速换向手柄；2、3—推杆；4—变量伺服阀；5—截止阀；6—轴助泵；7—变量泵；8—变量液压缸

图 3.16　手动减压阀式先导阀操纵回路

变量泵 7 的输出排量与调速换向手柄 1 的操纵位置成正比。调速换向手柄 1 偏离中位越大，泵斜盘的倾角越大，泵输出排量也越大。调速换向手柄 1 中位时，变量泵 7 斜盘倾角为 0°，其输出排量为 0，走行马达不旋转。

3. 走行驱动液压回路

在走行驱动液压回路图 3.17 中，把手动减压阀式先导阀 8 的调速换向手柄从工作位置扳向中位时，变量泵斜盘倾角向零复位，排量逐渐减小。由于惯性作用液压马达仍高速旋转，这时液压马达处于液压泵工作状态，原输入压力油端变成吸油端；出油端变成压油端而压力升高。液压马达输出的压力油经电液动换向阀 3 的中位、背压阀 2(压力 10 MPa)到马达吸油端。背压阀 2 的设置，使液压马达转速降低，产生制动作用。

当手动减压阀式先导阀 8 的调速换向手柄处于中位，控制泵 12 的控制压力油不经过先导阀 8，压力开关(图中未标示、0.55 MPa 以上接通)无压力不接通，则电磁铁 S7、S97 失电，电液动换向阀 3、电磁换向阀 14 均处于中位，变量泵无排量输出。

手动减压阀式先导阀 8 往前进方向扳动时，则电磁阀 S7b、S97b 接通，若手动减压阀式先导阀 8 往后退方向扳动时，则电磁阀 S7a、S97a 接通，使背压阀 2 通路总是与泵液压流动方向反接，而与马达液压流动方向顺接，并将低压压力接向限压阀 13；限压阀的压力为 8 MPa。

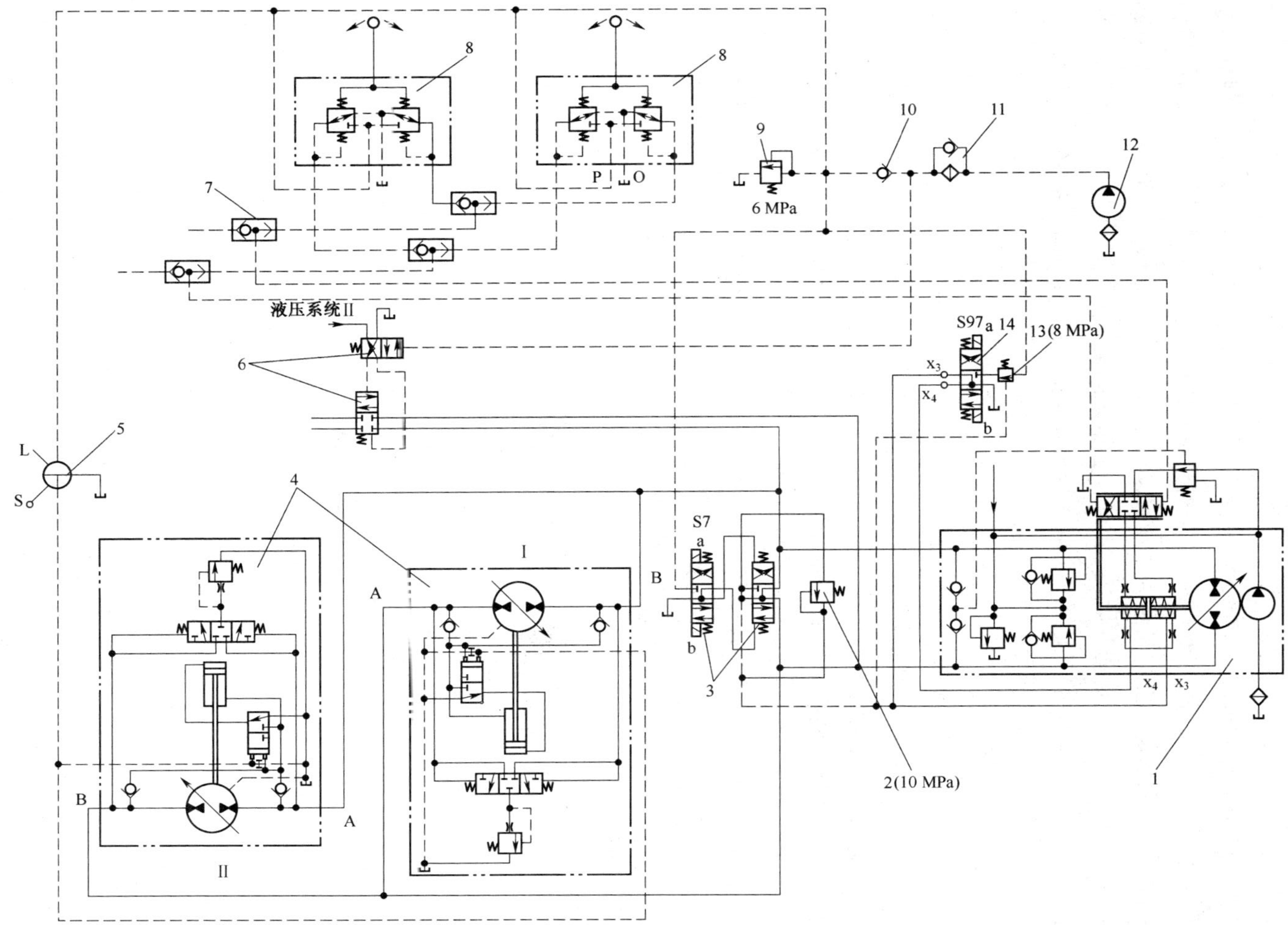

1—变量泵；2—背压阀；3—电液动换向阀；4—变量马达；5—手动三通阀；6—液动换向阀；7—梭阀；8—先导阀；9—溢流阀；10、15—单向阀；11—滤油器；12—控制液压泵；13—限压阀；14—电磁换向阀

图 3.17　走行驱动液压回路

从图 3.17 可以看出，转向架各由一个变量泵 1 驱动，每根车轴上设置一个变量马达 4，每个转向架车轴上两个变量马达并联，两变量马达的输入流量各为变量泵输出流量的一半。前后转向架的变量马达油路由液动换向阀 6 连通。手动减压阀式先导阀 8 有三个，分别装在两个司机室内(两个司机操作位，一个作业操作位)，任意操作其中一个的调速换向手柄，均可实现变量泵的变量调节。

变量泵通过液压来控制变量，由手动减压阀式先导阀 8 调速换向手柄操作，控制液压泵 12 控制压力油(溢流阀 9 调定压力为 6 MPa)经先导阀 8 作用于变量泵的变量伺服阀任一端，增大变量泵的倾角实现变量。变量马达为高压自动变量，当手动三通阀 5 手柄置于高速位时，根据外界阻力的大小，变量马达自动变量，改变运行速度，区间运行最高速度可达 80 km/h，作业走行速度可达 1.6 km/h。当手动三通阀 5 手柄置于低速位时，控制液力油使变量马达轴的摆角增至最大，此时区间运行最高速度为 45 km/h，用于牵引车辆或爬坡，作业走行速度可达 1 km/h。

控制液压泵 12 向清筛机其他液压系统提供控制压力油源。

4. 走行离合器行走工况转换操纵液压回路

清筛机的走行驱动、调速是由变量泵—变量马达容积调速回路来实现而它的区间运行、作业走行、与列车编组运行工况的转换，则靠车轴齿轮箱内的液压离合器的离合来实现。清筛机采用四轮驱动，每根车轴有两组液压离合器，即 FG、AG 离合器，分别负责区间运行和作业走行，如图 3.18 所示。液压泵液压马达组件 1 输出的压力油经液动换向阀 2 进入 FG、AG 离合器。FG 为区间运行位置，转向架高速运行；AG 为工作位置，清筛机作业，转向架低速走行。每两组离合器由一个马达泵组件驱动，构成一个离合器驱动机构，每根车轴有一个离合器驱动机构。FG、AG 三通阀 6 操纵液动换向阀 2 的位置以控制 FG、AG 离合器的通断。

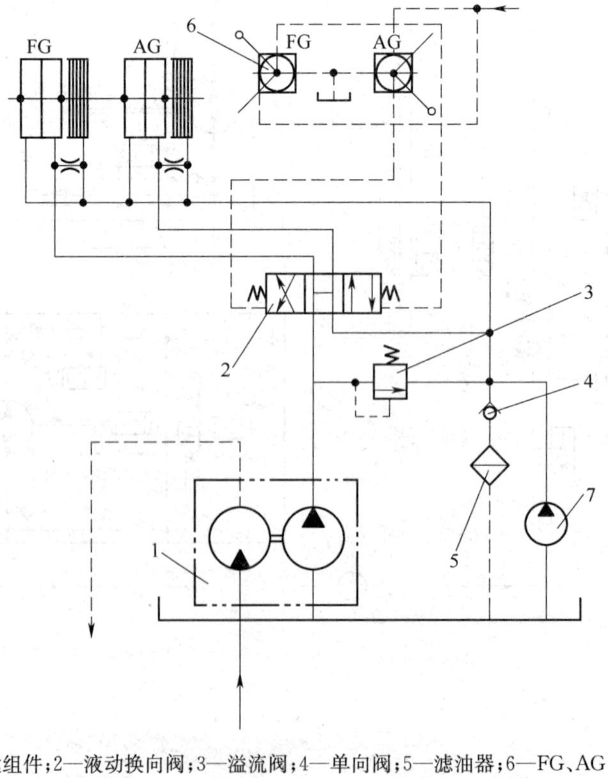

1—液压泵液压马达组件；2—液动换向阀；3—溢流阀；4—单向阀；5—滤油器；6—FG、AG 三通阀；7—润滑泵

图 3.18　走行离合器行走工况转换操纵液压回路

①区间运行

扳动标示 FG 字样的三通阀 6，换挡手柄置打开位，控制压力油经 FG 三通阀 6 进入液动换向阀 2 右端使阀芯左移，工作在右位；液动换向阀 2 左端的控制压力油经 AG 三通阀 6 与油箱连通。系统油路如下。

进油：液压泵 1→液动换向阀 2 右位→FG 离合器接合。

回油：AG 离合器→液动换向阀 2 右位→单向阀 4→滤油器 5→油箱。

②作业走行

把 AG 三通阀 6 换挡手柄板至打开位，控制压力油经 AG 三通阀 6 作用在液动换向阀 2 左端，换向阀芯右移，工作在左位。系统的油路如下。

进油：液压泵 1→液动换向阀 2 左位→离合器 AG 接合。

回油：离合器 FG→液动换向阀 2 左位→单向阀 4→滤油器 5→油箱。

③与列车编组运行

AG、FG 三通阀 6 换挡手柄均处于关闭位时，液动换向阀 2 两端均与油箱相通，靠弹簧作用回到中位，离合器 AG、FG 经液动换向阀 2 中位接通油箱。实现长途运输中与列车编组运行，液压泵 1 卸荷。

各车轴的离合器驱动机构液压回路相同，此处仅以一个回路为例分析说明。

此液压回路中溢流阀 3 调定系统压力为 1.5 MPa，润滑泵 7 由凸轮带动，为液压离合器提供润滑油液。此回路的回油管和液压泵的吸油管是不连通的，它们分别插在油箱内，这种回路称为开式回路。

5. 走行离合器控制驱动液压回路

走行离合器控制驱动液压回路如图 3.19 所示，离合器驱动机构（液压泵液压马达组件）2 是由离合器控制驱动液压泵 1 驱动，离合器控制驱动液压泵 1 的压力由溢流阀 3 调定为 12 MPa。四个离合器驱动机构，分别装在转向架四根车轴上，每一个转向架上离合器驱动机构由一个离合器控制驱动液压泵 1 驱动，同一个转向架上的离合器驱动机构为串联连接。

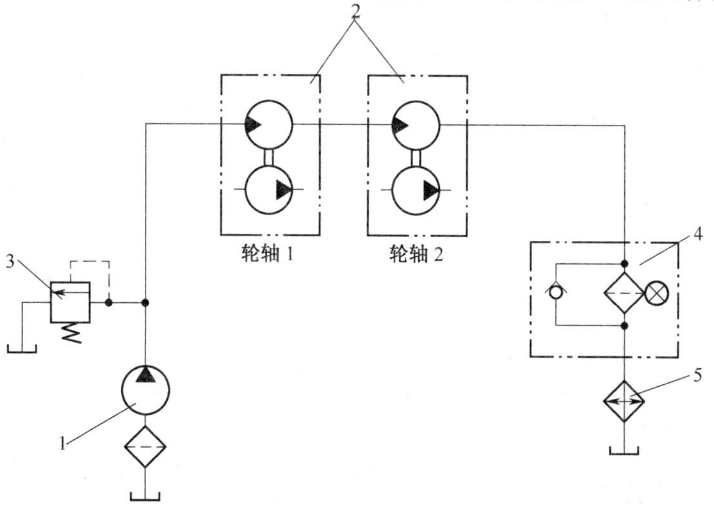

1—离合器控制驱动液压泵；2—液压泵液压马达组件；3—溢流阀；4—滤油器；5—冷却器

图 3.19　走行离合器控制驱动液压回路

前转向架离合器驱动液压回如下。

进油:离合器控制驱动液压液压泵 1→离合器驱动机构液压泵—液压马达组件 2(轮轴 1)→离合器驱动机构液压泵一液压马达组件 2(轮轴 2);

回油:液压马达组件 2→滤油器 4→冷却器 5→油箱。

后转向架离合器驱动液压回路同上。

任务 3.4　GYK 系统认知

3.4.1　工作任务

通过学习相关知识,能承担以下工作任务:

(1)掌握 GYK 系统基本构成和工作原理。

(2)掌握 GYK 主界面屏幕显示及按键功能。

(3)熟悉 GYK 系统基本操作和操作注意事项。

3.4.2　相关配套知识

1. GYK 系统概述

为规范机械车运行控制设备的技术标准,统一控制模式,统一运用管理,相关规范规定了机械车运行控制设备的组成、技术要求、系统功能、显示界面,制定了机械车五种控制模式,使机械车型号、控制模式在一定程度上到达严格的统一。

GYK 只存储少量基本数据,按照速度分级控制,根据机车信号信息,以进入闭塞分区后700 m处为目标点,计算产生控制曲线,防止机械车超速或越过关闭的信号机,监控机械车安全运行。

2. GYK 基本构成和原理

(1)基本构成

GYK 包括装设于机械车上的主机、人机界面(DMI)、机车信号机、接收线圈、速度传感器、压力传感器、制动装置(电磁阀)、熄火装置、故障隔离装置、警惕按钮、轴温监测装置接口(可选)。GYK 基本构成,如图 3.20 所示。

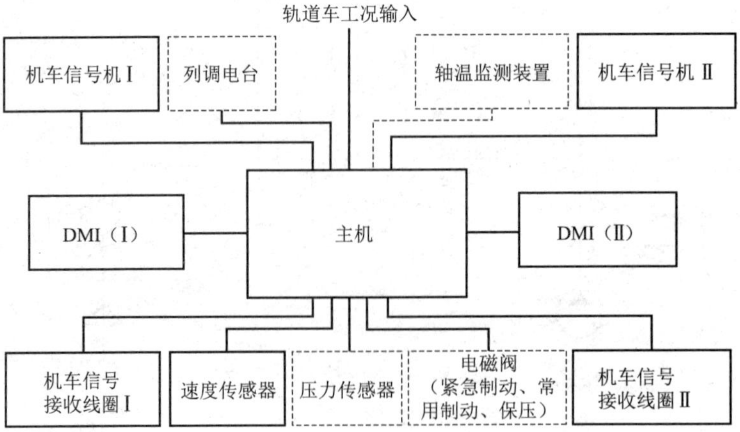

图 3.20　GYK 基本构成框图

(2)控制原理

根据机械车运行和作业特点,GYK 具有五种监控模式:正常监控模式、调车模式、目视行车模式、区间作业模式、非正常行车模式。

机械车在区间正常运行时采用速度分级控制:根据机车信号信息,以进入闭塞分区后 700 m处为目标点,计算产生控制曲线,防止机械车超速或越过关闭的信号机。

机械车在区间作业和限速区段采用速度连续控制(区间作业、临时限速、路票等):以机械车计划停车地点或限速区段起点为目标点,计算产生连续的速度控制曲线,防止机械车越过设定的停车点或超过限速区段的限制速度。

当机械车速度达到控制模式曲线时,GYK 对机械车实施常用制动、熄火及紧急制动,防止机械车“两冒一超”。

3. GYK 主界面屏幕显示及按键说明

主界面屏幕显示(DMI)如图 3.21 所示。

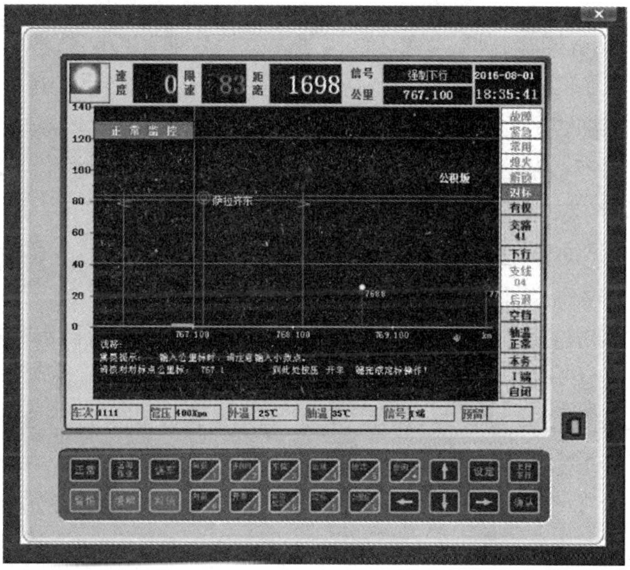

图 3.21　GYK 主界面屏幕

(1)屏幕最上方数据窗口

①信号灯状态显示窗口

显示作业车当前的机车信号状态,有绿 5、绿 4、绿 3、绿 2、绿、绿黄、绿黄 2、黄、黄 2、黄 2 闪、双黄、双黄闪、红黄闪、红黄、红、白灯 16 种信号灯显示。

②速度窗口

显示作业车当前的实际运行速度。

③限速窗口

显示作业车当前运行位置控制模式常用制动或紧急制动的限速值。

④距离窗口

显示作业车前方目标距离。

⑤信号窗口

显示接收信号为“上行”还是“下行”。人工切换时,显示“强制上行”或“强制下行”。

⑥公里标窗口

显示当前作业车运行位置的公里标。

⑦日期和时间窗口

显示当前的系统日期及时间。

(2)状态窗口

屏幕右边的状态窗口显示系统状态信息。状态有效时显示红底白字或绿底黑字,状态无效时显示白底灰字。由上到下依次显示如下。

①故障:当系统及模块故障时,显示“故障”。

②紧急:紧急制动时,显示“紧急”。

③常用:常用制动时,显示“常用”。

④熄火:熄火动作时,显示“熄火”。

⑤解锁:解锁成功后,显示“解锁”,4 s后自动熄灭。

⑥对标:重新设定公里标后,显示“对标”:按【开车/7】键响应后熄灭。

⑦控制权:DMI具有操作权时,显示“有权”,无操作权时,显示“无权”。

⑧交路:交路输入后,显示所输入的交路号。

⑨上/下行:车次输入后,显示所输入交路的上/下行。

⑩支线:支线输入有效后,显示所输入的支线号。

⑪工况1:GYK Ⅰ端的作业车工况切换至前进时,显示“前进”;切换至后退时,显示“后退”Ⅱ端与之相反。

⑫工况2:作业车排挡处在空挡时,显示“空挡”。

⑬ 轴温:轴温正常时,显示“轴温正常”;轴温监测装置故障时,显示“轴温故障”。

⑭本务:本务时显示“本务”;非本务时显示“补机”。

⑮Ⅰ端:DMI接主机Ⅰ端屏显时,显示“Ⅰ端”;DMI接主机Ⅱ端屏显时,显示“Ⅱ端”。

⑯闭塞方式:有GYK基本数据时,自动监测数据中的自闭或半自闭区段,显示“自闭”或“半自闭”无GYK基本数据时,可手动按压【半自闭/2】键2s切换,显示“自闭”或“半自闭”。

(3)主窗口

屏幕中间的窗口为主窗口,显示范围为4 km。靠左侧1/4处的竖直线将窗口分为两部分,左侧显示作业车位置1 km范围的实际运行速度曲线,右侧显示作业车位置前方3 km以内的模式控制曲线。

具体说明如下。

①限制速度曲线:以(红色)曲线方式显示当前区段的常用制动模式曲线和前方3 km以内的限制速度情况,并在曲线上方用数字标注目标速度。

②实际速度曲线:以(绿色)曲线方式显示列车当前运行速度和刚走行1 km范围的速度曲线情况。

③站中心及站名:以坐标方式(垂直蓝线)显示前方3 km以内所有站的站中心位置,并用汉字标注对应车站的名称。

④作业车位置:主窗口左侧1/4处有一条垂直分隔线(黄色线),显示一个作业车图标,表示当前作业车位置,图标的长度与输入的编组计长成正比。

⑤道岔:以坐标(垂直蓝线加进、出标记)形式显示虚拟进、出站的道岔位置。

⑥前方站:屏幕的右上方以汉字显示前方站的名称。

⑦公里标:屏幕的下方有一条横白线,显示公里标的变化及走行情况。

⑧控制模式:屏幕的左上方以字符图标(红底黄字)的方式显示控制模式。

(4)显示信息

屏幕的最下方显示以下信息:

①车次:以数字(最高 7 位)方式显示车次号。

②管压:以数字(最高 3 位)方式显示列车管风压。

③外温:以数字(最高 3 位)方式显示环境温度。

④轴温:以数字(最高 3 位)方式显示最高轴温。

(5)按键功能说明

按键为带背光按键,在光线变暗时,按键上的字可自动透光。按键共 24 个,0～9 及小数点共 11 个键为复合键,复合键在参数修改状态作数字键用,在其他状态时作为功能键用,其他按键为单功能键。DMI 按键布置图,如图 3.22 所示。

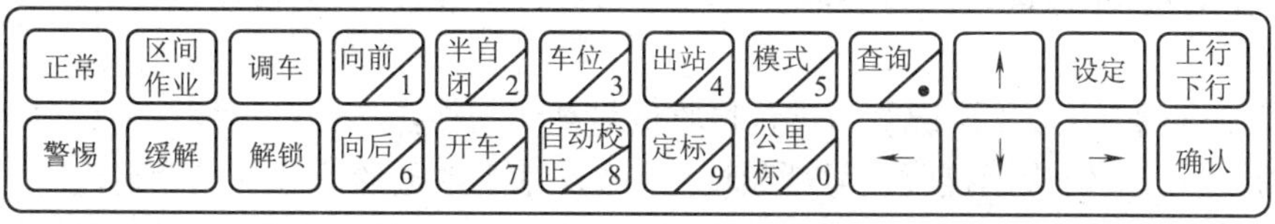

图 3.22　DMI 按键布置图

【正常】键:按压该键,弹出“作业车位置设定”窗口。

【区间作业】键:按压该键,弹出“区间作业状态选择”窗口。

【调车】键:按压该键,弹出“调车状态选择”窗口。

【警惕】键:报警时按压该键,可终止当前语音报警。

【缓解】键:按压该键,进行制动后的“缓解”操作。

【解锁】键:按压该键,进行控制曲线开口操作;与其他键组合进行某些特定的解锁操作。

【向前/1】键:先按压【车位/3】键,3 s 内按压【向前/1】键,调整滞后误差。工况无效时在停车状态长按该键切换工况到前进,否则无效。

【半自闭/2】键:按压该键,进入或退出半自闭区间。无地面数据时按键有效,已经调用 GYK 基本数据时,按键无效。

【车位/3】键:与其他键组合使用进行某些特定操作。

按压【车位/3】+【向前/1】键,调整滞后误差。

按压【车位/3】+【向后/5】键,调整超前误差。

有支线提示时,按压【车位】+【半自闭/2】键,调出“输入支线号”界面。

大机趋势:按压【车位/3】+【车位/3】键,更改大机公里标趋势;只有大机有,作业车无此项功能。

停车时:

有权端按压【车位/3】+【开车/7】键,变为无权端。

无权端按压【车位/3】+【开车/7】键,变为有权端。

无权端按压【车位/3】+【模式/5】键,实现屏幕保护。

无权端按压【车位/3】+【定标/9】键,弹出“控制设备状态查询”界面。

【出站/4】键:双黄或双黄闪灯时按压,进入侧线出站状态。其他灯时按压进入正线出站状态。

【模式/5】键:按压该键,弹出“作业车模式选择”界面。

【向后/6】键:先按压【车位/3】键,3 s 内按压【向后/6】键,调整超前误差。工况无效时在停车状态长按该键切换工况到后退,否则无效。

【开车/7】键:按压该键,执行公里标对标操作。

【自动校正/8】键:当距离误差正负 500 m 以内时,可在地面千米标位置按压【自动校正/8】键,进行千米标取整校正。

【定标/9】键:按压该键,显示当前位置的公里标和目标距离。

【公里标/0】键:在一定条件下输入对标公里标和趋势,按【开车/7】键,执行对标操作。已经调用 GYK 基本数据时,不能修改公里标趋势。

【查询/.】键:按压该键,弹出“查询操作”窗口;输入公里标时,若已输入数字,按压该键表示“.”;没输过数字按压表示“-”,用于负号输入。

【设定】键:按压该键,弹出“参数设定”窗口,进行参数设定;另按压该键退出当前窗口返回到主界面。

【上行/下行】键:按压该键 2 s,进行接收信号载频切换操作:有三种状态:强制上行/强制下行/自动。“自动”时表示接收信号载频按照 GYK 基本数据的信号制式设定。

【确认】键:按压该键,参数设定或修改有效,保存退出;与其他键组合使用进行某些特定操作。

【←】【↑】【→】【↓】键:在参数设定或查询状态,按压这些键,可以改变光标的位置。在输入数字时,【←】键为退格键。

在主界面按压【↑】键 2 s 以上弹出“非正常行车确认”窗口。

在主界面按压【←】键或【→】键可以调整音量大小;按压【↑】键或【↓】键可以调整显示器亮度。

4. GYK(设备 V1.2)乘务人员操作简介

(1)开机

司机上车后先打开机械车总电源开关,然后打开 GYK 主机电源开关,紧急放风阀自动关闭,30 s 后 GYK 进入系统界面,DMI 主界面左上角显示目视行车模式。

GYK 在每次开机过程中都会自动检测各个单元,如有故障会在进入系统后进行报警提示;出库或出车前,司机还需手动检测 GYK 的信号单元及制动装置功能是否正常。

(2)关机

关断主机电源,UPS 延时供电不低于 10 s。关机后再开机,间隔时间必须大于 30 s,以保证设备正常工作。

注意:GYK 的紧急放风阀为失电放风。关闭 GYK 电源开关,紧急放风阀失电打开,处于放风状态。打开 GYK 电源开关,紧急放风阀自动关闭。

如果关机延时不足 10 s,下次开机后,DMI 界面会显示“UPS 供电不足”。再次关机时延时大于 10 s,则开机后不再提示。

若 DMI 界面提示“UPS 供电不足”后,GYK 持续工作 2 h 以上,若现象仍频繁出现,则需要报修。

(3)目视行车模式

控制机械车按 20 km/h 速度运行,机械车运行 150 m 或者 30 s,输出报警提示,按压【警惕】键后，走行距离及时间清零；如果运行 200 m 或 40 s，不按压【警惕】键，输出紧急制动。报警时 DMI 窗口提示剩余距离或剩余时间。

(4)调车模式

进入调车模式，公里标显示为当前公里标，以进入前的工况及公里标趋势计算当前公里标及运行距离。

正常模式下调用数据后，切换模式为调车模式，如果收到允许信号，且速度低于 30 km/h，可按压【正常】键，进入正常监控模式；数据不调用，没有接收到允许信号，速度不低于 30 km/h，禁止运行中进入正常监控模式。

(5)方向和上下行状态检查

当在 DMI Ⅰ端操作向前开车时，确认 DMI 工况显示为前进；当在 DMI Ⅱ端操作向前开车时，确认 DMI 工况显示为后退；当车辆本身换向后，GYK 工况不能切换时，应手动按压【向前】或【向后】键 3 s 强制切换 GYK 工况显示为前进或后退。

当地面信号开放，GYK 机车信号显示红灯或白灯时，应按压【$\frac{上行}{下行}$】3 s，强制切换信号上下行，查看信号是否可以接收，否则可根据车机联控情况，选择地面信号确认或引导进站或按压【解锁】键转正常监控(目视)。

(6)车位校正

车位校正包括公里标位置对标和信号机位置对标。

①公里标位置对标。

【自动校正】：按压该键，公里标四舍五入取千米标。

【车位】＋【向前】\【向后】：该组合键需先后按压，向前或向后调整到千米标。

②信号机位置对标(只适用于自闭区段)。

绝缘节校正：预告信号机±500 m 范围内，接收到绝缘节信息和较限制信号，GYK 将公里标自动校正为该信号机公里标。

人工校正：距离预告信号机小于 300 m，GYK 发出语音提示"前方信号机，注意对标"，此时允许司机按压【定标】键，按压后 GYK 将公里标校正为该信号机公里标。

③开车对标：输入对标公里标后，车位在对标公里标处，当速度≥3 km/h，且机械车车头和设定的地面对标公里标平齐时，按压【开车】键，车位将调整到对标公里标处。

(7)出站操作

①自闭区段侧线出站

当机械车到达对标点且运行速度大于 3 km/h 时，按压【开车】键对标，越过出站信号机后，机车信号变为白灯，按目标距离 700 m 停车曲线控制；按【出站】键，DMI 窗口左上角显示"侧线出站"，原停车曲线按当前允许速度向前延伸一个常用制动计算距离(最多不超过 200 m)。

当机车信号变化时，按变更后的机车信号控制，否则在进入常用制动控制曲线前 10 s，语音及 DMI 窗口提示"前方信号确认!"，同时发出报警音。

报警时，司机若按【警惕】键，常用制动控制曲线往前移动 200 m。在进入常用制动控制曲线前 10 s 重新报警，司机确认地面信号后，若按【警惕】键，常用制动控制曲线往前移动 200 m。GYK 只提示 3 次"前方信号确认"，最远在出站信号机前方 1 500 m 闭口。

1 500 m 内没有接收到允许信号，停车后，按【解锁】键，GYK 进入正常监控(目视)控车运行。当机车信号变为允许信号时，退出目视行车，GYK 按正常监控模式控制。

②半自动闭塞区段出站

当机械车到达对标点且运行速度大于 3 km/h 时，按压【开车】键对标，越过出站信号机后，机车信号变为白灯，允许司机按【出站】键，DMI 窗口显示“正线出站”或“侧线出站”，GYK 解除停车控制，以进站信号机前 300 m 为目标点控制停车，按【出站】键后，正线出站按区间模式限速值控制，侧线出站按道岔限速运行，当运行 800 m 或越过道岔司机按压【解锁】键后，语音及 DMI 窗口提示“尾部过岔，请确认!”，同时发出报警音，司机按“确认”操作后，道岔限速解除。区间遇机车信号变化仅有语音提示，但不控制。

(8)进站操作

①半自闭进站

在进站信号机前 3 km 范围内进行一次公里标位置对标(自动校正、车位＋向前/向后)，按进站信号机为目标进行控制；进站信号机前收到机车信号，弹出“进站信号确认”窗口，司机确认后，按正常监控模式控制；不进行进站信号确认操作，或机车信号为白灯、红灯时，停车控制曲线不变，停车后允许解锁，司机按【解锁】键，GYK 进入正常监控(目视)控车运行。当机车信号变为允许信号时，退出目视行车，按正常监控模式控制。

注意：半自动闭塞区间机车信号不控的起点，从机车信号变为白灯，司机按【出站】键开始，终点至预告信号机(上码点)。

②自闭进站

在预告信号机位置进行信号机位置对标后，收到进站机车信号，按进站信号机为目标进行控制(留有安全距离：100＋V/2)。若进站分区小于 1 000 m，按进站信号机前 100 m 处为目标点进行控制。

③进站停车操作

越过进站信号机后，速度低于 20 km/h 时，按压【解锁】键，GYK 进入正常监控(目视)控制运行。当机车信号变化时，GYK 根据允许信号自动退出目视状态，按正常监控模式控制。此控制方式也适用于侧线无码股道车站的通过。

注意：①在正线进站停车时，当触发信号突变时，司机应先瞭望，确认地面信号正常，在规定时间内按压【警惕】键，解除报警，否则输出紧急制动。②进站时，首架进站信号机前对标后，后续进站信号机均按照对标后控制。③进站信号前接收到 HU 灯，禁止解锁操作。

(9)红黄灯掉码控制

正常监控模式下，HU 码转无码的红灯，按信号关闭监控机械车运行，输出语音提示“红灯停车，5、4、3、2、1”，7 s 内允许司机按“警惕”键解除紧急停车控制，HU 灯停车曲线不变；7 s 内不按“警惕”键则紧急制动。

(10)停车信号下输入参数

正常监控模式下，机车信号为停车信号时，输入参数后，限速曲线闭口，距离显示为 0，若机械车需要向前运行，则必须先按压【解锁】键，进入正常监控(目视)后才可动车，否则紧急制动。

(11)区间作业

①区间作业进入时，当到达作业地段，停车后，由区间作业进入转为区间作业防碰；跨站正向进入区间时，半自闭在进站信号机前 3 km 范围内进行公里标位置对标或自闭区间在预告信号机位置进行信号机位置对标，GYK 以进站信号机为目标点控制(留有安全距离)。

②区间作业返回：以进站或反向进站信号机前300 m为目标点控制停车。进站或反向进站信号机前1 400 m内收到机车信号，弹出提示窗口，司机确认后，按正常监控模式控制，否则按停车控制；机车信号为白灯或红灯，停车控制曲线不变。停车后提供解锁条件，司机按压【解锁】键，进入区间作业返回（目视行车）。

区间作业正向返回时，半自闭在进站信号机前3 km范围内进行公里标位置对标或自闭区间在预告信号机位置进行信号机位置对标，GYK以进站信号机为目标点控制（留有安全距离）。

③区间作业防碰：大机车型具有"大机防溜功能"设置项，默认开启大机防溜功能，可手动设置大机防溜功能关闭（0—开启，1—关闭）。

（12）补机操作

停车状态下，长按【设定】键，可以进行本/补状态快捷切换。

（13）道口语音提示

当GYK运行数据接近规定的道口地点500 m、1 km时，语音提示一下"前方道口，注意限速"。

（14）应急处理操作

①GYK设备故障时，应按照操作手册及管理规定进行处理。

②制动装置故障时，应关闭排风阀前端折角塞门，根据调度命令运行。

（15）其他操作

①大机公里标趋势切换：按压【车位/3】＋【出站/4】键即可切换大机公里标增减趋势。

②屏保操作：有权及无权端均可按压【车位/3】＋【定标/9】进入或退出屏保；有权端进入屏保后，当动车或有按键输入即可解除屏保功能。

③临时限速解除快捷操作：当有临时限速提示时，使用【确认】＋对应数字序号，并输入调度命令号解除该条揭示。快捷解除只对本次有效，重新调用数据后，揭示重新起控；当揭示起控时，不能解除。

5. GYK操作注意事项

（1）电源供电：DC24 V。电源工作范围：18～36 V。

（2）开机30 s进入系统界面，关电源，15 s后自动关机。关机后再开机，间隔时间必须大于30 s，以保证设备正常工作。

（3）主机与DMI上禁止放置杂物，严禁划伤或敲击显示屏。

（4）为减少机械车电能损耗，无权端自动进入屏幕保护。

（5）DMI屏幕亮度可调节，晚上开车可适当调暗。

（6）DMI可调节音量，喇叭音量调到适当位置。

（7）DMI避免太阳直晒，防止夏天温度过高。

（8）主机、DMI非防水设计，严禁淋雨、溅水。

（9）保持主机通风良好。

（10）所有插件插入机箱后，均应将面板紧固螺钉拧紧以防插件脱落。拔出插件时，必须先将紧固螺钉拧松。

（11）所有插件在机箱内均有固定位置，插件插入时应对准其所在位置。当插件插入时，不能用力太大，以避免插头引脚损坏。建议不要带电插拔。

（12）GYK在下列环境条件下应能可靠工作：大气压力74.8～106 kPa（海拔高度不超过

2 500 m)。

机车内部空气温度为－25～＋55 ℃,设备应考虑直接邻近电子元件处的空气温度可能在－25～＋70 ℃之间变化。车外温度为－40～＋70 ℃,主机允许在－40～＋70 ℃的环境条件下存放,DMI 允许在－25～＋70 ℃的环境条件下存放。

最湿月月平均最大相对湿度不大于 90%(该月月平均最低温度为 25 ℃)。

设备应能承受使用时的振动和冲击而无损坏或故障。除接收线圈等部件外,设备应安装在能防止风、沙、雨、雪直接侵入的车体内。

任务 3.5 运行安全要求

3.5.1 工作任务

通过学习相关知识,能承担以下工作任务:

(1)掌握 QS-650 型清筛机运行安全要求。

(2)掌握 QS-650 型清筛机调车安全要求。

(3)掌握 QS-650 型清筛机长途挂运安全要求。

3.5.2 相关配套知识

1. 运行安全

(1)大型养路机械运行前,各车司机长应对本车的制动系统、折角塞门、安全锁(链)、油位等有关部位进行全面检查、确认,试风试闸,各工作装置、检测装置锁定到位、可靠,安全链拴挂有效。

(2)施工负责人接到调度命令并经确认后,立即向各车司机长传达,以便做好启动准备。本务机车驾驶员凭调度命令(站方发车时凭值班员发车手信号)确认信号,鸣笛一长声,待被连挂各车回示一长声后,本务机车即刻再鸣笛一长声,方可开始动车。

(3)大型养路机械运行时,驾驶人员要集中精力,严格执行“十六字令”,即彻底瞭望、确认信号、高声呼唤、手比眼看;严禁酒后开车,臆测行车;进出站要使用无线列调电台与车站联系,禁止关机运行。

(4)严禁任何人争抢上、下大型养路机械或在大型养路机械运行时将身体探出车外,需要瞭望时应抓紧扶牢,不允许在车帮上或架空物上坐卧,不允许头脚伸出车外,不准在车上打闹。

(5)各车连挂运行时,本务车驾驶员与各动力车驾驶员应经常用对讲机保持联系,通报前方信号开放情况以及提出加速、减速或制动的要求。

(6)严禁超速运行。遇天气不良或瞭望条件差和线路状态不良的地段,要降低运行速度,确保行车与大型养路机械的安全。

(7)机组进入封锁区间后,各机械车在施工地段前后的摘挂方式和顺序由施工负责人决定,并通过对讲机通知各车司机长。原则上,由被摘车上的指定专人负责摘车作业;挂车时由被挂车上的指定专人手持信号负责连挂作业。严禁两个车同时挂一个车。

(8)摘车时必须严格执行一关折角塞门、二摘风管、三提钩的作业程序。挂车时,动车必须在被挂车 2 m 前停车,连挂人员检查钩销及风管,确认良好后方准挂车。两车连挂后必须试拉才能连接风管,并打开折角塞门。

(9)各机械车在封锁区间独自运行时,续行间隔不得少于300 m,续行速度不得超过40 km/h,并做好随时停车的准备。遇正常制动失效时,应及时采用旁路制动。

(10)施工结束后,机组返回车站前应先与驻站联络员联系或用无线列调电台向返回站呼叫。征得车站同意后,当正方向返回车站时,凭信号机显示进站;当反方向返回车站时,凭站方手信号引导或调车信号进站。原则上机组应全列一起返回,特殊情况下需要分批返回时,应临时与站方联系。

(11)机组返回车站在停留线停稳后,应采取驻车制动,并按规定设置防护,完成当日保养工作。机组人员撤离前,各车必须连挂制动,上好止轮器,防止车组溜逸,并锁好车门。

2.调车作业安全

(1)大型养路机械及附属车辆在基地或施工作业现场进行调车作业时,应由专人负责。根据与站方确定的调车作业方案,调车负责人应及时向各车有关人员布置作业计划和注意事项。

(2)调车作业计划下达后,中途不得随意变更。如需变更,应由调车负责人将变更内容向有关人员传达清楚,再开始调车。

(3)调车作业前,调车负责人应指定专人(各车为司机长)撤除车下止轮器,检查各车连挂情况。

(4)调车作业应单一指挥,其他人员不得参与指挥。如在作业中发现问题,应直接向调车负责人报告。

(5)摘挂车时,应由专人负责,并严格按照相关规定的作业程序进行作业。摘挂时,在车辆走行中禁止人员进入钩挡和道心,摘挂风管时不准双足进入道心。

(6)站内挂车时,被挂车与动车连挂后方可撤除防溜设施。摘车时,被摘车必须先设好防溜设施后再摘车。

(7)调车时,前方车驾驶员负责确认信号,并严格按照调车人员、扳道员的手信号或调车信号操纵车辆,情况不清时,及时用无线列调与车站联系,严禁臆测行车。

(8)在空线上调车牵引运行时,速度为40 km/h,推进运行时为30 km/h,在尽头线调车时,距线路终端应有大于10 m的安全距离。遇特殊情况必须小于10 m时,应严格控制速度。

(9)在手工扳道的站内调车时,应认真执行要道还道的规定。

3.长途挂运安全

(1)大型养路机械无动力回送或远距离转移施工地点时,应将其编挂在列车尾部,并指派专人负责行车安全事项。

(2)机车牵引长途挂运自行编组时,应将重车、轴距大的车编在前面,并逐一连接风管,试风良好。

(3)转移施工地点时,各车司机长负责提前检查本车的装载及与相邻车的连挂、各工作装置、检测装置的锁定,安全链的拴挂等情况,并确定各操作手柄处于连挂状态。

(4)无动力回送时,每车要安排2名押车人员,负责监视本车状态,在车站内停车时,下车检查轴温及制动闸瓦的情况,并巡查全车。

(5)在列车运行中,押车人员一律在驾驶室内并要关好车门,身体不得探出车外。一旦发现走行系统有异响或制动缓解不良时,应立即用对讲机通知押车负责人,以便采取应急措施。

(6)严禁押车人员在列车停留间隙离开车组。

(7)在电气化区段运行时,严禁押车人员攀登车顶或在拖车装载物上站立;押车人员下车检查时要避免与接触网支柱及其附近的金属接触。

(8)机组长途挂运时,必须由本段车辆检车乘务人员对挂运车组的走行制动部分进行全面检查,并派车辆检车乘务人员、技术人员随车添乘,并与机车保持联系,以防意外事故发生。

(9)当车组到达停留线后,各车要及时采取驻车制动,上好止轮器,并安排专人守车。

任务 3.6 区间运行操作

3.6.1 工作任务

通过学习相关知识,能承担以下工作任务:

(1)掌握 QS-650 型清筛机区间运行条件。

(2)掌握 QS-650 型清筛机区间运行操作流程。

(3)具备 QS-650 型清筛机区间运行操作能力。

3.6.2 相关配套知识

1. 运行条件

(1)装载标准

清筛机运行时所有不与机器呈一体的部件必须固定在吊钩或挂钩上,只要各部件遵守下列几点要求,QS-650 型清筛机就能符合我国铁路机车车辆装载限界:

①回转污土输送带用插销固定在中间位置。

②回转污土输送带的上部由插销固定在平台的尾部。

③提升、下降挖掘链导槽应完全提起并收回,用随带的安全链和拉杆固定。

④链条张紧油缸伸出不能超过 250 mm。

⑤挖掘链必须固定在链槽下的滑板上,挖掘链的末端必须由随机的安全扣带固定。

⑥水平导槽和吊钩的提升臂必须固定在各自的上位。

⑦水平导槽和吊钩的提升机构也必须固定在各自的上位。

⑧起吊机具应收回并固定。

⑨道砟回填输送带应收回并由安全链和连杆固定。

⑩后拨道装置应在中位收回并固定。

⑪轨枕清扫装置必须提起固定在提升位置。

⑫振动筛必须调平(与机架平行)。

(2)制动系统检查

制动系统必须确保安全和动作准确。在每次线路运行前和超过 2 h 长距离运行停机后都必须进行全面检查。运行前必须试验制动和缓解是否正确,俗称试风试闸,同时观察制动缸的密封性能和制动传动装置的可靠程度。

制动系统检查时手制动必须松开。当机器有溜车危险时,要用止轮器将车轮止住(试验后撤除)。

同时制动系统检查试验时,主风缸的风压不得低于 600 kPa,列车管压力应有 500 kPa。制动试验项目如下:

①间接制动检查试验(大闸)

a. 制动动作在所有相关联的车轮上起作用。

b. 列车管中(通过减压阀)应有最大为 500 kPa 的压力。

c. 制动后车轮闸瓦必须能可靠缓解。所有闸瓦除了有损伤的以外都可使用。使用中的闸瓦如果在其最薄的地方小于 12 mm 厚时,必须更换。

d. 检查泄漏。将间接制动阀(大闸)置于保压位,观察列车管的压力降,要求在 1 min 内压力下降小于 20 kPa。检查完毕,将大闸手柄置于运转位后,列车管内压力应升至 500 kPa。

e. 检查制动缸行程。大闸制动后,用锤子敲击每个转向架上的闸瓦来检验制动的情况,不能出现闸瓦松开现象。正常情况下制动缸的行程应为 90～180 mm;当活塞行程达到 180 mm 时,就应调整闸瓦,使活塞行程调回为 90 mm。

f. 灵敏度检验。将大闸手柄从制动位快速移到缓解位,缓解制动,观察是否所有制动闸瓦都离开车轮。

试验中各动作、给定压力,检测项目应相互匹配,不匹配时应参照有关资料进行调整。

②直接制动检查试验(小闸)

此项制动仅用在机器单机上;将直接制动阀(小闸)手柄放在缓解位直到制动缸压力降至 0。将小闸手柄置于制动位,制动缸中的压力必须升至 360 kPa。

用锤子敲击检验每个转向架上的闸瓦,观察是否所有闸瓦都抱死;然后将小闸手柄放在缓解位直到制动缸压力降到 0,并观察所有闸瓦是否脱离车轮。

③手制动(停机制动)

检查手制动动作(制动闸瓦必须抱死),手轮转动必须灵活。

2. 运行操纵

(1)将大闸、小闸手柄分别置于运转位和缓解位。

(2)按要求将前驾驶室中换挡手柄置于"低速走行"或"高速走行"位置。选择条件是:重载、坡道上运行并连挂拖车,用低速走行,最大速度为 45 km/h;在没有坡道的线路上用高速走行,最大速度为 80 km/h。

(3)将换挡手柄插入"区间运行"三通阀并转到终止位。

(4)操作司机就位。启动柴油发动机,并将柴油机转速升到最大(约 2 300 r/min)。主风缸充风至 720 kPa。

(5)松开手制动,并将小闸手柄置于制动位。

(6)将柴油机转速升到最大(2 300 r/min),缓解空气制动,且制动缸压力降至小于60 kPa,旁通绿色指示灯亮时,清筛机便可开始运行。此时,松开调速换向手柄并将其从中位慢慢调到所需运行方向,则清筛机开始运行并增速至驱动控制所要求的速度。

(7)运行:

①运行方向和速度由调速换向手柄控制。调速换向手柄可以调节走行变量泵,当手柄处于中位时,清筛机便停下来;手柄偏转得越大,清筛机的行驶速度就越高。

②在运行过程中,如果调速换向手柄朝运行反方向位置移动,则速度会降低,这表明液压制动起作用。但不管怎样,在运行过程中,调速换向手柄只能逐渐地重新回到中间位置。

③反方向运行只能等清筛机停稳后再进行。

④走行变量泵会按调速换向手柄的调节自动调整,以使液压系统不会超出允许的压力,而卸荷阀不工作。

⑤走行马达的自动控制。当前进阻力增加时,四个走行马达中液压系统压力会升高,走行速度自动降低;相反,当油压降低时,速度会自动增加。但是走行最高速度受换挡手柄置于位

置(即“低速走行”或“高速走行”)的限制,即使在下坡时也不能超过。

(8)制动:

①一般情况下制动。在运行中,一般情况下通过缓慢地操作调速换向手柄,降低柴油机转速,实现液压制动马达制动。

②长大线路上制动。通过空气制动阀进行直接制动(或间接制动)来实现。

③下坡运行时制动。柴油机转速必须保证不能超过最大转速 2 500 r/min,制动时用空气制动即可。

在运行过程中制动应尽可能地平稳。需要注意的是,当空气制动作用停机时,调速换向手柄应立即置于中位,以防止制动缓解后溜车。

④在运行中出现紧急状态,可使用紧急制动阀。使用后,应合上紧急制动阀。

(9)停车:

将柴油机转速下降至怠速空转,通过操纵大闸或小闸使清筛机停车,然后将调速换向手柄拉回中位。也可以直接将调速换向手柄拉回中位,让清筛机滑行一段后停车,然后用空气制动阀制动。

(10)换向运行。当清筛机停车后,缓慢地将调速换向手柄从中位推到需换向运行的方向。

(11)操作司机室转换:

①操作司机室转换时,应先停车、停机,待司机转换司机室后,再重新启动柴油机进行操作。

②先操纵小闸(或大闸):施行空气制动,让清筛机停车。

③将两柴油机置于 1 300 r/min 怠速下空转会,使之冷却。

④停机步骤:踩压踏板使前(或后)主离合器分离,黄色指示灯亮,将前(或后)柴油机启动开关钥匙转到“0”位并取走,待柴油机停机后松开踏板。

⑤锁住驱动控制阀并取走驱动控制阀锁定钥匙。

⑥将调速换向手柄置于中位并取走手柄。

进行上述一系列操作后,才能实现操作司机室的转换。这样,司机在另一个司机室内按前述过程重新启动柴油机。

(12)停机:

①停机与操作司机室转换时的①～⑥步骤相同。

②施加手制动,较长时间停放时还应加止轮器(铁鞋)防止溜车。

③取走换挡手柄。

④关掉前、后电源主开关,并取走钥匙。

⑤关闭窗户,锁固车门。

(13)在某些情况下使用一台柴油机是允许的,但在这种情况下,清筛机的速度和牵引力都将相对降低。

QS-650 型清筛机开车启动微课见右侧二维码。

QS-650 型清筛机开车启动

任务 3.7　长途挂运操作

3.7.1　工作任务

通过学习相关知识,能承担以下工作任务:

(1)掌握 QS-650 型清筛机长途挂运的操作方法和注意事项。

(2)具备 QS-650 型清筛机长途挂运的操作能力。

3.7.2 相关配套知识

各种大型养路机械在出厂及远距离的工地转移时,都要进行长途挂运。长途挂运时由机车牵引,大型养路机械仅作无动力回送。所以,QS-650 型清筛机的使用人员必须掌握长途挂运的操作方法和注意事项。

1. 长途挂运整备

(1)连挂前应检查:

①清筛机符合装载标准。

②4 个车轴齿轮箱油位必须达到标准的上限。

③走行液压回路必须充满液压油。

④基础制动装置的悬挂应正常,制动拉杆锁紧螺母紧固。

⑤检查闸瓦有无裂纹,闸瓦插销是否到位。

⑥检查车钩状态良好。

⑦检查门锁能否锁上。

(2)启动发动机,将制动安全阀压力调整至 180～220 kPa。

(3)打开无动力回送装置塞门、关闭中继阀前列车管塞门,或将无动力回送主、辅车转换阀置于被动位。

(4)用换挡手柄将各三通阀转换到空挡位,脱离车轴齿轮箱内的 AG、FG 离合器。

(5)关闭发动机。

(6)缓解空气制动,大闸、小闸操作手把分别于运转位和缓解位取出。

(7)取走启动开关钥匙 2 把;驱动控制阀锁定钥匙 2 把:调速换向手柄 1 个和换挡手柄 1 个。

(8)取出机内电源主开关钥匙(2 把),关闭总电源,拆卸所有蓄电池。

(9)缓解手制动,所有闸瓦必须缓解。

(10)进行机械连挂。

2. 长途挂运时注意事项

(1)大型养路机械与其他车列长途挂运时,其编挂位置应在守车前位,无守车时应为列车尾部。

(2)在编组站内调车时禁止通过驼峰,不允许溜放。

(3)大型养路机械自行编组并由机车牵引时,应将重车、轴距大的车编在前面,然后逐一连接风管,试风试闸良好。

(4)运行前,各车司机长或负责人员检查本车的装载及与相邻车的连挂、各作业装置的锁定等情况。

(5)清筛机连挂运行时的最大允许速度为 100 km/h。

(6)每车设两名押车人员。押车人员应携带必需的维修工具及物件,如活动扳手、螺丝刀、钢丝钳、铁丝等,以备急需。携带一套制动系统转换手柄,分别置于大、小闸的运转位和缓解位。

(7)运输途中,押车人员应严密监视本车的运行状态。

①在站内停车、会车时，押车人员应下车检查车轴齿轮箱温度、轴箱温度及制动闸瓦的情况，并巡查全车。一旦发现走行系统温度过高、有异响或制动缓解不良时，应及时通知押车指派负责人，以便采取应急措施，但不准随意动用停车设备。

②制动缓解不彻底，可用大闸单缓功能予以处理；闸瓦间隙过大时，调整闸瓦间隙或更换闸瓦。

③如发现危及行车安全的不正常现象，应及时做摘车处理。

④每天应向心盘和旁承加注润滑油。

(8)押车人员要注意安全。列车运行中，押车人员一律在驾驶室内，身体不得探出车外，关好车门。下车时，随时注意邻线来车，并随时做好上车准备，严禁钻车检查，避免与电气化接触网支柱及其附近的金属接触，严禁在列车停留间隙离开机械，防止漏乘。

(9)押运人员要做好安全保卫工作，以防机械被人为破坏及丢失零配件。

(10)押运途中，列车在车站等避、等发或停留时，禁止设防溜措施。

任务 3.8　非正常行车处理

3.8.1　工作任务

通过学习相关知识，能承担以下工作任务：

(1)掌握 QS-650 型清筛机非正常行车处理方法和注意事项。

(2)具备 QS-650 型清筛机非正常行车处理能力。

3.8.2　相关配套知识

1. 非正常行车处理总则

(1)根据《铁路技术管理规程》(普速铁路部分)和有关规章制度，并结合行车安全管理的实际情况处理非正常行车情况。

(2)要本着“安全第一”的宗旨，司机驾驶人员经培训、考试合格后方可上岗，全面提高机车乘务员的素质。

2. 常见非正常情况处理

(1)列车运行中制动失效(折角塞门被关闭)时的处理

①发现列车折角塞门关闭、制动失效时，应立即采取紧急制动措施。

②装有列尾装置的列车，司机在采取自阀紧急制动的同时，应使用列尾装置控制盒摇控排风，如因电气化干扰或隧道影响，未收到反馈语音时，应连续多次按键发码排风，而且还应“紧急排风”和“常用排风”交替使用，确保摇控尾部排风停车万无一失。

③立即用列车无线调度通信设备通知运转车长(无守列车除外)拉紧急制动阀停车，并报告前方车站值班员。

④如遇列车无线调度通信设备故障，应鸣示紧急停车信号(连续短声)，通知运转车长和车站值班员采取停车措施。

(2)列车发生脱轨、颠覆而侵占邻线时的处理

①司机应立即用列车无线调度通信设备通知邻线上运行的列车和两端站，并与运转车长分别在列车的头部和尾部邻线上点燃火炬，如发现邻线有列车开来时应鸣示紧急停车信号。

②自闭区段应立即对邻线短接轨道电路。

③乘务员根据担当值乘区段列车最高速度等级及列车车种，立即在列车头部和尾部的邻线上，按线路最大速度等级规定的列车紧急制动距离处放置响墩防护；如确知列车开来方向时，仅对来车方向防护。

备注：列车最高运行速度 200 km/h 防护距离不少于 2 000 m；列车最高运行速度 160 km/h 防护距离不少于 1 400 m；货物列车最高运行速度 120 km/h 防护距离不少于 1 400 m；行包列车最高运行速度 120 km/h 防护距离不少于 1 100 m；其他情况下防护距离不少于 800 m。

④根据实际情况迅速请求救援，并报告机调室。

(3)运行中发现山体滑坡、线路被埋或断轨变形时的处理

①立即停车。

②将地点及现场情况迅速通知两端站车站值班员并转告列车调度员、运转车长、后续列车及机调室。

③对列车做好防溜措施并按规定防护。

④若发现妨碍邻线时，应立即停车并对邻线防护，同时将情况及地点迅速报告两端站值班员、列车调度员。当邻线有列车开来时应尽可能及时通知邻线司机使其停车(显示停车信号、鸣示紧急停车信号或用列车无线调度通信设备通知)。

⑤听从车站值班员的指挥。列车需退行时，不得超过 15 km/h。

(4)运行中发生火灾时的处理

①立即停机。

②根据火灾情况和地点，选择好停车位置，避免停在桥梁、隧道等不利灭火地点，尽量维持进站停车处理。(注意：运行中应关闭门窗，防止火借风势)

③按规定使用灭火器灭火；若木制器械着火，确认与电器无关时，可用水或泡沫灭火器灭火。

④如果火灾威胁蓄电池组时，除立即断开蓄电池开关外，应取下熔断器，并将蓄电池各连线拆除。

⑤火灾扑灭后，应仔细检查机车设备损坏程度，如确认能够继续运行时，应将损坏的处所处理好后方可维持运行。如无法处理时，应及时请求救援。

(5)运行中遇响墩爆炸声或火炬火光的处理

①立即紧急停车。

②停车后，用列车无线调度通信设备通知两端站值班员、追踪列车、运转车长，报告停车原因和停车位置。

③及时搜寻、联系防护人员，了解情况，采取相应措施。

④如无防护人员，目视范围确认无异状，以最高不超过 20 km/h 的速度继续运行，注意不间断瞭望，发现异常立即停车。运行 1 km 后，仍无异常时，半自动闭塞区段即可恢复正常速度运行；自动闭塞区段按前方信号机的显示要求运行。

(6)冒进信号机时的处理

进出站信号机在关闭状态下：

①冒进进站(接车进路)时，司机不得擅自移动列车，应报告车站，由车站派人登乘机车显示调车手信号使之进站。

②列车冒进出站(发车进路)信号机时，司机除迅速报告车站值班员外，应使列车退至出站

信号机前方。

③已挤坏道岔不得后退。

④立即将情况报告机调室。

进出站(进路)信号机在开放状态突然恢复定位或灭灯，造成列车冒进停车时，司机待车站值班员用列车无线调度通信设备说明情况后，冒进进站(接车进路)信号机可将列车移动进入站内；冒进出站(发车进路)信号机时，可待车站通知后继续运行。

(7)发生挤岔时的处理

①立即将情况报告车站、机调室。

②复式交分道岔、可动心轨道岔挤岔后不得移动，经工、电部门检查后再确定处理方法。

③上述以外的道岔被挤后，如机车车辆停留在道岔上时不得后退，应按顺向缓慢移出，待机车车辆移出道岔后，经工、电部门检查加固并同意后，方可退移。

(8)列车运行中严重晃车时的处理

列车运行途中，司机发现严重晃车时，必须立即减速慢行或采取停车措施，并用列车无线调度通信设备将晃车地段里程向就近车站值班员报告；同时在“司机手账”做好记录。

(9)天气恶劣行车时的安全事项

①充分利用“行安装备”的功能，加强车机联控，与车站保持联系。

②运行中遇天气恶劣信号机瞭望距离不足 200 m 时，应适当降速，并向车站报告转告调度所，严禁盲目赶点和臆测运行。

③接到天气恶劣难于辨认信号的调度命令时，运行中应严格控制速度，加强瞭望和鸣笛，按机车信号的显示运行，当接近地面信号机时还应确认地面信号，遇地面信号与机车信号显示不一致时，立即采取减速或停车措施。

④可凭车站值班员列车无线调度通信设备(通信记录装置需作用良好)发车，确认出站(进路)信号机的显示正确后再加速。

⑤当天气恶劣时，机车信号临时发生故障必须立即报告车站转告列车调度员，并按有关调度命令执行。

⑥半自闭区间未确认到预告信号机的显示时，应按机外停车处理。

⑦当天气转好时，应及时报告列车调度员发布调度命令，恢复正常行车。

(10)运行中发生交通肇事时的处理

①立即停车，并使列车保持制动状态。无论何种情况，机车必须有人看守机车。

②妨碍邻线时，应立即对邻线进行防护。

③及时用列车无线调度通信设备通知运转车长，并向就近车站报告事故情况。

④按运行中碰撞异物危及安全时的处理要求，检查机车车辆状态。能继续运行时，必须对线路障碍物的清除情况进行认真检查，确认符合运行条件后再开车。

⑤需请求救援时，要按规定做好防溜和防护工作，已请求救援的列车，不得再行移动。

(11)运行中撞异物危及行车安全时的处理

①立即停车，如妨碍邻线应立即对邻线防护，同时尽快(可动员附近人员协助)清除障碍物。

②通知前、后方站、运转车长，如为旅客列车时应通知运转车长转告随车列检，对车辆走行部进行检查。

③检查机车走行部，清除异物，确认不影响行车安全。如发现机车车辆走行部部件松脱危

及行车安全时，无法处理，不得再行移动，立即请求救援；如确认不危及行车安全时，方可继续运行，运行中加强对走行部的瞭望。

④如机车前端的列车管、供风管漏风时，可关闭其故障塞门维持运行。

⑤开车前应与运转车长联系得到其允许，并进行简略试验后方可运行。

⑥开车后司机应及时将停车情况通知车站并按规定通知机调室。

(12)发生路外伤亡时的处理

①停车：发生路外伤亡时，除特殊规定列车（军专特运、动车组等）外均应立即采取停车措施。

②防溜：列车停车后处理路外伤亡时，必须使列车保持制动状态，并有人看守机车。

③联控：在站内发生路外伤亡停车后，应立即用列车无线调度通信设备通知车站，协助车站人员处理。在区间发生路外伤亡停车后，应立即用列车无线调度通信设备通知后、前方车站及运转车长。

④处理：副班司机随即前往现场，检查确认已死亡时，应将尸体清出线路（包括道心、枕木头）；若现场检查发现有伤者，无法将伤者抬上列车时，应将伤者抬出线路置放于较平坦的地方，立即通知车站紧急派人抢救，在征得车站同意后先行开车。

⑤汇报：将现场概况向车站报告，对不能继续运行的机车及时发出救援请求。

⑥检查：再开车前必须按规定检查机车和试风正常。

(13)运行中列车紧急制动停车后的处理

①立即置大闸于制动区，解除机车牵引力，严禁缓解机车制动力，直至列车停稳，并注意观察总风缸压力。

②停车后，缓解列车充风，如充风异常（达不到定压），按下列程序处理：

a. 如有可能妨碍邻线时，立即对邻线进行防护。副班司机携带手持电台，向后检查。确认不妨碍邻线时，即（用列车无线调度通信设备通知司机）撤除邻线防护。

b. 司机应立即与运转车长联系，要求其转告列检人员检查车辆制动机，判明停车原因，并将情况向就近车站汇报。

c. 司机除应检查机车外，还需对后部车辆的车钩状态进行检查，发现异常时要迅速处理。对车辆制动机的检查时，可采用在列车中部关闭折角塞门的办法，判断故障车辆在列车前部或列车后部，然后再找出故障车辆进行关门处理。

d. 运行至前方站进站前进行制动试验，检验列车是否起非常。当起非常停车后应通知车站并拉过标，再与车站共同检查、处理。

③停车后，缓解列车充风正常后，按规定试闸无异常后继续运行。

(14)列车在区间被迫停车后不能继续运行时的处理

①列车在区间被迫停车后，不能继续运行时，司机应立即使用列车无线调度通信设备通知两端站、列车调度员及运转车长，报告停车原因和停车位置，根据需要或运转车长指示迅速请求救援。需要防护时，列车前方由司机负责，列车后方由运转车长负责。

②有运转车长值乘的列车在区间被迫停车后，司机认为可以继续运行，可不鸣示警报信号通知运转车长，配有列车无线调度通信设备区段，司机应将停车原因通知运转车长，在停车原因消除，确认运转车长已上车后，即可自行开车。如确知为运转车长拉车长阀停车，按运转车长要求办理。如确知为车站值班员或其他原因停车后，按车站值班员及其他相关人员的要求办理，开车前需确知停车原因已消除。

③如遇自动制动机故障时，司机应立即采取安全措施，并向列车调度员报告，请求救援。

④对已请求救援的列车，不得再行移动，并按规定对列车进行防护。

⑤单机在区间停车后的处理办法：

a. 单机在区间停车后的防护工作由机车乘务员负责。

b. 在自动闭塞区段运行的单机，采取紧急制动停车后，无论可否继续运行，司机均应立即向就近车站值班员报告停车位置，同时车站值班员应立即将此情况报告列车调度员。

c. 司机确认前方无运行障碍，应先将机车前移不少于 15 m 停车，再按信号显示要求和有关规定开车运行，并报告就近车站值班员。

(15)轴温报警时的处理

①切除报警位相对应的电机，密切注意温升情况，目视报警轴位运行状况，如温度持续上升或有异味、冒烟等异状，立即停车。

②温度稳定无异状时，可监视维持至前方站停车，检查判断为误报警时继续运行。

③若确认为报警，应立即向车站报告转告调度所，并向机调室汇报。在轴温未完全冷却的情况下抓紧时间单机转线，防止轴温完全冷却后轴承被固死而堵塞线路。

(16)汛期暴雨中行车时的安全事项

①机班出勤必须携带“防洪重点地段一览表”，对担任值乘区段的防洪地段做到心中有数。列车通过防洪危险地段时，司机要加强线路的瞭望，瞭望困难时应适当降速，并做好随时停车的准备，严禁赶点、臆测行车。

②当发现洪水漫到路肩等险情时，司机应采取减速或停车措施，并将里程立即报告车站值班员。

③遇线路塌方、道床冲空等危及行车安全的情况时，司机应立即采取停车措施，并按退行有关规定迅速将列车退至安全地段；同时，立即通知前、后方车站、邻线列车及追踪列车。

④充分利用“行安装备”的功能，加强车机联控，与车站保持联系。

(17)列车在区间临时停车防溜的安全事项

列车运行中因机车故障等原因停车后，遇机车风泵不能工作，制动系统泄漏，不能保证就地制动时：

①使用双管供风的列车，应首先关闭机车上的供风塞门，减少风源流失。当可恢复运行时，应及时重新开放供风塞门。

②列车在坡道上停车，由司机负责沿下坡端放置 2 个止轮器在机车车轮下，同时必须使用人力制动机紧固器使列车制动，开车前，由司机负责撤除止轮器与紧固器。

③为防止后部车辆遗留在区间，无守列车由副班司机确认最后一辆车后，用手持电台通知司机试拉，再通知司机采取大闸排风制动。待副班司机确认人力制动机紧固器松开、止轮器撤除后，再缓解列车制动开车。

④装有列尾装置的货物列车开车前及开车后必须执行防折角塞门关闭措施，按规定进行尾部风压查询与贯通试验。

⑤开车后，用列车无线调度通信设备通知车站接车人员注意尾部标志并检查车辆是否有抱闸的现象。

QS-650 型清筛机常见非正常行车处理微课见右侧二维码。

QS-650 型清筛机
常见非正常
行车处理

项目小结

本项目介绍了 QS-650 型清筛机驾驶作业，包括区间运行操作，长途挂运操作以及非正常行车处理。学习这些操作前要对 QS-650 型清筛机动力传动及走行系统和驾驶辅助系统进行认知学习，包括柴油发动机认知，动力传动与走行系统认知，走行驱动液压系统认知，GYK 系统认知，还要掌握运行安全要求。

复习思考题

1. BF12L513C 型风冷柴油机型号含义？简述其特点。
2. QS-650 型清筛机动力系统由哪些部件组成？动力是如何传递的？
3. QS-650 型清筛机走行传动系统由哪几个部件组成？
4. 简述 GB2/380KR 型主离合器的作用和特点。
5. QS-650 型清筛机的主离合器操纵机构由哪些部分组成？各有什么特点及要求？
6. QS-650 型清筛机分动齿轮箱有什么功用？它在构造上有什么特点？动力如何传递？
7. QS-650 型清筛机的车轴齿轮箱有哪些功用？它在构造上有什么特点？
8. QS-650 型清筛机车轴齿轮箱中的“AG”“FG”多片式离合器的作用原理如何？
9. 试写出 QS-650 型清筛机的车轴齿轮箱在各种工况下的传动路线。
10. QS-650 型清筛机走行传动系统可以实现几种走行速度？速度是多少？
11. 转向架起什么作用？由哪几部分组成？
12. 转向架心盘总成、旁承各起什么作用？
13. 简述轮对与轴箱的结构。
14. 分析说明走行驱动液压系统中调速回路、手动减压先导操作回路和液压制动回路的工作原理。
15. 简述 GYK 系统基本构成。
16. 简述【正常】键、【区间作业】键、【调车】键、【警惕】键、【缓解】键、【解锁】键功能。
17. 简述长途挂运安全要求。
18. 简述区间运行步骤。
19. 简述长途挂运操作步骤。
20. 简述运行中遇响墩爆炸声或火炬火光的处理步骤。

项目 4　标准化施工作业

项目描述

本项目主要介绍了 QS-650 型清筛机主要工作装置以及标准化作业流程及操作，重点介绍了挖掘装置、筛分装置、道砟回填分配装置、污土输送装置、起拨道装置、起重设备等装置的基本结构、工作原理以及电液控制系统。详细介绍了标准化作业的操作流程，号位人员操作标准等基本知识。

学习目标

1. 能力目标

(1)具备拆卸、装配挖掘链，更换链条导槽以及耐磨板，正确操作应用与调整道砟回填分配输送装置，污土输送装置，起拨道装置，起重设备的能力。

(2)具备 QS-650 型清筛机工作装置的液压系统基本认知能力，并能够根据液压回路图分析工作装置的功能以及工作过程的能力。

(3)具备 QS-650 型清筛机工作装置的电气系统基本认知能力，并能够根据电路图分析工作装置被控过程的能力。

(4)具备 QS-650 型清筛机液压与电气系统的安装、调试、检修保养以及常见故常处理的能力。

(5)具备施工作业前工作装置的检查，调整各工作装置，做好施工作业准备工作的能力。

(6)具备按照号位人员的作业标准完成施工作业、收车作业等的能力。

2. 知识目标

(1)了解和掌握 QS-650 型清筛机挖掘装置，筛分装置，道砟分配输送装置，污土输送装置，起拨道装置等工作装置的结构组成及工作原理。

(2)掌握挖掘链，振动筛以及道砟分配输送液压系统的组成与工作原理。

(3)掌握起拨道装置液压作业控制电路的组成及工作原理。

(4)掌握 QS-650 型清筛机各工作装置的操作与调整步骤。

(5)熟悉和掌握 QS-650 型清筛机施工作业条件和作业流程。

(6)掌握 QS-650 型清筛机号位人员作业标准。

3. 素质目标

(1)培养学生吃苦耐劳、勇挑重担、无私奉献的工作作风。

(2)培养学生发现问题、分析问题和解决问题的能力。

(3)培养学生认真履行岗位职责，一定的协调能力，具备团结协作精神。

(4)结合 QS-650 型清筛机工作装置的结构以及电气控制原理，培养逻辑思维与辩证思维能力,以利于形成科学的世界观和方法论。

相关案例

某局工务机械段凌晨开始整备检查着 20 余台大型养路机械设备,清晨 7 时许由驻站驶向施工地点。经过近 1 h 的行程到达本次施工地点,随着一辆辆施工养路机械就地解编,施工防护,紧张的工作也开始了。工人们熟练的操作着各种大型机械,车上和车下紧密配合,分工明确。施工为一体化机械作业,不同大型养路机械分工协作,首先进行 QS-650 型清筛机准备工作,放下前后拨道装置,工人们扒出道砟,安装挖掘链,调整工作装置,缓解空气制动,调节挖掘链张紧力,选择作业速度等作业流程,一气呵成,顺利完成线路污土清筛,配砟整形车紧跟其后恢复道床,捣固车紧随其后捣固线路,稳定车收尾稳固线路。

经过一个天窗点的紧张施工,当天施工任务在规定时间内完成。此时工人们浑身已经满是灰尘,他们顾不得清洗,又踏上列车准备下一次施工。

任务 4.1　清筛机作业人身安全认知

4.1.1　工作任务

了解安全的基本概念,熟悉大型养路机械行车安全注意事项,施工安全条例,尤其是施工作业中班组的安全注意事项,掌握清筛机在运行、施工、驻站等阶段的安全规章。

4.1.2　相关配套知识

安全,顾名思义,“无危则安,无缺则全”,即安全意味着没有危险而尽善尽美,这是与人的传统的安全观念相吻合的。随着对安全问题研究的逐步深入,人类对安全的概念有了更深的认识,并从不同的角度给它下了各种定义。其一,安全是指客观事物的危险程度能够为人们普遍接受的状态;其二,安全是指没有引起死亡、伤害或财产、设备的损坏环境危害的条件;其三,安全是指不因人、机、媒介的相互作用而导致系统损失、人员伤害、任务受影响或造成时间的损失。

大型养路机械安全管理是为了保证线路修理工作安全进行而按一定制度组织和使用人力、物力等各种资源的过程。目的是通过反复实践制定出最佳的安全保障方案和管理措施,使大型养路机械施工企业的意外损失降到最低,从而取得最佳的经济效益。安全管理主要是通过管理的机能,控制来自设备使用、施工组织、人的不安全行为等因素,避免发生意外事故,确保施工人员的人身安全、大型养路机械的设备安全、线路状况的安全及铁路其他附属设施的安全。

随着铁路改革步伐的加快，大型养路机械事业得到迅猛发展，使用大型养路机械已成为工务系统线路维修养护修制改革发展的主流方向，只有做好大型养路机械的安全管理工作，才能适应这一改革发展的新形势。近年来，随着机械化、自动化、智能化的发展这对大型养路机械的施工管理、施工质量、施工组织等各方面提出了更高的要求。只有做好大型养路机械的安全管理工作，才能尽快适应提速后的线路车流密度大、客车速度快、作业质量要求高等生产条件和生产要素变化的实际，更好地完成各项施工生产任务。

1. 安全预警

为落实上级部门预警应做到以下几点：

①车间应指定专人负责上级部门安全预警的接收、记录工作，并做好安全预警文件的登记备份。

②车间记录人员接到预警后，应及时告知车间主任(负责人)，车间主任(负责人)在交班会通知相关工班(紧急时接到预警立即通知各相关工班)。

③要求车间信息接收人员畅通信息的传输渠道，并建立保持多种渠道，以便在特殊情况下能够保持联系。

④车间接到上级部门安全预警后按要求及时组织相应人员进行学习，确保安全预警信息能够传达到位。

2. 施工安全

(1)岗前培训

①车间应围绕段安全生产和经营管理发展目标，贴近施工现场实际需求，经常对施工作业人员进行人身安全教育，组织学习安全规章及有关操作技术，不断提高职工实作技能，推动职教工作加快发展。

②在施工前经常对作业人员进行人身安全教育，组织学习安全规章及有关操作技术。新员工必须提前进行安全技术教育培训，并经考试合格，未经安全技术教育或经教育但考试不合格者，不得上道作业。

③从事大型养路机械驾驶和操作人员，必须经过专业培训、考试合格，取得相应资格，持证上岗。实习司机在正司机指导下方可进行实际操作。

④加强防护人员培训，对防护员进行防护知识的专门培训和考试考核，对考试不合格、不能胜任人员要及时调整。雇用的劳务工必须由具有带班资格的正式职工带领，劳务工不得单独上道作业；施工作业必须由经过专门培训考试合格的职工担任防护员，劳务派遣职工、劳务工不得担任防护工作。

⑤200～250 km/h 严格执行高速铁路主要行车工种岗位准入制度，高速铁路工务作业人员应通过业务培训和安全培训，实行持证上岗。

⑥车间根据段年度和近期培训计划制定车间季度、班组月度培训学习计划。发挥三级教育的中心环节作用，营造职工自觉学习、积极上进的良好氛围，以提高职工业务知识和岗位技能，确保安全生产需要。

⑦强化三级教育网络建设，落实段、车间、班组逐级负责、逐级管理和质量考核，结合本单位安全生产实际，组织职工开展岗位适应性培训及业务考试，将职工学习培训成绩与安全月考核奖挂钩，增强职工学技练功的主动性和自觉性，不断提高职工队伍素质。

(2)防护体系

①施工安全防护工作是确保既有线行车安全和施工安全的重要手段，因此在行车线上或紧靠既有线施工，为了确保行车和施工安全必须按规定设置安全防护，未设好防护，不得进行施工作业。

②施工防护必须按照《普速铁路工务安全规则》规定的防护条件和防护办法进行，未设好防护严禁上线。现场防护员及驻站联络员必须选派责任心强、经培训合格的正式职工担任，并持证上岗。

③防护人员应指定专人并经过考试合格者担任驻站联络员和工地防护人员，凡听觉、视觉有缺陷或语言不清楚者，均不得担任防护工作。防护员应一经派定后，不得任意调换。

④于计划封锁开始前 40 min(集中修期间 60 min)由驻站联络员在车站“行车设备施工登记簿”内登记，与车站值班员办理施工登销记手续；车站值班员在核对有关登记内容与施工计划相符无误后，方可向列车调度员申请施工。

⑤驻站联络员在调度命令下达后向作业负责人传达调度命令，作业负责人接到调度命令后，应与驻站联络员核对调度命令内容，并确认与驻站联络员、现场防护员之间互相通信良好后方准安排上道作业。

⑥驻站联络员随时与作业负责人、现场防护员每隔 3～5 min 联系一次，通报列车运行情况，确认通信是否正常。

⑦现场防护员在防护时，除掌握驻站联络员通报信息外，应以瞭望防护为主；如联系中断，现场防护员应立即通知作业负责人停止作业，必要时将线路恢复到准许放行列车的状态。

⑧作业负责人应根据施工作业现场地形条件、列车运行特点、施工作业人员和机具布置等情况确定现场防护员站位和移动路线。现场防护员应携带必备的防护用品，做好自身防护，并随时观察施工现场和列车运行情况，发现异常情况时及时通知驻站联络员和作业负责人，驻站联络员及时通报列车调度员。

⑨必须严格执行复诵制度，驻站联络员每次发出预报、确保或变更通知，工地防护员应复诵一遍，并必须记录驻站防护员传达的调度命令，填写防护员日志。同时做好每次列车通过的预报、确报时间及驻站防护员通知变更事项的记录。

⑩现场防护人员要坚持标准化作业，认真履行职责，在防护区内对任何人员的违章行为、机具侵限等均有权制止并纠正。随时与驻站防护员保持联系，加强信息沟通，按规定使用联控用语，及时进行车机联控、互控，来车及时通知现场作业人员及施工负责人。

⑪作业负责人、驻站联络员和现场防护员，应佩戴标志，必须按规定着装(夜间加穿反光防护服)并按要求携带防护信号用品。作业负责人、驻站联络员携带：手持无线电台一部，两图一表。现场防护员携带：喇叭、红黄信号旗、信号灯、短路铜线、手持无线电台等防护用品及两图一表。

⑫作业负责人下达设置或撤出防护、开始或停止作业、下道避车等命令。

⑬机械车解体、连挂、收放车时防护员提前与驻站联络员联系，确认邻线无列车时，通知作业人员进行相关作业。

⑭作业中，线路、机械设备发生故障需要去邻线一侧紧急处理时，必须先设好防护、设好防溜。防护员要与驻站联络员确认邻线来车情况，及时做好防护，确保人员、车辆安全。

⑮机械组防护作业

a. 现场防护员传达施工调度命令，各工班按顺序依次回答“××小队明白”。

b. 施工负责人下达开始作业的命令后，现场防护员向各工班及线路班防护员传达石砟车、机械车动车向封锁地段开进，线路班人员注意下道避车。

c. 机械车要确保“一人一机”防护。

d. 作业中对超限的工作装置要专人盯控。清筛车的回转污土带，要在距电杆 5 m 前调整，防止其触碰电杆及拉线；对于配砟车的防护，要用好花杆。本车防护员要在配砟车要经过的电杆靠车一侧 2 m 前插好花杆，以提醒配砟车司机注意电杆。当配砟车的侧犁接近时，本车防护员要用对讲机呼叫配砟车：“停车、收拢大臂”确认大臂不超限后，“可以通过”，配砟车操作人员在听到防护员的呼叫后，要严格配合执行，确保安全。

e. 邻线来车时，现场防护员要及时通知各工班，尤其是配砟车的防护员。各工班接到通知后，由来车方向，由近及远，依次回答“××小队明白”。

⑯人工组防护作业

a. 依据车间交班会的工作安排，确定施工地段通道门设置位置里程，安排专人盯控。

b. 设置两端远端防护员，佩戴齐全防护用品，按规定距离设置停车信号牌。来车时，及时呼叫现场作业人员，并记录来车车次及通过作业现场时间。

c. 根据施工任务编号分组。一组设置一名防护员，邻线来车时，接到现场防护员呼叫，按顺序依次回答“××组明白”。

d. 根据施工进度及阶梯提速的要求，及时撤换限速牌并做好记录。限速牌要插的稳固、直立，不得歪斜倾倒。

e. 点外作业时，要按规定设置驻站联络员、现场防护员及各组防护员、两端远端防护员。

f. 测量组作业时，单独作业时，必须设置驻站联络员、现场(随行)防护员、两端防护员。

(3)人身安全

①基本要求。

a. 交班会对全体作业人员进行安全预想，明确驻站联络员和现场防护员。在施工期间车间经常对从业人员进行人身安全教育，组织学习安全规章。

b. 从业人员在任职、提职、改职前，必须经过段或段以上单位进行安全技术教育培训，考试合格后，持铁路岗位培训合格证书上岗。

c. 200～250 km/h 严格执行高速铁路主要行车工种岗位准入制度，高速铁路工务作业人员应通过业务培训和安全培训，实行持证上岗。

d. 从事大型养路机械驾驶和操作人员，必须经过专业培训、考试合格，取得相应资格，持证上岗。实习司机在正司机指导下方可进行实际操作。

e. 作业前作业人员必须穿着带反光标志的指定服装上道作业。

f. 电化区段，不得登高作业，所持杆形物品，必须水平通过线路，与接触网保持 2 m 以上安全距离。

g. 在电化区段测量班测量时，不得使用金属测杆；雨天严禁测量。平时，测杆顶端要与接触网保持 2 m 以上安全距离。

h. 野外作业遇雷雨时，作业人员应放下手中的金属器具，迅速到达安全处所躲避，严禁在大树下、电杆旁和涵洞内躲避。酷暑、严寒季节，应采取措施，防止中暑、溺水、冻伤和煤气中毒。

i. 接打手机时应在距离线路 3 m 以外接听。

j. 作业中与车辆前后保持 5 m 以上的安全距离，不得涉入机械车危险区域。

k. 作业中严禁作业人员进入邻线或在两线间逗留，如需紧急处理故障进入两线间，必须设好防护，进入两线间时确保邻站预报无通过列车。

l. 作业人员进行接触粉尘、有毒物品、易燃、易爆物品的作业，使用电器、机械以及高处作业等，必须按规定采取相关措施和使用劳动保护用品，保证劳动者安全健康。

②避车。

a. 线路作业和巡检人员，必须熟悉管内的线桥设备情况、列车运行速度、密度和各种信号显示方法，作业和巡检时应注意瞭望，及时下道避车。

b. 步行上下工时，区间应在路肩或路旁集中行走；双线区间，应面迎列车方向行走；通过桥梁、道口或横越线路时，应"手比、眼看、口呼"，做到"一停、二看、三通过"，严禁来车时抢越。必须走道心时，应设置专人防护。进路信号辨认不清时，应及时下道避车。

c. 现场作业人员按照"同去同归"的原则，确保现场作业人员均在作业组织负责人和防护员的监控范围内，作业过程中禁止离开作业群体单独作业，不得指派单人在防护区段以外上道作业。

d. 施工作业时听从防护人员的指令上道下道，避让列车时应面向列车认真瞭望，防止列车上抛落、坠落物或绳索伤人。

e. 本线封锁邻线来车避车时：

ⓐ邻线 $v_{max} \leqslant 120$ km/h 时，本线可不下道；

ⓑ120 km/h$<$邻线 $v_{max} \leqslant 160$ km/h 时，本线可不下道，但本线必须停止作业；

ⓒ邻线 $v_{max} > 160$ km/h 时，本线必须下道，距离不小于 2 000 m。

f. 在得到下道避车的通知后必须及时下道，不得再停留于线路上，在至少距离钢轨外侧 2 m以外的地点避车，并且要面迎来车方向，防止车上的坠落物或绳索伤人。

g. 严禁作业人员跳车、钻车、扒车和由车底下、车钩上传递工具材料。休息时不准坐在钢轨、轨枕头及道床边坡上。绕行停留车辆时其距离应不少于 5 m，并注意车辆动态和邻线上开来的列车。不得在邻线上行走、歇息，不得在两线间打闹。

h. 遇有降雾、暴风雨(雪)、扬沙等恶劣天气影响瞭望时，应停止线上作业和上道检查，必须作业时，应采取特殊安全措施，保证来车之前按规定的距离及时下道。

③各岗位安全提示执行段发岗位安全风险控制卡。

④具体执行《普速铁路工务安全规则》中相关规定。

(4)线路安全

清筛车作业要求如下：

ⓐ清筛车到达作业地点后，从放车到开始作业应控制在 10 min 之内。

ⓑ清筛车布砟作业时两侧应均匀。

ⓒ清筛车作业后要保证回砟均匀，配砟、捣固后不影响线路的正常开通。

ⓓ人工清筛作业，防护员随时掌握邻线列车动态，邻线车通过前必须先确认工具、材料未侵入邻线限界。未验交线路，要进行巡检养护。

(5)电化安全

①所有作业人员应经过《电气化铁路有关人员电气安全规则》培训合格后方准参加作业。

②为保证人身安全，除牵引供电专业人员按规定作业外，任何人员及携带的物件、作业工器具等需与牵引供电设备高压带电部分保持 2 m 以上的距离，与回流线、架空地线、保护线保持 1 m 以上距离，距离不足时，牵引供电设备需停电，施工前必须与供电及电务部门联系并有

人员到场配合。

③接触网支柱及接触网带电部分 5 m 范围以内的金属结构均必须接地，在与接触网相连接的支柱及金属结构上，若未装设接地线或接地线已损坏时，严禁人员与之接触。

④电气化区段时，严禁在接触网及其支柱上挂绳索或衣物，不准在支柱上攀登或在支柱旁休息。

⑤发现牵引供电设备断线及其部件损坏，或发现牵引供电设备上挂有线头、绳索、塑料布或脱落搭接等异物，均不得与之接触，应立即通知就近车站或牵引供电部门，在牵引供电设备检修人员到达并采取措施以前，任何人员均应距已断线索或异物处所 10 m 以外。当导线落地处距离作业人员不足 10 m 时，为避免跨步电压，应双脚并拢或单腿跳跃，脱离危险区。

⑥距牵引供电设备带电部分不足 4 m 的燃着物体，使用水或灭火器灭火时，牵引供电设备必须停电。距牵引供电设备带电部分超过 2 m 的燃着物体，使用沙土灭火时，牵引供电设备可不停电，但需保持灭火机具及沙土等与带电部分的距离在 2 m 以上。

⑦任何作业均不得影响供电设备的支柱、拉线及基础等设施的稳定。

⑧任何人员在接触网未停电或未接地的情况下，禁止到车顶上进行任何作业，所携带的物件和工具的最顶端距离接触网带电部分不得小于 2 m。

⑨在电气化区段，各机械车及各种附属车辆应加设“有电危险、禁止攀登”的明显警告标志。

⑩按照电气化铁路工务施工作业及安全要求，必须有供电或电务有关部门配合并采取安全措施后，车间按规定设置连接导线(封联线)，连接好连接线方准施工，同时站内停留的电力机车应降弓。回流线铜线面积不低于 70 mm^2，发现折段严重的去掉一节重新打卡，严防不经过检查的回流线上线使用。

⑪所有进入电气化区段作业的人员必须按规定佩戴劳动防护用品。备用绝缘防护用品有绝缘靴、绝缘垫、绝缘手套、绝缘棒等。备用绝缘防护用品必须按规定时限送检，严禁使用检测不合格的备用绝缘防护用品。

⑫在接触网未停电、接地的情况下，严禁各类吊装机具吊臂、清筛车回转污土带在接触网下伸缩、转动。

⑬遇雨雪等不良天气情况，禁止靠近接触网设备部件，禁止使用带金属的雨伞等物在接触网下作业，禁止在扼流变压器下、支柱、铁塔下避雨。在距接触网 5 m 范围内使用发电机、电焊机等机电设备时，必须进行接地保护。

⑭作业人员在搬运长大杆件时，应平放在车上运送或由两人抬运，以防长大杆件触电，危及人身安全。严禁在搬运中竖立或高举。

⑮在电气化区段进行线路、桥面测量时，花杆、塔尺距接触网应保持 2 m 以上的安全距离，必须使用木质塔尺。在测量转点时，手持花杆、塔尺必须保持水平状态，禁止高举，以防触电。

⑯大型养路及施工机械作业，如施工机械不超出机车车辆上部限界，且作业人员及所持机具与接触网带电部分保持 2 m 以上距离时，接触网可不停电。不符合上述条件时，应按照规定办理停电手续并做好安全防护措施后，方能作业。

⑰施工作业中，严禁登高。因机械发生故障需要登高处理时，本车负责人立即通知工长需要登高，工长通知现场施工负责人，施工负责人通过驻站员核实确已停电、经维管段验电核实

可否登高。如果可以登高,施工负责人通知该工长可以登高;但必须在维管段人员现场指导下登高处理。严禁不请示盲目登高处理。

(6)夜施安全

①在夜间施工时,作业人员保证充足的休息时间,施工负责人根据夜间施工时间合理安排交班、学习、设备整修、保养时间。施工驻地应营造良好的休息环境,不得大声喧哗,后勤人员要合理安排打扫卫生的时间。尤其在道路运输方面,司机要休息好,保持精力充沛,确保道路交通安全。

②夜间施工要穿着指定具有反光标识的服装及防护用品。配有充足的夜间照明设备,并保证设备的正常使用。

③作业人员要同去同归,作业人员不得远离本作业组。在桥梁上作业时注意观察步行板是否损坏或缺失,以防作业人员跌落。

④在放车和作业时,各作业人员要互相确保离开机械车的危险区域,后方准收放车作业。

⑤设备机具要涂有反光材料的标识,防止遗落现场,危及行车安全。

⑥夜间施工瞭望不良,必须进一步加强现场施工防护和车辆安全联控,严格执行现场防护员互相传递的联控制度,杜绝误报、漏报。

⑦对施工地段要预先调查线路状态、地形,根据不同施工条件做好隔日预想,提出应急预案。储备足够应急照明设备,未设照明设备,不得进行作业。除车辆及地面照明设施之外,对于特殊作业人员,指挥人员要配备一定数量的手提式强光照明灯,扣件作业人员每人配备手电一把,每小组备用一台应急照明灯,以满足夜间施工所需的基本照明要求,确保夜间施工安全。

⑧照明设备设置必须满足施工条件,不留盲角,未设好照明或照明条件不充分禁止作业,灯具位置每日交班会要进行安排,灯距不宜大于 50 m,灯具摆放必须稳固,不得侵入限界,手动可调节高度的灯具必须有限位器。遇大风等不良气候时,应采取进一步的加固措施,保证夜间施工安全。

⑨施工负责人在指挥工程车运行时,除了使用无线电设备时要使用手提信号灯。

⑩认真做好开通前线路检查,各分段负责人要按放行列车条件进行检查,及时将信息通报施工负责人,施工负责人确认符合开通条件后,方可通知驻站联络员开通线路,不得盲目放行列车。

⑪加强线路开通后的巡检及养护,白天必须加派巡检组,做好线路巡查,严防胀轨。

⑫照明设备、警报设备及电动扳手车间要集中管理,集中存放,制定管理措施,加强维修保养,加强现场巡守,确保设备的正常使用。

⑬所有作业人员要高度树立安全第一的思想,加强自我防范意识,同时要防范其他人员违章。

⑭施工地段两线间设置要有夜光的隔离带(绳),所有夜间施工作业人员,必须身着带夜光标志的防护服,禁止越过两线间隔离带(绳)。

3. 专项安全

(1)车辆停留

①巡守及人员安全

a. 巡守人员建立交接班制度,交接班时要对设备及备品进行全面的检查并认真填写交接班记录。

b. 巡守人员当班时应严格遵守 24 h 巡查制度，发现问题及时报告。严禁当班饮酒。

c. 巡守人员在巡查时，不准到邻线道心或枕木头上行走与坐卧，跨越邻线时要注意瞭望，严格遵守"一停、二看、三通过"和"手比、眼看、口呼"的规定，严禁抢越。

d. 上水、上煤、接电、外运垃圾、宿营车上料等工作需要跨越线路时，由正式职工带领，必须设置驻站联络员和现场防护员确保人员安全。跨越线路的上水管和电缆线必须从钢轨下穿越，保证行车安全；跨越站台时应固定牢固，保证行车安全和旅客行走安全。

e. 宿营车两侧车门要严格管理，除预留的通道外，其余一律锁闭。在通道门必须拉挂写有"上下车注意邻线来车"字样的警示条。

②机械车防溜安全

a. 各工班对防溜止轮器进行编号，后勤对防溜枕木进行编号。

b. 止轮器要与车轮密贴放置牢固并加锁，防溜枕距停留车辆两端 3～5 m 处并加锁，移动停车信号牌距离停留车两端 50 m 处设置，并保证牢固不能倾倒。

c. 机械车需动车时，必须按照"谁撤防溜，谁设置防溜"的原则，施工负责人安排专人落实到位。

d. 机械车在停留线停留时，必须两端拧紧驻车制动，放置铁鞋、防溜枕木(防溜铁鞋要插紧压实，加链上锁，防溜枕木要安设牢固)。昼间必须在停留车的两端设置红色停车信号牌，夜间设置红色信号灯。

e. 自轮运转设备单独停留(无宿营车)须安排值班人员，值班人员按规定做好巡查工作，严禁做与工作无关的事。遇恶劣天气应增加巡查频次，确保防溜安全。

f. 建立机械车防溜值班和检查记录簿。机械车必须设置专人按规定进行防溜安全巡查，在恶劣天气要增加防溜的巡视频次，并做好检查记录，必须在检查簿上按巡查时间签名。车间负责人要定期对防溜检查结果进行抽查并在检查簿上签名确认。

③宿营车防溜安全

a. 止轮器要与车轮密贴放置牢固并加锁，防溜枕距停留车辆两端 3～5 m 处并加锁，移动停车牌距停留车两端 50 m。

b. 建立宿营车辆防溜值班和检查记录簿。宿营车等车辆必须设置专人按规定进行防溜安全巡查，在恶劣天气要增加防溜的巡视频次，并做好检查记录，必须在检查簿上按巡查时间签名。车间负责人要定期对防溜检查结果进行抽查并在检查簿上签名确认。

c. 宿营车在停留线停留时，必须两端拧紧驻车制动，放置铁鞋、防溜枕木(防溜铁鞋要插紧压实，加链上锁，防溜枕木要安设牢固)。昼间必须在停留车的两端设置红色停车信号牌，夜间设置红色信号灯。

d. 休息时不准坐在钢轨、轨枕头及道床边坡上。绕行停留车辆时其距离应不少于 5 m，并注意车辆动态和邻线上开来的列车。

e. 负责人必须熟知停留线的线路坡度，加强防范，确保防溜安全。

④防盗措施

加强职工的安全防范意识，保管好自己的财物，人员离开时要锁好门，关好窗户。

作业人员出车后宿营车列留有固定的上下车门，其他车门锁闭，严禁外来人员上车，确需上车必须经车间负责人同意。当作业人员停工休息时，后勤人员锁好宿营车门，做好巡视宿营车和机械车的巡视。

后勤巡视人员发现机械车及宿营车辆有异常情况应及时向车间负责人汇报。

(2)设备保养

①机械车在整备时，在车站设置驻站联络员，并现场设置专人进行防护，靠近临线的一侧设置隔离带，两线间检修作业时应时刻注意邻线列车动态，有列车通过时应回到本线一侧或安全限界以内。职工在驻地检修时执行同去同归制度。

②人员在检修作业时需按照规定佩戴防护用品，如安全帽、护目镜等。车上车下人员应上下密切配合，防止工具、配件坠落伤人。

③在电气化区段整备作业时禁止人员登高。如需登高作业时，电气化区段应停电或转至无电区，登高时手要抓紧扶牢，不准穿带钉鞋或塑料底鞋登高，登高人员要防止物件下落击伤他人，下部人员也要避开有危险的位置。

④机械车加注燃油时，要注意防火，禁止在油箱附近及加油作业中吸烟。

⑤禁止在机械上或机械附近使用明火，如果必须就地使用电焊或气焊时，应尽量远离油箱，并要准备足够的灭火器具，清除附近的易燃物品。

⑥工班在布置检修工作的同时，要布置好安全工作。当拆卸较大或较复杂的零部件时，制定安全措施，要有技术人员在场指导，防止砸伤手脚。

⑦设备保养工作应分工进行，并要注意相互配合与协调。当进入车体内擦拭机器或调整更换零部件时，应严格按操作要求进行，注意人身安全。

⑧在检修时需动车时，首先要检查各工作装置的位置是否正确，车上车下有无障碍物，车附近有无作业人员，确认无误后方准动车，就位后要放置止轮器。

⑨在设备检修保养结束后清扫检修现场，清理油脂及易燃物品，按要求清点各种工、机具，不得留有任何安全隐患。

(3)交通安全

①车间承担机动车辆管理主体责任，车间主任、书记是机动车辆安全管理第一责任人。车间主任、副主任负责车辆日常管理工作。

②车间建立健全机动车辆管理台账，并报段机械设备科备案。台账内容需完整详实，为车间机动车辆动态管理提供依据。

③车间建立定期联合检查制度，检查车辆技术状态，特别是车辆走行系统、制动系统、转向系统、灯光信号、消防器材等装置要安全可靠；车辆附属设施，如灭火器、安全带、三角牌等齐全有效；检查司机的作业纪律和劳动纪律，班前要充分休息，不得饮酒，驾车要精力集中，严禁疲劳驾驶、超速行驶，保证行车安全。

④租用的机动车辆必须经国家指定的车辆管理部门年检，取得年检合格证，车辆行驶执照有效，经段租用机动车辆车况鉴定小组鉴定合格的车辆车间方可租用。

⑤租用车辆司机必须遵守段施工作业纪律和劳动纪律，听从现场施工领导人的指挥，按时完成运输任务。

⑥车间要定期开展租用车辆状态检查工作，对不符合租用条件的车辆车间要立即清退，确保租用机动车辆运用安全；线路班租用的机动车辆上路，必须有一名班长以上正式工盯控，否则，不得上路运行。

⑦车辆在运输过程中不得超员、超载、超长、超宽，按规定使用派车单，执行出车交车制度。

不得人员与机具混载，严禁客货混装，特别是大客车不得拉运汽油、柴油及氧气、乙炔气瓶等危险品，确保行车人身安全。严格执行交通安全规则，在高速公路上行驶时，严格执行道路交通管理规定。

⑧氧气、乙炔等危险品运输时不得混装，搬运时严禁碰撞。

⑨加强司机的管理，车辆驾驶员必须牢固树立"安全第一"的思想，驾车前 48 h 内不得饮酒，非专职司机不得驾驶车辆。

(4)出入车站

①出入车站应遵守车站的站车秩序，通道门钥匙必须专人管理，如有地下通道(天桥)必须走行地下通道(天桥)，横越线路应严格遵守"手比、眼看、口呼"和"一停、二看、三通过"的规定，禁止单人横越站场线路。

②绕行停留车辆保持 5 m 以上的安全距离，注意车辆的动态。

③上下班应同去同归，人员外出时接伴同行，必须与工长请假，尽量不要单独外出。

④后勤要根据站场停留线的位置，合理开放宿营车车门，严禁靠近行车线一侧开启宿营车车门，尽量缩短人员在站场内行走的距离，其他车门统一锁闭。

(5)社会治安

①要成立反恐领导小组及联防巡查小组，重点负责本车间驻地和施工现场的巡查和安保工作，确保车间安全稳定。

②车间职工外出时需结伴同行，不得酗酒，注意处理好铁路部门与地方的关系。

③线路班要加强劳务工的安全教育，要尊重当地民风民俗。

④要经常开展法律法规、安全防范等方面教育，切实提高职工(劳务工)的遵纪守法意识和安全防范意识。

⑤加强施工驻地安全管理。加强封锁施工时段驻地管理，宿营车只留端门，并留人看守，其他门一律锁闭。值守人员和巡防队员一旦发现可疑人员，立即向车间汇报，及时按规定妥善处理。

⑥各工班积极配合段安保工作领导小组做好安全保卫工作。

(6)消防安全

①宿营车消防安全

a. 以防范为主，消除各种安全隐患的消防工作理念，严格落实段及上级消防安全规章制度，按规定配齐消防设备。

b. 宿营车(含餐车、发电车)防火责任人为本列车负责人，主要职责是对全宿营车防火工作进行检查，及时排除隐患，确保防火安全。

c. 每节车厢确定防火责任人，要经常巡视防火情况，检查"两炉一灶"、供电线路、电器设备等有无不安全因素，烟囱帽齐全，不得脱落。

d. "两炉一灶"周围干净无杂物、无易燃物品、炉灰要倒入灰桶中水浸并将清灰桶放置在清灰堵上方，不得直接向车厢下倾倒。

e. 禁止职工在宿营车包厢内卧床吸烟，吸烟后烟蒂应妥善处理，不得留有隐患。

f. 各车厢及包房离人断电，严禁使用电热毯及大功率电器、充电宝等易引发火灾物件，车厢内严禁私拉电线，人员离开时关闭宿营车总开关。

g. 车间定期召开消防工作会议，每周对消防设施进行一次安全检查，对于发现的安全隐患进行整改处理，对于车间不能解决的问题及时向上级部门汇报。

h. 定期对职工及后勤人员进行消防安全教育，掌握“三懂三会”，要求职工树立牢固的消防安全意识，强化职工的消防责任。

i. 餐车在使用电器或炉灶时，人员不得离开。

j. 发电车在工作时，发电司机不得脱岗，发电机下应设置铁质的油盆，供油管应选用耐油、耐压的软管，软管须定期更换防止老化渗漏。发电车保持整洁干净，发电车不得堆放易燃易爆物品。

k. 车间要建立消防检查记录，对接入宿营车的电缆线接头加设绝缘防护措施，外接电源应按有关规定操作接通；对清灰桶的配置及使用情况进行定时巡视；对配置的消防设备状态进行检查，清理本车周围的杂草杂物，做好防火工作，对各包房内的用电安全进行定时巡视；提前谋划冬季储煤、用火安全。

②机械车消防安全

a. 以防范为主，消除各种安全隐患的消防工作理念，严格落实段及上级消防安全规章制度，按规定配齐消防设备。

b. 司机室内无杂物，无关人员严禁进入，机械车上严禁吸烟。

c. 电器控制柜要清洁、无异物。电器装置绝缘良好，不准乱接乱拉电线，不准使用未经批准的用电设备。

d. 油路接头、缸头、排气管、支管不得泄漏，高压油管应加防护板保护，防止油管爆裂引起火灾，排气管与车辆间防火石棉应完好。

e. 车辆油箱应干净整洁，擦车布油脂等应存放在指定位置，严禁乱扔乱放。

f. 坚持每日擦拭，定期检查灭火器，保持消防设施完好有效。

(7)路外安全

①因施工作业需要临时拆除防护栅栏时，车间必须与相关单位签订安全协议，施工时在开口处悬挂警示标志，设置临时防护设施，并派人看守，防止路外人员进入，施工作业后，按原标准恢复防护栅栏。

②在立交桥上施工，施工区段的桥护栏(网)处必须封闭遮挡，桥下两端必须设置专职防护人员，有车辆和行人通过时通知桥上防护人员停止施工。

③施工车辆在值乘中要加强瞭望，运行至鸣笛标、进出隧道口、道口、弯道、村庄、瞭望困难、施工区段等关键区段和遇有特殊情况时，必须早鸣笛、鸣长笛、勤鸣笛，发现异常要果断采取停车措施，积极预防路外伤亡事故的发生。

④天气不良，瞭望距离不足 200 m 时，必须打开大灯，减速运行并以随时能停车的速度行驶。

⑤在运行中时刻注意人、畜穿越道心及上道行走，提前减速鸣笛，发现异常情况要立即采取紧急制动停车措施。

⑥施工车辆严禁搭乘路外人员，乘车人员必须全部集中在车内，不准站在车外。

⑦发生路外事故后，认真执行相关规定及报告程序。

任务 4.2　挖掘及筛分装置认知

4.2.1　工作任务

熟悉 QS-650 型清筛机挖掘及筛分装置，了解挖掘与筛分装置的结构组成，熟悉挖掘与筛分装置的液压控制回路，了解振动筛控制系统的电路图。

4.2.2　相关配套知识

1. 挖掘装置的结构组成

QS-650 型清筛机挖掘装置安装在两台转向架间的车体中部，与车体水平面的夹角约 30°。挖掘装置主要功用是将污脏道砟挖掘出来，并提升和输送到振动筛上。

如图 4.1 所示，挖掘装置由驱动装置、挖掘链、水平导槽、提升导槽、护罩、下降导槽、调整油缸、拢砟板、防护板及道砟导流总成等组成。

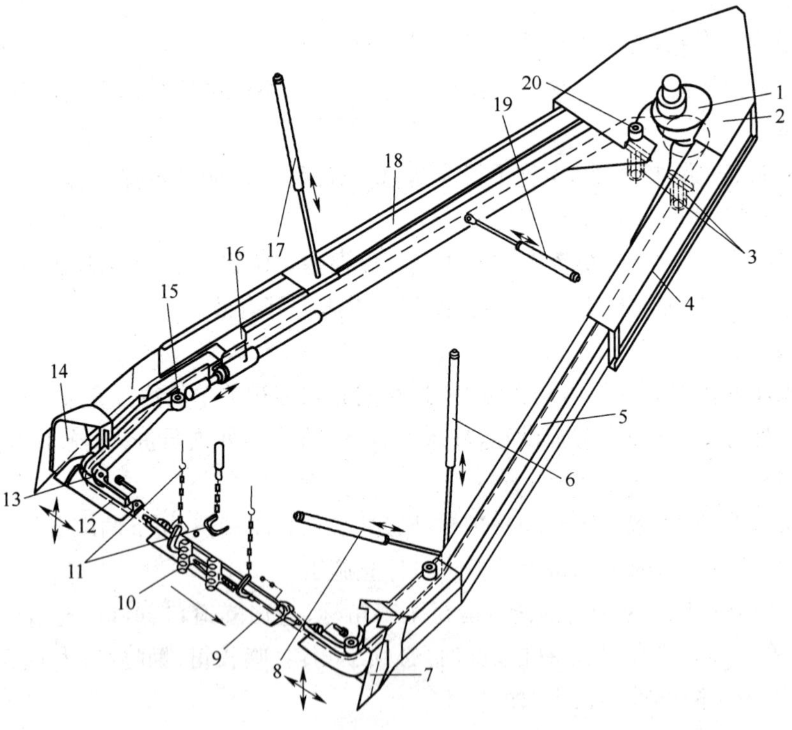

1—驱动装置；2—护罩；3—导槽支枢；4—道砟导流总成；5—提升导槽；6—提升导槽垂直油缸；7—拢砟板；8—提升导槽水平油缸；9—提升导槽水平油缸；10—挖掘链；11—起重装置；12—弯角导槽；13—下角滚轮；14—防护板；15—中间角滚轮；16—张紧油缸；17—下降导槽垂直油缸；18—下降导槽；19—下降导槽水平油缸；20—上角滚轮

图 4.1　QS-650 型清筛机挖掘装置

图 4.2　QS-650 型清筛机挖掘装置工作图

清筛机运行时，挖掘链在水平导槽与弯角导槽连接处断开，提升导槽和下降导槽分别被提升并放置到车体两侧，用链条锁紧。水平导槽被安放到车体下部的举升器上。

清筛机作业时，将水平导槽放到预先在道床下挖好的基坑中，提升导槽和下降导槽由车体两侧放下到相应位置，用起重装置将水平导槽吊起与两弯角导槽连接牢固，连接挖掘链并通过张紧油缸调整链条松紧后，挖掘链才能进行挖掘作业。图 4.2 为 QS-650 型清筛机挖掘装置工作图。

2. 挖掘链驱动装置

挖掘链由一台 A6V225 型变量轴向柱塞式液压马达驱动。液压马达经挖掘齿轮减速箱带动链轮，再由链轮带动挖掘链条旋转。挖掘齿轮减速箱的作用是降低马达的转速，增大输出轴的扭矩，以满足挖掘作业时挖掘速度和切削力的要求。图 4.3 为挖掘齿轮减速箱结构。

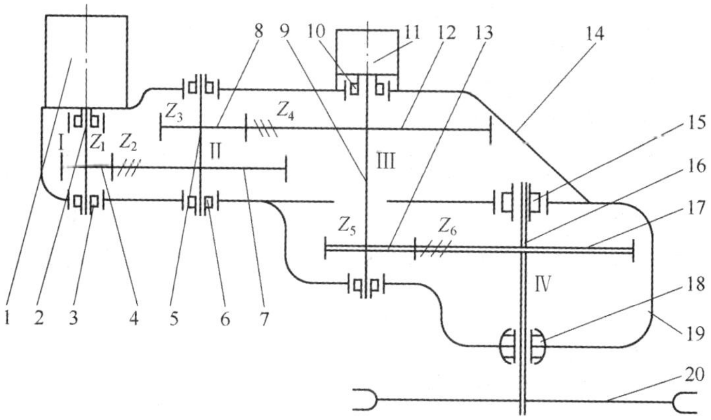

1—液压马达；2—输入轴Ⅰ；3—输入轴轴承；4—输入轴齿轮(Z_1)；5—中间轴Ⅱ；6—中间轴Ⅱ轴承；7—中间轴Ⅱ大齿(Z_2)；8—中间轴Ⅱ小齿轮(Z_3)；9—中间轴Ⅲ；10—中间轴Ⅱ轴承；11—润滑油泵；12—中间轴Ⅲ大齿轮(Z_4)；13—中间轴Ⅱ小齿轮(Z_5)；14—上箱体；15—输出轴轴承；16—输出轴Ⅳ；17—输出轴齿轮(Z_6)；18—双列调心轴承；19—下箱体；20—链轮

图 4.3　挖掘齿轮减速箱结构简图

挖掘齿轮减速箱由三级相啮合的斜齿轮组成。液压马达 1 输出端直接插入输入轴Ⅰ内。输入轴齿轮 Z_1、中间轴Ⅱ小齿轮 Z_3 和中间轴Ⅱ小齿轮 Z_5 都直接加工在各自轴上。中间轴Ⅲ的端部还带动润滑油泵 11，使箱体内各部位得到强制润滑。输出轴Ⅳ两端是花键轴，上部在箱体内与输出轴齿轮 Z_6 连接。下部伸出齿轮减速箱体与链轮连接。动力由链轮输出，传给挖掘链。

齿轮减速箱各轴两端一般采用单列圆柱轴承支承在减速箱箱体上。由于输出轴端链轮是悬臂结构，受力复杂，因此，输出轴Ⅳ下端采用双列调心轴承支承，保证了链轮工作的可靠。

挖掘齿轮减速箱的动力传动路线如下：液压马达 1→输入轴Ⅰ→Z_1/Z_2 啮合→中间轴Ⅱ→Z_3/Z_4 啮合→中间轴Ⅲ→Z_5/Z_6 啮合→输出轴Ⅳ→链轮 20。

3. 挖掘链

挖掘链由扒板、中间链节、链销轴和扒指等组成，如图 4.4 所示。扒板上装有扒指，而扒指为挖掘道床的重要零件，用高强度耐磨材料 60SiCr7 制成。扒指前端是圆锥体指尖，后部是圆柱体连接部分。扒指安装在扒板的轴孔中，并能自由转动，这既减少了挖掘阻力，又可使扒指表面磨耗均匀。为便于更换，扒指采用垫片和固定销紧固。QS-650 型清筛机的扒板 1 上装有 5 个扒指，第一指与五指间距约 250 mm，挖掘链距是 250 mm。扒板与中间链节各有 82 节，扒指共有 410 个。

挖掘链靠链轮和支承在导槽上的角滚轮连成一个封闭的循环系统，形状呈五边形。挖掘链底是水平边，与轨枕呈 3°夹角，这样可使挖掘链受力均匀。作业时，挖掘链在轨枕下挖掘和输送道砟。挖掘链工作时为逆时针转动，右边链用于提升道砟到振动筛上，左边链经上角滚轮下降返回到道床上。挖掘链在车架上部与驱动装置输出的链轮相啮合，由链轮驱动转动。

挖掘链的线速度有 2.0 m/s、2.6 m/s、2.8 m/s、3.6 m/s 等几种，操作人员可根据道床阻力及作业效率进行调节和选择。

4. 链条导槽

挖掘链条由提升导槽、下降导槽和水平导槽来导向。提升和下降导槽的头部靠支承枢支承在机架上。导槽中部与铰接在机体上的垂直油缸、水平油缸的活塞杆端铰接。因此，两导槽下部可以绕各自的支承枢轴相对机体上下、左右摆动，以满足运行或作业时安装、调整的要求。两导槽的下部平行于机体。这种类似五边形布置的导槽，可在挖掘深度变化时，防止提升和下降导槽之间距离的改变。

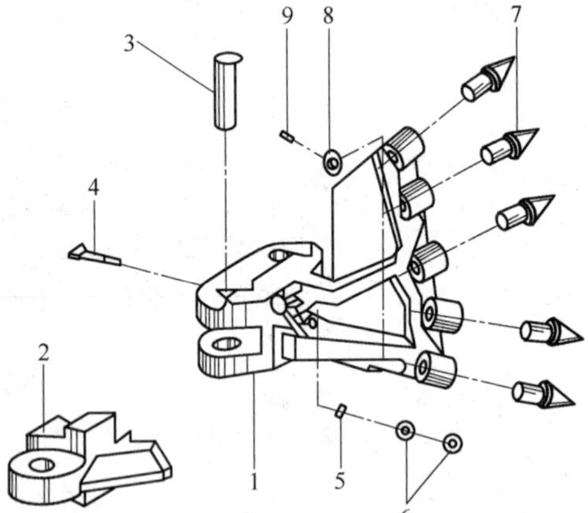

1—扒板；2—中间链节；3—链销轴；4—螺栓；
5—垫圈；6—螺母；7—扒指；8—垫片；9—固定销
图 4.4　挖掘链

(1)提升导槽

提升导槽是链条上升、引导道砟上流的装置，导槽横断面为封闭的矩形结构。导槽底部水平部分由耐磨钢板用螺栓镶嵌在底板上，两侧由钢板和角钢焊接。为了防止尘土飞扬、减少噪声、保障安全，导槽上盖有可开启的厚橡胶板。导槽上段头部有连接法兰盘，下面有导槽支承枢轴座。导槽上段设有用液压油缸操纵的道砟导流闸板，导槽下段装有用液压油缸控制的拢砟板，导槽下段内侧设有安装中间、下导向角滚轮的支座。

①道砟导流闸板总成

道砟导流闸板总成是控制挖掘上来的道砟流向的装置，由安装在提升导槽上段底部的道砟导流闸板、控制液压油缸等组成，如图 4.5 所示。

清筛机作业时，可通过操纵液压油缸使道砟导流闸板相对提升导槽底板导流孔的三个位置来控制道砟流向。如图 4.4(a)中位置Ⅰ，液压油缸活塞杆全部缩回，使导流闸板全部打开提升导槽底板上的导流孔。这时污砟通过提升导槽后由导流孔全部落入落砟斗中，然后再落到主污土输送带上，经由回转污土输送带抛到线路外，实现全抛作业，也即是将挖出的污垢道砟不经筛分全部抛弃。如果需要筛分污垢的道砟，则需操纵液压油缸 3 使活塞杆推出，即导流板关闭通向落砟斗的通道，污砟经提升导槽落到振动筛上。污砟落到振动筛面上的部位，仍靠油缸活塞杆伸出的距离来控制。如图 4.4(b)中位置Ⅱ，液压油缸活塞杆伸出到"Ⅱ"时，污砟大部分落到振动筛面的左部；如图 4.4(c)中位置Ⅲ，液压油缸活塞杆全部伸出到"Ⅲ"时，污砟被抛送到振动筛面的右部。

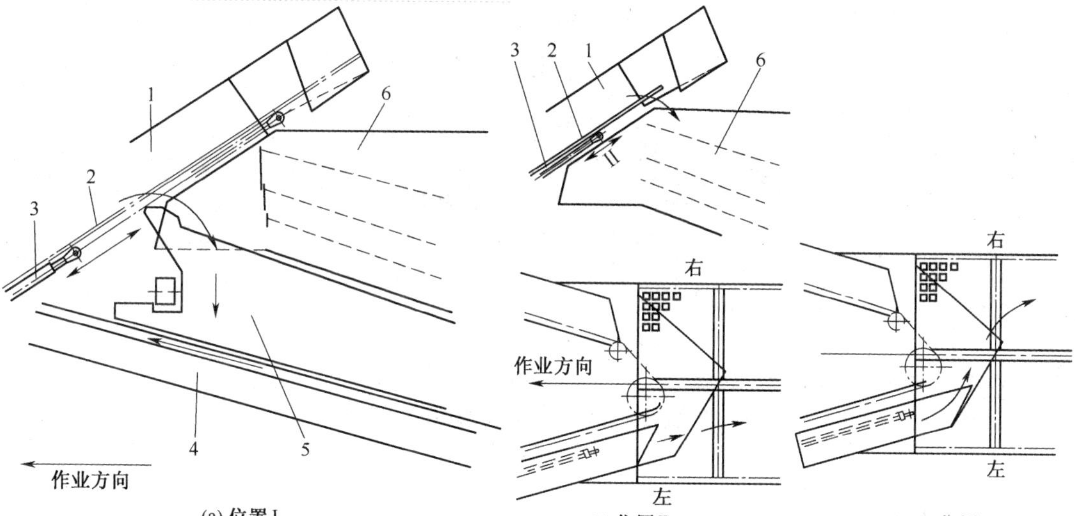

(a) 位置Ⅰ　(b) 位置Ⅱ　(c) 位置Ⅲ

1—提升导槽；2—导流闸板；3—液压油缸；4—主污土输送带；5—落砟斗；6—振动筛

图 4.5　道砟导流闸板总成工作位置

②拢砟板

拢砟板安装在提升导槽下端转角处，它由拢砟板、活页板、液压油缸、链条等组成，如图 4.6 所示。

拢砟板的作用是根据需要调整拢砟板的角度以收拢道床侧边的道砟。

(2)下降导槽

下降导槽 18(参见图 4.1)是挖掘链条下降的导向装置，它的横断面结构与提升导槽基本相同。下降导槽上端头部有导槽支承枢轴座；下段与导槽伸缩段靠两个呈 90°安装的张紧油缸联系在一起，张紧油缸的缸体固定在下降导槽上，活塞杆端固定在导槽伸缩段上，因此，活塞杆的伸缩可带动导槽伸缩段在其下降导槽下端伸缩，行程为 750 mm。由于在导槽伸缩段上设有中间及下角滚轮支座，用于链条滑动和导向，所以导槽伸缩段可调整挖掘链的张紧程度。伸缩段的下端设有防护板，用于保障导槽伸缩段的正常工作。

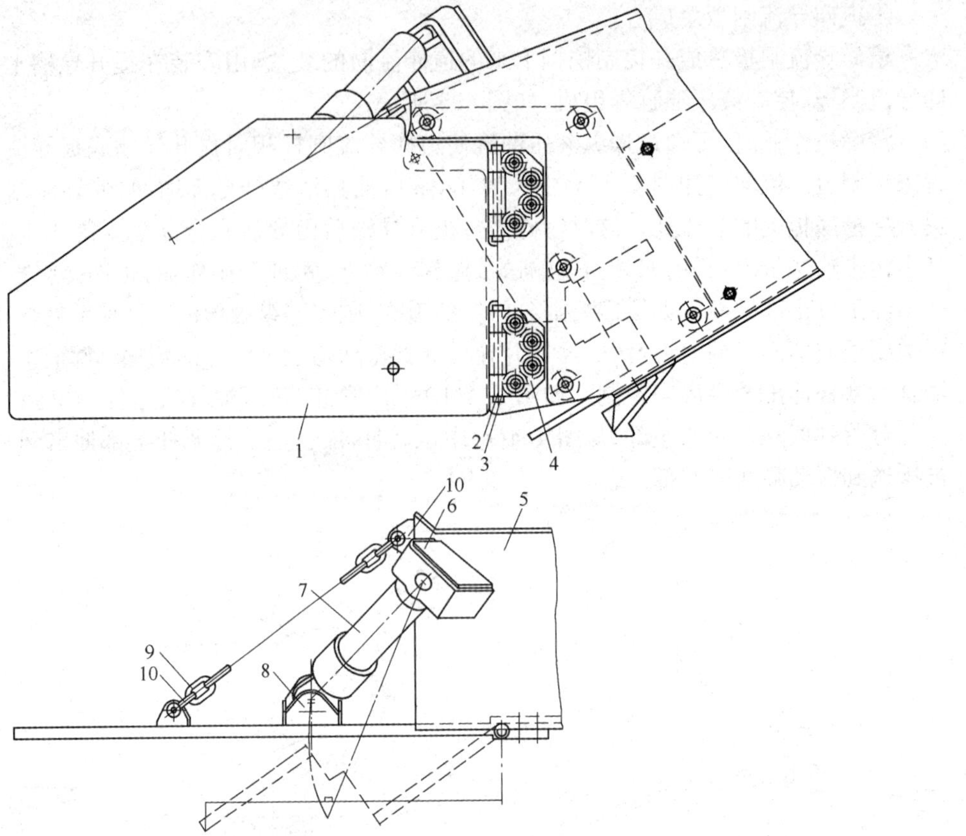

1—挖砟板；2—销轴；3—开口销；4—活页板；5—提升导槽；6—油缸支座；
7—液压油缸；8—活塞杆支座；9—链条；10—链条支座

图 4.6　挖砟板

(3)水平导槽总成

水平导槽总成用于链条水平导向，结构如图 4.7 所示。它由水平导槽、左右弯角导槽、带导向四棱锥体导销的快速连接销等组成。水平导槽与左右弯角导槽用带导向四棱锥体导销、螺栓、锁定板等连接。水平导槽与弯角导槽底板用耐磨钢板制造。

清筛机在新作业区段作业时，首先将水平导槽放置于人工预先挖好的枕下作业槽形坑中，再用快速销(包括带导向四棱锥的导销、锁定板、锁紧垫片、螺钉等)与左、右弯角导槽端部连接。清筛机停止作业时，仍在快速销处拆开水平导槽，并将它放置在轨枕下的道床中。左、右弯角导槽连同提升、下降导槽一起收回到清筛机上，清筛机驶出作业区段。如果下次清筛作业在其他区段进行，则需将水平导槽收回。在连接和拆开水平导槽的过程中可用安装在主梁下(水平导槽位置正上方)的起重设备来帮助调整对位。

标准长度的水平导槽使清筛机具有标准的挖掘宽度，QS-650 型清筛机标准挖掘宽度为 4 030 mm。清筛机还备有水平导槽加长杆，其结构与安装方式均与水平导槽相同，长度一般每根为 500 mm。加装加长杆后，QS-650 型清筛机挖掘宽度可达 5 030 mm。

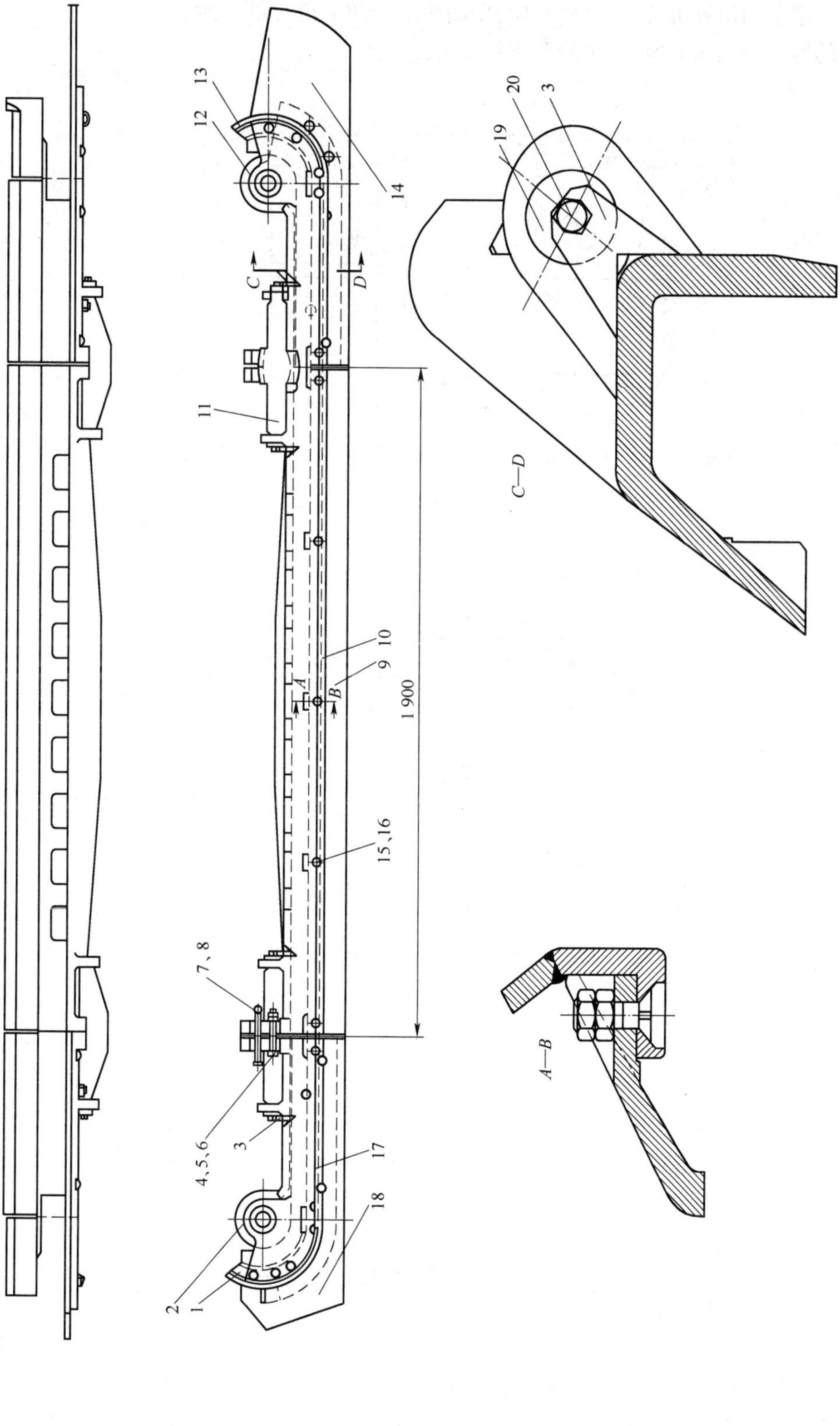

1,13—拱形耐磨板;2,12—左、右弯角导槽;3—锁定板;4,7—螺栓;5,8,16—螺母;6—垫圈;9—水平导槽;
10,17—L 形磨耗板;11—带导向四棱锥体导销;14,18—磨耗板;15,20—螺钉;19—锁定垫片

图 4.7　水平导槽总成

(4)角滚轮

提升导槽与下降导槽上均装有各种形式的角滚轮,其作用是:支承和导向挖掘链条。角滚轮根据其在导槽中的位置可分为:上角滚轮、中间角滚轮和下角滚轮三种。

角滚轮的构造如图 4.8 所示;中间角滚轮如图 4.9 所示。

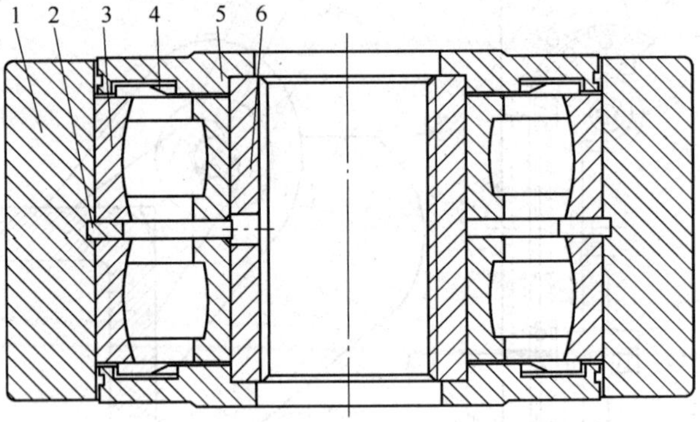

1—角滚轮外圈;2—孔用挡圈;3—轴承;4—密封圈;5—外罩;6—角滚轮内圈

图 4.8　角滚轮

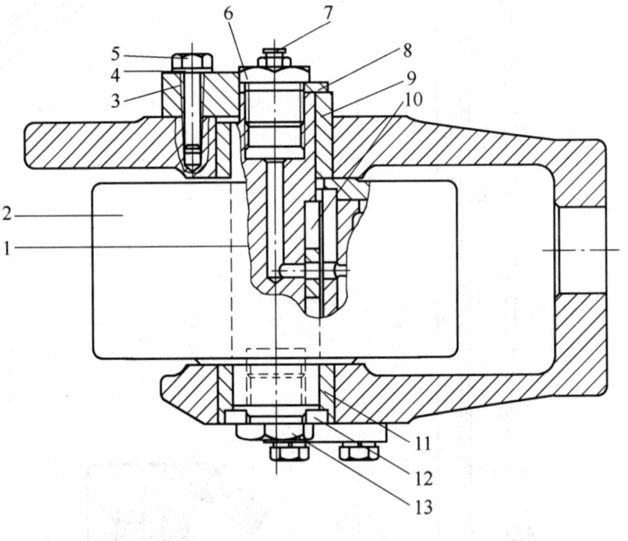

1—轴;2—角滚轮;3—锁定板;4、8—垫圈;5—螺钉;6、13—螺塞;7—油嘴;9、11—轴套;10—键;12—平垫圈

图 4.9　中间角滚轮

角滚轮的工作负荷大,工作条件恶劣,特别是下角滚轮。因此,角滚轮的润滑除日常检查保养外,作业过程中每间隔 30 min 必须加注润滑油脂。角滚轮采用集中润滑的方式,在驾驶室内由操作手完成。

5. 护罩

挖掘装置上部设有护罩,其作用是防止挖掘、输送上来的道砟、污土飞溅、尘埃飞扬,并将预清筛道砟引入振动筛。

护罩分别与提升导槽、下降导槽的顶部及驱动齿轮箱体相连接,由固定部分、活动盖板和液压油缸等组成。护罩固定部分由耐磨钢板、钢板、角钢等焊接制成,其上装有橡胶板和连接法兰等。液压油缸分别与护罩固定部分和活动盖板铰接,操纵油缸使活塞杆缩回,则护罩的活动盖板便打开。

6. 筛分装置结构组成与工作原理

QS-650 型清筛机筛分装置安装在挖掘装置与后司机室之间的车架上，它的下部安装有道砟分配装置、道砟回填输送带和污土输送带等部件。

筛分装置的作用是对从道床上挖掘出来的道砟通过振动进行筛分，将合乎标准粒度的道砟，经道砟回填分配装置回填到道床上，不合乎标准的超粒径石、碎石、砂与污土，由污土输送装置送入污土车或被抛弃到线路限界以外。

QS-650 型清筛机筛分装置的结构组成包括：双轴直线振动筛和振动筛支承，导向、水平调整装置。双轴直线振动筛由筛箱、筒式激振器、筛网、道砟导流装置、溜槽和后箱壁等部件组成。

清筛机的筛分装置采用双轴直线振动筛，其振动激振器的工作原理如图 4.10 所示。两偏心块质量 $m_1=m_2$，其回转时的离心力 $F_1=F_2=F$。当两偏心块作同步反向回转时，在各瞬间位置，离心力沿 K 向（振动方向）的分力总是相互叠加；在与 K 向相垂直的方向上，离心力的分力总是互相抵消。因此，形成单一的沿 K 向的激振力，驱动筛箱作直线振动。

在图 4.10(a)、图 4.10(c) 位置时，激振器产生的离心力相互叠加，激振力为 $2F$；在图 4.10(b)、图 4.10(d) 位置时，激振器产生的离心力完全抵消，激振力为零。

由于激振器与筛面呈 45°倾角，所以筛箱的振动方向角（振动方向线与水平面的夹角）也是 45°。筛网上的道砟受振动后，小于筛孔孔径的碎砟、砂及污土透过筛孔，从而完成筛分工作。

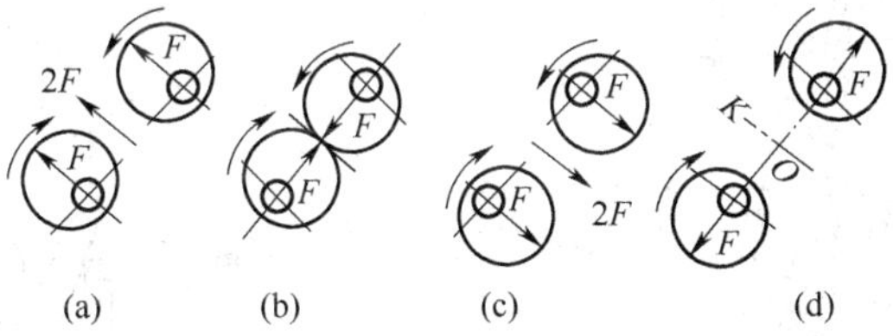

图 4.10　双轴直线振动筛激振器工作原理

7. 筛箱

筒形直线振动筛筛箱的结构如图 4.11 所示，由左、右两侧箱板，纵梁，横梁及槽板等结构件组成。

筛箱左、右两侧板上方用螺栓固定着筒式激振器，筒体相当振动筛箱的主横梁。左、右两侧箱板外，用螺栓组装着两根槽形水平左、右纵梁 5、6，纵梁两端设有可调心轴座 1，靠减振弹簧 2 支承在支承弹簧座 22 上。减振弹簧 2 可吸收振动筛的激振力，对机体起到隔振作用。筛箱两侧板间有 3 层靠横梁、筛网支承梁构成的筛网支承架。筛网压板 26、张紧螺杆 25、螺帽罩 27 及螺母 28 紧固在侧板与支架上，再用防松螺栓固定在横梁和支承梁上。在下层筛网支承架下，装有托架 19 和槽板 20，它们将筛下的污物全部导流到主污土输送带的进料端。

为增加振动筛的强度，筛箱上用防松螺栓固定有加强钢板、角钢等构件。为保护环境、减少污染，振动筛上还装有防尘、隔振和降低噪声的橡胶垫板等。

8. 筒式激振器

筒式激振器构造如图 4.12 所示，它由液压马达、齿式联轴器、偏心轴、传动齿轮、支承轴承和筒体等组成。

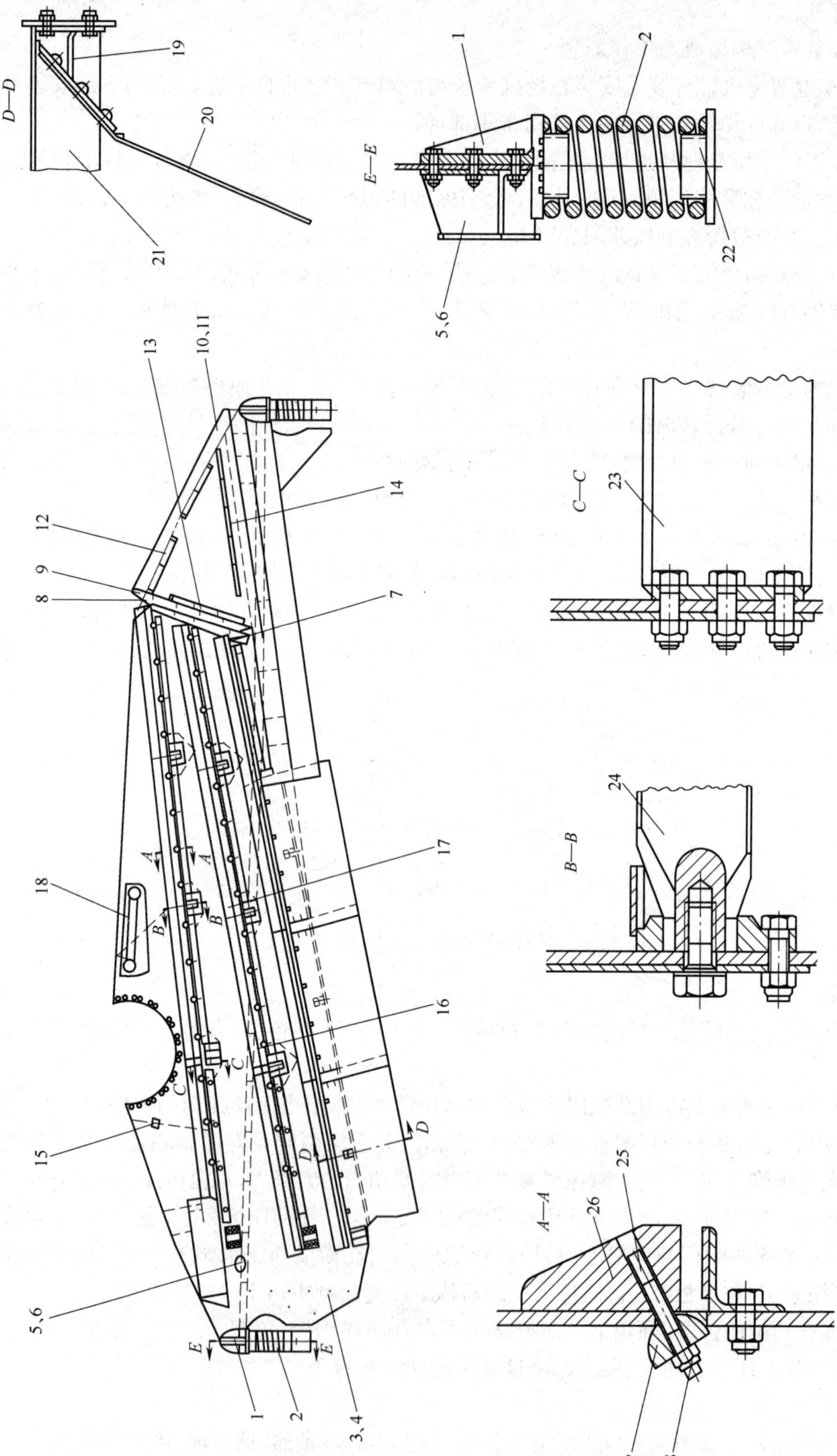

1—可调心轴座；2—弹簧；3、4—左、右侧箱板；5、6—左、右纵梁；7—前箱板；8—角钢；9、12、13、14—压板；10、11—橡胶板；15—防护板；16、17—加强板；18—撑杆；19—托架；20—槽板；21、23、24—横梁；22—支承弹簧座；25—张紧螺杆；26—筛网压板；27—螺帽罩；28—螺母

图 4.11 筒形直线振动筛筛箱

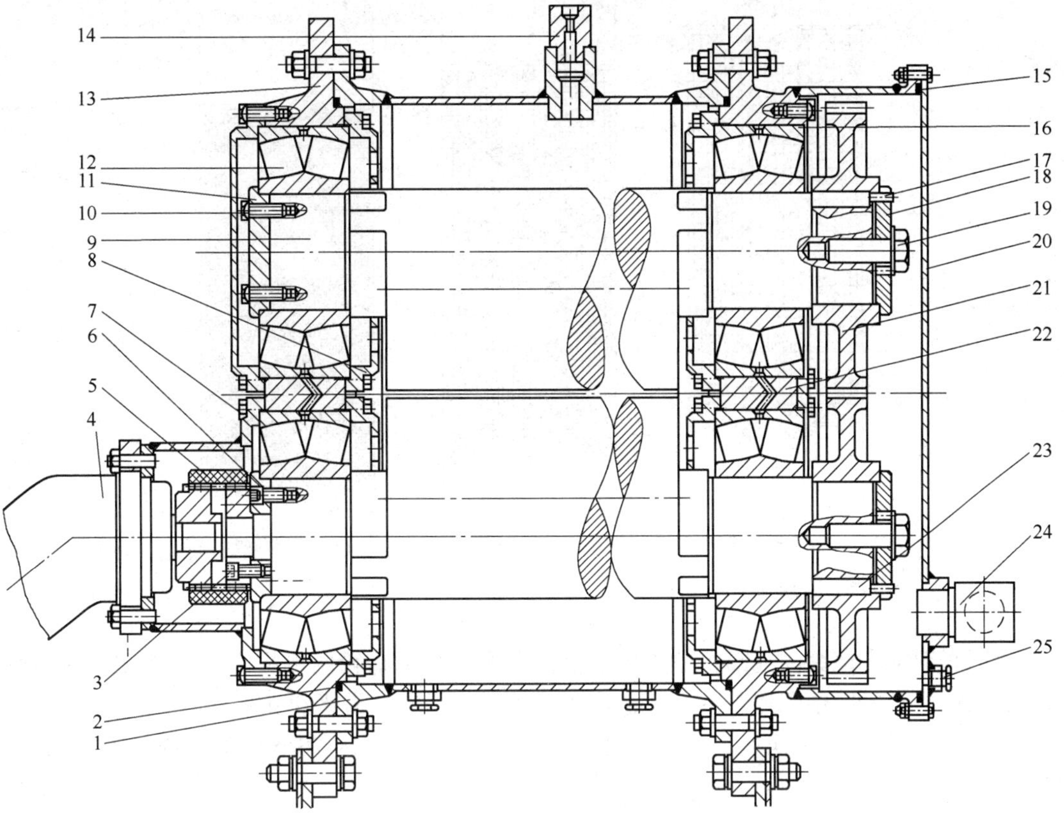

1—筒体;2、15—O形密封圈;3、10、19—螺钉;4—液压马达;5—齿式联轴器;6—传动压板;7、16—连接凸缘;8—轴承内盖;9—偏心轴;11、18—压板;12—轴承;13、22—轴承座板;14—通气器;17—销;20—齿轮箱盖;21—齿轮;23—键;24—油管接头;25—螺塞

图4.12　筒式激振器

筒式激振器的两根长偏心轴9各靠一对双列调心滚子轴承12支承在轴承座板13、22上。轴承座板(也就是筒体两端盖)用螺栓固定在筒体1上。因此,偏心轴可以在筒内自由转动。两根偏心轴9间用一对外啮合齿轮21来传递动力。

当液压马达运转时,动力经齿式联轴器5、传动压板6和齿轮21,使两偏心轴9做同步、反向回转。此时,两偏心轴产生的激振力,通过筒体1、轴承座板、连接螺栓直接作用到筛箱上,使整个筛子产生惯性直线振动。

筒式激振器采用强制润滑,它靠自身润滑系统的润滑油润滑其轴承、齿轮等运动部件。润滑油通过油管接头24和一个25 L的油箱进行循环冷却。

QS-650型清筛机的筒式激振器采用长型偏心轴,其优点是:高度小,振动筛不必另设横梁,故筛箱重量轻,激振力沿整个筛宽均匀分布,安装精度容易保证。

9.筛网

筛网是振动筛的主要工作构件。对筛网的基本要求是:强度足够,有效面积大,筛孔不易堵塞,道砟运动时与筛孔相遇的概率高,维修、保养及更换方便。

QS-650型清筛机振动筛采用三层筛网,如图4.13所示。该筛网突出的优点是开孔率高,可达总筛网面积的70%,筛孔是方孔。为减少道砟沿筛面的运动阻力,筛网采用波纹状钢丝编织而成。钢丝截面为梯形,可有效防止堵砟。

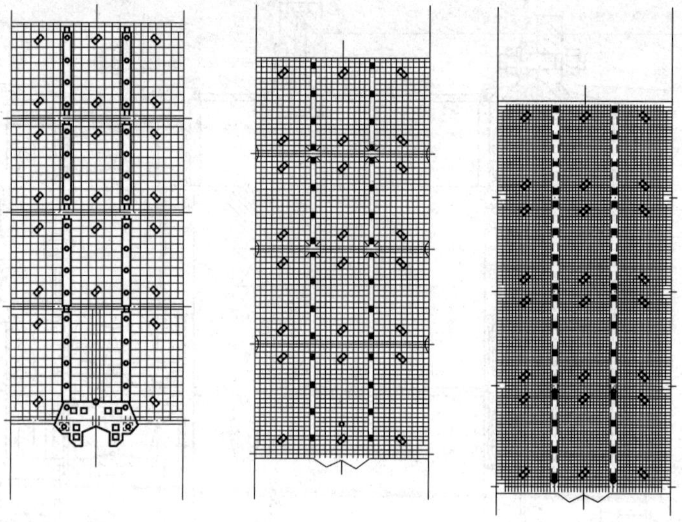

(a) 上层筛网　(b) 中层筛网　(c) 下层筛网

图 4.13　筛网

筛网必须牢牢地紧固在筛箱的支承架上。它除了利用筛箱两侧板上的特殊压板、张紧螺杆、螺帽罩等压紧外，中间还有许多压盘与压板用螺栓固定在横梁和支承梁上。

QS-650 型清筛机振动筛三层筛网网孔的尺寸适合粒径 20～70 mm 的道砟。筛网网孔尺寸如下：

上层筛网网孔尺寸(mm)　　85×85/76×76

中层筛网网孔尺寸(mm)　　55×55/45×45

下层筛网网孔尺寸(mm)　　30×30/25×25

三层筛网的总面积大约为 25 m^2。

10.道砟导流构件与装置

振动筛设有斜槽、后箱壁、超粒度道砟导板和道砟导向装置等引导道砟流向的构件与装置。

(1)斜槽与后箱壁

斜槽固定在后箱壁中间。后箱壁紧固在筛箱后部左、右两侧箱板之间。斜槽和后箱壁均由钢板弯曲而成，其上通过钢板、压板用螺栓固定着橡胶垫板、耐磨钢板等。斜槽与后箱壁安装后围成的孔是上层筛网超粒径道砟流动的通道。斜槽表面与后箱壁两侧，可将中、下层筛网上的道砟导流落到左、右道砟回填装置内。

(2)超粒径道砟导板

超粒径道砟导板安装在上层筛网后部，三块导板固定安装成漏斗状。当污砟中有超出标准粒径的石块、砖头等杂物时，高出上层筛网筛面的超粒径道砟导板将它们导流落入斜槽与后箱壁围成的通道内，然后落到主污土输送带上，再经由回转污土输送带弃掉。

(3)道砟导向装置

道砟导向装置在振动筛各层筛网筛面的后部，如图 4.14 所示。道砟导向装置由中、下层道砟导向板、轴、液压油缸、连杆及转臂等零部件组成。液压油缸、轴等安装在振动筛筛箱侧壁 8、横梁支座 9 的横梁 1 上。油缸的活塞杆通过连杆 6、转臂 5 带动轴 2 转动，从而使固定在轴 2 上的中、下层道砟导向板可以转动。

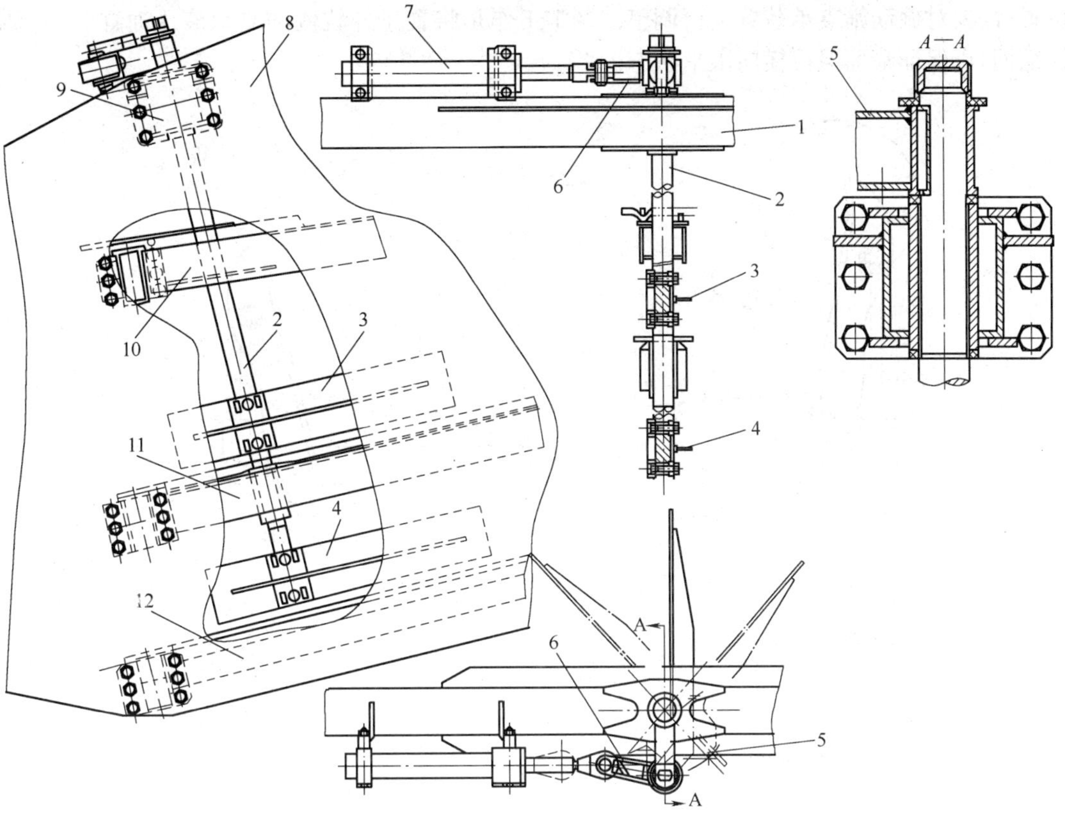

1—横梁；2—轴；3—中层道砟导向板；4—下层道砟导向板；5—转臂；6—连杆；7—液压油缸；8—筛箱侧壁；9—横梁支座；10—上层筛网支架；11　中层筛网支架；12—下层筛网支架

图 4.14　道砟导向装置

道砟导向板在中间位置时，液压油缸 7 的活塞杆伸出其行程的一半，中、下层道砟导向板 3、4 处于与筛箱纵向相平行的状态，这时，在中、下层筛网上流动的道砟被导向板均匀地分流到筛箱的左、右两侧。如果需要调整流向左、右两侧道砟的流量，则操纵液压油缸使活塞杆伸出或缩回，通过连杆、转臂使轴转动一个角度，从而带动中、下层道砟导向板向左或向右也转动一个角度(最大 45°)。

11. 振动筛支承、导向及调整装置

振动筛支承、导向及调整装置的作用是：

①支承振动筛，将筛机上的作用力传递到机架主梁上。

②在曲线地段作业时，使筛面始终保持横向水平位置。

③振动筛工作时，为筛箱的运动导向。

④当振动筛停止工作时，导向装置可使振动筛尽快越过共振区。

振动筛支承、导向与调整装置的构造如图 4.15 所示，它由两根纵向管梁、振动筛支架、导向板、橡胶垫板和两组液压油缸等零部件组成。振动筛支承在振动筛支架 10 的弹簧座上(参见图 4.11)。导向装置由导向板 1 和橡胶垫板 2 组成。

振动筛工作时，筛箱沿导向板上下作直线振动，其激振力通过弹簧减振后传递到振动筛支架 10 的弹簧座上，然后再经振动筛支架 10 两端的液压油缸 8 传到机架上。

清筛机在曲线地段作业时，外轨超高使机器产生倾斜。为了保证振动筛筛面横向的水平位置，需要对振动筛支承装置进行调整。调整工作是将置于外轨侧的支承液压油缸 8 的活塞杆缩回，以保证筛面保持横向水平状态。

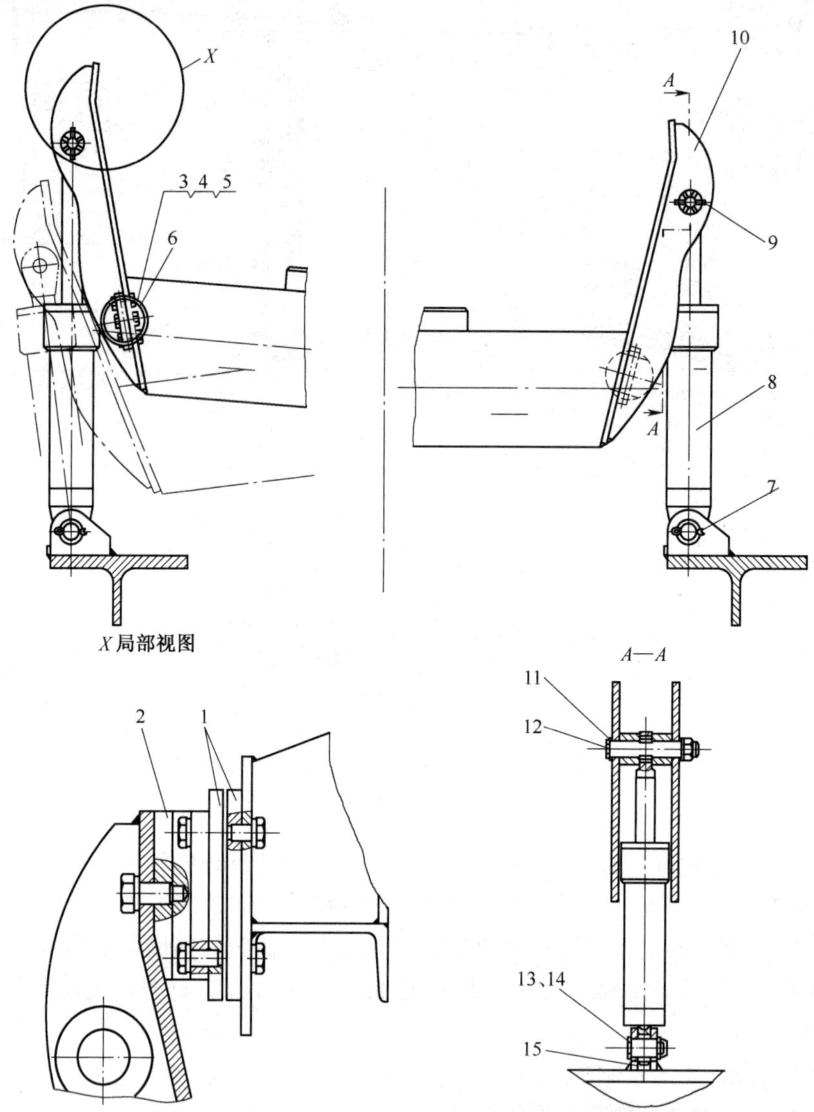

1—导向板；2—橡胶垫板；3、14—垫圈；4—螺栓；5、9—螺母；6—纵向管梁；7—开口销；8—液压油缸；10—振动筛支架；11—销轴套；12、13—销轴；15—支座

图 4.15　振动筛支承、导向及调整装置

12. 挖掘链驱动液压回路

清筛机挖掘链驱动液压回路如图 4.16 所示。变量马达 2 带动挖掘装置回转，变量马达 2 由定量泵 1、变量泵 8 驱动，实现挖掘链四种挖掘速度；其中变量马达 2 的型号为 A6VM250，最大排量为 250 mL/r，最小排量为 72.1 mL/r；额定压力及最高压力分别为 35 MPa、40 MPa。定量泵 1 型号为 A2FO250 型，排量为 250 mL/r。变量泵 8 型号为 A7V080 型，最大排量为 80 mL/r，最小排量为 23.1 mL/r。

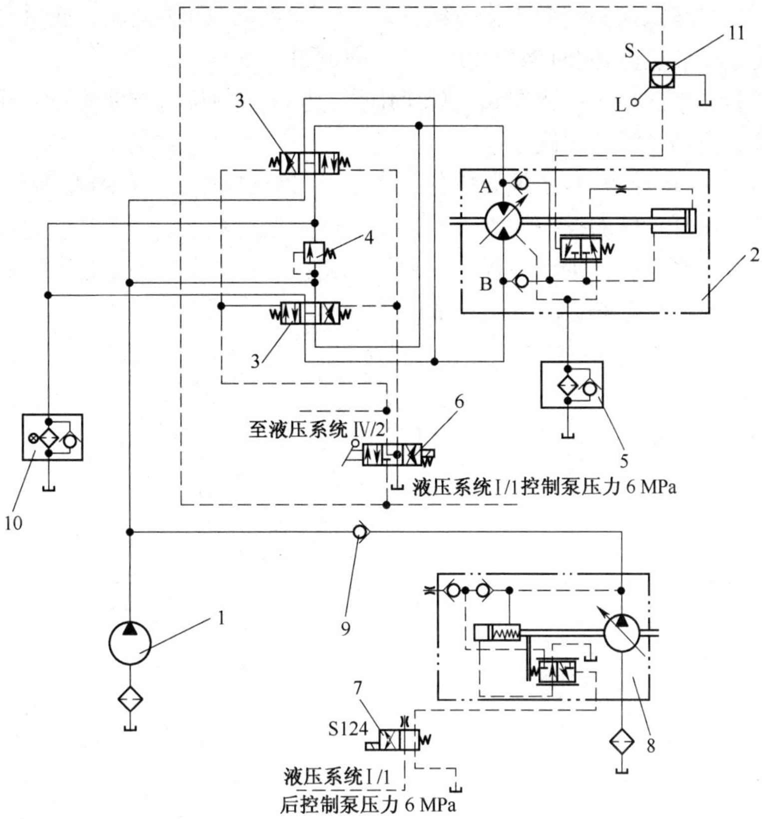

1—定量泵；2—变量马达；3—液动换向阀；4—安全阀；5、10—滤油器；
6—手动换向阀；7—电磁换向阀；8—变量泵；9—单向阀；11—手动三通阀

图 4.16　挖掘链驱动液压回路

第一种速度：定量泵 1 和驱动变量马达 2 最大排量时，即泵排量为(250＋23.1)mL/r、马达排量为 250 mL/r 时，为低速，链条线速度 2.0 m/s。

第二种速度：定量泵 1 加变量泵 8 最大排量，同时驱动变量马达 2 最大排量时，即量时泵 1 加变量泵 8 的排量为(250＋80) mL/r、马达排量为 250 mL/r 时，为中低速，链条线速度 2.6 m/s。

第三种速度：定量泵 1 驱动变量马达 2 最小排量时，即泵排量为(250＋23.1) mL/ r、马达排量为 72.1 mL/r 时，为中高速，链条线速度 2.8 m/s。

第四种速度：定量泵 1 与变量泵 8 最大排量合流驱动变量马达 2 最小排量时，即定量泵 1 与变量泵 8 的排量为(250＋80) mL/r、马达排量为 72.1 mL/r 时，为高速，链条线速度 3.6 m/s。

变量马达 2 由手动三通阀 11 的手柄操作控制变量，手动三通阀 11 的手柄在关闭位(L 位)时，变量马达 2 的变量伺服阀左端通油箱，其轴的倾角最大，排量最大；手动三通阀 11 的手柄置于打开位(S 位)时，控制泵的控制压力油作用在变量马达 2 的变量伺服左端，排量减小。变量泵 8 由电磁换向阀 7 控制变量。电磁换向阀 7 得电，控制压力油作用于变量泵 8 变量机构的伺服阀右端，使变量泵 8 的排量增大。

换向手柄操纵手动换向阀 6，控制变量马达 2 正反旋转。手动换向阀 6 左位时，控制压力油经其左位作用于液动换向阀 3 左端，液动换向阀 3 处于左位。系统的主油路如下。

进油：定量泵 1、变量泵 8→液动换向阀 3 左位→变量马达 2 油口 A；

回油：变量马达 2 油口 B→液动换向阀 3 左位→滤油器 10→油箱。

变量马达正向旋转,挖掘链向工作方向运转。手动换向阀 6 右位时,变量马达反转,挖掘链反向运转,便于安装扒链,同时遇障碍时,可反向倒退。

手动换向阀 6 中位时,液动换向阀 3 处于中位,其 H 型中位机能使液压泵卸荷。

13. 挖掘链导槽调整液压回路

挖掘链安装于挖掘导槽内,挖掘导槽分下降导槽、提升导槽。下降导槽侧挖掘链下降到轨下准备挖掘工作:提升导槽侧挖掘链携带挖掘的污砟到振动筛上。图 4.17 为挖掘链提升导槽液压回路,图中液压缸 7、8 分别调整提升导槽挖掘链的水平位置、垂直深度,手动多路换向阀 11 用于操纵提升导槽垂直深度、水平位置的调整。

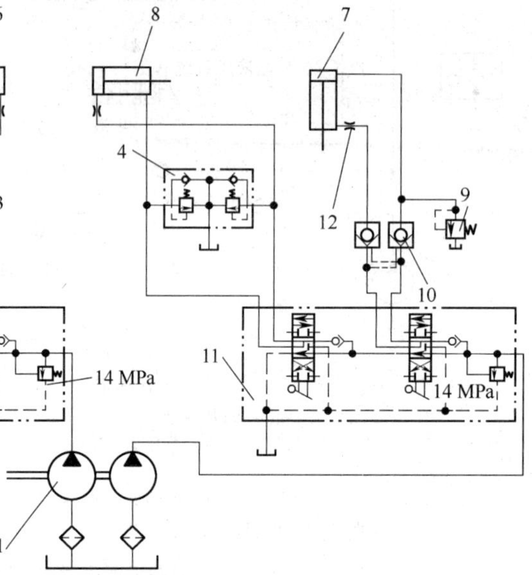

1—双联泵;2、11—手动多路换向阀;3、10—液压锁;
4—双单向安全阀;5、6、7、8—液压缸;9—溢流阀;12—固定节流阀

图 4.17　挖掘链提升导槽液压回路

(1)提升导槽水平位置的调整

手动多路换向阀 11 的前序联控制挖掘链导槽的垂直深度调整,后序联控制导槽的水平位置调整。水平调整导槽时,扳动手动多路换向阀 11 后序联手柄到下位,液压缸 8 活塞杆收回,挖掘链向左移动。

进油:双联泵 1→手动多路换向阀 11 前序联中位→手动多路换向阀 11 后序联下位→水平调整液压缸 8 有杆腔;

回油:液压缸 8 无杆腔→固定节流阀 12→手动多路换向阀 11 后序联下位→油箱。

手动多路换向阀 11 后序联手柄工作在上位时,液压缸 8 的活塞杆伸出,挖掘链向右移动。

进油:双联泵 1→手动多路换向阀 11 前序联中位→手动多路换向阀 11 后序联上位→固定节流阀 12→液压缸 8 有杆腔;

回油:液压缸 8 有杆腔→手动多路换向阀 11 后序联上位→油箱。

提升导槽因带有载荷,挖掘链工作时,若外负载突然增大,提升导槽内挖掘链阻力增大,就有一力作用于液压缸 8 的活塞杆。当液压缸 8 活塞杆的负载拉力大于安全阀 4 的调定压力 10 MPa时,有(无)杆腔端的安全阀打开溢流,无(有)杆腔端经过单向阀从油箱中吸油填充,防止液压缸 8 憋缸。所以在提升导槽水平调整液压缸 8 两端,安装双单向安全阀而不是液压锁。

(2)提升导槽垂直深度的调整

调整导槽垂直深度时,扳动手动多路换向阀 11 前序联手柄,使其工作在下位,垂直调整液压缸 7 的活塞杆收回。这时无论多路换向阀 11 后序联在哪一工作位,水平调整液压缸 8 均不能工作。

进油:双联泵 1→手动多路换向阀 11 前序联下位→液压锁 10→固定节流阀 12→液压缸 7 有杆腔;

回油:液压缸 7 无杆腔→液压锁 10→手动多路换向阀 11 前序联下位→油箱;

手动多路换向阀 11 前序联工作在上位时,液压缸 7 活塞杆伸出;

进油:双联泵 1→手动多路换向阀 11 前序联上位→液压锁 10→液压缸 7 无杆腔;

回油:液压缸 7 有杆腔→固定节流阀 12→液压锁 10→手动多路换向阀 11 前序联上位→油箱。

溢流阀 9 在此处起安全保护作用,限制液压缸 7 活塞杆往外伸出的压力,即限制右挖掘链向深处调整时的压力不超过 8 MPa,以免损坏挖掘链。手动节流阀 12 的作用是使液压缸的运动平稳,减小冲击。手动多路换向阀 11 为串并联连接,前序联工作时,后序联控制的执行元件(此处为液压缸)不能工作。手动多路换向阀 11 中位时,液压泵卸荷。

14. 挖掘链及回转污土输送带安装调整液压回路

挖掘链及回转污土输送带安装调整液压回路如图 4.18 所示。二位四通换向阀 2 电磁铁 S143 的得电或失电控制着回转污土输送带支承液压缸 26、回转污土输送带回转齿轮液压缸 29 与三联泵 1 的连通或断开;控制挖掘链张紧液压缸 13,提升机液压缸 14,左、右起吊机液压缸 17,举升器液压缸 21,拢砟板液压缸 24 与三联泵 1 的断开或连通。

当电磁铁 S143 失电(图示位置)时,回转污土输送带支承液压缸 26、回转污土输送带回转齿轮液压缸 29,由于没有压力油输入而不能动作。操作各多路换向阀的手柄,就可使相应的液压缸动作。因多路换向阀为串并联连接,所以不能同时操作两个以上的多路换向阀手柄。

(1)挖掘链控制

扳动手动多路换向阀 11 手柄,置上位,油路如下。

进油:三联泵 1→二位四通电磁换向阀 2 右位→手动多路换向阀 11 上位→液压锁 12→挖掘链张紧液压缸 13 的无杆腔;

回油:挖掘链张紧液压缸 13 的有杆腔→液压锁 12→手动多路换向阀 11 上位→油箱。此时,挖掘链张紧液压缸 13 的活塞杆伸出,挖掘链张紧。

手动多路换向阀 11 工作在下位时,油路如下。

进油:三联泵 1→二位四通电磁换向阀 2 右位→手动多路换向阀 11 下位→液压锁 12→挖掘链张紧液压缸 13 有杆腔;

回油:挖掘链张紧液压缸 13 无杆腔→液压锁 12→手动多路换向阀 11 下位→油箱。此时,挖掘链张紧液压缸 13 活塞杆收回,挖掘链松弛。

提升机液压缸 14,左、右起吊机液压缸 17,举升器液压缸 21,拢砟板液压缸 24 的工作原理同上,不再赘述。

(2)回转污土输送带控制

二位四通电磁换向阀 2 得电,手动多路换向阀控制的各液压缸均因无压力油输入而不能动作。回转污土输送带支承液压缸 26 和回转污土输送带回转齿轮液压缸 29 由三位四通电磁换向阀 4、5 控制动作方向。

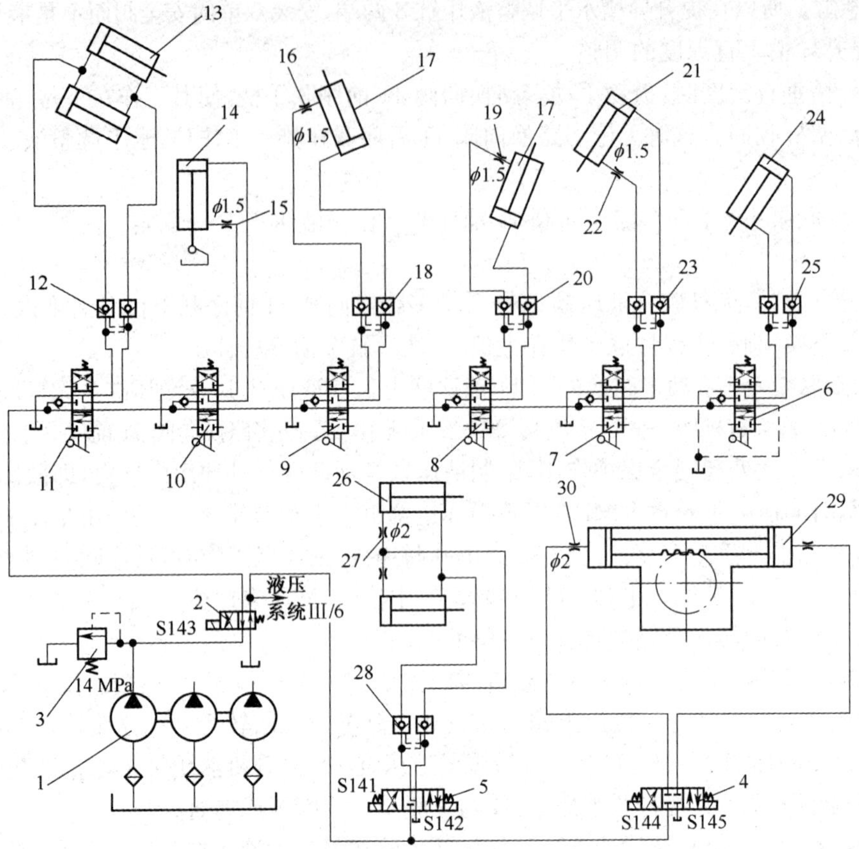

1—三联泵；2—二位四通电磁换向阀；3—溢流阀；4、5—三位四通电磁换向阀；6、7、8、9、10、11—手动多路换向阀；
12、18、20、23、25、28—液压锁；13—挖掘链张紧液压缸；14—提升机液压缸；15、16、19、22、27、30—节流阀；
17—左、右起吊机液压缸；21—举升器液压缸；24—拢砟板液压缸；
26—回转污土输送带支承液压缸；29—回转污土输送带回转齿轮液压缸

图 4.18　挖掘链及回转污土输送带安装调整液压回路

电磁铁 S141 得电，三位四通电磁换向阀 5 工作在左位，回转污土输送带支承液压缸 26 动作，油路如下。

进油：三联泵 1→二位四通电磁换向阀 2 左位→三位四通电磁换向阀 5 左位→液压锁 28→节流阀 27→液压缸 26 无杆腔；

回油：回转污土输送带支承液压缸 26 有杆腔→液压锁 28→三位四通电磁换向阀 5 左位→油箱。此时，液压缸 26 活塞杆伸出，回转污土输送带支起伸出。

同理，电磁铁 S142 得电、S141 失电时，液压缸 26 活塞杆内收，回转污土输送带放下收回。

三位四通电磁换向阀 4 控制回转污土输送带的回转动作及方向。可以分析，电磁铁 S144 得电时，回转污土输送带在回转污土输送带回转齿轮液压缸 29 带动下逆时针方向回转；电磁铁 S145 得电时，回转污土输送带在回转污土输送带回转齿轮液压缸 29 带动下顺时针回转。

15. 振动筛驱动液压系统

振动筛驱动液压系统如图 4.19 所示，此系统为开式回路。A7V055HD 型斜轴式变量柱塞泵 1 向系统提供压力油，其最大排量为 54.8 mL/r，最小排量为 15.8 mL/r；振动筛驱动马达 2，为 A2FM63 型斜轴式定量马达。

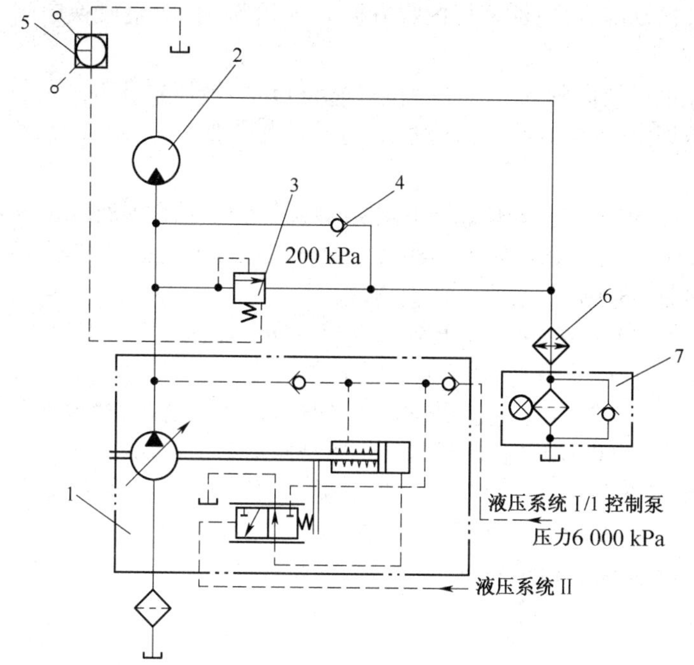

1—变量泵；2—振动筛驱动马达；3—溢流阀；4—单向阀；5—手动三通阀；6—冷却器；7—滤油器

图 4.19　振动筛驱动液压回路

手动三通阀5控制着系统的工作与卸荷。手动三通阀5手柄置于上位(图示位置)时，先导式溢流阀3外控口经手动三通阀5与油箱连通，系统卸荷，振动筛不能工作。手动三通阀5手柄置于下位时，三通阀关闭，溢流阀3外控口不通，泵不卸荷，其输出的压力油驱动振动筛马达旋转。

振动筛的最大振动频率为19 Hz，最小振动频率为12 Hz，其振动频率的大小与挖掘链工作情况有关。挖掘链工作时，控制液压泵的控制压力油经"挖掘链驱动液压系统"作用在变量泵1的变量机构，使泵的倾角增大，排量增大，输送到振动筛驱动马达2的排量随之增大，振动筛驱动马达2的转速加快，振动筛的振动频率达19 Hz；挖掘链不工作或反向时，变量泵1的变量机构无控制压力油输入，变量泵1的轴倾角减小，输出排量减小，输送到振动筛驱动马达2的排量减小，振动筛驱动马达2的转速减慢，振动筛的振动频率下降为12 Hz。

单向阀4的作用类似补油阀。当变量泵1停止供油后，振动筛驱动马达2由于惯性的作用仍在旋转，此时振动筛驱动马达2就相当于液压泵的工况，振动筛驱动马达2的回油经单向阀4，进入马达2形成一闭式回路，避免了振动筛驱动马达2的吸空现象。

16. 振动筛调平装置、道砟导向、护罩控制、后拨道装置液压系统

振动筛调平装置、道砟导向、护罩控制、后拨道装置液压系统，如图4.20所示。在此系统中，二位四通电磁换向阀2控制着系统工作与卸荷。当电磁铁S160得电时，液压泵1输出的压力油通过三位四通电磁换向阀3、8、9、10、15的电磁铁控制进入各液压缸。

当电磁铁S150得电，三位四通电磁换向阀3工作在左位，振动筛水平调节液压缸4动作，油路如下。

进油：液压泵1→二位四通电磁换向阀2左位→三位四通电磁换向阀3左位→振动筛液压缸4上两缸有杆腔，下两缸无杆腔。

回油：液压缸上两缸无杆腔，下面两缸的有杆腔→三位四通电磁换向阀3左位→二位四通电磁换向阀2左位→滤油器16→油箱。

活塞杆伸出方振动筛升高；活塞杆内收方振动筛下降。操纵电磁换向阀 3，就可以调节振动筛的水平位置。

由于三位四通电磁换向阀 3、8、9 的中位机能为 O 形，液压缸 4、5、6 的锁紧通过中位机能实现。护罩控制液压缸 7 和后拨道液压缸 17 的锁紧通过液压锁 12、13 实现，后者的保压锁紧效果更可靠些。

电磁铁 S99 得电，S100 失电，三位四通电磁换向阀 15 左位，后拨道液压缸 17 动作，油路如下。

进油：液压泵 1→二位四通电磁换向阀 2 左位→三位四通电磁换向阀 15 左位→单向节流阀右单向阀→液压锁 13→后拨道液压缸 17 右腔。

回油：后拨道液压缸 17 左腔→液压锁 13→双单向节流阀 14 左单向阀→二位四通电磁换向阀 2 左位→滤油器 16→油箱。

后拨道液压缸 17 向左运动。电磁铁 S100 得电，S99 失电，后拨道液压缸 17 向右移动。后拨道液压缸 17 两端均装有单向节流阀，其作用是使运动平稳，减轻冲击。

溢流阀 11 调定系统的压力为 14 000 kPa。滤油器 16 并接一单向阀、污染报警装置。滤网脏了堵塞后，可经单向阀回油并报警，此系统为开式系统。

二位四通电磁换向阀 2 电磁铁 S160 失电，二位四通电磁换向阀 2 右位（图 4.20 所示位置），液压泵 1 经二位四通电磁换向阀 2 右位通油箱，系统卸荷。

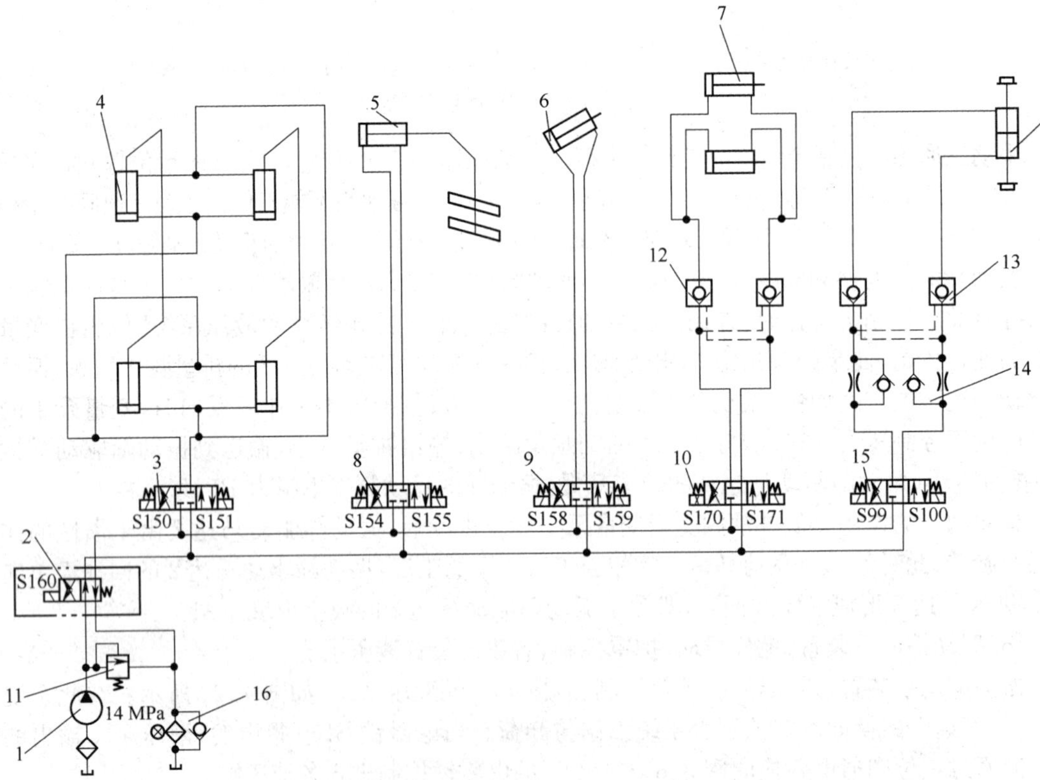

1—液压泵；2—二位四通电磁换向阀；3、8、9、10、15—三位四通电磁换向阀；
4—振动筛水平调节液压缸；5—道砟导向板液压缸；6—道砟导流闸板液压缸；7—护罩控制液压缸；
11—溢流阀；12、13—液压锁；14—双单向节流阀；16—滤油器；17—后拨道液压缸

图 4.20　振动筛调平装置、道砟导向、护罩控制、后拨道装置液压系统图

17. 振动筛装置控制电路

液压作业控制电路由起拨道装置电路、起道夹钳装置电路、道砟回填装置电路、回转污土

输送带装置电路、振动筛装置电路、辅助装置电路组成，共有 36 个电磁阀，其编号和作用明细项目 2 中已表述。

振动筛装置控制电路由振动筛水平调整电磁阀、振动筛道砟导向板调整电磁阀和开关组成。

(1)振动筛水平调整电磁阀动作过程

电磁阀 s150 和 s151 是三位四通阀，是调整振动筛水平位置的。开关 b613、b614、b615、b619、b620 分别安装在开关配电箱 U74、U75、U169、U130、U129 内，如图 4.21 所示。

以 b613 为例说明其控制作用(其余开关作用相同)。开关 b613 为三挡位的旋钮开关。当开关置于中间“0”挡时，电磁阀 s150、s151 都不动作。开关置于左边“ ↑ ”挡时(按视图方向)，右边的触点 3 和 4 闭合(在 48 号线上)。电磁阀 s151 通电动作，通过二极管 n461，使电磁阀 s160 通电动作，振动筛向上调整水平位置。当开关置于右边“ ↓ ”挡时，左边触点 3 和 4 闭合(在 47 号线上)，电磁阀 s150 通电动作，通过二极管 n460，使电磁阀 s160 得电动作，振动筛向下调整水平位置。

(2)振动筛道砟导向板电磁阀动作过程

电磁阀 s154、s155 是三位四通阀，是使振动筛在回填道砟时，导向板向左右调整位置的。开关 b616 安装在开关配电箱 U169 内，如图 4.22 所示。当开关 b161 置于中间“0”挡时，其触点均不闭合，电磁阀 s154、s155 不通电。当开关置于左边“←”挡时，右边的触点 3 和 4 闭合(在 46 号线上)，电磁阀 s155 通电动作，通过二极管 n463，电磁阀 s160 通电动作，使导向板向左调整。当开关置于右边“→”挡时，左边的触点 3 和 4 闭合(在 45 号线上)。电磁阀 s154 通电动作，通过二极管 n462，电磁阀 5160 通电动作，使导向板向左调整。

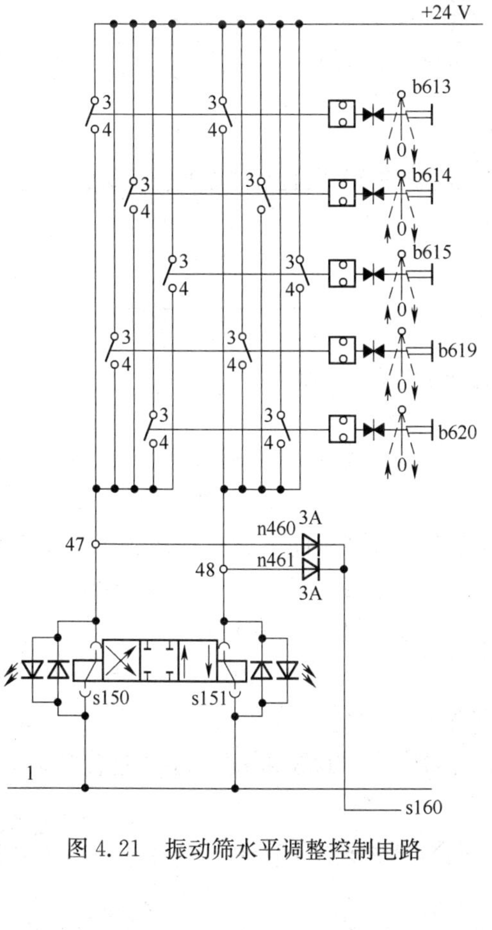

图 4.21 振动筛水平调整控制电路

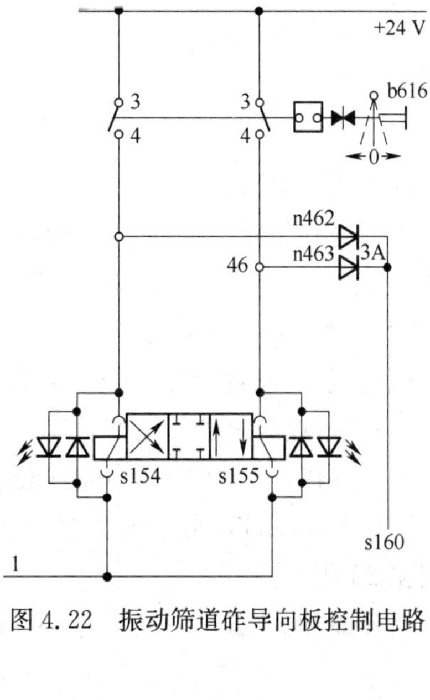

图 4.22 振动筛道砟导向板控制电路

18. 辅助装置控制电路

辅助装置控制电路由道砟导流闸板调整电磁阀、护罩控制电磁阀、变量泵控制电磁阀、回油分配控制电磁阀和开关组成。

(1)道砟导流闸板电磁阀动作过程

电磁阀 s158、s159 是二位四通阀，是调整道砟导流闸板向上打开和向下关闭位置用的。

开关 b617、b621、b622、b632、b633 分别安装在配电箱 U169、U130、U129、U74、U75 中，如图 4.23 所示。

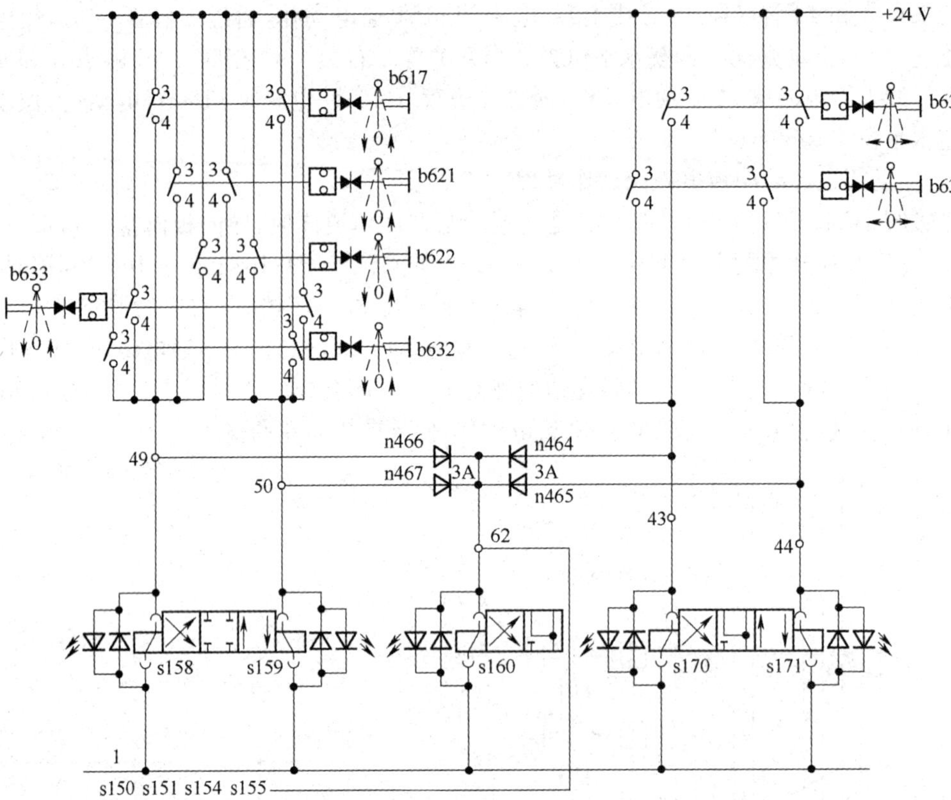

图 4.23　道砟导流闸板和护罩控制电路

b617 是三挡位旋钮开关，当开关置于中间“0”挡时，其触点都不闭合，电磁阀 s158、s159 不动作。当开关置于左边“↓”挡时，右边的触点 3 和 4 闭合(在 50 号线上)，电磁阀 s159 通电动作。通过二极管 n467，电磁阀 s160 通电动作，道砟导流闸板向下调整动作。当开关置于右边“↑”挡时，其左边的触点 3 和 4 闭合，电磁阀 s158 通电动作，通过二极管 n466，使电磁阀 s160 通电动作，道砟导流闸板向上调整；其余开关的作用与 b617 相同。

(2)护罩控制电磁阀动作过程

b170、s171 是三位四通通电电磁间，是调整护罩位置用的。

开关 b635、b636 分别安装在配电箱 U169 和 U170 上，b635 和 b636 是三挡位旋钮开关，如图 4.23 所示。

当开关 b635 置于中间“0”挡时，其触点均不闭合，电磁阀 s170、s171 不通电。当开关置于左边"←"挡时，右边的触点3和4闭合(在44号线上)，电磁阀s171通电，通过二极管n465，电磁阀s160通电动作，使护罩向左边调整。当开关置于右边"→"挡时，左边的触点3和4闭合(在43号线上)，电磁阀s170通电动作，通过二极管n464，电磁阀s160通电动作，使护罩翻转挡板向右边调整。

(3)回油电磁阀和变量泵电磁阀动作过程

QS-650型清筛机有前后两个液压油油箱，回油箱电磁阀s161控制液压油回到哪个油箱去。回油电磁阀s161由继电器U108-C和U108-D来控制，它们的电源接在201号、401号线上，由柴油发动机发电机供电。下面按前、后柴油机工作的三种情况给予介绍。图4.24为回油和变量泵控制电路图。

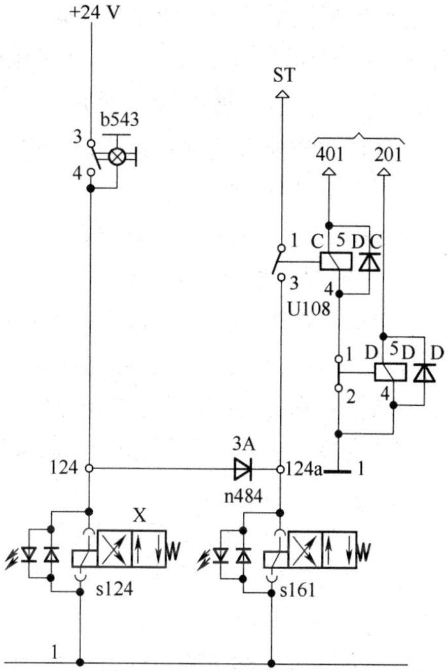

图4.24　回油和变量泵控制电路

后柴油机运转，前柴油机停机：201号线有电，U108-D通电动作，其触点1和2断开，U108-C不动作，电磁阀s161不动作，同时向前、后液压油油箱回油。

前柴油机运转、后柴油机停机：401号线有电，U108-D不动作，其触点1和2闭合，U108－C通电动作，其触点1和3闭合，电磁阀s161通电动作，向前液压油油箱回油。

前、后柴油机同时运转：201号线和401号线同时有电，U108-D通电动作，其触点1和2断开，U108-C不动作，电磁阀s161不动作，同时向前、后液压油油箱回油。由于二极管n484的单向导电性，电磁阀s124在上述三种情况下不动作。

s124是变量泵供油控制电磁阀，供油量的大小由操纵手柄控制，动作过程如下：按下开关b543，电磁阀s124通电动作，操纵者通过手动控制供油量。由于二极管n484的单向导电性，电磁阀s161通电动作，回油电磁阀s161打开，向前液压油油箱回油。

任务4.3　道砟回填及分配污土输送装置认知

4.3.1　工作任务

熟悉QS-650型清筛机道砟回填及分配污土输送装置，了解道砟回填及分配污土输送装置的结构组成，熟悉道砟分配装置液压控制系统，了解道砟回填装置电气控制系统的电路图。

4.3.2　相关配套知识

1. 道砟回填分配装置左、右侧道砟分配板

经过筛分后的清洁道砟从振动筛末端左、右两通道落下后，通过道砟回填分配装置，重新

回填到道床上。道砟回填分配装置由左、右侧道砟分配板和左、右道砟回填输送装置两大部分组成。左、右侧道砟分配板用于分配清洁的道砟，即分配直接落到道床上或落到回填输送带后再撒落到道床上的道砟量；左、右道砟回填输送装置将落到输送带上的清洁道砟输送到挖掘链后，并均匀地撒布到两钢轨外侧的道床上。回填的清洁道砟距离枕下未挖掘的脏污道砟距离不大于 1 500 mm。

左、右侧道砟分配板安装在振动筛分装置末端振动筛中、下层筛网与后箱壁间，左、右两侧道砟流动通道的下方。流动通道的下方呈方形漏斗状，下部设有一个液压油缸控制的轴，轴上固定着 A 形道砟分配板。当操纵液压阀使油缸活塞杆动作时，通过摇臂使轴转动，从而带动 A 形道砟分配板以改变漏斗下方流向轨道和输送带的落砟量。

为便于作业人员观察道砟流量分配情况，在左、右侧道砟分配板部位的主梁外侧，装有道砟分配指示装置，如图 4.25 所示。

道砟分配指示装置由固定在 A 形道砟分配板轴上或液压油缸摇臂杆上的传动拉杆、杠杆、远程控制软轴及安装在法兰套筒中的远程指示轴、指针、指针定位套筒等组成。

当需要调整直接落入道床或通过回填输送带撒布到道床上的道砟量时，作业人员只要操纵液压控制阀，使左、右侧道砟分配板的液压油缸活塞杆伸缩。活塞杆端摇臂将带动道砟分配板上的轴转动，从而改变道砟分配板的位置，即改变了落砟量。与此同时，用球铰接头 9 连接的拉杆及接头 15、杠杆 10 使指示轴 8 转动，靠指针定位套筒 7 固定在指示轴 8 上的指针 2 也随之转动，并通过刻度盘 1 显出调整后的该侧道砟分配板的位置，即重新分配了落到道床上的道砟量。另外，在该侧道砟分配板轴上用螺母 12 固定着杠杆 13。当道砟分配板改变位置时，即道砟分配板轴转动时，杠杆 13 也随之摆动，并拉动远程控制软轴 14 使安装在另一侧法兰套筒 4 中、固定在远程指示轴 5 上的杠杆 11 摆动，从而使另一侧用指针定位套筒 6 固定的指针 3，通过刻度盘显示该侧道砟分配板调整后的位置。所以，指针 3 在刻度盘 1 显示的位置，表示了另一侧道砟分配板重新分配的道砟量。因此，只要作业人员站在机器的一侧，便可从指针 2 和刻度盘 1 上观察出该侧道砟分配板的位置，从指针 3 和刻度盘 1 上观察到另一侧道砟分配板的位置。

2. 道砟回填输送装置

道砟回填输送装置按左、右对称布置在机体主梁下方。它的喂料端紧接着道砟分配板溜槽通道，以接收振动筛上清洁的道砟，另一端延伸到挖掘链水平导槽后，可以把清洁道砟均匀地布砟回填。

道砟回填输送装置包括：道砟回填输送带、输送带摆动装置，以及摆动自动控制机构。

(1)道砟回填输送带

道砟回填输送带是通用型带式输送机，如图 4.26 所示，它由输送带、驱动滚筒、改向滚筒、托辊、张紧装置、弹簧清扫器、机架和挡板等组成。左、右两条输送带构造相同，机架作对称安装布置。

①输送带

输送带采用普通橡胶带，带宽 650 mm，采用冷接方法连接。

②驱动滚筒

驱动滚筒如图 4.27 所示，它由带内行星齿轮箱的叶片马达驱动，靠摩擦传动使输送带运转。传动轴 9 用两轴承座支承在输送带机架 4 上。

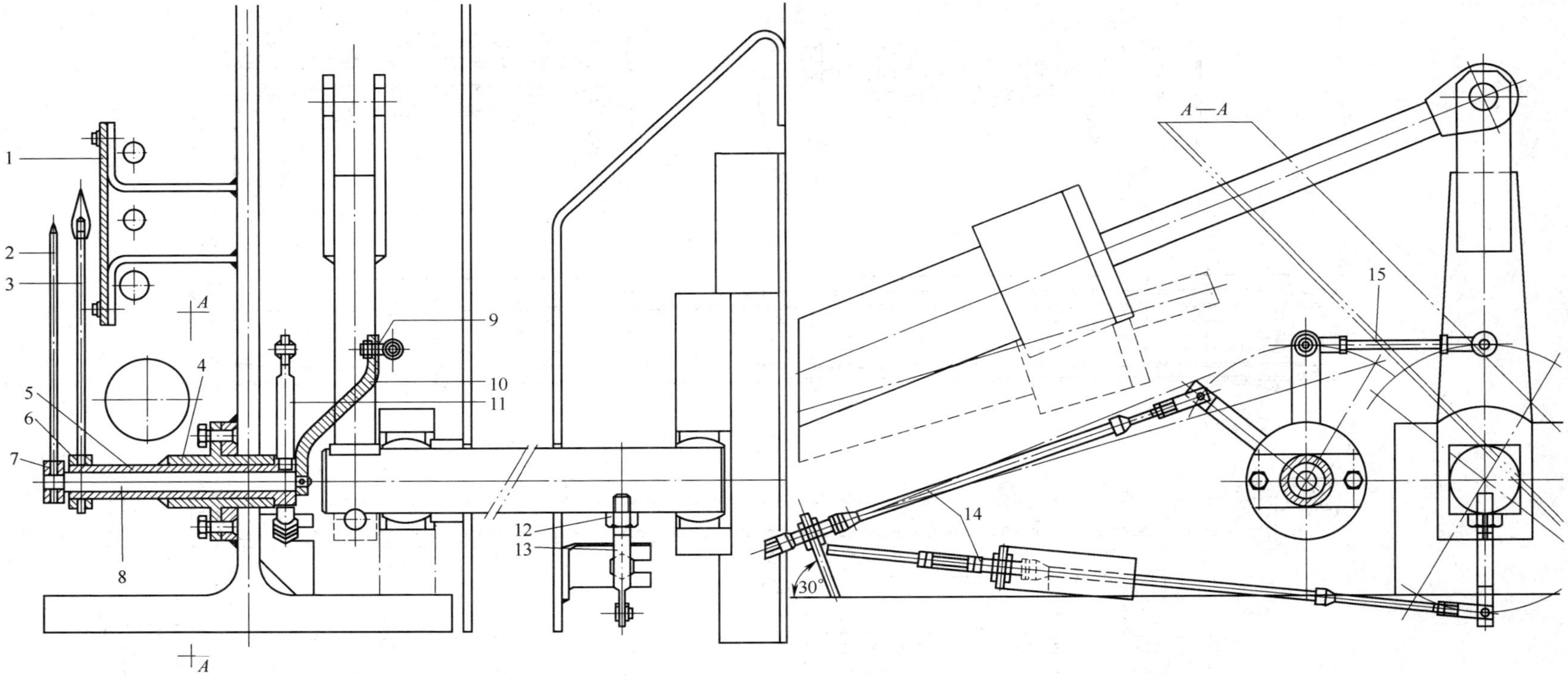

1—刻度盘；2、3—指针；4—法兰套筒；5—远程指示轴；6、7—指针定位套筒；8—指示轴；
9—球铰接头；10、11、13—杠杆；12—螺母；14—远程控制软轴；15—拉杆及接头

图 4.25 道砟分配指示装置

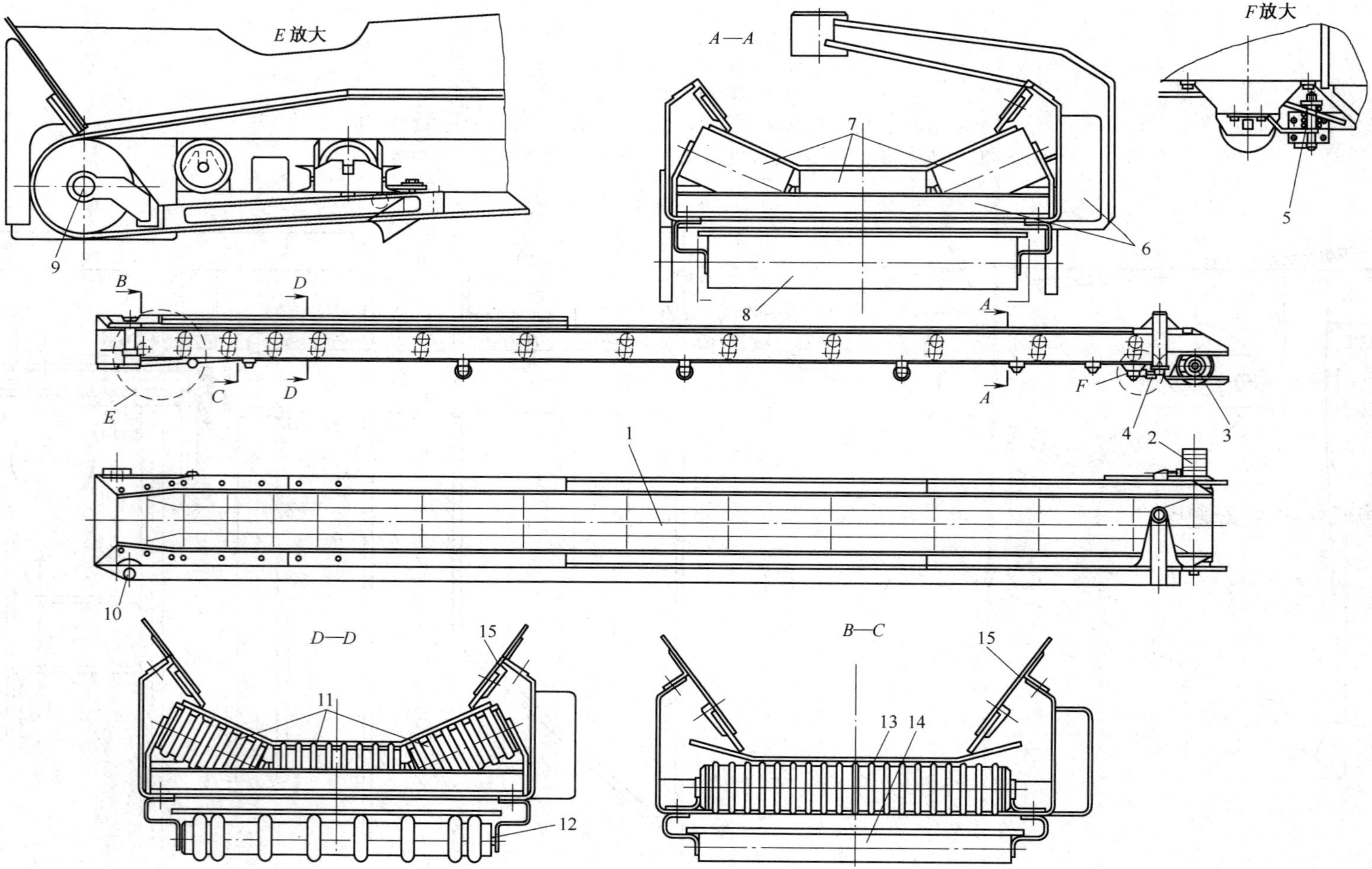

1—输送带；2—液压马达；3—驱动滚筒；4—张紧装置；5—弹簧清扫器；6—机架；7—槽形托辊；8、14—平型下托辊；9—改向滚筒；10—回转吊座；11—橡胶圈式缓冲槽型上托辊；12—橡胶圈式缓冲平型下托辊；13—橡胶圈式缓冲平型下托辊；15—挡板

图 4.26　道砟回填输送带

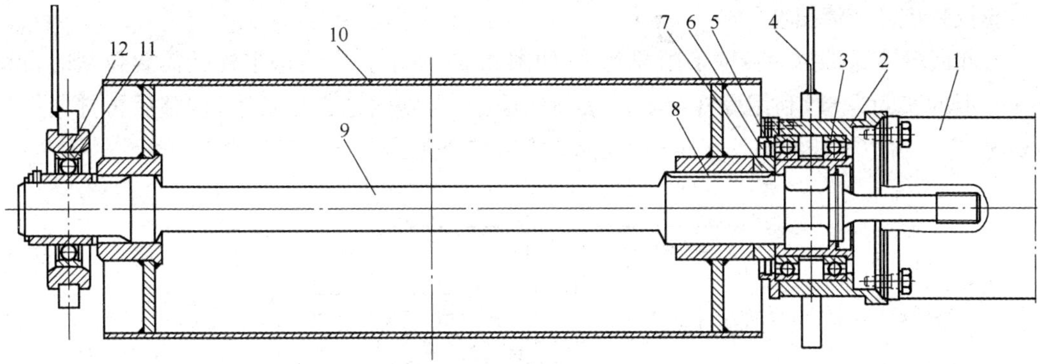

1—液压马达(带齿轮减速箱);2、12—轴承座;3、11—轴承;4—机架;5—轴承盖;
6—密封圈;7—轴套;8—键;9—传动轴;10—驱动滚筒

图 4.27　驱动滚筒

③改向滚筒

改向滚筒如图 4.28 所示,它对输送带起换向引导作用;改向滚筒 2 靠轴承外座 5 通过轴承 4 支承在心轴 1 上;心轴固定在机架上。

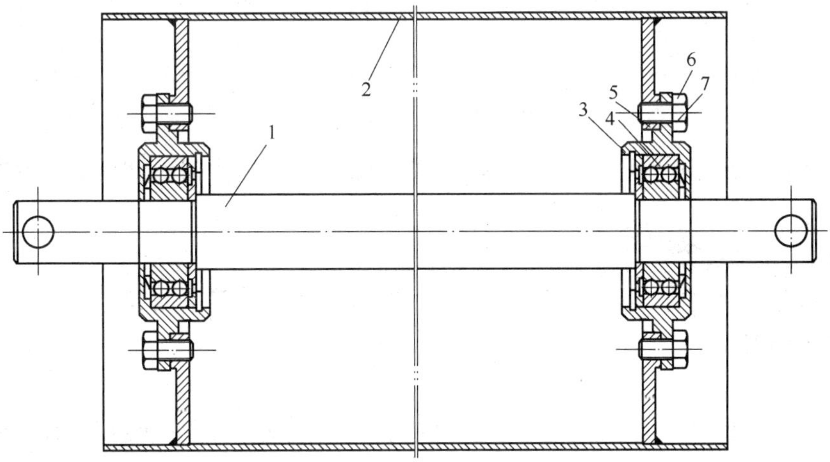

1—心轴;2—滚筒;3—挡圈;4—轴承;5—轴承外座;6—螺钉;7—防松垫片

图 4.28　改向滚筒

④托辊

为减少输送带的垂度和运行中的摆动现象需要装设支承托辊。支承托辊有多种结构形式,对托辊总的要求是:运动阻力小,构造简单,强度高,耐磨性好,便于维护和检修。

道砟回填输送带中设有上托辊和下托辊。道砟属于散状物料,上托辊主要采用槽形托辊,槽形倾角为 30°。在受料处为了减少道砟对输送带的冲击,采用橡胶圈式槽形缓冲上托辊。在改向滚筒后的第一组托辊上,为便于引导输送带,采用橡胶圈式缓冲平型上托辊和平型下托辊。下托辊一般用平型,输送带中部采用了橡胶圈式缓冲平型下托辊。

托辊的辊子用无缝钢管配冲压轴承座用滚动轴承支承在心轴上。输送带工作时,每个托辊转动要灵活,不转或损坏的托辊应及时更换,并注意定期给各轴承加注润滑脂。

⑤拉紧装置及清扫器

道砟回填输送带拉紧装置采用螺旋式，如图 4.29 所示。当输送带松弛需要拉紧时，松开螺杆 3 上的紧固螺母，利用螺杆将驱动滚筒向前推出，则输送带被拉紧，调整后再拧紧螺母。调整时，左右两边螺杆伸缩长度应相等，否则输送带会跑偏。

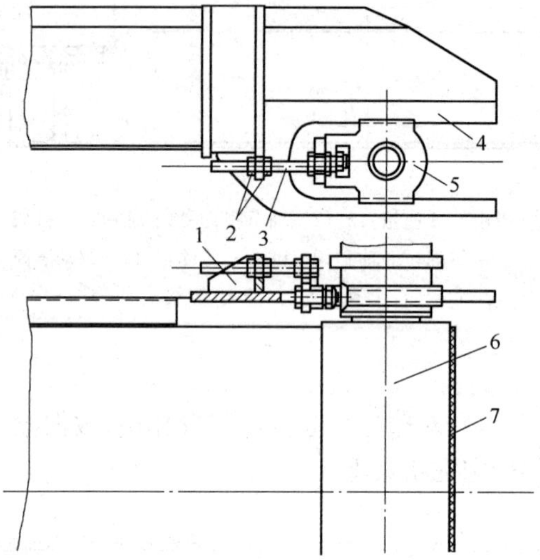

1—支架；2—螺母；3—螺杆；4—支架导轨；5—滚筒轴承座；6—驱动滚筒；7—输送带

图 4.29　拉紧装置

弹簧清扫器装在卸料端驱动滚筒下方（参见图 4.26），它用来清除卸料后黏附在输送带表面上的污土。

(2)输送带摆动装置

回填的道砟需要均匀地撒布到道床上，它由输送带摆动装置来完成。道砟回填输送带摆动装置的结构如图 4.30 所示。

①摆动装置

在左、右道砟回填输送带支架前部设有由左、右摆动油缸 6、7 驱动的左、右摇臂 10、11 和连杆 12、13 组成的摆动机构。

当摆动油缸活塞杆伸缩时，道砟回填输送支架前端（卸料端）将绕其后端（喂料端）的摆动中心吊座摆动。在这种情况下，由输送带上传送的道砟便均匀地撒布到钢轨两侧的道床上，完成回填布砟作业。

摆动机构的左、右摇臂 10、11 大端用滑动轴承套在靠螺栓固定到主梁外侧的心轴上；小端则用销轴和一对圆锥滚子轴承与左、右连杆 12、13 大端连接。左、右连杆 12、13 小端，用球头铰与输送带回转支架上的曲臂铰接，因此，摆动机构在油缸的驱动下左右摆动。

左右输送带左、右摆动油缸 6、7 的另一端用销轴支承在焊接于主梁下的悬挂支架 5 上。另外，左、右摇臂 10、11 大端上还焊有驱动自动装置拉杆的吊耳座。

为防止左、右回填输送带在清筛机区间运行时的摆动，左、右回填输送带设有限位安全链条 14。安全链条用 U 形环与焊在主梁和曲臂上的链吊耳座 15 栓接。

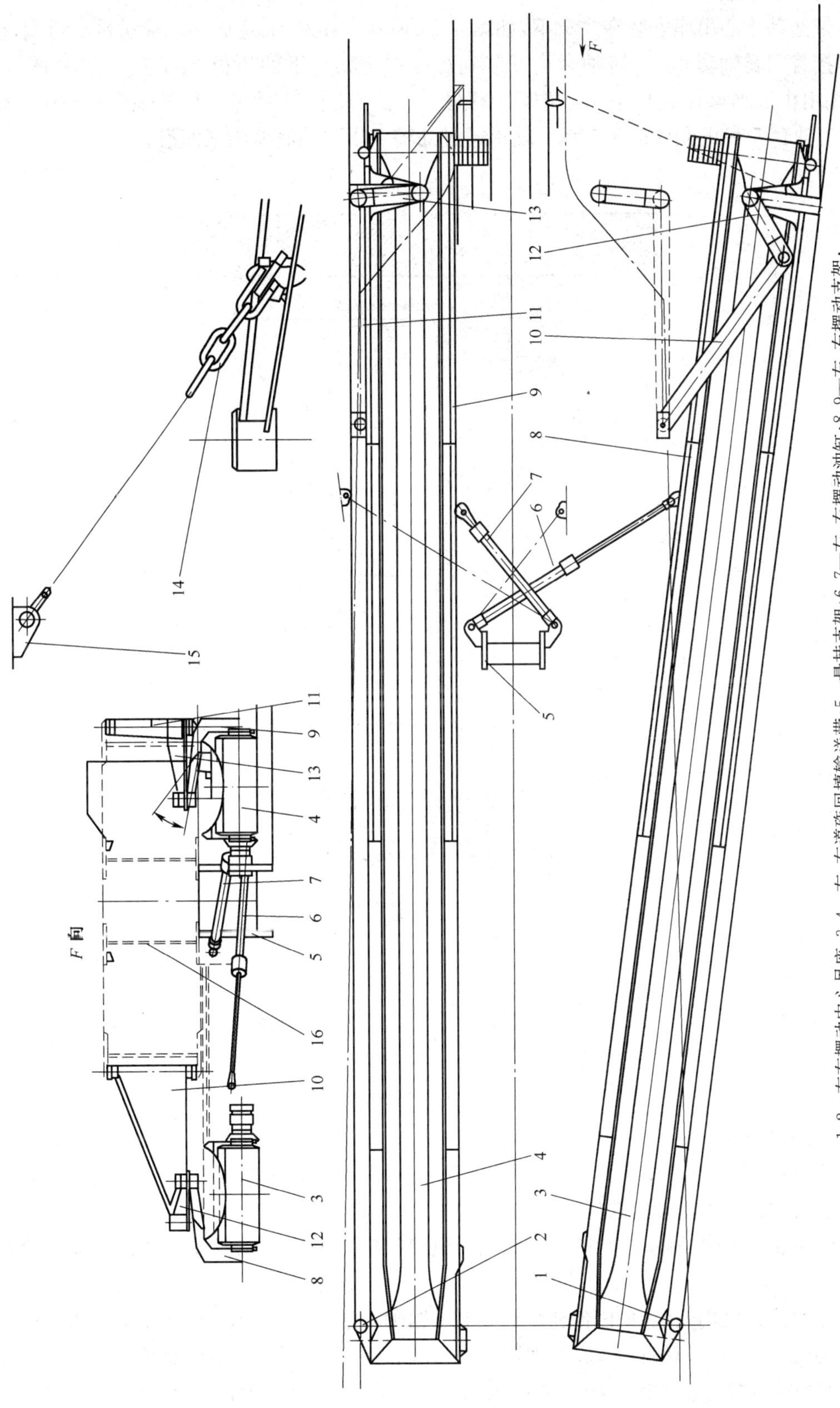

1,2—左右摆动中心吊座;3,4—左、右道砟回填输送带;5—悬挂支架;6,7—左、右摆动油缸;8,9—左、右摆动支架;
10,11—左、右摇臂;12,13—左、右连杆;14—限位安全链条;15—链吊耳座;16—主梁

图 4.30　输送带摆动装置

②摆动中心吊座

输送带摆动中心吊座安装在主梁下，如图 4.31 所示。在左、右道砟回填输送带喂料端，机架外侧焊接着回转轴套 6。回转轴套被安装到焊接在主梁 1 下的垫板 2、吊座 3 和中心轴 4 上，轴下端用止推轴承 8、定位销 12、挡板 9、螺母 10 和开口销 11 锁紧。回转轴套 6 与中心轴 4 间靠滑动轴套 5 和止推轴承 8 支承。轴承通过油嘴 7 压注的润滑脂来润滑。

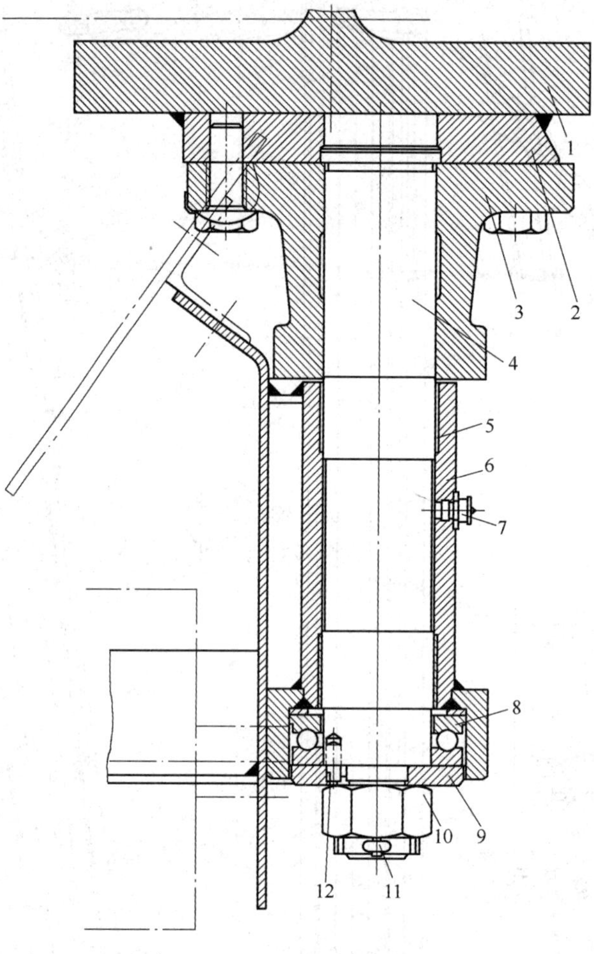

1—主梁；2—垫板；3—吊座；4—中心轴；5—轴套；6—回转轴套；
7—油嘴；8—止推轴承；9—挡板；10—螺母；11—开口销；12—定位销

图 4.31　摆动中心吊座

(3)自动控制机构

左、右道砟回填输送带作业时，可以固定不动，也可以摆动。摆动时，靠自动控制机构来实现。输送带摆动自动控制机构的构造如图 4.32 所示。

摆动自动控制机构是靠感应开关，控制液压电磁换向阀实现自动操纵道砟回填输送带左右摆动的。

摆动自动控制机构安装在主梁的支座 7 上。销轴 8 上装有可转动的扇形板 3 和调控板 4、5。调控板靠止动盘 9、螺杆 10、蝶形螺母 11 可以固定到扇形板周边的任意位置上。两调控板 4、5 间夹角控制着摆动范围大小。调控板的下部用螺栓固定着感应角板 12。感应角板与固定在主梁下翼板上的感应开关 13 间距不应大于6^{+1}_{0}mm。

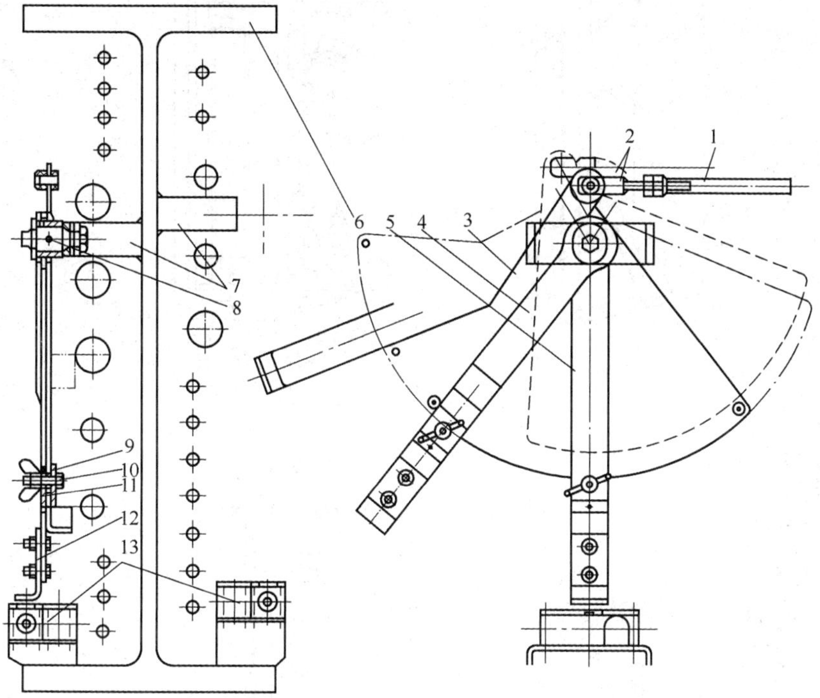

1—拉杆；2—连接叉；3—扇形板；4、5—调控板；6—主梁；7—支座；
8—销轴；9—止动盘；10—螺杆；11—蝶形螺母；12—感应角板；13—感应开关

图 4.32　摆动自动控制机构

当道砟回填输送带摆动时，摆动装置的摇臂通过拉杆 1、连接叉 2 使扇形板 3 绕销轴 8 摆动。在扇形板摆动的一个行程中，将带动调控板 4 和 5 上的感应角板 12 分别感应感应开关 13，感应开关控制液压电磁换向阀动作。感应结束，则电磁换向阀换向终了。这时液压油缸改变进、出油液方向，摆动换向进入下一个行程。两调控板感应时间的间隔，即是输送带摆动一个行程的时间。这样反复进行就实现了回填输送带摆动的自动控制。

如果需要调整输送带摆动范围，在停止摆动的情况下，松开两调控板上的蝶形螺母，重新选定两板之间的位置，然后紧固使用。两调控板间夹角越大，输送带摆动布砟的范围越宽，相反亦然。两调控板最大夹角受扇形板边限位螺钉的限制。

左、右两条道砟回填输送带的摆动自动控制原理相同，构件对称布置，安装尺寸略有区别。

3. 主污土输送带

污土输送装置的功用是将振动筛筛出的污土卸到机器前或邻线的污土车中，或直接抛弃到线路外。

污土输送装置包括主污土输送带、输送装置支架和回转污土输送装置等。回转污土输送带作业时，距轨面最大高度 4 800 mm，最大抛土距离距轨道中心线 5 500 mm。

主污土输送带以与水平方向 13°倾角布置在振动筛下和前司机室上方，全长约 21.07 m。主污土输送带的结构如图 4.33 所示，由驱动滚筒、改向滚筒、托辊、张紧装置、清扫器等组成。主污土输送带在构造上与道砟回填输送带基本相同，也有几种与道砟回填输送带不同的部件。

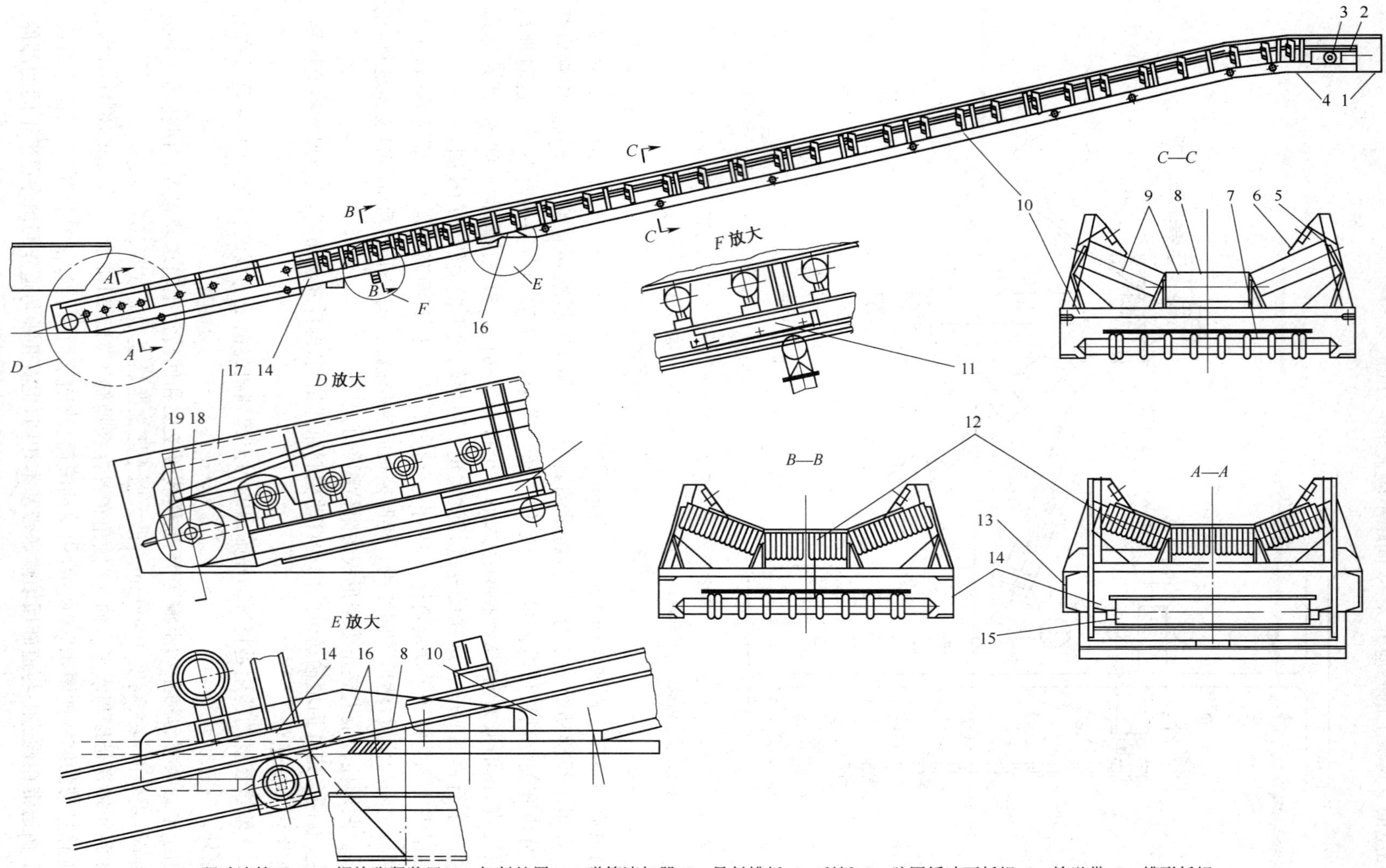

1—驱动滚筒；2、19—螺旋张紧装置；3—卸料护罩；4—弹簧清扫器；5—导料槽板；6—刮板；7—胶圈缓冲下托辊；8—输送带；9—槽形托辊；
10—上段支架；11—空段清扫器；12—槽形胶圈缓冲托辊；13—支承吊架；14—下段支架；15—平行下托辊；16—支架连接筋板；17—头部导料槽；18—改向滚筒

图 4.33　主污土输送带

(1)输送带支架

主污土输送带机架长度大,又倾斜布置,因此采用支架安装,上段支架 10 和下段支架 14 用中间支架连接筋板 16 组装起来。中间支架连接筋板固定在上段支架下端,下端支架上端靠下托辊支承在中间支架连接筋板的滑槽内。因此,上、下段支架可相对移动,便于整条输送带的安装与位置的调整。

(2)驱动滚筒减速齿轮箱

主污土输送带的驱动滚筒由轴向柱塞式液压马达经一级齿轮减速后带动。减速齿轮箱的构造如图 4.34 所示。

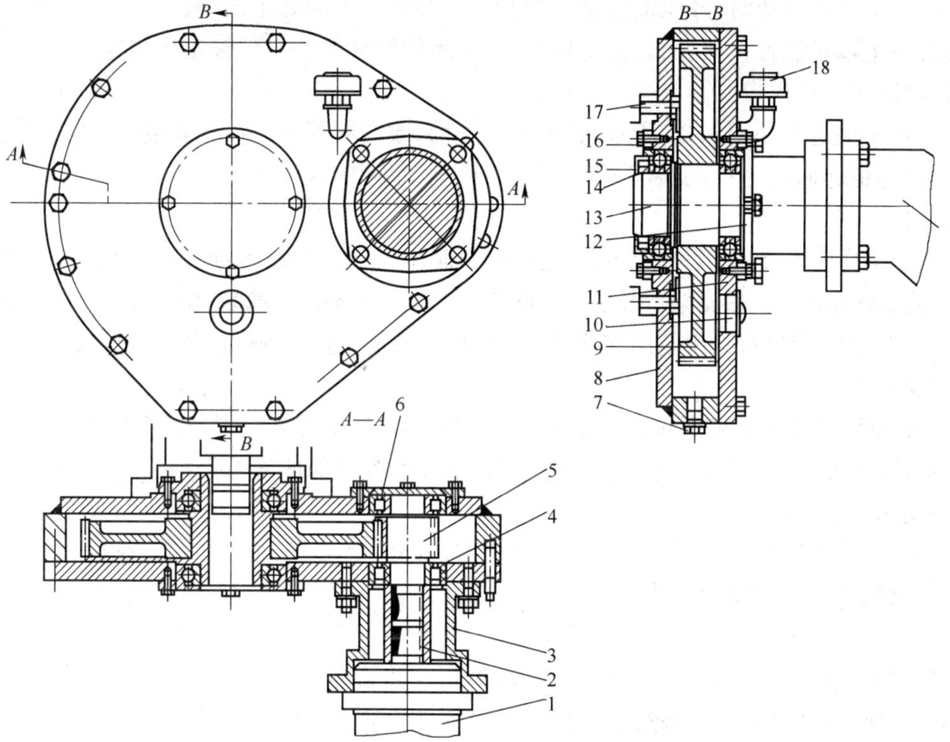

1　液压马达;2—花键套筒;3—连接凸缘;4、14—轴承;5—小齿轮轴;6、12、16—轴承盖;7—螺塞;8—箱体;9—齿轮;10—油位观察孔;11—箱盖;13—输出轴;15—密封圈;17—螺栓;18—通气滤清器

图 4.34　驱动滚筒减速齿轮箱

减速箱箱体 8 安装在上段支架前端,动力传动路线是:液压马达 1→花键套筒 2→小齿轮轴 5→齿轮 9→输出轴 13→驱动滚筒轴→驱动滚筒。在这对齿轮传动中,已知:$Z_1=16$,$Z_2=86$,故减速比 $i=5:4$。

减速齿轮箱采用润滑油润滑,作业时应随时通过油位观察孔检查油面高度,并按规程进行保养。

(3)清扫器

主污土输送带上采用的清扫器有弹簧式、刮板式和空段式三种。弹簧式与刮板式清扫器安装在滚筒下方,以清除输送带工作表面上粘附的污土。空段清扫器装在输送带回空段改向滚筒的前面,用以清除输送带非工作面上粘附的污土。

4.输送装置支架

主污土输送带下段支架靠输送装置支架与机器主梁连接起来。输送装置支架是用结构件组焊而成的，它用前、后支架及中间吊架支承在主梁上。输送装置支架两侧焊有V形槽板和侧边板，使振动筛下产物全部落到主污土输送带上。支架下部呈漏斗状，接收来自筛下斜槽孔中超粒度的道砟。支架上部斜溜槽板位于挖掘装置提升导槽导流排砟孔的下面，只要导流排砟孔打开，挖掘出的道砟将全部通过主污土输送带弃掉。

输送装置支架侧面设有角钢座，用于与主污土输送带的支架相连接。输送装置支架前后板上装有橡胶垫板，用来缓冲、降噪、防尘。

5. 回转污土输送装置

回转污土输送装置安装在机器前部车架上方。清筛机运行时，它被折叠收放在车架平台前，并锁住；清筛机作业时，液压油缸将其撑起并回转到所需的弃土位置。

回转污土输送装置包括：回转污土输送带、支承回转装置和定位锁定机构等。

(1)回转污土输送带

回转污土输送带如图4.35所示，它的驱动滚筒、改向滚筒、托辊、张紧装置、清扫器等零部件，大部分与道砟回填、主污土输送带通用，几种与其不同的部件如下：

①折叠支架

折叠支架由前支架9和后支架6用支架连接轴19和折叠油缸8连接而构成。清筛机运行时，油缸活塞杆缩回，前、后支架折叠成90°，前支架放置于车架平台前端，用销锁住。清筛机作业时，打开锁销，油缸活塞杆伸出将前支架支起，前、后支架呈一直线，输送带即可正常工作。

②调心托辊

调心托辊构造如图4.36所示。为防止输送带跑偏，在托辊支架两侧安装着与水平方向成30°角的调心滚轮支架6和滚轮2回转输送带作业时，左、右滚轮2保证输送带1沿其支架纵轴运行。

(2)支承回转装置

回转污土输送带的支承回转装置安装在机器前部的平台上，如图4.37所示。支承回转装置包括支承装置与回转驱动机构。

①回转支承装置

回转支承装置是一个水平放置的大滚动轴承，它由固定内圈8、滚动体12和外圈即回转大齿圈7组成。固定内圈8用螺栓9、螺母10紧固在机体上，回转大齿圈7上固定着回转输送带机架16。因此，回转输送带可以在机体上绕回转中心回转，输送带上的作用力通过滚动体12传递到固定内圈8和机架上。

②回转驱动机构

回转驱动机构的工作是靠齿条油缸中的齿条活塞杆5带动回转大齿圈7来完成的。由于齿条活塞杆5作往复运动，所以回转大齿圈7就可以左右转动一个角度。转角大小取决于液压油缸活塞行程，QS-650型清筛机的转角大小为±70°。

(3)定位锁定机构

为保证清筛机在运行状态时回转污土输送带的安全，该输送带设有回转定位机构和折叠前支架锁定机构。

①回转定位机构

回转定位机构如图4.38所示，定位销7下部开有一槽，此槽能允许安装在操纵轴上的凸轮在其内部转动，因此定位销可沿机架导孔上下移动。当定位销上移时，可插入回转支架底板的定位孔中，回转机构锁定，回转输送带不能摆动。当定位销下降时，定位销落在机架平面以下，回转输送带可随意左右摆动。定位销的动作靠操纵手柄1来完成。

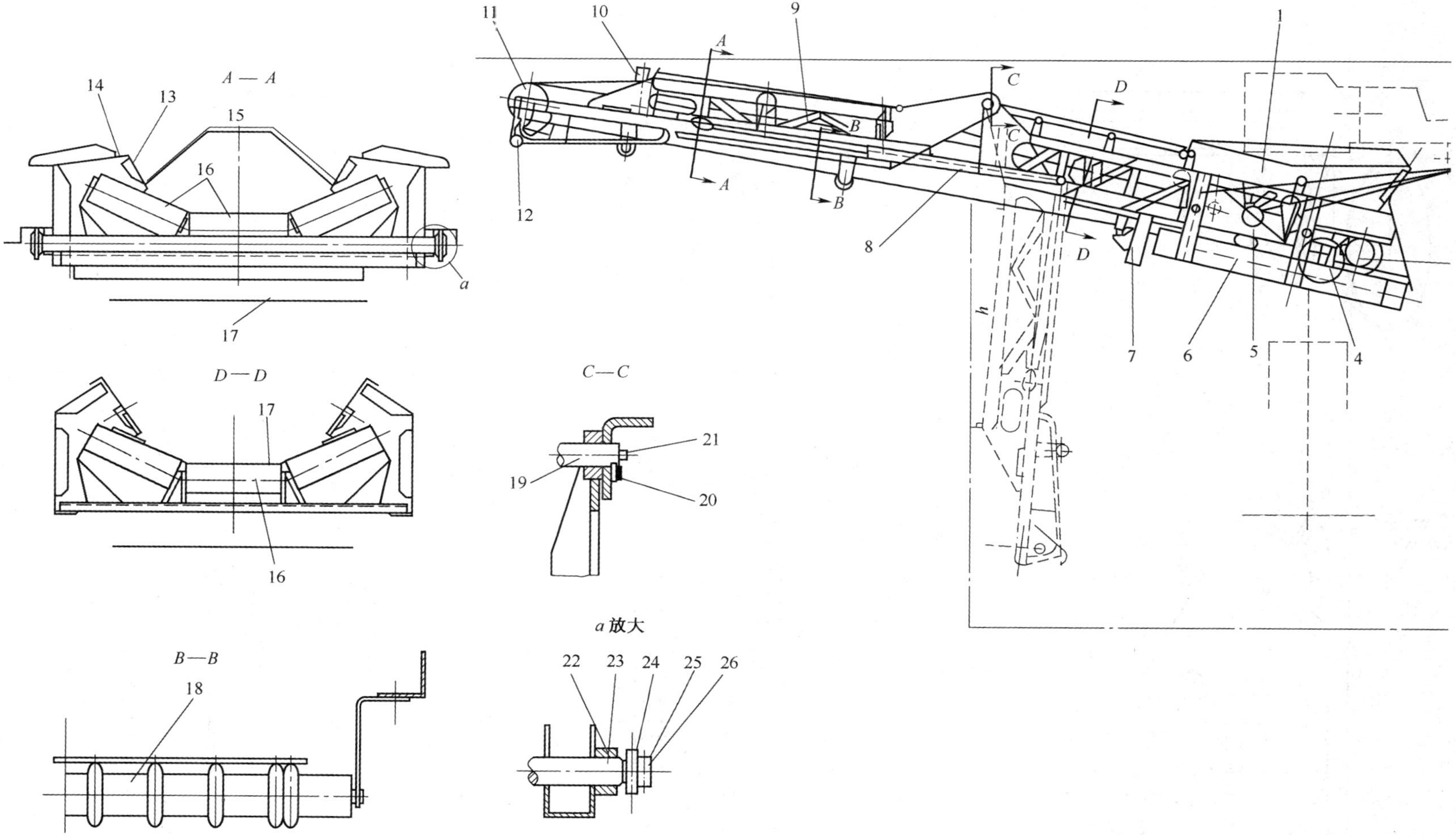

1—受料槽；2—胶圈缓冲槽式托辊组；3—驱动滚筒；4—张紧装置；5—调心托辊；6—后支架；7、10—刮板机构；8—折叠油缸；
9、22—前支架；11—改向滚筒；12—清扫器；13—角板；14—槽板；15—耐磨刮板；16—槽式托辊组；17—输送带；18—胶圈缓冲平式下托辊；19—支架连接轴；20—锁板；
21—油嘴；23—活塞座支承轴；24—活塞座；25—调整轴套；26—锁销

图 4.35　回转污土输送带

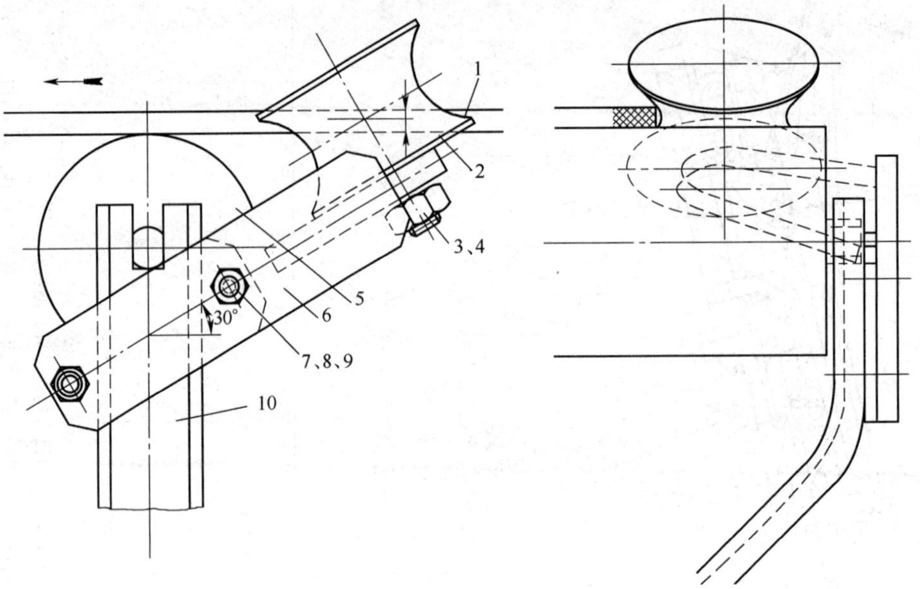

1—输送带；2—滚轮；3、8—螺母；4、9—弹簧垫圈；5—托辊；6—滚轮支架；7—螺栓；10—托辊支架

图 4.36　调心托辊

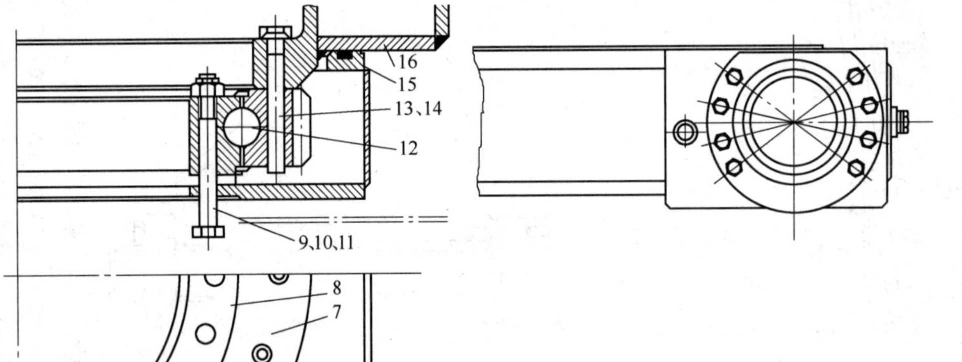

1—驱动油缸；2—压板；3、15—密封圈；4—活塞；5—齿条活塞杆；6—箱体；7—回转大齿圈；8—固定内圈；9、13—螺栓；10—螺母；11—开口销；12—滚动体；14—垫圈；16—回转输送带机架

图 4.37　支承回转装置

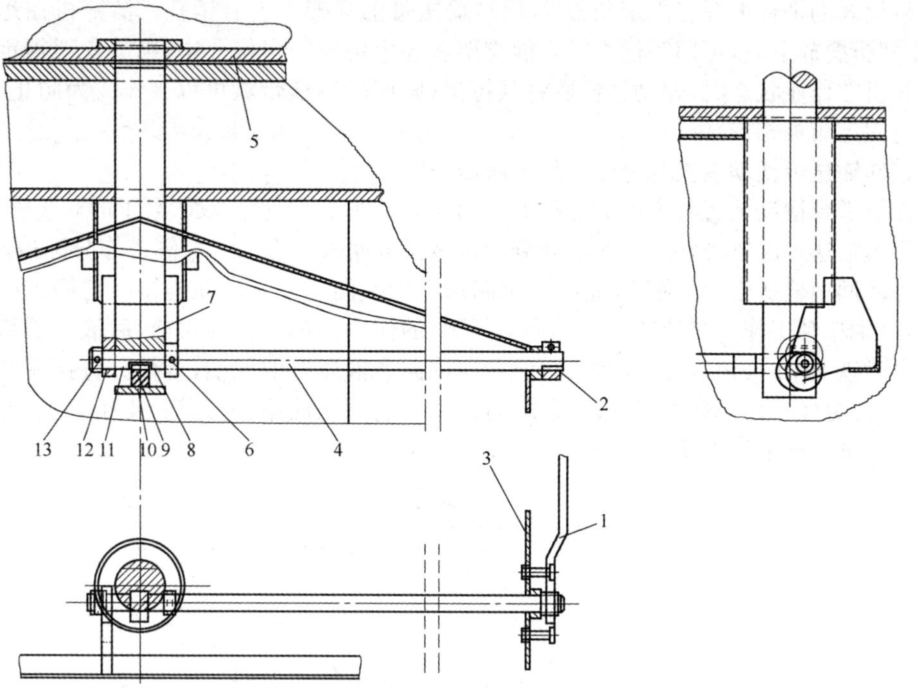

1—操纵手柄；2、10—键；3—机架；4—轴；5—回转支架底板；6、13—调整轴套；7—定位销；
8、11—衬套；9—凸轮；12—轴支架

图 4.38　回转定位机构

②前支架锁定机构

前支架锁定机构如图 4.39 所示。

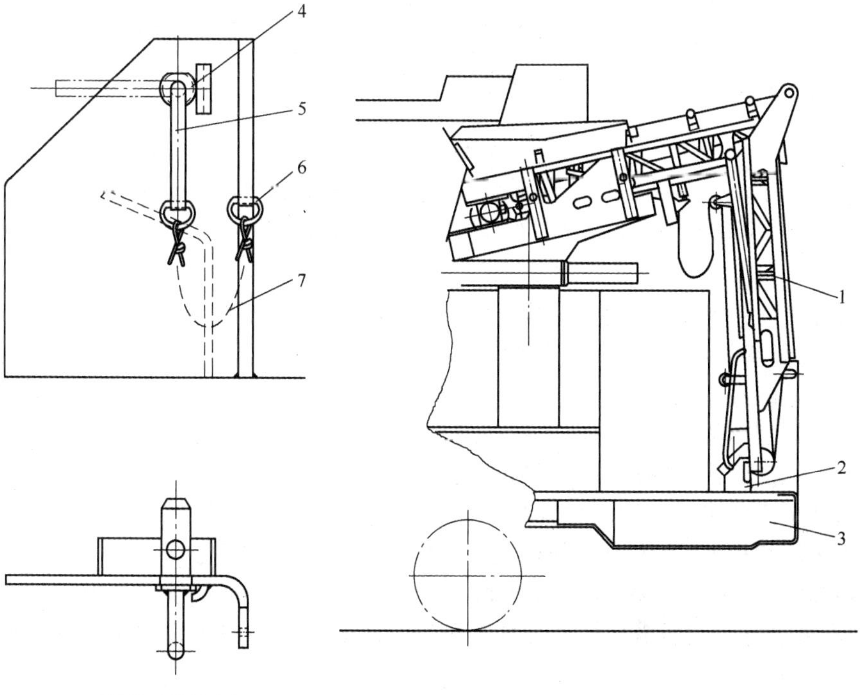

1—回转输送带前支架；2—固定角板；3—机架；4—缓冲锁板；5—锁栓；6—链环；7—链

图 4.39　前支架锁定机构

在机架3的平台上焊有固定角板2,回转输送带前支架1上有销孔。清筛机在运行状态时,前支架折叠放下后,可用锁栓5插入前支架和固定角板的定位孔中,则前支架锁定于机架上。清筛机在作业状态时,转动锁栓后将其拉出,则回转输送带就可以工作。为防止跌落,锁栓用链与固定角板相连。

6.道砟输送带摆动装置与道砟分配板液压回路

道砟输送带摆动装置与道砟分配板液压回路如图4.40所示。双联泵1的双泵分别向左、右道砟回填输送带液压缸,左、右侧道砟分配板被压缸输送压力油。右侧道砟分配板液压缸6与右侧道砟回填输送带液压缸7,通过三位四通电磁换向阀3、4串联连接。它们既可同时动作,又可分别单独工作。二位四通电磁换向阀10的作用是调节清筛机前、后液压油箱的回油量。当电磁铁S161失电(图示位置)时,该液压回路各液压缸的回油,一部分直接流向前液压油箱,另一部分经二位四通电磁换向阀10右位流入后液压油箱;电磁铁S161得电,各液压缸的回油全部进入前液压油箱。

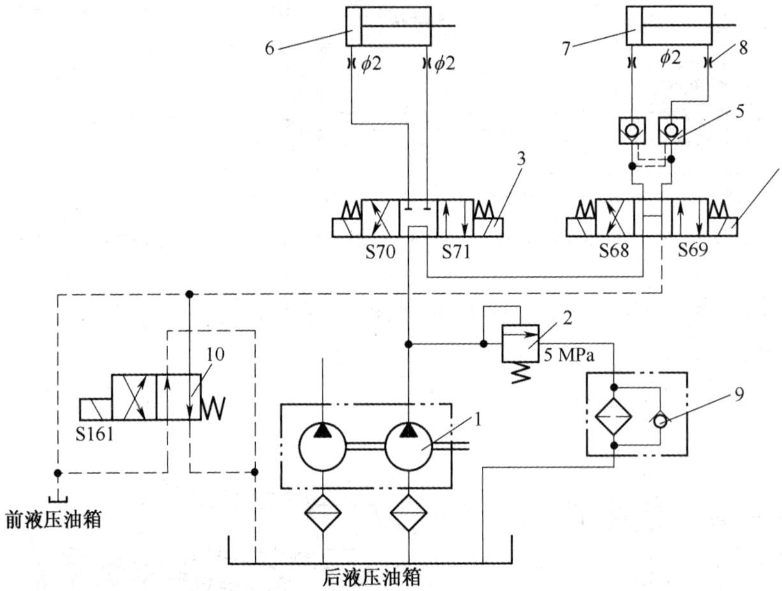

1—双联泵;2—溢流阀;3、4—三位四通电磁换向阀;5—液压锁;6—右侧道砟分配板液压缸;7—右侧道砟回填输送带摆动装置液压缸;8—节流阀;9—滤油器;10—二位四通电磁换向阀

图4.40　道砟输送带摆动装置、道砟分配板液压回路

道砟分配液压控制系统左右对称,下面仅以右部为例,分析其工作原理。

(1)道砟分配板控制

三位四通电磁换向阀3中位时,改变三位四通电磁换向阀4的工作位,驱动右侧道砟回填输送带摆动装置液压缸7的压力油由双联泵1提供。当三位四通电磁换向阀3处于工作位时(左、右位),右侧道砟回填输送带摆动装置液压缸7的工作压力油为右侧道砟分配板液压缸6的回油。双联泵1的出口压力由溢流阀2调定。

电磁铁S70得电时,右侧道砟分配板液压缸6动作,油路如下。

进油:双联泵1→三位四通电磁换向阀3左位→右侧道砟分配板液压缸6有杆腔;

回油:右侧道砟分配板液压缸6无杆腔→三位四通电磁换向阀3左位→三位四通电磁换向阀4中位→油箱。

右侧道砟分配板液压缸6活塞杆收回。电磁铁S71得电、S70失电时,三位四通电磁换向阀 3 右位，右侧道砟分配板液压缸 6 活塞杆伸出，右侧道砟分配板打开。

电磁铁 S70、S71 均失电时，三位四通电磁换向阀 3 中位。由其中位机能 M 型、右侧道砟分配板液压缸 6 保压，双联泵 1 通过三位四通电磁换向阀 3 中位，电磁换向阀 4 中位卸荷。

通过作业人员在司机室操作，使三位四通电磁换向阀 3 处于左、中、右三个位置，实现右侧道砟分配板液压缸 6 的三个工作状态。

(2)道砟输送带摆动控制

道砟回填输送带的摆动由三位四通电磁换向阀 4 控制，电磁铁 S69 得电、S68 失电时，控制油路如下。

进油：双联泵 1→三位四通电磁换向阀 3 中位→三位四通电磁换向阀 4 右位→液压锁 5→右侧道砟回填输送带摆动装置液压缸 7 无杆腔；

回油：右侧道砟回填输送带摆动装置液压缸 7 有杆腔→节流阀 8→液压锁 5→三位四通电磁换向阀 4 右位→油箱。

右侧道砟回填输送带摆动装置液压缸 7 活塞杆伸出，右道砟回填输送带向外摆动。

电磁铁 S68 得电、S69 失电时，右侧道砟回填输送带摆动装置液压缸 7 活塞杆内收，右道砟回填输送带向内摆动。滤油器 9 并联有一单向阀，并装有报警装置，出现堵塞，可经单向阀回油并报警。

7. 主污土输送带、回转污土输送带及左、右道砟回填输送带驱动液压回路

如图 4.41 所示，主污土输送带、回转污土输送带及左、右道砟回填输送带驱动液压回路采用的是变量泵-定量马达开式回路。双联变量泵 1 为恒压—流量变量泵，先导式溢流阀 2、3 的远程控制油口 K，通过手动三通阀 8、9 与油箱连通。输送带工作时，需将手动三通阀 8 或 9 的手柄放置工作位(EIN 位)。手动三通阀 8 或 9 关闭，先导式溢流阀的控制油口 K 关闭。先导式溢流阀 2 或 3 在系统中起安全保护作用，限制系统的最高压力。将手动三通阀 8 或 9 的手柄放于 AUS 位，控制油口 K 与油箱相通，系统卸荷，主污土输送带、左道砟回填输送带不工作。

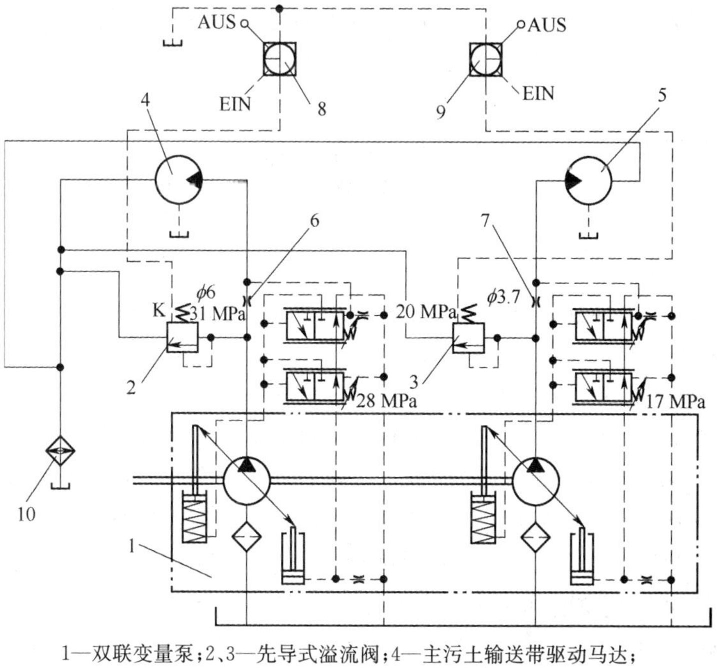

1—双联变量泵；2、3—先导式溢流阀；4—主污土输送带驱动马达；
5—左道砟回填输送带驱动马达；6、7—节流阀；8、9—手动三通阀；10—冷却器

图 4.41　主污土输送带、左道砟回填输送带驱动液压回路

8. 道砟回填装置电路

道砟回填装置电路由左、右道砟回填输送带调整油缸电磁阀，左、右道砟分配调整油缸电磁阀和自动摆动开关组成。

(1)左、右道砟回填电磁阀动作过程

左、右道砟回填输送带调整油缸和左右道砟分配板调整油缸的作用是控制道砟回填位置、方向、数量，左、右道砟回填输送带和左、右道砟分配板的控制电路完全一样，现以左道砟回填输送带和左道砟分配板的控制电路为例说明动作过程。左道砟回填输送带和分配板控制电路如图 4.42所示。

开关 b434、b435、b487、b513、b570 是三挡位双列扳钮开关，动作情况相同。以 b434 为例说明动作情况。

开关 b434 置于中间“0”挡时，电磁铁均不通电动作。当开关置于左边“→”挡时，开关中部两对触点 3 和 4 闭合(在 32a 号和 35 号线上)，电磁阀 s65、s66 通电动作，左道砟回填输送带向外摆动，使左道砟分配板向前伸出。通过二极管 n408 使继电器 U120-A、U120-B 通电动作，其两对触点 1 和 2 断开，切断道砟回填输送带自动摆动每个开关电路，通过液压操作手柄可调整摆动范围。

当开关置于右边“↓”挡时，开关两侧两对触点 3 和 4 闭合(在 31b 号和 36 号线上)电磁阀 s64、s67 通电动作，使左道砟回填输送带向内摆动，而左道砟分配板返回。通过二极管 n409 使继电器 U120-A、U120-B 通电动作，其两对触点 1 和 2 断开，切断道砟回填输送滞自动摆动开关电路，通过液压操作手柄可调整摆动范围。

开关 b680 的作用是在左道砟输送带不摆动的情况下，调整左道砟分配板伸出和返回的位置。当开关置于中间“0”挡时，电磁阀均不通电，不动作。当开关置于左边“←”挡时，左边的触点 3 和 4 闭合(在 35 号线上)电磁阀 s66 通电动作，左道砟分配向前伸出。当开关置于右边“→”挡时，右边的触点 3 和 4 闭合(在 36 号线上)，电磁阀 s67 通电动作，左道砟分配板后退返回。

(2)自动摆动开关

自动摆动开关的作用是在道砟回填时，输送带向外、向内的摆动由于动变为自动摆动。自动摆动开关由接近感应开关和连接杆上的叉形螺丝组成，控制电路分为手动调整和自动摆动两个部分。

①接近感应开关

U5、U6、U7、U8 为接近感应开关。接近感应开关由感应部分和开关部分(即执行机构)组成，如图 4.43 所示。

感应部分是由电子元件和线圈 L、电容器 C 组成的 LC 振荡电路。当连接杆上的叉形螺丝靠近时，振荡停止，开关部分的继电器断电不动作，外接电器元件的通电回路断开。

QS-650 型清筛机上所用的感应开关与连接杆上的叉形螺丝的最大感应距离为 8.1～10 mm，应根据《QS-650 型全断面道砟清筛机操作手册》进行调整。

时间继电器 d21、d23、d25、d27 工作时间由可调电阻 r9、r10、r11、r12 来调整，可调电阻的规格为 1 MΩ、25 W。调整时间为 0.1～600 s。

②手动调整

为了检查道砟回填输送带摆动的范围是否过界限，必须手动调整来观察输送带摆动的工作范围。

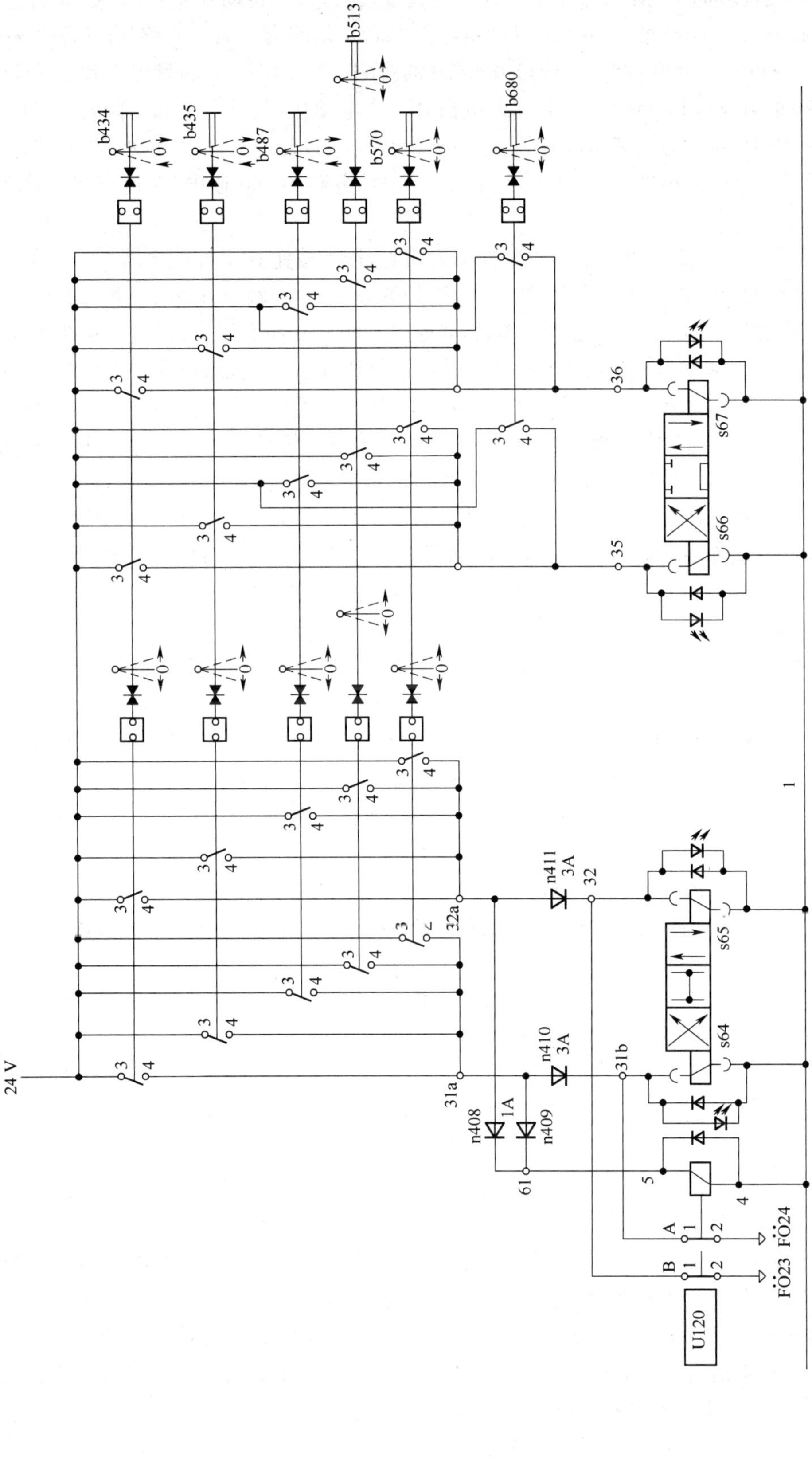

图 4. 42　左道砟回填输送带和分配板控制电路

感应 U5、U6 与 U7、U8 所组成的电路相同，以 U5、U6 为例说明开关 b580(在配电箱 U55 上)从“0”挡位转向“1”挡，FÖ 线到 FÖ19 的线被接通，合上自动开关 e35，FÖ20 端呈正电位，按下按钮 b45(在配电箱 U54 上)，其两对触点 3 和 4 均闭合。通电回路 为:FÖ20→d22 的触点 5 和 8→FÖ30→d20 的线圈→FÖ30→d20 的线圈→FÖ31→d20 的触点 1 和 3→号线 1。继电器 d20 的触点 6 和 8 闭合后，时间继电器 d21 通电动作，其触点 1 和 3 闭合，FÖ13 端呈正电位，在左道砟回填输送带电路中开关 b434、b435、b487、b513、b570 都处于“0”挡位，继电器 U120-A、U120-B 断电时，其两对触点 1 和 2 闭合，电磁阀 s65 通电，左道砟回填输送带向外摆，如图 4.43 所示。

当需要改变左道砟回填输送带的摆动方向时，按下按钮 b46(在配电箱 U54 上)，其两对触点 3 和 4 闭合，继电器 d22 通电，通电网路:FÖ20→b46 的触点 3 和 4→FÖ35→d22 线圈→FÖ39→号线 1。继电器 d22 通电动作后，其触点 1 和 3、6 和 8 闭合，触点 5 和 8 断开，使继电器 d20 断电，其触点 1 和 3、6 和 8 断开。触点 5 和 8 闭合。时间继电器 d21 断电，d21 按所选择的时间延时后，触点 1 和 3 断开，电磁阀 s65 断电，左道砟回填输送带停止向外摆。松开按钮 b46 后，继电器 d22 的通路为:FÖ20→d20 触点 5 和 8→FÖ35→d22 线圈→FÖ39→d22 的触点 1 和 3→号线 1。继电器 d22 的触点 6 和 8 闭合，时间继电器 d23 的通电动作，其触点 1 和 3 闭合，FÖ24 断呈正电位。同前所述通过继电器 U120-A 和 U120-B 的两对触点，电磁阀 s64 通电动作，左道砟回填输送带向内摆动。在手动调整中可通过调节电位器 r9 和 r10 的电阻值来调节时间继电器 d21、d23 断电后触点 1 和 4 延时闭合的时间。

③自动过程

手动调整后，操作者确认输送带摆动的范围符合要求，方可使用自动摆动装置来操作输送带的摆动。

断开开关 b580，将连接杆的叉形螺丝“1”调整在 U5 的正上方，如图 4.44 所示，使其与感应开关 U5 的间距小于或等于 8.1 mm。在 QS-650 型清筛机电路图 64.07.1000.205 中，开关 b434、b435、b436、b437、b487、b513、b514、b570、b572 均处于“0”挡位时，合上开关 b580、e35 后，左道砟回填输送带便开始进入自动循环过程。

在连接杆叉杆螺丝处于“1”位时，U5 感应开关内的继电器动作，接通 FÖ21 到 1 号电路。d20 通电动作，通电回路:FÖ20→d22 的触点 5 和 8→FÖ30→d20、FÖ35 的线圈→n26→FÖ21→U5→号线 1。d20 的触点 1 和 3、6 和 8 闭合，5 和 8 断开，时间继电器 d21 通电工作，其触点 1 和 3 闭合，向 FÖ23 输出正电位，使 s65 电磁阀动作，左道砟回填继电器断电，切断 FÖ21 到 1 号电路，d20 继续维持通电状态，其通电回路:FÖ20→d22 的触点 5 和 8→d2 线圈→FÖ30→d20 的线圈→FÖ31→d20 的触点 1 和 3→号线 1。道砟回填输送带继续向外摆动。当连接杆叉杆螺丝“2”转到感应开关 U6 上方后，继电器 d22 通电动作，通电回路:FÖ20→d21 的触点 1 和 3→n29→FÖ35→d22 的线圈→n27→FÖ22→U6→号线 1。d22 通电动作后，其触点 1 和 3、6 和 8 闭合，5 和 8 断开时间继电器 d23 通电，其触点 l 和 3 闭合，FÖ24 呈正电位，电磁阀 s64 通电，但不动作(因此时电磁阀 s65 断电)。继电器 d20 因 d22 的触点 5 和 8 断开而断电，其触点 l 和 3、6 和 8 断开，5 和 8 闭合，使时间继电器 d21 断电，在预定的延时时间到后，其触点 1 和 3 断开，FÖ23 断电，电磁阀 s65 断电，电磁阀 s64 这时才动作，左道砟回填输送开始向内摆，时间继电器 d21、d23 的延时时间作用是使道砟回填输送带在换向摆动时，有一个停顿时刻，避免在换向时有很大的振动。这就是左道砟回填输送带的自动摆动循环过程。右道砟回填输送带自动摆动循环过程与此一样，读者可自行分析。

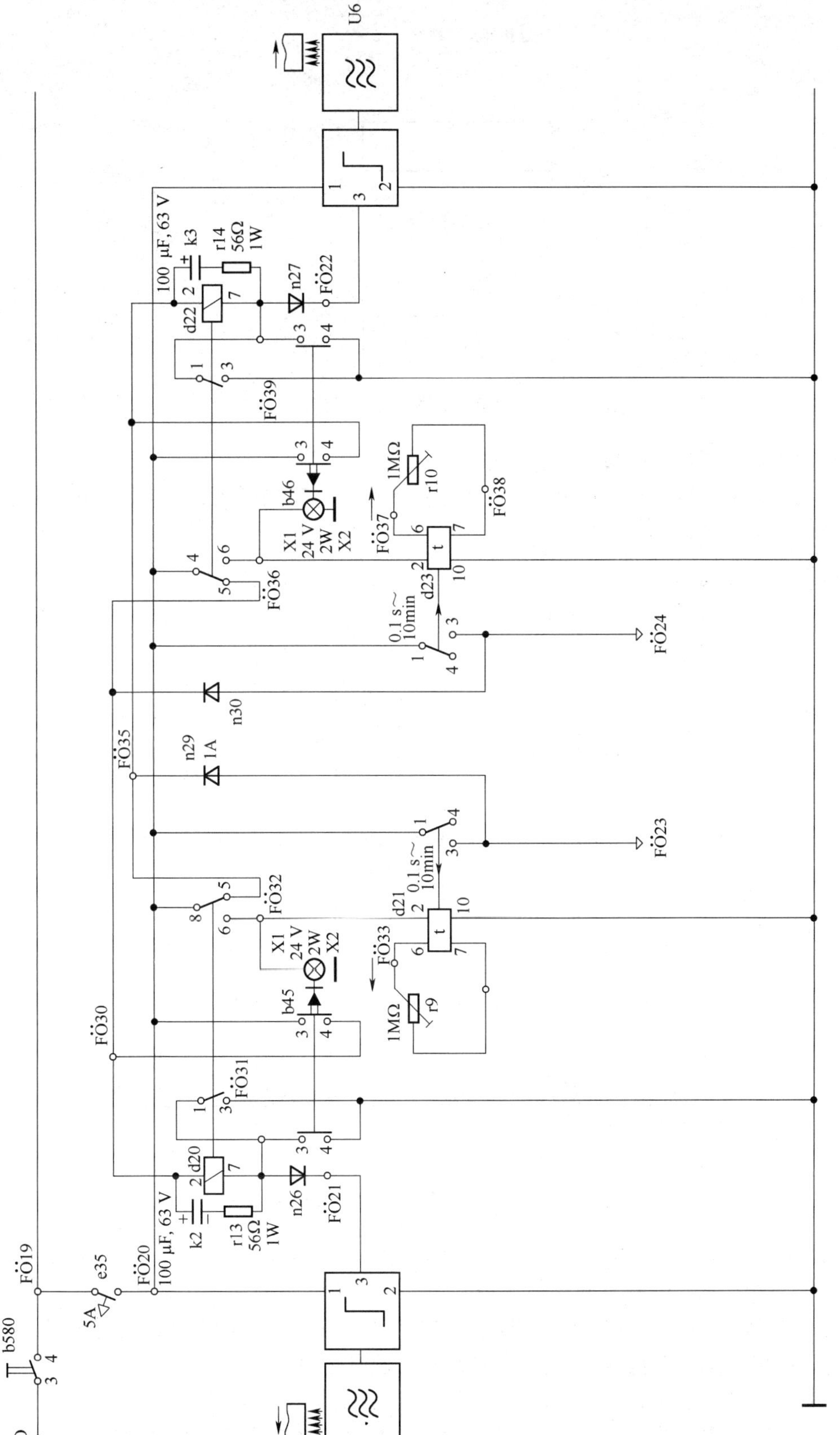

图 4.43　接近感应开关电气原理图

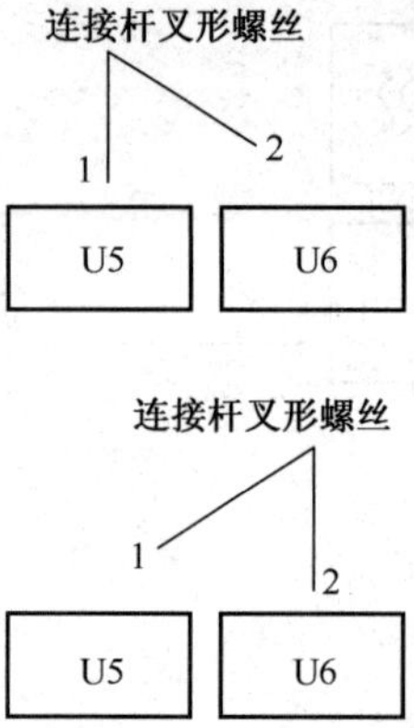

图 4.44　连接杆叉形螺丝动作示意图

9. 回转污土输送带装置控制电路

回转污土输送带装置控制电路由回转污土输送带水平调整电磁阀、回转污土输送带垂直调整电磁阀和开关组成，如图 4.45 所示。

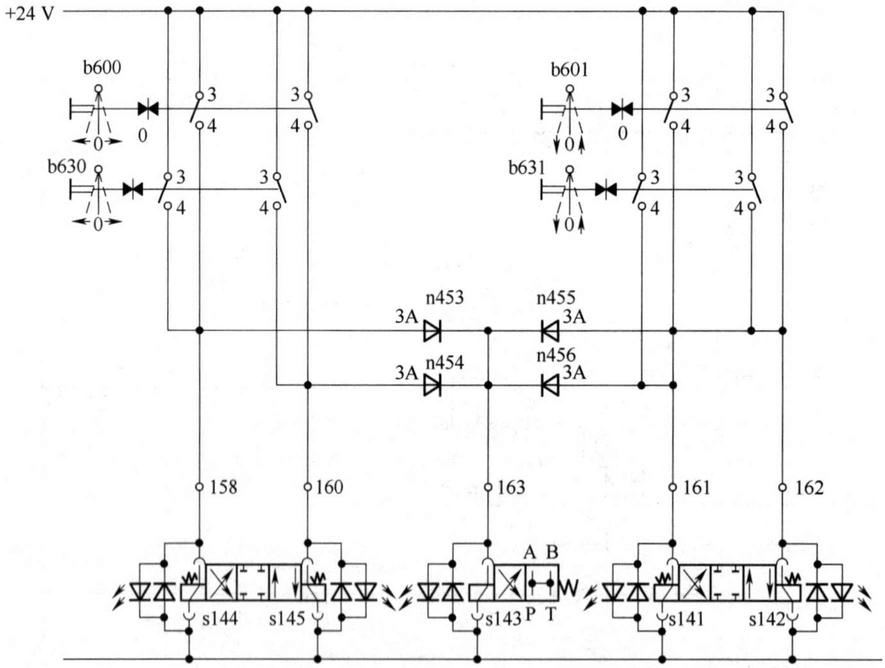

图 4.45　回转污土输送带控制电路

回转污土输送带调整油缸由 5 个电磁阀控制，s144、s145、s141、s142 是三位四通电磁阀，s143 是二位三通电磁阀。这些电磁阀的作用是：s144 和 s145 是回转污土输送带水平调整电磁阀，s144 向左调整，s145 向右调整；s141 和 s142 是回转污土输送带垂直调整电磁阀，s141 是向上调整，s142 是向下调整；s143 是液压油箱油控制电磁阀。

开关 b600、b601 在配电箱 U158 上，开关 b630、b631 在配电箱 U159 上。

开关 b600、b630 控制作用相同。b600 是三挡扳钮开关，当开关置于中间“0”挡时，其触点均不闭合,电磁阀 s144、s145 均不通电。在左边"←"挡时(按视图方向)其右边触点 3 和 4 闭合,左边触点 3 和 4 断开,电磁阀 s145 通电动作,经由二极管 n454,电磁阀 s143 通电动作。这时,回转污土输送带沿水平方向向右调整。

在右边"→"挡时,其左边触点 3 和 4 闭合,右边触点 3 和 4 断开。电磁阀 s144 通电动作,s145 断电。经过二极管 n453,电磁阀 s143 得电,这时回转污土输送带沿水平方向向左调整。

扳钮开关 b601、b631 控制作用相同。当开关 b601 置于中间"0"挡时,电磁阀 s141、s142 均不通电,电磁阀不动作。当开关置于左边"↓"挡时(按视图方向),右边的触点 3 和 4 闭合,左边的触点 3 和 4 断开,电磁阀 s142 通电动作,通过二极管 n455 电磁阀 s143 通电动作,回转污土输送带沿垂直方向向下调整。当开关置于右边"↑"挡时,左边的触点 3 和 4 闭合,右边的触点 3 和 4 断开,电磁阀 s142 断电,电磁阀 s141 通电动作,通过二极 管 n456,电磁阀 s143 通电动作。回转污土输送带沿垂直方向向上调整。

任务 4.4　起拨道及起重装置认知

4.4.1　工作任务

熟悉 QS-650 型清筛机起拨道及起重装置结构组成,并了解其功能与作用,掌握起拨道装置液压与电气控制系统的基础知识,根据电路图能够分析起道夹钳装置的动作被控过程。

4.4.2　相关配套知识

1. 起拨道装置

起、拨道装置的功用是减少挖掘阻力和避开障碍物。它包括前起拨道装置和后拨道装置两部分。前起型拨道装置紧靠在挖掘装置水平导槽后;后拨道装置在后转向架前,它将拨过的轨道放回原位或指定位置。

QS-650 型清筛机起、拨道装置的最大起道力为 140 kN,最大拨道力为 72 kN,作业时最大起道量为 250 mm,最大拨道量为±300 mm。起、拨道量由标尺和指针显示。

起、拨道装置如图 4.46 所示,它由起道和拨道两部分组成。

(1)起道装置

起道装置包括起道油缸 10、支承轴 12、中梁 6、导向柱 23、侧梁 18、前夹钳装置 4、后夹钳装置 3 及其支承连接件等。起道油缸 10、轴承支架 27 固定在主梁上;油缸活塞杆用销 11 与支承轴 12 铰接。因此,支承轴 12 可在轴承支架 27、衬套 28 内上下运动。支承轴 12 用压盘 24 固定在中梁 6 内,中梁 6 上有两根水平放置的导向柱 23,导向柱 23 两端分别用垫圈 19 及螺栓固定着左、右两侧梁 18,侧梁 18 两端又用活塞销轴安装着前夹钳装置 4 和后夹钳装置 3。

起道作业时,首先前后夹钳装置的夹钳滚轮张开,起道油缸 10 的活塞杆下降,夹钳滚轮闭合夹住轨头,然后进行起道作业,即使起道油缸 10 的活塞杆上升,带动支承轴 12、中梁 6 前后导向柱 23、左右侧梁 18、前后夹钳装置 4、3 以及夹钳滚轮夹持的左、右两条钢轨一同提起,完成起道作业。

起道量由挡块 15 来限制,起道作业前应拉出锁定销 13。

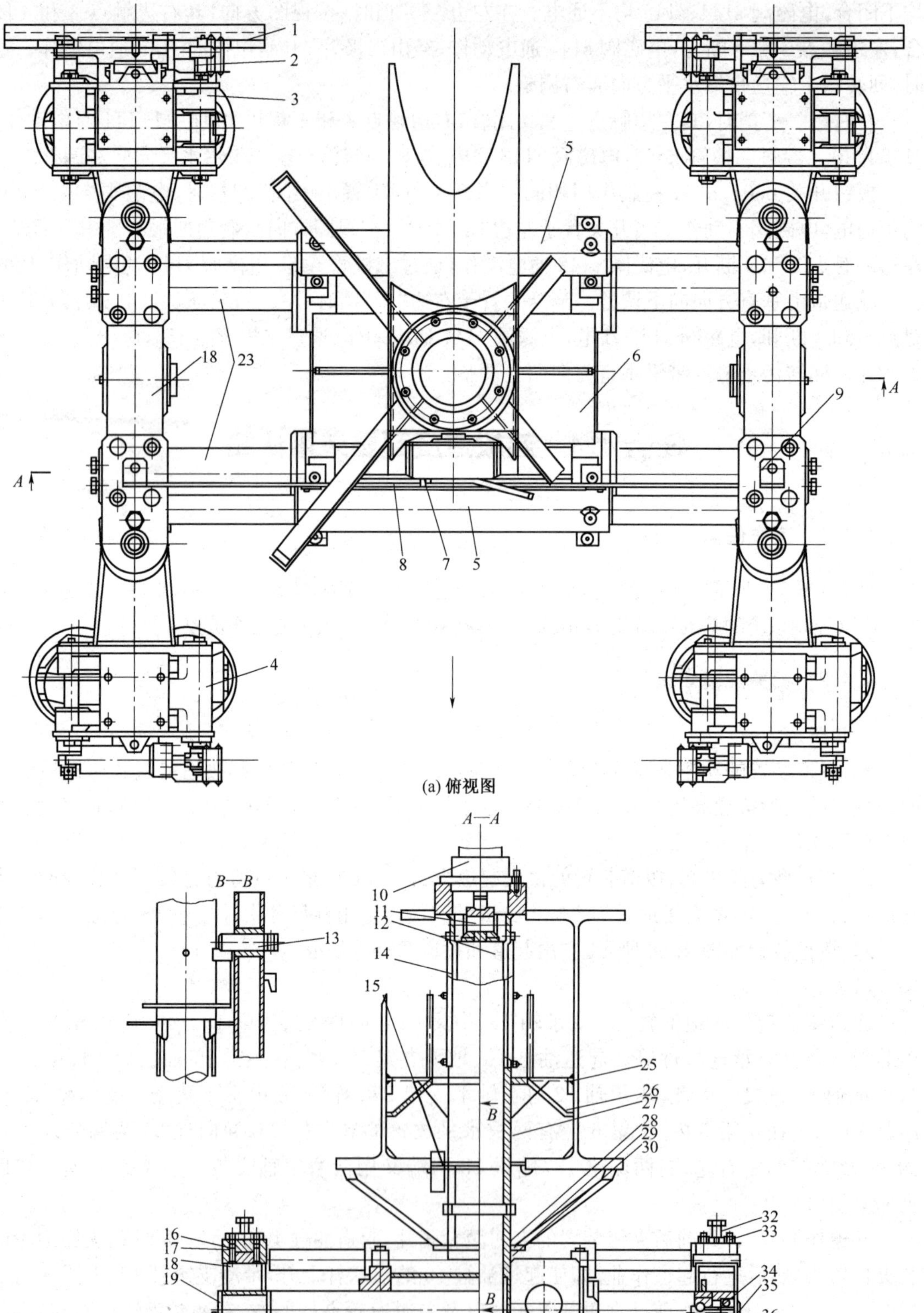

(a) 俯视图

(b)主视图

图 4.46

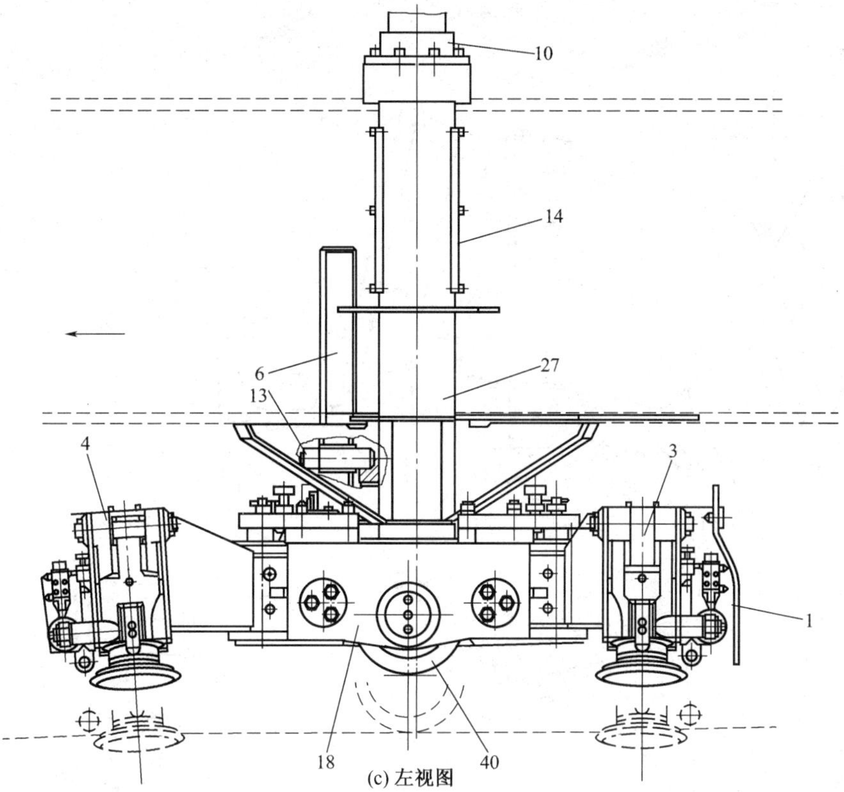

(c) 左视图

1—橡胶板；2—支架；3—后夹钳装置；4—前夹钳装置；5—拨道油缸；6—中梁；7—挡铁；8—拨道尺；9—压条；10—起道油缸；11、13—销；12—支承轴；14—罩；15—挡块；16—连接板；17—双头螺栓；18—侧梁；19—垫圈；20、30—张力垫圈；21、29—防尘圈；22、28—衬套；23—导向柱；24—压盘；25—异形板；26—筋板；27—轴承支架；31—轴套垫圈；32—调整螺栓；33—螺母；34—隔套；35—销轴；36—轴承套；37—支承环；38—轴承；39—尼龙圈；40—拨道轮

图 4.46　起拨道装置

(2)拨道装置

拨道装置靠固定在中梁上的拨道油缸 5 及安装在左、右侧梁 18 中部的两拨道轮 40 来完成。两拨道滚轮轮缘内距为 1 435 mm。

拨道油缸 5 是双杆活塞油缸，当活塞在油缸体内左、右移动时，其一端伸出，另一端缩回。由于拨道油缸体固定在中梁上，所以活塞杆伸出端顶着这边侧梁 18、拨道轮 40 一起向线路中心的一侧移动；另一侧由于导向柱的连接也带动这一侧移动。结果将轨道向活塞杆伸出端拨动一段，最大拨道量等于活塞杆的最大行程。

2. 夹钳装置

在起拨道装置上，用于夹持钢轨进行作业的是前、后两对夹钳装置。它们安装在起拨道装置侧梁的两端。前后夹钳装置在构造上相同，如图 4.47 所示。

夹钳装置靠夹紧油缸 30 的作用来夹持钢轨。非工作状态，即当油缸活塞杆伸出时，两臂和下部夹钳滚轮 47 张开；起道作业时，起道活塞杆下降，限位滚轮 10 抵住轨面后，夹紧油缸活塞杆缩回，夹钳装置左、右臂合龙，两夹钳滚轮紧紧夹住轨头，然后可进行起道。

夹钳滚轮用轴承 40、43、45 支承在夹钳臂的套筒 46 中，因此夹钳滚轮在机器运行中靠摩擦自行回转。当夹钳滚轮遇到钢轨连接夹板时，由于有前、后两组夹钳装置，因此可以牢牢抓住钢轨。

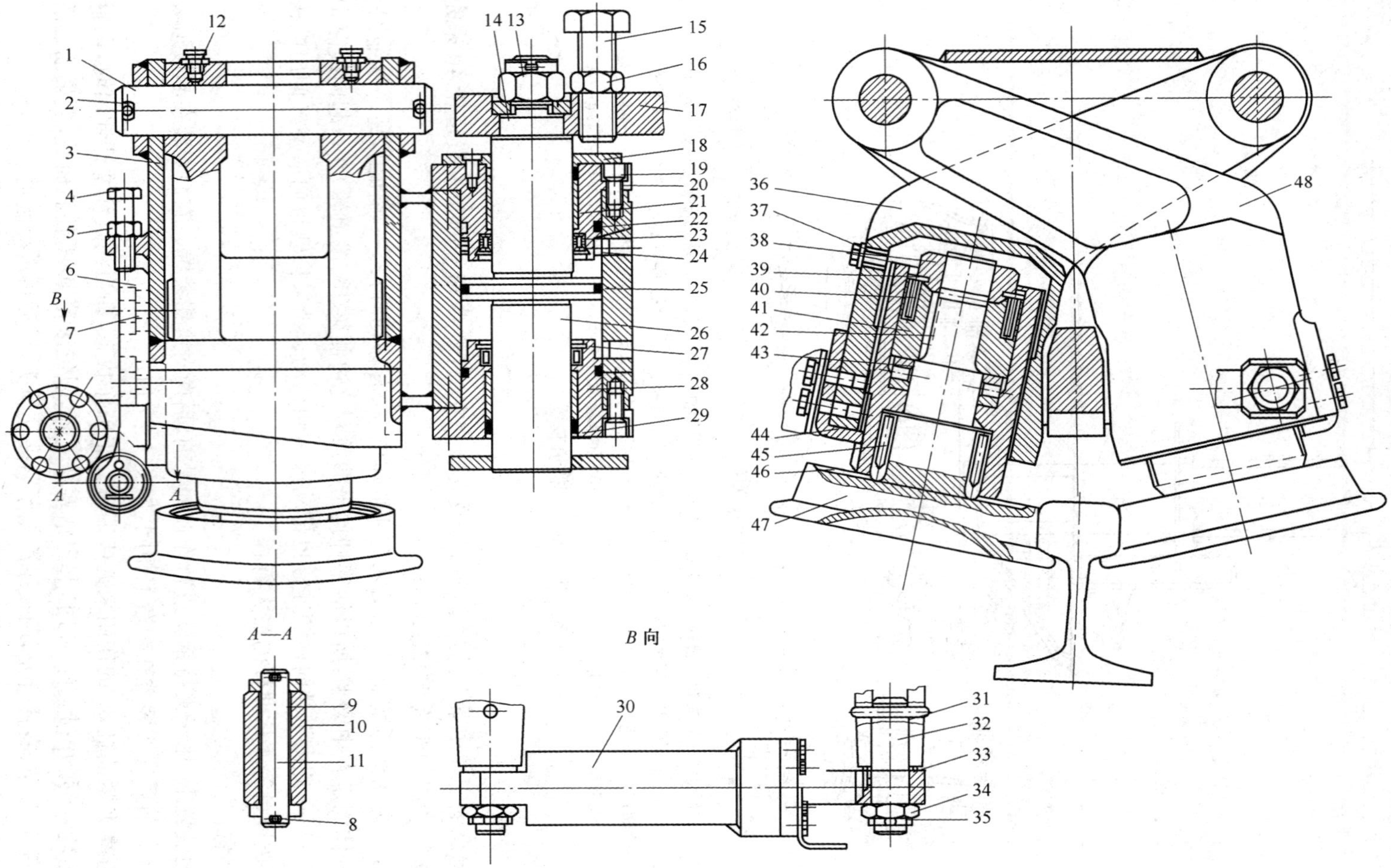

1、11—销轴;2、8、35—开口销;3—夹钳缸体;4、15—调整螺栓;5、13、16、34、38—螺母;6—限位滚轮架;7—内六角螺钉;9、21、41—轴套;10—限位滚轮;12—润滑油嘴;14、24、33—垫圈;17—侧梁;18—盖;19、22、23、35—密封圈;20、28—凸缘;26—活塞;27、29、39—弹性挡圈;30—夹紧油缸;31—销轴;32—螺杆;36—左臂;37—螺塞;40、43、45—轴承;42—键;44—锁板;46—套筒;47—夹钳滚轮;48—右臂

图 4.47　夹钳工作装置

夹钳下降的位置受安装在夹钳缸体3上的限位滚轮架6和限位滚轮10限制，其间隙可用调整螺栓4和螺母5来调整。

四个夹钳装置的位置高度可以用夹钳缸体3支承部位的活塞油缸来调整。油缸活塞26固定在侧梁两端，夹钳缸体靠凸缘20、28，轴套21及密封圈安装在活塞26上。当活塞上、下两腔油量变化时，夹钳装置便可上、下移动，从而调整位置高度。调整的行程范围用调整螺栓15和螺母16来控制。

3. 拨道装置

安装在后转向架前的拨道装置，如图4.48所示，它由气动升降机构、液压拨道机构和安全保险器三部分组成。

(1)气动升降机构

气动升降机构是气动四杆机构。气缸1与安装支架2、拨道机构支架3相铰接，安装支架用横梁焊在主梁间。气缸活塞杆伸出时，拨道机构下降，使滚轮15卡在两钢轨内侧，这时可以进行拨道作业。气缸活塞杆缩回，则拨道机构提起到运行状态。为防止运行中活塞杆的自落，设有安全保险器。

(2)液压拨道机构

拨道机构是靠安装在拨道机构支架3前的拨道油缸25来完成拨道作业的。拨道油缸是双杆活塞，杆两端都装有滚轮15，两轮轮缘内距为1 435 mm。当活塞杆一腔进油，另一腔回油时，滚轮15带动钢轨移动，完成拨道作业。

拨道量可由固定在油缸上的指示板24和固定到两活塞杆上的刻度尺26间的相对位置显示出来。

(3)安全保险器

安全保险器如图4.49所示，它靠一端固定在主梁吊架1上的钢丝绳2，穿过拨道机构支架下，再经定滑轮导向，用鸡心套11和钢绳卡10固定连接杠杆16下端。连接杠杆16中部有拉紧弹簧15，下部可用锁定安全销13锁定。如果锁定安全销13在锁定位置，则钢丝绳拉着拨道机构支架不能动，这样可保证机器在运动中的安全。拨道时，首先要转动锁定安全销到非锁定位置，则拨道装置在气缸活塞杆的作用下下降。同时，钢丝绳2被拉动使连接杠杆16转动并进一步拉伸弹簧15。作业后，液压拨道机构在气缸和弹簧的作用下，恢复到运行位置，并用锁定安全销13锁定，起到安全保险的作用。

4. 起重设备举升臂

挖掘装置的水平导槽在机器运行时，应放置于前操纵室下；作业时，需快速完成水平导槽在提升与下降导槽之间的安装与拆卸。为了减少装卸时间，减轻操作人员劳动强度，保证作业区间安全，在水平导槽作业区间内设有起重设备。

起重设备包括：水平导槽安放举升臂、提升机和起吊机。由于它们工作行程短，所以全采用液压油缸驱动。举升臂安装在操纵室下面的主梁下翼板下，靠液动四杆机构来实现举升，如图4.50所示。

长途运行时即液压油缸3缩回，升降臂2将水平导槽举起并用锁销6锁定在锁销座7中，确保运行中的安全。清筛机作业需放下水平导槽时，液压油缸活塞杆伸出，升降臂下降，将水平导槽放置于钢轨上；然后，活塞杆缩回，升降臂提升、复位锁定。

5. 提升机

提升机用于作业时辅助安装和拆卸水平导槽。提升机安装在操纵室正前方、水平导槽上方的机架上，如图4.51所示。

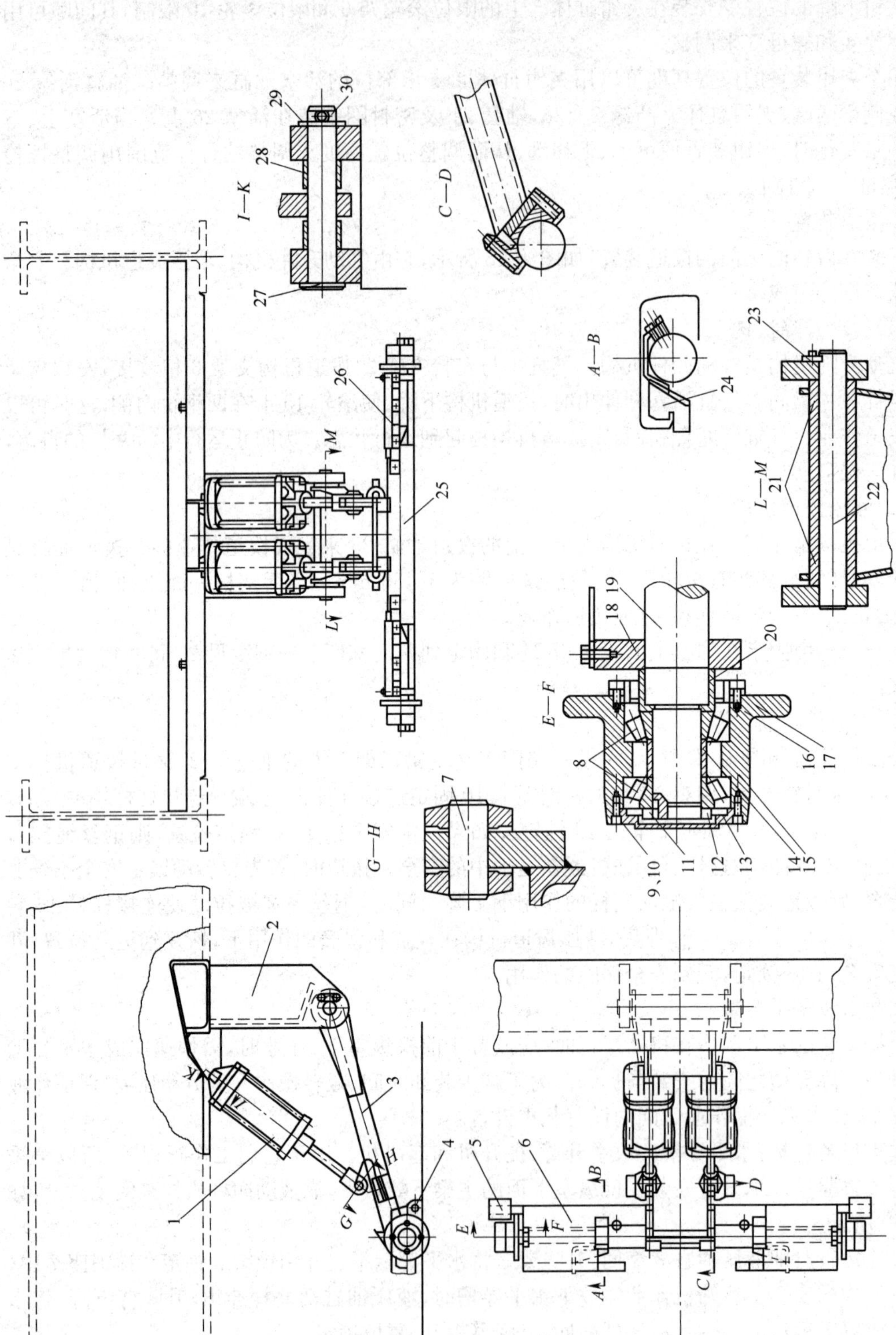

1—气缸;2—安装支架;3—拨道机构支架;4—清扫器;5—盖;6—罩;7、22、27—销;8—轴承;9—内六角螺钉;10—弹簧垫圈;11—锁紧垫片;12—螺母;13—滚轮端盖;14、20、28—隔套;15—滚轮;16—密封圈;17—滚轮轴端盖;18—支承板;19—活塞杆;21—衬套;23—锁板;24—指示板;25—拨道油缸;26—刻度尺;29—垫圈;30—开口销

图 4.48　拨道装置

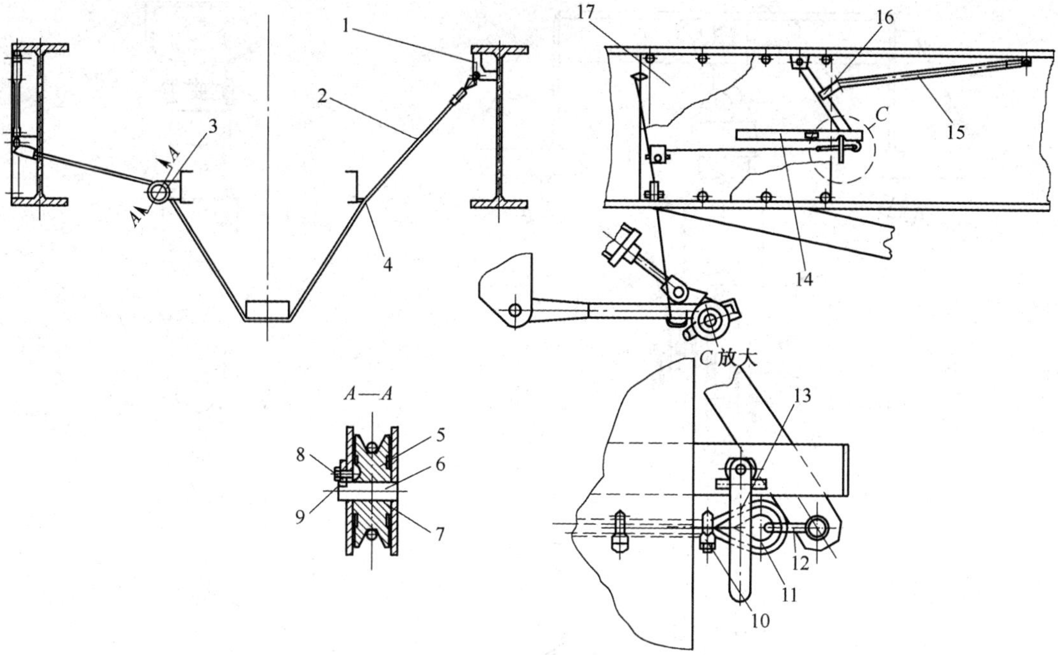

1—吊架；2—钢丝绳；3—支架；4—导向环；5—滑轮；6—销；7—衬套；8—螺钉；9—锁板；10—钢绳卡；11—鸡心套；12—V 形环；13—锁定安全销；14—导向板；15—拉紧弹簧；16—连接杠杆；17—盖板

图 4.49　安全保险器

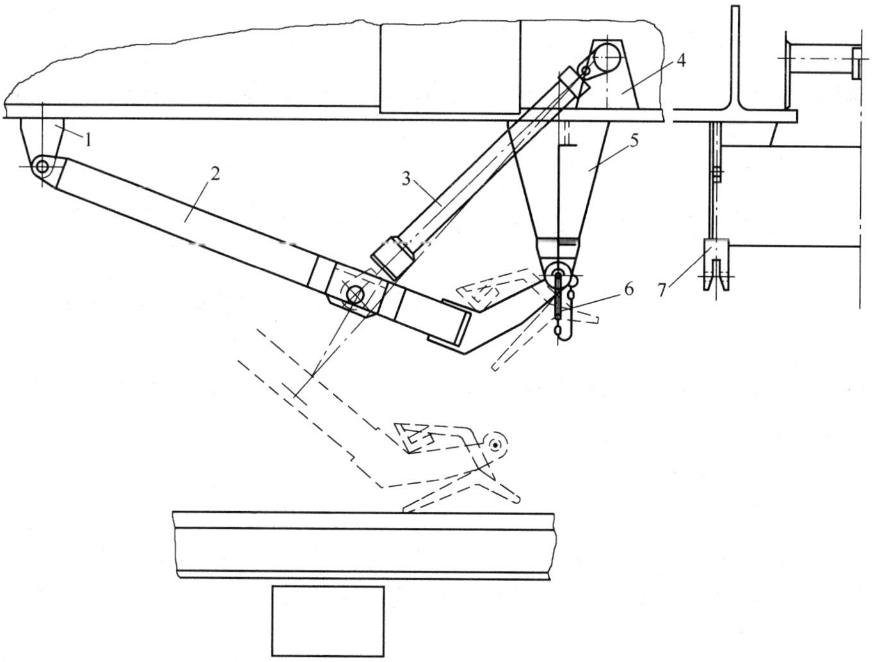

1、4、5—支座；2—升降臂；3—液压油缸；6—锁销；7—锁销座

图 4.50　举升臂

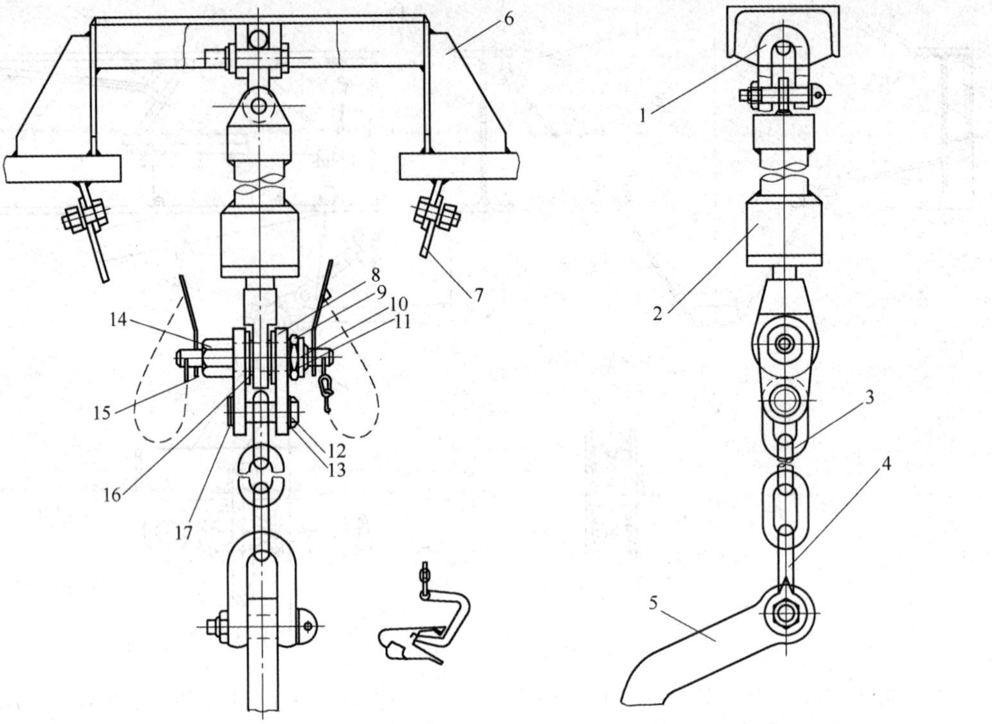

1、4—U形环；2—液压油缸；3、15—链条；5—吊钩；6—支架；7—悬挂托板；8—夹板；9—螺母；
10、12—开口销；11、13—垫圈；14—心轴；16—衬套；17—销

图 4.51　提升机

提升机液压油缸 2 上端用 U 形环 1 铰接在支架 6 上，支架 6 上焊有悬挂托板 7。液压油缸活塞杆端用心轴 14、夹板 8、销 17 与链条 3、吊钩 5 相连接。活塞杆上升，即提升重物；相反，重物下降。

提升机在非工作状态时，悬挂托板 7 用链条 15 锁住活塞杆端的心轴，以保证安全。当需要提升水平导槽时，先拉出链条 15，使心轴 14 两端脱离悬挂托板 7，然后活塞杆工作。

6. 起吊机

起吊机用于起吊和放下水平导槽。起吊机对称地布置在操纵室正前方主梁上支架左、右两侧，如图 4.52 所示。

起吊机用液压油缸 1 的活塞杆直接牵引钢丝绳 11，钢丝绳经滑轮 8 导向后，用 U 形环 3、5 与链条 4、吊钩 6 连接。

7. 起拨道、夹轨器液压控制回路

起拨道、夹轨器液压控制回路如图 4.53 所示。此回路中三联泵 1 就是挖掘链及回转污土输送带安装调整液压回路中的动力元件。起道液压缸 17 和拨道液压缸 18、19，由三联泵通过二位四通电磁换向阀 4、5 供给工作压力油。三联泵中另两个泵提供夹轨器液压控制回路的工作压力油。

起拨道液压回路，可参照前面图 4.20 所示自行分析。

三联泵 1 右边的泵向夹钳调整液压缸 10、11 输送压力油，三联泵 1 中间的泵向夹紧液压缸 8、9 提供压力油。夹紧液压缸活塞伸出，左夹钳放松；夹紧液压缸活塞收回，左夹钳夹紧。二位四通电磁换向阀 4、5 控制压力油进入夹紧液压缸 8、9 的有杆腔或无杆腔，即操纵夹钳的

夹紧或放松。

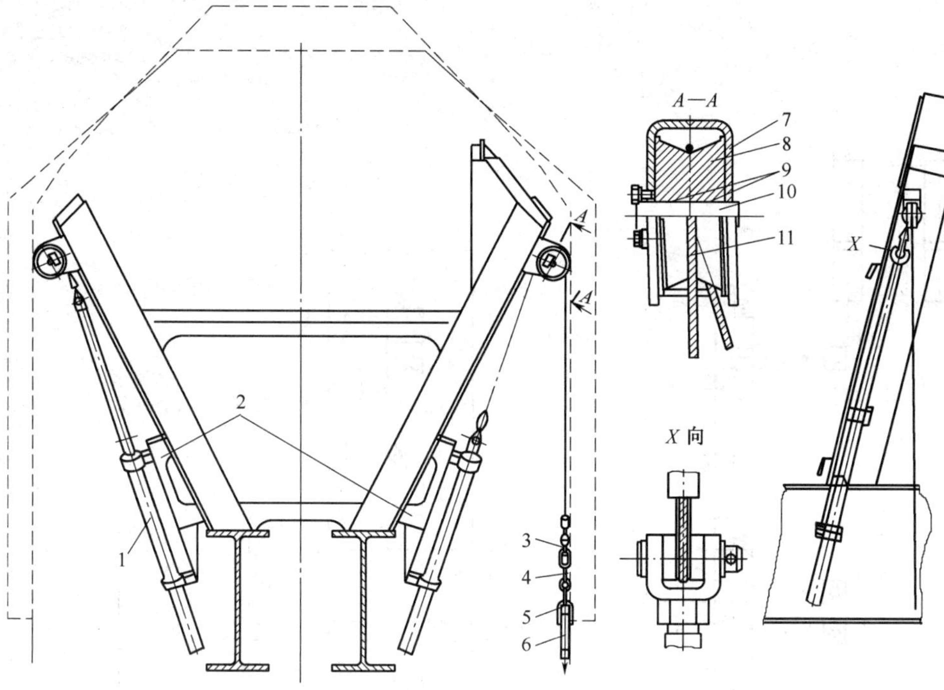

1—液压油缸；2、7—支架；3、5—U 形环；4—链条；6—吊钩；8—滑轮；9—衬套；10—心轴；11—钢丝绳

图 4.52　起吊机

起拨道架上装有四组夹钳，用于夹住钢轨将轨排提起一定高度，利于挖掘作业。每股钢轨由前后两组夹钳夹住。通过钢轨接头处时，因鱼尾板的作用，其中一组夹钳张开，失去夹持作用，这时该回路设置的行程换向阀打开，压力油进入另一组夹钳的夹钳调整液压缸，此夹钳夹持钢轨再上升一定高度，失去夹持端的钢轨不致因夹钳的失效而下落，使夹钳顺利通过钢轨接头后再夹轨。

图 4.53 中电磁铁 S49、S50 得电时，三联泵 1 的最高压力油由溢流阀 2 调限为 10 MPa，三联泵 1 的压力油进入夹紧液压缸 8、9 有杆腔，同时经二位四通电磁换向阀 4、5 左位进入夹紧液压缸 8、9 无杆腔，形成差动连接。夹紧液压缸 8、9 活塞杆伸出，夹钳夹紧。通过钢轨接头时，鱼尾板使液压缸 8 操纵的夹钳张大，即夹紧液压缸 8 活塞杆受一压力外负载，活塞内收，触动行程换向阀 6 动作，三联泵 1 的压力经溢流阀 3 限定为 16 MPa，经行程换向阀 6 左位进入夹钳调整液压缸 11 上腔，使夹紧液压缸 9 控制的夹钳夹持钢轨提高一定高度。

液压缸 9 控制的夹钳通过鱼尾板时，活塞杆内收，触动行程换向阀 7，压力油经行程换向阀 7 左位进入夹钳调整液压缸 10 上腔，使夹紧液压缸 8 控制的夹钳夹持钢轨到一定高度，夹紧液压缸 9 控制的夹钳顺序通过钢轨接头。

溢流阀 2、3 为先导式溢流阀，分别调定两泵的出口压力，其控制口 K 接电磁换向阀，实现远程控制。

8. 起拨道装置电路

起拨道装置电路由前起道、后拨道电磁阀和开关组成。

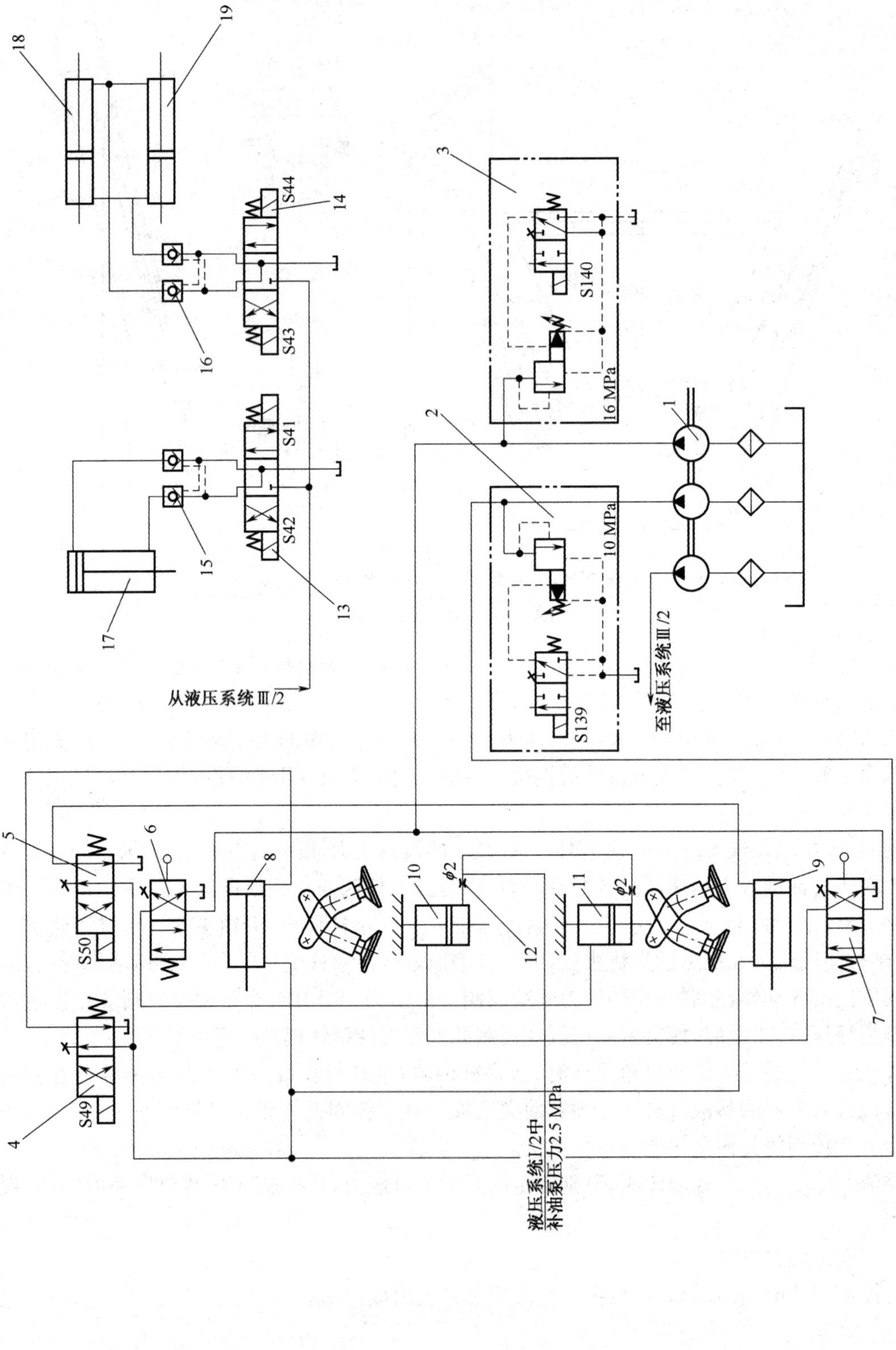

1—三联泵；2，3—溢流阀；4，5—二位四通电磁换向阀；6，7—行程换向阀；8，9—夹紧液压缸；10，11—夹钳调整液压缸；
12—节流阀；13，14—三位四通电磁换向阀；15，16—液压锁；17—起道液压缸；18，19—拨道液压缸

图 4.53 起拨道、夹轨器液压回路

(1)前起道电磁阀动作过程

前起道调整油缸的作用是将钢轨提升并作上下左右调整,调整控制由两个三位四通电磁阀 s41、s42 和 s43、s44 来完成。开关 b567、b568、b569/578 是三挡位双列开关,分别安装在开关箱 U74、U75、U45、U146 中,它们的控制过程完全一样。下面以 b567 为例说明动作过程。

如图 4.54 所示,当开关 b567 置于中间"0"挡时,电磁阀 s41、s42、s43、s44 均不动作。

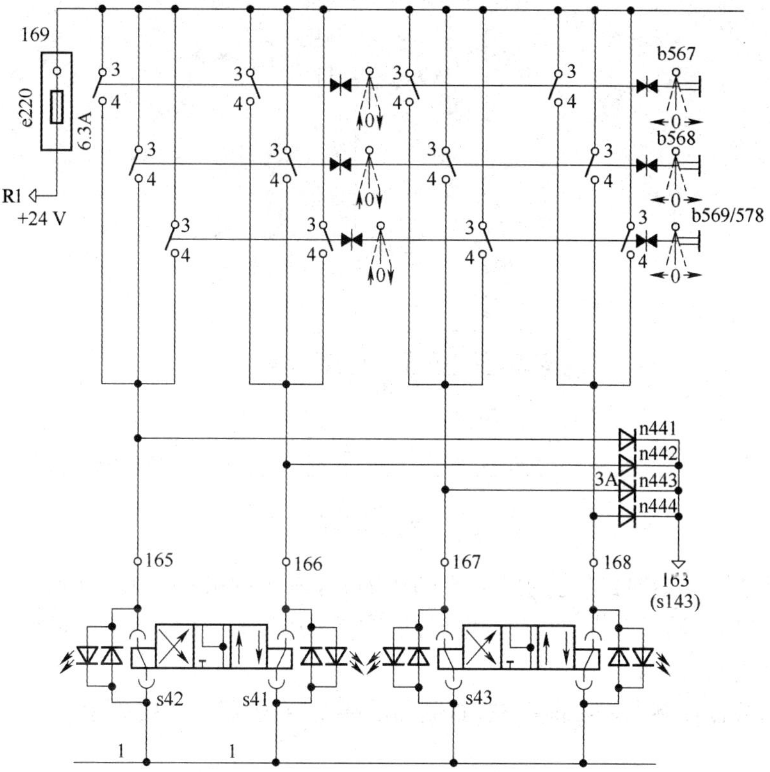

图 4.54　前起道控制电路图

当开关 b567 置于左边"←"挡(按视图方向)其中间位的两对触点 3 和 4(在 166 号和 167 号线上)闭合,电磁阀 s41、s43 通电动作,通过二极管 n442、n443,电磁阀 s143 通电动作,使起拨道装置向左和向下调整钢轨。s143 是安装在液压油路上的控制电磁阀。

当开关 b567 置于右边"→"挡时,其两侧边的两对触点 3 和 4(在 165 号和 168 号线上)闭合,而中间位的两对触点 3 和 4 断开,电磁阀 s42、s44 通电动作,通过二极管 n441、n444,电磁阀 s143 通电动作,电磁阀 s41、s43 断电,这样起拨道装置向右和向上调整钢轨。

(2)后拨道电磁阀动作过程

后拨道油缸的作用是对提升的钢轨进行左、右方向的调整,调整控制由三位四通电磁阀 s99、s100 来完成,其动作过程如图 4.55 所示。

开关 b515 是三挡扳钮开关,当开关 b515 置于中间"0"挡位时,电磁阀 s99 和 s100 均不通电。

当置于左边"←"挡(按视图方向),左边的触点 3 和 4 断开,右边的触点 3 和 4 闭合,电磁阀 s100 通电动作,通过二极管 n532,电磁阀 s160 通电动作, s160 是接在液压油路上的控制阀。这时后起拨道装置将钢轨向左调整。

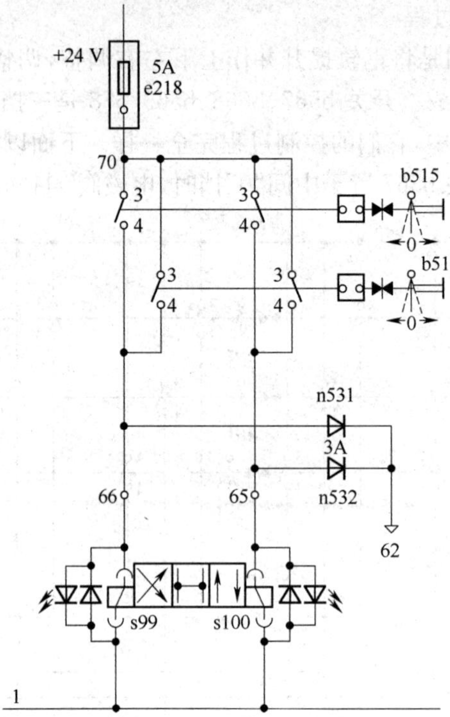

图 4.55　后拨道控制电路图

当置于右边"→"挡时，左边的触点 3 和 4 闭合，右边的触点 3 和 4 断开，电磁阀 s100 断电，s99 通电动作。通过二极管 n531，电磁阀 s160 通电动作，使后拨道装置将钢轨向右调整。

9. 起道夹钳装置控制电路

起道夹钳装置控制电路由前部左、右侧和后部左、右侧起道夹钳夹紧、松开，调整电磁阀和开关组成。

(1)起道夹钳夹紧、松开电磁阀动作过程

起道夹钳夹紧、松开油缸的作用是夹紧、松开钢轨，调整控制由电磁阀 s49、s50、s51、s52 来完成。动作过程分析如图 4.56 所示。

继电器 U115-Re1、U115-Re2、U115-Re3、U115-Re4 是一种特殊动作的继电器，动作过程为：第一次继电器通电动作，触点闭合，断电后触点仍闭合；第二次通电，继电器动作，触点断开，断电后触点仍断开。继电器 U115-Re1 由开关 b410、b411、b412 并联控制，这些开关分别安装在开关箱 U145、U74、U75 上；U115-Re2 又由开关 b413、b414、b506 并联控制，这些开关分别安装在开关箱 U145、U74、U75 上；继电器 U115-Re3 由开关 b507、b508、b509 并联控制，这些开关分别安装在开关箱 U146、U74、U75 上，继电器 U115-Re4 由开关 b510、b511、b512 并联控制，这些开关分别安装在开关箱 U146、U 74、U75 上。

开关箱 U145、U146 在作业驾驶室，其余两个开关箱分别安装在作业驾驶室外的左右两侧，可方便操纵者下车在轨道旁进行操纵。其运作过程如下：

按下开关 b410 继电器 U115-Re1 通电动作，触点闭合，电磁阀 s49 通电动作，前右起道夹钳夹紧，松开开关 b410，继电器 U115Re1 触点仍闭合，再次按下开关 b410，继电器 U115-Re1 通电，其触点断开，电磁阀 s49 断电，起道夹钳松开。继电器 U115-Re2、U115-Re3、U115-Re4 和电磁阀 s50、s51、s52 动作与此相同。

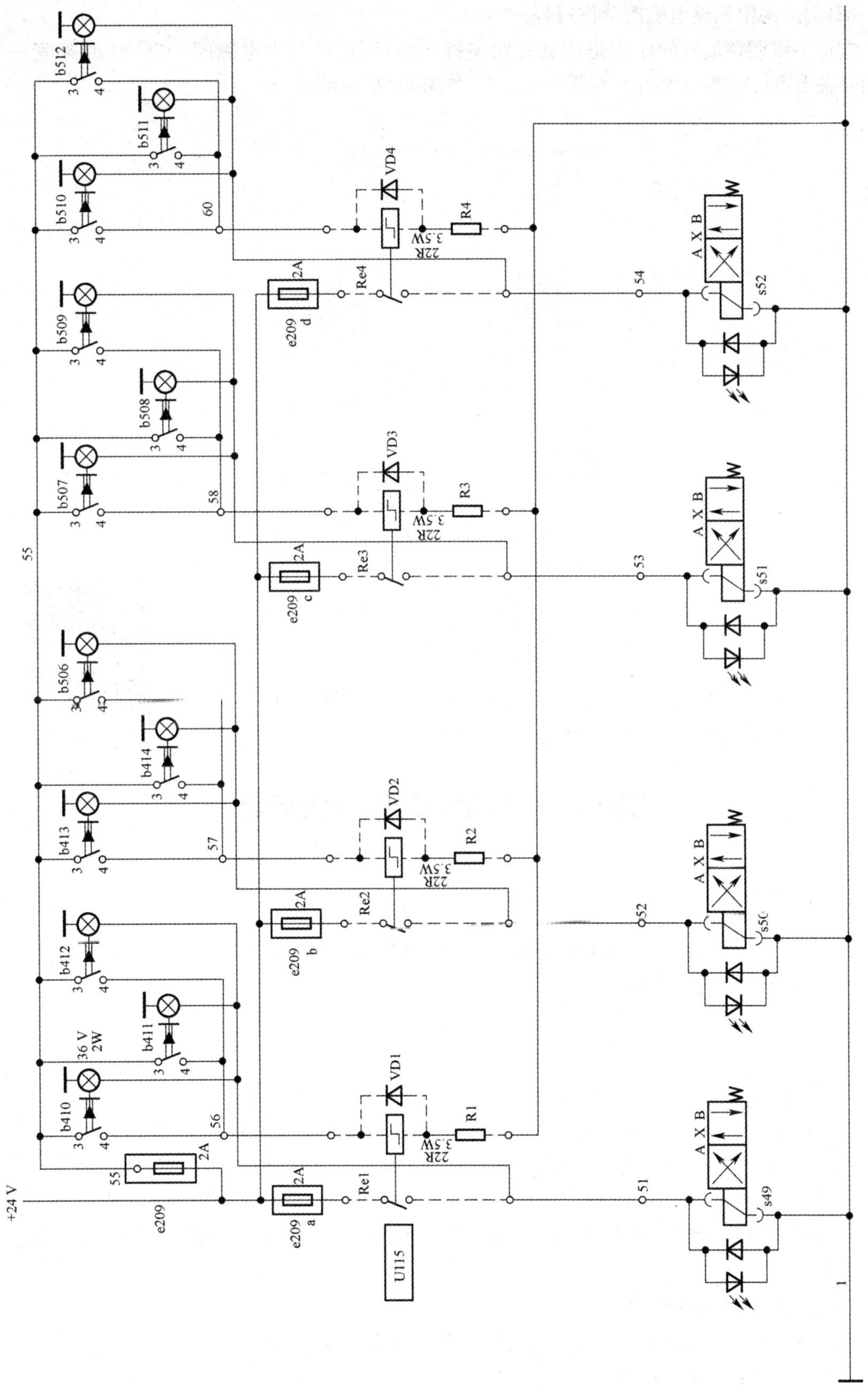

图 4.56　起道夹钳控制电路图

(2)起道夹钳调整电磁阀动作过程

起道夹钳调整油缸的作用是控制夹钳夹持压力，调整控制由电磁阀 s139、s140 来完成。旋钮开关 b594、b595 安装在开关箱 U146 上，如图 4.57 所示。

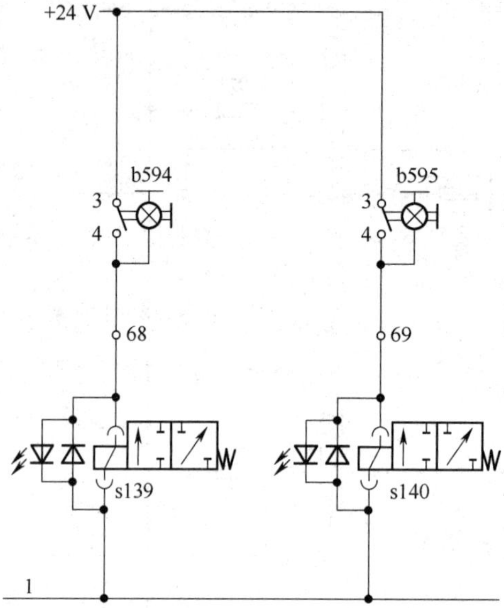

图 4.57　起、拨道夹钳调整控制电路

旋钮开关 b595 闭合后，电磁阀 s140 通电动作，控制夹钳压力。

QS-650 型清筛机工作装置微课见右侧二维码。

QS-650 型清筛机
工作装置

任务 4.5　标准化施工作业步骤

4.5.1　工作任务

掌握 QS-650 型清筛机标准化施工作业步骤，熟悉清筛机的连挂作业，作业条件，施工作业准备，以及工作装置的调整等内容。

4.5.2　相关配套知识

1. 连挂运行

在一般情况下，大型养路机械都是按机组多机联合流水作业。线路大修时，由两台清筛机、三台捣固车、一台动力稳定车、一台配砟整形车组成一个大修机组，此时，清筛机通常配置在最前面。机组作业，按规定必须连挂在一起进入、撤出工地，清筛机有时当本务机承担牵引动力，有时作为无动力车附挂在其他机械车的后面，所以，连挂、摘挂作业是每次施工都必须进行的环节。

(1)连挂作业准备(被挂车)：

①停稳清筛机，将挂挡开关转换到空挡位，并确认本车在空挡位。

②开放无动力回送装置塞门。

③关闭中继阀前列车管塞门。

④新改装后的清筛机只需拉出无动力回送主、辅车转换阀即可。

⑤拧紧手制动。

⑥大闸手把置于运转位，小闸手把置于缓解位。

⑦关闭发动机。

⑧检查车钩状态良好。

(2)连挂作业：

①连挂的动车(一般为牵引车，也叫本务机)试风试闸，以不超过 30 km/h 的速度运行至被挂车前 50 m 一度停车，并调整运行速度。

②连挂动车以不超过 3 km/h 的速度运行至距被挂车前 2 m 二度停车。

③检查动车与被挂车的车钩、风管，做好连挂准备。

④提启动车及被挂车车钩装置的钩提杆，使车钩处于全开状态。

⑤动车以不超过 3 km/h 速度平稳连挂，然后换向试拉，确保连接可靠。

⑥接好制动软管，打开列车管折角塞门，检查确认无泄漏。

⑦松开被挂车的手制动。

⑧给连挂车列充风，按规定进行制动机试验，确认制动、缓解良好后方可动车。

(3)连挂运行连挂牵引进入施工地点，机组人员在运行途中应注意以下几点：

①牵引动车严格按"十六字令"行车，随时检查列车管压力、制动缸压力，以及操作台上各种仪表的显示状况，发现异常，及时停车，确保行车安全。

②被挂车加强瞭望，若发现紧急情况而又无法及时通知牵引车司机时，可拉紧急制动阀，使车列施行紧急制动。随时检查列车管压力、制动缸压力，以及操作台上各种仪表的显示状况，发现异常，立即发出停车信号，确保行车安全。

③非驾驶位严禁触碰大、小闸操作手把，以防造成误操作。

(4)摘挂作业：

机组到达施工工地，需对各机械车进行摘挂作业。摘钩时，应严格执行"一关前、二关后、三摘风管、四提钩"的作业方法，注意安全。

具体操作过程如下：

①连挂车列施行空气制动停车。

②先关闭牵引车后被挂车的列车管折角塞门。

③摘开制动软管。

④提起前面机械车与连挂端车钩装置的钩提杆，使车钩处于全开状态。

⑤根据摘钩人员的信号，鸣笛移动动车。

⑥关闭无动力回送装置塞门，打开中继阀前列车管塞门。

⑦新改装清筛机只需合上无动力回送主、辅车转换间，即处于辅助位。

⑧启动柴油发动机，用换挡手柄打开区间运行离合器三通控制间，待空气制动系统充满风后，以不超过 30 km/h 速度运行至指定地点停车。

2. QS-650 型清筛机的作业条件

①道床清筛施工时，应封锁线路。封锁前后的部分辅助作业需在列车慢行条件下进行。

②道床清筛施工时，清筛机后至少应配备一台捣固车，有条件时配备配砟整形车和轨道动力稳定车。

③线路两侧建筑物(包括埋设在道床中的固定物体)至线路中线的距离必须大于等于2 100 mm。

④作业地段线路的曲线半径应大于等于 250 m。

⑤在无缝线路地段施工,长轨锁定轨温按相关规定执行。

⑥道床翻浆冒泥严重地段不适合清筛机作业。

⑦清筛机不能在桥梁及两端桥台范围内、道岔、两侧铺有硬质路面的道口和人行过道及宽轨枕线路上作业。

⑧施工负责人组织有关技术人员按线路大、中修设计文件进行调查和放样,并根据调查结果,开展施工组织设计,提报运输封锁计划和电务、供电等配合计划。

⑨按需预卸石砟,石砟不足时,禁止施工。

3. 封锁前慢行准备作业

①清除影响机械作业的各种障碍。

②在慢行期间,开挖好连接清筛机水平导槽和挖掘链所需的导槽坑。

导槽坑的要求如下。

长度:沿轨道方向 1 000 mm,在导槽下方的道砟堆积角小于 30°。

宽度:挖掘宽度加 300 mm。

深度:轨枕下 350 mm。

导槽坑严禁挖在钢轨接头或焊接接头处。

③大型机械车列必须提前到达施工区间的一端站,机组人员必须在封锁前对设备进行全面检查。

④根据相关文件规定办理封锁。

4. 施工作业

(1)清筛前准备作业

①作业转换准备

a. 操作司机如果是在前司机室座椅上就位,这时应准备向作业座椅转换。

b. 将作业座椅附近的小闸置于制动位,大闸置于运转位,检查手制动应缓解。

c. 缓慢地将柴油机的转速提高到 2 300 r/min。

d. 前司机室的驱动控制阀锁定于中位并取下钥匙,移开调速换向手柄。

e. 在作业座椅上按以下步骤进行操纵:

ⓐ将调速换向手柄插入驱动控制阀并解锁。

ⓑ空挡时,将换挡手柄从三通阀"运行"位上取下。

ⓒ将"慢速—快速—驱动"三通阀置于慢速驱动挡。

ⓓ将三通阀转换到"作业操纵"挡,并锁止挡位。

f. 严格按操作规程转换工作状态,遵守"一套钥匙一套手柄"制度。

②运行至导槽坑处并制动

在完成上述准备工作后,可运行清筛机挖好的导槽坑处。

a. 缓解小闸制动。

b. 恰当地操纵调速换向手柄,将机器开至导槽坑处,直至链节能降至导槽坑内为止。

c. 将小闸置于制动位。

③作业准备工作

a. 准备提升绳索、提升臂以及提升装置，以便水平导槽和挖掘链投入使用。

b. 从导向链的两端拉开链节。

c. 从挖掘链上取下保险带和销(在下降导槽上)。

d. 把安全链从回填道砟输送带的两侧取下。

e. 放下起拨道装置。

f. 放下后拨道装置。

(2)安装挖掘链和调整工作装置

①安装挖掘链

a. 借助于起升装置将水平导槽和部分链节放入钢轨下的导槽坑内。

b. 两侧提升、下降导槽均先水平伸展，然后同时下降与水平导槽相连接。

c. 用快速连接销和螺栓将水平导槽与两侧提升、下降导槽连接起来。

d. 应确认邻线无列车通过后，才能下放两侧导槽进行连接。两侧导槽下放时高差不得超过 900 mm。

e. 张紧油缸收缩。

f. 连接挖掘链，使挖掘链呈封闭环状。

g. 张紧挖掘链。

h. 将红色紧急停挖弦线系在机器两侧的紧急停挖开关上。

②调整工作装置

a. 将振动筛置于水平位置。在曲线超高地段施工时，应调整振动筛至横向水平。

b. 调整道砟流向。将振动筛上的道砟导向板置于中位。

c. 两侧道砟回填输送带外摆，调整道砟的分布。

ⓐ在作业时，全部清洁道砟应落在道床外侧，避免输送带范围内道砟堆积。

ⓑ道砟分配板应位于使全部道砟落入回填输送带上的位置。

ⓒ道砟回填输送带向外摆动时，必须观察障碍物及接近邻线可允许的限度。

ⓓ过剩的道砟可部分打开道砟导流闸板排出。

d. 将回转污土输送带置于作业位置。

ⓐ从回转污土输送带上移开安全链。

ⓑ从平台上取下安全销。

ⓒ展开回转污土输送带的上部，按上部控制开关以调整垂直方向，在展开的过程中，要观察输送带的正确位置。

ⓓ解开水平调整装置(固定销)，将回转污土输送带转到污土排放位置上。

e. 调整前拨道装置和后拨道装置。

f. 闭合前后起道夹钳并夹紧钢轨。

g. 下放平砟犁板和清扫装置。

h. 按顺序启动道砟回填输送带、回转污土输送带、主污土输送带和振动筛。

(3)清筛作业

①作业程序

a. 缓解空气制动。

b. 发出鸣笛警报，确保主挖掘链的危险区内无人时，方可开始作业。

c. 向上推起主挖掘链控制阀的锁定挡片以及挖掘用的滑阀，启动挖掘链。

d. 调节挖掘链的张紧力，挖掘链的张紧度应以在水平导槽的中央处产生近 125 mm 的下垂量为宜。

e. 挖掘链运转后，适当起道(起道量为 30～50 mm)，操纵作业走行速度控制手柄，进行正常的清筛作业。

f. 按需调整挖掘深度，应注意挖掘深度的调整只能在作业过程中，不能在机器静止时。

g. 主操作手在作业中应根据振动筛的振动马达驱动压力、各输送带的马达驱动压力以及挖掘系统中马达驱动压力来调整清筛走行速度。

h. 弃土中可用道砟含量过高时，应降低清筛走行速度。

i. 回填道砟的不洁率升高时，应降低清筛走行速度。

j. 按要求调整道砟分配闸板。

k. 调整回填道砟输送带，若有必要，打开摆动自动装置。

l. 按要求控制筛网上的导向板。

m. 按要求控制道砟分配板。

n. 振动筛应始终保持水平(目测)。

o. 调整前起、拨道装置。

p. 调整后拨道装置。

q. 清筛机作业一段距离后，应组织配砟整形车进行上砟、捣固车进行捣固、动力稳定车进行稳定作业。

②作业速度的选择

为使清筛机充分发挥其工作效率，在作业时应选择一个适当的作业速度。

在作业过程中，挖掘链有 4 种可供选择的作业速度。

a. 最低速度，链速约为 2.0 m/s (慢速挡，辅助泵最小排量)。

b. 低速Ⅰ，链速约为 2.6 m/s (慢速挡，辅助泵最大排量)。

c. 低速Ⅱ，链速约为 2.8 m/s (快速挡，辅助泵最小排量)。

d. 高速，链速约为 3.6 m/s(快速挡，辅助泵最大排量)。

经验表明：在挖掘链驱动液压系统中压力保持为 20 MPa 时，能获得最佳的作业效率。

司机在作业操作室中，应当始终对挖掘链驱动系统压力表进行观察。该压力值应保持小于 35 MPa。当挖掘道床遇到的阻力发生变化时，该压力也会发生变化。如果油压达到 35 MPa时，液压系统中的溢流阀动作，挖掘链将停止工作，在这种情况下，控制阀应立即置回中位。

③特殊地段作业

a. 平交道口的校整。铁路平交道口的校整可用装在后轴上的一台气泡水平仪来检查。通过道砟分配槽的调节可以影响到平交道口。应当注意的是，通过在某点进行道砟补偿量的调节只能对该点及该点前 14 m 长度范围内的轨道起作用。

b. 全抛作业。遇到道砟污染非常严重的地段，需将污砟全部抛弃时，将道砟分配阀置于最低位置，即液压缸全部缩回，导流板全部开启。由挖掘链带上的污砟将全部被送至主输送带，再由回转污土输送带抛出。在作业中，可以不影响挖掘链的工作而关闭道砟导向阀。另外也可置其于中位而仅仅清理部分污砟。

c. 紧急停挖。若是紧急停挖按钮被按下，挖掘链则会自动停止，液压驱动会断开，空气制动动作，同时响起警鸣声。

注意，在按下紧急停挖按钮后，应立即将小闸置于制动位，只有在这种情况下，才能将紧急停挖开关置于断开位。

④暂停作业

a. 将作业速度降至零。

b. 将挖掘控制阀置于中位并用折板将其锁定。

c. 将小闸置于制动位。

d. 由于作业条件所致，停机后可能造成道砟堆积，在最糟糕的情况下，最大的挖掘量，且道砟回填输送带处于非摆动状态或者钢轨处于降低状态，这些道砟和污土堆积在道砟回填输送带和主输送带上，不能为道砟回填输送带前端的刮砟板所处理，因此，在下一次启动之前必须进行人工清理。

e. 原则上应尽量避免在作业过程中的暂时停机，因为这样会破坏线路的几何形状。

⑤重新作业

a. 缓解空气制动。

b. 鸣笛并确认危险区内无人。

c. 打开挖掘链驱动控制阀侧的锁定折板，将控制阀置于挖掘位。

d. 选定作业速度。

⑥作业要求

a. 作业开始时，起道量不宜过大，应逐渐顺坡过渡，以免形成轨面局部凸起。

b. 随时注意挖掘链张紧度，张紧油缸伸缩量过大时，要减少挖掘链节数。

c. 只有挖掘链运转，作业走行时，才可以改变挖掘深度。

d. 清筛走行速度：

ⓐ振动筛马达驱动压力应控制在 22 MPa 以下，各输送带马达驱动压力应在调定压力以下 2 MPa 以内，挖掘系统马达驱动压力应在 28 MPa 以下。如果以上指标有一个超值，就要降低清筛走行速度。

ⓑ接近过轨电缆或水管等地下设施时，需降低清筛走行速度和挖掘链运转速度。在地面人员的指挥下提升钢轨，减少挖掘深度，使挖掘链和水平导槽安全越过，然后恢复正常作业。

ⓒ需将翻浆冒泥道床全部抛掉时，应降低清筛走行速度和挖掘链的运转速度，并密切注意主污土输送带和旋转污土输送带的马达驱动压力。

e. 作业时振动筛应始终处于横向水平状态。振动筛上的道砟分布可通过提升导槽道砟导流闸板和振动筛上的道砟导流装置进行调整。

f. 配砟：

ⓐ道心处道砟需要量，可通过振动筛后的配砟闸门进行调整。

ⓑ钢轨两侧的道砟需要量，可通过振动筛上配砟导向板进行调整。

ⓒ个别地段道床翻浆冒泥严重时，可以缩回提升导槽道砟导流闸板，直接把泥砟抛出。

ⓓ应保持清筛作业的连续性。当清筛走行速度稳定后，尽可能不要改变道砟回填输送带的角度。道砟回填需有地面人员配合指挥。

g. 作业时，一旦发生挖掘装置液压系统过载卸荷，应立即进行空气制动，关闭挖掘系统，并把作业走行速度控制手柄置于中间位。在确认清筛机完全停稳后，改变速度控制手柄位置，使机器后退一定的距离后制动，再次使速度控制手柄回到中间位，这样才可以启动挖掘系统重新进行清筛作业。

h. 后线路的水平要求在±10 mm以内，道砟不洁率应符合相关规范的规定。

i. 各机组联合作业时，应注意联系，相互间的作业间隔大于10 m。

⑦作业监测

QS-650型清筛机作业时应观察的仪表和指示灯见表4.1。

表4.1　QS-650型清筛机作业时应观察的仪表和指示灯

部　件	仪表或指示灯		表示内容
	名称	显示标志	
马达油压	指示灯	发光、亮	发光时柴油机自动停机，停机时发亮
油　温	指示灯	红色(闪烁)	灯闪烁时表示柴机油、液压油油温过高，应立即停机
电池充电控制	指示灯	红色	熄灭，电池正在充电
补油压力	指示灯	红色	灯闪烁及蜂鸣声，表示补油压力过低，应立即停机
	蜂鸣器	蜂鸣声	
主齿轮分动箱	指示灯	红色	发光时箱内润滑油油压过低，应立即停机
控制压力	压力表	指针范围	标准值为6 MPa
输送带驱动	压力表	指针范围	压力值读数比泵内压力约低3 MPa
振动筛驱动	压力表	指针范围	注意：开始作业时，压力可能超过限压阀值
压力表选择开关	压力表	指针范围	发生故障时，检查各油缸末端处压力
前、后液压油缸	油量指示器	刻度	应高于油面刻度
	油温表	指针	标准温度50 ℃
主齿轮分动箱通风装置	液压油散热器		标准温度为80 ℃，油温上升时，检查其功能
	润滑油散热器		

(4)作业结束

①作业程序

a. 清筛机应在封锁结束之前提前停止清筛作业，以便预留一段时间给配砟车、捣固车和动力稳定车等进行恢复线路作业。

b. 将作业速度降至零。

c. 将挖掘链控制阀置于中位并锁定，停止挖掘链转动。

d. 将小闸置于制动位。

e. 按序关闭振动筛、主污土输送带、回转污土输送带和道砟回填输送带。

f. 关闭道砟输送带的摆动装置。

g. 将道砟回填输送带旋转到位并锁定。

h. 折叠回转污土输送带并锁定，降低其伸出部分。

i. 降下起道装置，将起道夹钳的所有控制开关置于中位。

j. 松开轨枕扣件。

先拆挖掘链，后拆枕下导槽。所有作业装置恢复到区间运行位置并锁定。缓解制动，清筛机驶离作业地点停车。地面配合人员立即对清筛终止点进行补砟回填。配砟车、捣固车和动力稳定车，对作业地段进行全面的配砟整形、起道、拨道、捣固和动力稳定作业。按《普速铁路工务安全规则》要求开通线路。

②实现机器由作业走行到区间运行的转换

大修机组中，清筛机往往用作动力车对机组进行牵引。在清筛作业结束后返回宿营地时，需进行由作业走行到区间运行的转换。

a. 检查全部作业装置复位及锁定情况并均应符合装载标准。

b. 锁定驱动控制阀并拔出钥匙。

c. 将调速换向手柄置于中位并拔出。

d. 将换挡手柄置于空挡位，将其取下并置于“快—慢—驱动”的三通阀上，推至上挡位，清筛机恢复运行状态。

e. 运行方向选择适当的司机室，在司机室内按运行规则进行操纵。

5. 工作装置调整

QS-650 型清筛机作业时，作业操纵司机要与地面作业人员相互配合。工作装置的操纵控制装置，即操纵控制阀、手柄、按钮等，不仅安装在前司机室操纵作业位，也配置在各工作装置的有关部位上，所以掌握现场操纵程序，首先要了解各工作装置操纵控制装置的功能和操作要点。

(1)提升、下降导槽

①提升、下降导槽的垂直方向调整

只要提升、下降导槽的安全链及销确保安全，用于调整提升、下降导槽的水平及垂直方向的控制间便可操纵，直至提升、下降导槽放至合适的位置上。

在操纵提升、下降导槽垂直方向时，应控制两导槽弯角处水平差不得超过 900 mm。

提升、下降导槽调整伸展或收回时，必须确认不会碰到障碍物。一般方法是：在伸展时，先短时间水平伸展，然后收回时降低；收回时，先提升，然后收回。当提升、下降导槽被完全提起并收回时，振动筛的支撑臂必须与机架平行。

②提升、下降导槽横向调整

当提升、下降导槽与水平导槽联起来时，横向调整应由面向控制柜右面的控制阀来实现，另一面的控制阀可用来辅助横向调节。

(2)挖掘链的张紧

挖掘链张紧控制阀：向下按动控制阀手柄，使挖掘链张紧；向上推动手柄则挖掘链松弛。如果挖掘链太紧，将导致连接销、中间链节、转角滚轮加速磨损。由于挖掘链重量，要求在水平导槽的中部，非作业时其下垂度约为 125 mm。在挖掘过程中，挖掘链被拉紧压向水平导槽，因而被挖掘的道床底面平坦。

(3)挖掘链的驱动

为确保安全，当挖掘链不作业时，挖掘链控制阀必须用锁片锁住。只有当链导槽连接及挖掘链连接均可靠时，才可以驱动挖掘链。在驱动挖掘链前，必须发出警告信号(鸣喇叭)并确保无人在危险的地方。

(4)挖掘链和振动筛的驱动次序

为避免道砟堆积，推荐按下列次序操纵：

①启动。

左、右道砟回填分配输送带→回转污土输送带→主污土输送带→振动筛→挖掘链。

此时，应当注意：

a. 只有当振动筛可以自由地振动并处于水平状态时，才能开始驱动振动筛。

b. 当柴油机转速没有达到 2 300 r/min 时，才可调节液压马达转速，使振动筛平稳地运行（避免临界转速，产生共振）。

c. 在开动回转污土输送带时，必须确认没有人站在污土将要抛弃到的地方。

②停止。挖掘链→振动筛→左、右道砟回填分配输送带→主污土输送带→回转污土输送带。

注意，只有在振动筛停止振动时才能停止输送带装置。

(5)起拨道装置

①起道油缸在起道装置下降时，必须确认拨道轮的滚动表面接触到钢轨上，起道夹钳必须打开，避免较大的力压在轨道上。在启动起道装置时，必须避免与链导槽碰撞。

②前拨道装置在作业过程中，逐渐调整拨道装置。当起道装置完全收回时，拨道装置应处于中位。

③起道夹钳滚轮在应用起道滚轮时，必须留心滚轮的轮缘应位于轨颚下。

(6)空气制动

机器作业期间停车时采用单独制动阀（小闸）制动。制动的同时，调速换向手柄必须置于中位，保证清筛机绝对停稳。

注意：空气制动缓解与液压驱动自动联锁，便于清筛机能以所需速度启动运行。

(7)回转输送带控制开关的操作

①回转输送带垂直调整控制开关。当回转输送带上部处于垂直位置时，将两安全销取下后，便可操作。

②回转输送带水平调整开关。只有在回转输送带的上部升起及固定销被取下时，才可操作。注意，应避免与行星齿轮的锁销相碰撞。

(8)远离作业司机位的控制阀和截止阀的操作

①水平导槽的起升绳索、起升装置以及起升臂的控制阀可单独操作。

②当后拨道装置由气动下降时，必须非常小心地使拨道滚轮的滚动表面落到钢轨面上。

在作业期间，仅允许逐渐调整拨道装置。当拨道装置被提升时，拨道滚轮必须处于中位。在上位时，拨道滚轮不可以从中位移开。为了运输安全，用于拨道装置作业时的锁销，在下降前要拉出（两端），提升后，要装好。

③当道砟清扫装置的安全带从两端移开后，气动三通阀才可以置于“下降”位。在运输过程中，三通阀应置于“提升”位。

(9)振动筛上道砟导向板、道砟导向阀和振动筛调整

①这些控制开关都应独立操纵。

②道砟导向和调整筛的控制开关仅在链导槽处于作业位置时，才能操作。

③振动筛不能碰到链导槽和道砟分配板。

(10)道砟分配板

道砟分配板控制开关操作时间很短，操作时，其他辅助控制阀不要工作。

(11)回填道砟输送带自动摆动机构

①将自动摆动开关从“0”位（手动）转向“Ⅰ”位（自动），然后按下按钮选择启动方向（向内—向外）。

②当用于动控制时，自动摆动失效。

③开关作用时间可调，摆动范围用“POXIMITY”感应开关，从外部调整。

④当道砟分配输送带处于运输状态时，不可操作控制开关。

⑤在操作该开关时，必须观察分配输送带实际的摆动范围。

(12)道砟导流闸板的调整

位于提升导槽上端的道砟导流闸板，是用来调节振动筛进料量和进料位置。

道砟导流控制阀通过液压油缸控制道砟导流闸板，具体流程如下：

①道砟导流控制阀在上位，油缸活塞杆全部伸出，道砟导流闸板关闭，闸板使道砟送入振动筛上的右侧。

②道砟导流控制阀在中位，油缸活塞杆部分缩回，道砟导流闸板虽关闭，但闸板位置可使道砟被送入振动筛上的前端左侧。

③道砟导流控制阀在下位，油缸活塞杆全部缩回，道砟导流闸板打开，全部道砟将落入主污土输送带上弃掉。

④道砟导流控制阀也可以部分地打开道砟导流闸板，在作业开始时可将多余的道砟输送到道床之外。

(13)道砟回填输送带摆动自动装置的调整

①将控制开关置于"1"位。

②通过连接杆上的叉形螺丝调整内部指针。调整完后，应重新拧紧沉头螺母。

③摆动范围的调整。通过调整控制杆的扇形角来调整摆动范围，调整后，需拧紧蝶形螺母。

④摆动延时的调整。通过设置的延时继电器可实现由内摆向外摆的延时时间，最长为6 s。

(14)起道装置的调整

当清筛挖掘深度 $h<280$ mm 或在前方的轨道位置较高时，则需要用起道装置。在道床较硬或发生板结时，推荐使用起道装置。

①调整要求

一般来说，起道装置主要按长期使用状态来调整。

清筛机作业运行时，在前起道夹钳到达轨道接头时，后起道夹钳必须仍然夹住轨头，以保证前起道夹钳的高度位置，使得前起道夹钳在通过接头以后仍能夹住轨头。

前侧的两个夹钳位置应当调整一致，在通过轨接头以后，前起道夹钳又将起到控制后起道夹钳高度位置的作用，使后起道夹钳在通过接头以后仍然夹住轨头。

起道装置上的拨道轮不应对轨道施加纵向力。

每只起道油缸上方的调节限位螺钉用于限制起道量，最好处于前后夹轨轮之间的连接处。

②调节限位螺钉

降低起道装置直至拨道轮作用于钢轨的踏面上。

③调整起道夹轮

a. 开关：起道夹钳置于"1"位，夹钳提升油缸置于"0"位。

b. 合上一对夹轨钳检查：在合龙过程中，夹钳合龙油缸的连接部分必须推动(压力)缓冲控制阀。首先调节起道轮的高度(螺纹)使轨道和拨道轮之间约有 10 mm 宽的空隙。

c. 按前顺序关闭所有夹轨钳。

d. 将夹轨提升油缸置于"1"位。

e. 按要求升起起道装置。

f. 打开前夹轨钳检查：在打开过程中，夹轨钳合龙油缸的控制头应释放（顶出），而且夹钳上升油缸应上升。调整后的夹轨钳的限位螺钉使拨道轮和钢轨之间总保持一个小的间隙。

g. 检查关闭前夹轨钳，前夹轨钳这时应再次夹紧钢轨的轨头，后夹轨钳也应再次降下。若前夹轨钳未能夹紧轨头，那么应增大轨道与拨道轮之间 10 mm 宽的空隙。整个调整过程要重复进行。

h. 按照调整前夹轨钳的过程调整后夹轨钳。

④特例

每侧钢轨仅有一套夹轨钳起作用的时候，起道装置应能使轨道保持抬起。前后夹轨钳的距离为 1.25 m，若需其他数值时则需要特别设计。鱼尾板通常不长于0.9 m，因而起道装置总能处于正常作业状态。在错接式钢轨接头处，错接部件加上鱼尾板的总长不应超过 0.9 m，起码得保证两对夹钳中的一对能夹紧两接头中间钢轨。

（15）前拨道装置的调整

在曲线地段或者要对轨道进行扭转的时候，起道装置需按一给定的正矢力由中心位置向侧面偏移。

当后拨道装置也需加入拨道作业时，前拨道装置的调整正矢只能是一近似值。该近似值由一理论值和一最大至 50 mm 的增量构成。曲线半径越小，超高量就越大，该增量值越大（轨道和机器的弹性变形量）。

（16）后拨道装置的调整

当条件仅允许前拨道装置做一粗略的拨道时，则精确的拨道由后拨道装置进行，在这种情况下，参照系统变得非常重要。若能从邻近的轨道上进行测量，往往能获得好的效果。因此，可以使用一把轨道尺测量两条钢轨的距离，然后修正后夹轨钳的位置至目标值。若找不到参考系，后拨道装置的正矢值则按线路设计图给定。

后拨道装置可通过液压调整，在车前、后两侧的驾驶室内均能完成这种调整。拨道间隔越小，拨道值越精确，那么曲线就越圆顺，线路质量也越好。

QS-650 型清筛机
标准化施工

QS-650 型清筛机标准化施工微课见右侧二维码。

任务 4.6　标准化施工作业号位人员岗位标准

4.6.1　工作任务

熟悉全断面枕底清筛机的主要技术性能参数，能够根据 QS-650 型清筛机车体结构，清楚的介绍清筛机的作业性能与号位人员的岗位标准。

4.6.2　相关配套知识

1. QS-650 型清筛机的主要技术性能

根据相关文件的规定，每台 QS-650 型清筛机需配备 9 名操作人员，但各工务机械段在实际运用过程中，往往设置 6～9 个号位，共同完成清筛机的操作和作业。在这里，将详细介绍配置 8 个号位操作人员的岗位作业标准。

QS-650 型清筛机各操作号位分布如图 4.58 所示。

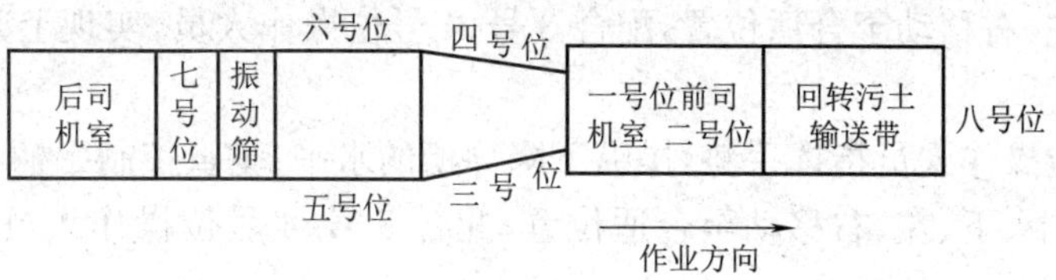

图4.58　清筛机号位人员分布图

①1号位:在前司机室作业位,负责导槽的收放、各工作装置的驱动控制以及作业走行。

②2号位:在前司机室内,负责回转污土输送带的收放。

③3号位:在机器的右前部,负责上升导槽的收放、对接,挖掘链的连接和拆除,起拨道装置的收放以及监控挖掘装置工作过程。

④4号位:在机器的左前部,负责下降导槽的收放、对接,挖掘链的连接和拆除,水平导槽的收放以及监控挖掘装置工作过程。

⑤5号位:在机器的右后部,负责右回填输送带的收放、后拨道装置的收放、清扫装置的收放以及道砟的分布。

⑥6号位:在机器的左后部,负责左回填输送带的收放及道砟的分布。

⑦7号位:在机器的作业平台上,负责振动筛的控制与调节。

⑧8号位:在机器的前部,负责防护和监视回转污土输送带的工作状况。

2.1号位作业标准

(1)作业准备

①作业地点停机

a.停车。清筛机运行到指定地点停机,使导槽下端正好对齐导槽坑。实施直接制动,大闸置于运转位,小闸置于制动位。

b.取下调速换向手柄。将前司机室调速换向手柄恢复中位,锁定高速运行驱动控制阀并取出钥匙,取下调速换向手柄。

c.将前后发动机转速缓慢地提高到额定转速2 300 r/min。

②转换工作状态

a.就位。在作业座椅上就位,用钥匙打开作业走行驱动控制阀,装上调速换向手柄。夜间施工时打开所有作业照明灯。

b.换挡操作。将换挡手柄从运行三通阀上取下,脱开高速运行离合器。将"快速—慢速—驱动"三通阀置于慢速挡位,将换挡手柄插入作业三通阀转换到"作业"挡并逆时针旋到底,闭合作业走行离合器。

c.打开压力开关。将起道压力开关和夹钳压力开关置于"1"位,压力开关被打开,指示灯亮。

③导槽的对接

a.提升导槽。操纵两导槽提升、下降换向阀到提升位,放松两导槽的安全链,便于3号、4号位操作人员摘除安全链。

b.下放导槽。根据3号、4号位操作人员的指挥手势,先向外扳动上升、下降导槽水平控制手柄,使导槽向外摆出。然后向下扳动上升、下降导槽垂直控制手柄,使上升、下降导槽下降至导槽坑两侧。

c.对接水平导槽。根据3号位操作人员指挥手势,操纵上升导槽水平、垂直控制手柄,使上升导槽上、下、左、右移动至合适位置，配合 3 号、4 号位操作人员，实现上升导槽与水平导槽的对接。

d. 根据 4 号位操作人员指挥手势，操纵下降导槽的水平、垂直控制手柄和张紧液压缸控制手柄，使下降导槽上、下、左、右移动至合适位置，配合 3 号、4 号位操作人员，实现下降导槽与水平导槽的对接。

e. 调整导槽。根据 3 号、4 号位操作人员的指挥手势，将对接的导槽下放到挖掘面，使水平导槽处于水平位置，并且不得压住挖掘链。

f. 调整挖掘链。待 3 号、4 号位操作人员连接好挖掘链后，操纵挖掘链张紧液压缸控制手柄，张紧液压缸伸出，使挖掘链张紧。

④起动各运转机构

确认各工作装置已安全解锁，在得到 2 号、3 号、4 号、5 号、6 号、7 号、8 号位操作人员的明确回应后，起动各运转机构，必须按回填输送带→回转污土输送带→主污土输送带→振动筛→挖掘链的顺序，以免道砟堆积。

a. 将左、右回填输送带控制手柄扳至“1”位，使左、右回填输送带运转。

b. 鸣笛一长声，将回转污土输送带控制手柄扳至“1”位，起动回转污土输送带。

c. 将主污土输送带控制手柄板向“1”位，起动主污土输送带。

d. 将振动筛控制手柄扳向“1”位，起动振动筛。

e. 确认 3 号、4 号位操作人员安全绳已挂好，无人在危险区后，解除挖掘链控制手柄的锁片，鸣笛二长声后，将控制手柄向右扳，正向起动挖掘链，空转时操作张紧液压缸控制手柄，调节挖掘链张紧程度至合适程度。

挖掘链张紧程度以下降导槽上部的拐角滚轮似转非转状态为合适(非作业时挖掘链在水平导槽的中央处约有 125 mm 下垂量)。

(2)作业

①进入作业状态

挖掘链空转 1 min，确认各运转机构的仪表显示正常后，鸣笛一长声，缓解空气制动，缓慢压下调速换向手柄，操纵作业驱动控制阀，清筛机边作业走行，边进入正常的清筛作业。

②调节挖掘速度

a. 操纵挖掘链速度控制手柄，使挖掘链驱动压力保持在 20 MPa 左右。

b. 观察振动筛、道砟回填输送带、主污土输送带、回转污土输送带压力。振动筛压力必须低于 22 MPa，道砟回填输送带压力低于 18 MPa，主污土输送带压力低于 26 MPa，回转污土输送带低于 18 MPa，以上压力有一个超标，就必须降低作业速度。

③调节挖掘深度

a. 根据 3 号、4 号位操作人员指挥手势，操纵上升、下降导槽垂直控制手柄，调节挖掘深度，防止挖掘链上端打轨枕或下端挖到砂垫层。

b. 挖掘链不转动或清筛机不走行时不准调节挖掘深度。

④拐角液轮注润滑油脂

正常作业后，每隔 30 min 对导槽拐角滚轮压注润滑油脂。

⑤紧急情况停止作业

a. 作业时，一旦发生挖掘系统过载卸荷，应立即进行空气制动，关闭挖掘系统，并把运行操作调速换向手柄置于中间位。

b. 有紧急情况时，停止作业并实施空气制动，待情况处理完后重新作业。

c. 在确认机器完全停稳后，改变运行操作调速换向手柄位置，使机器后退一定的距离后制动，然后再次使调速换向手柄回到中间位，这样才可以重新起动挖掘系统进行清筛作业。

(3)作业结束

①停车

a. 到达收车地点后，根据指挥手势，在指定位置停止作业，使速度换向手柄推回到中位，停稳后实施空气制动。

b. 收车地点应避开钢轨接头或焊缝处。

②停止各工作装置运转

a. 各工作装置空转 30 s 后停止运转，应按停止挖掘链→振动筛→回填输送带→主污土输送带→回转污土输送带的顺序进行，清除工作装置上的污土、余砟等。

b. 挖掘链驱动速度从高速转换到低速后，空转 10 s 再操纵挖掘链控制手柄回中位，停止挖掘链运动，并立即把控制手柄锁定，以免发生危险。

c. 将振动筛控制手柄扳向“0”位，停止振动筛的振动。

d. 将左、右回填输送带控制手柄扳向“0”位，停止回填输送的转动。

e. 将主污土输送带控制手柄扳向“0”位，停止主污土输送带的转动。

f. 将回转污土输送带控制手柄扳向“0”位，停止回转污土输送带的转动。

③拆卸水平导槽、挖掘链

a. 将挖掘链放松，便于 3 号、4 号位操作人员拆卸挖掘链。

b. 鸣笛一长声，操纵整车往作业反方向后退一定的距离。

c. 根据 3 号、4 号位操作人员的指挥手势，操纵导槽水平和垂直控制手柄，协助 3 号、4 号位操作人员拆卸水平导槽。

④收回上升、下降导槽

a. 收回上升导槽。根据 3 号位操作人员的指挥手势，操纵上升导槽垂直控制手柄，将上升导槽升至最高。操纵上升导槽水平控制手柄，收回上升导槽至锁定位。

b. 收回下降导槽。根据 4 号位操作人员的指挥手势，操纵下降导槽垂直控制手柄，将下降导槽升至最高。操纵下降导槽水平控制手柄，收回下降导槽至锁定位。

c. 收回导槽时必须注意邻线来车，导槽严禁侵入限界，且两导槽之间高度差不得超过 900 mm。

⑤缓慢驶离收车地点

a. 缓解空气制动。

b. 操纵作业调速换向手柄，缓慢地将清筛机开出收车地点。

c. 将调速换向手柄扳回中位，停车。

d. 施加空气制动。

⑥转换工作状态

a. 压力开关断电。将起道压力开关置于“0”位，断电；将夹钳压力开关置于“0”位，断电。

b. 从作业挡中取出换挡手柄。将换挡手柄向上旋到顶后，从三通旋阀中取出。

c. 转换快慢挡。用换挡手柄将“慢速—快速—驱动”三通阀置于“快速”挡。

d. 换成运行挡。将换挡手柄插入运行挡中并向上旋到底。当作为无动力附挂车时，换挡手柄应取下，使走形离合器处于空挡位。

e. 锁闭作业走行。锁闭作业走行驱动控制阀并取出钥匙，从中位取下调速手柄。

3. 2号位作业标准

(1)作业准备

①根据现场情况确定抛砟点和抛砟方位。

②回转污土输送带的操作：

a. 解锁。解开回转污土输送带的安全链；拔出回转污土输送带的上升安全销；将旋转安全销手柄从锁定位打到解锁位。

b. 操纵回转污土输送带垂直调整开关，将回转污土输送带折叠部分展开升至最高位置。

c. 操纵回转污土输送带水平调整开关，将回转污土输送带回转至水平所需位置。

d. 复线区间，禁止回转污土输送带摆向邻线，将回转限位销设置在邻线侧。

e. 向1号位操作人员汇报准备完毕。

(2)作业

①作业过程中严密监视回转污土输送带的运转情况。

②随时注意高柱信号机、接触网立柱等影响回转污土输送带的障碍物，必要时操纵回转污土输送带水平调整开关，改变旋转角度。

③听从8号位操作人员的指令，随时调整回转装置的水平位置。

(3)作业结束

①待1号位操作人员停止了回转污土输送带的运转后，确认回转污土输送带不再运转。

②操纵回转污土输送带水平调整开关，将回转污土输送带调至与车平行位置，锁上水平转动锁销。

③操纵回转污土输送带垂直调整开关，降下回转污土输送带折叠部分，锁上安全链和垂直锁销。

④向1号位操作人员汇报回转污土输送带回收完毕。

4. 3号位作业标准

(1)作业准备

①准备接链对导槽工具

a. 到达作业地点前准备好连接挖掘装置的所有工具及T形螺栓、连接销、连接紧固螺栓。

b. 到达作业地点后，将准备好的工具从车上拿到导槽坑旁。

②挖掘链操作

将挖掘链从车下工具盒中取出，放入导槽坑内，使扒齿方向与挖掘链转动方向一致。

③连接挖掘装置

a. 上升导槽解锁。解开上升导槽的垂直安全链和水平安全杆；解开挖掘链与上升导槽的安全扣带。

b. 导槽对接。与1号、5号位操作人员共同配合，将上升导槽与水平导槽连接好，并用连接螺栓紧固。

c. 挖掘链连接。与5号位操作人员配合，将导槽坑内挖掘链和导槽内的挖掘链连接好，用T形螺栓紧固。

d. 确认4号位操作人员将下降导槽、挖掘链接好后，指示1号位操作人员张紧挖掘链。

e. 连接挖掘装置时严禁手、脚放在链与导槽之间。

④下放起拨道装置

a. 操纵起拨道装置升降开关，将起拨道装置提起，取出安全锁销。

b. 按下夹钳控制按钮，指示灯亮，夹钳张开。

c. 根据线路状况放下起拨道装置，使夹钳对准钢轨，再按夹钳控制按钮，指示灯灭，使夹钳夹住钢轨。

⑤其他操作

a. 在人员全部撤出挖掘区域后，系上红色紧急停挖安全绳。

b. 将工具放入工具盒内。

c. 向 1 号位操作人员汇报准备完毕。

(2)作业

①监视挖掘装置的运转情况。监视挖掘链的工作状况，一旦发现扒板上的 T 形螺栓丢失、T 形螺栓上螺母脱落、连接销断裂、扒板或中间链节开裂等情况，立即拉红色安全绳，紧急停挖，处理完后才可继续作业。监视时，3 号位挖掘方向上不准站人，必须在此操作时，操作完后马上离开。

②监视挖掘区域。在挖掘区域内发现大石块、钢轨、枕木头等障碍物时，立即拉红色安全绳，紧急停挖，待障碍排除后继续作业。

③调整起拨道装置：

a. 作业开始，操纵起道控制，设置基本起道量 20 mm。

b. 过接头夹板时，操作夹钳开合开关，将前面夹钳张开，等前面夹钳通过夹板后，把前面夹钳闭合，再把后面夹钳张开，通过夹板后再闭合后夹钳。

c. 作业结束前不必顺坡，在收车时一次性降道降至打开夹钳为止。

(3)作业结束

①到达作业结束地点后，给 1 号位操作人员指示，停止作业走行。

②待 1 号位停止挖掘装置运转后，将红色紧急停挖安全绳解开，收起。

③拆开挖掘装置：

a. 将工具从工具盒中拿到导槽坑旁边。

b. 指示 1 号位操作人员操纵张紧液压缸，放松挖掘链。

c. 与 5 号位操作人员配合，用棘轮扳手将挖掘链 T 形螺栓上的螺母卸下，取下 T 形螺栓。T 形螺栓为一次性使用，拆下后不能再使用。

d. 用钩子将挖掘链连接销钩出。

e. 与 5 号位操作人员配合，用棘轮扳手将水平导槽紧固螺栓卸下，拆开水平导槽与下降导槽的连接。

f. 安装好挖掘链与上升导槽的安全扣带。

④回收上升导槽：

a. 给 1 号位操作人员发出指示，垂直提升上升导槽，水平回位。

b. 导槽收到位后，安装好上升导槽垂直安全链及水平安全杆。

⑤回收起拨道装置。

a. 操纵夹钳开合开关，将 4 个夹钳全部张开。

b. 操纵起拨道升降开关，提升起拨道装置。

c. 锁定起拨道装置，上好固定销。

⑥整理工具。

a. 将所有工具从车下收回车上，整理好归位。

b. 将挖掘链收回清筛机下部的工具盒内。

c. 将连接用的 T 形螺栓、连接销、连接紧固螺栓等收回清筛机下部的工具盒内。

⑦确认无误后，向 1 号位操作人员汇报作业完毕。

5. 4 号位作业标准

(1)作业准备

①准备接链对导槽工具

到达作业地点前准备好连接挖掘装置的所有工具及 T 形螺栓、连接销、连接紧固螺栓。到达作业地点后，将准备好的工具从车上拿到导槽坑旁。

②水平导槽和挖掘链操作

解开锁定水平导槽的安全锁。向下扳液压缸控制阀，将水平导槽放在钢轨上；收起水平导槽提升装置并加以锁定，与 3 号位操作人员配合，将水平导槽放入导槽坑内。

配合 3 号位操作人员将挖掘链从车下工具盒中取出，放入导槽坑内，使扒齿方向与挖掘链转动方向一致。

③连接挖掘装置

a. 下降导槽解锁。解开下降导槽的垂直安全链和水平安全杆；取出下降导槽下方伸缩导板的固定销；解开挖掘链与下降导槽的安全扣带。

b. 导槽对接。与 1 号、6 号位操作人员共同配合，将下降导槽与水平导槽连接好，并用连接螺栓紧固。

c. 挖掘链连接。与 6 号位操作人员配合，将导槽坑内挖掘链和导槽内的挖掘链连接好，用 T 形螺栓紧固。

d. 连接挖掘装置时严禁手脚放在链与导槽之间。

④其他操作

a. 在人员全部撤出挖掘区域后，系上红色紧急停挖安全绳。

b. 将工具放入工具盒内。

c. 向 1 号位操作人员汇报准备完毕。

(2)作业

①监视挖掘装置的运转情况。监视挖掘链的工作状况，一旦发现扒板上的 T 形螺栓丢失、T 形螺栓上螺母脱落、连接销断裂、扒板或中间链节开裂等情况，立即拉红色安全绳，紧急停挖，处理完后才可继续作业。

监视时，4 号位挖掘方向上不准站人，必须在此操作时，操作完后马上离开。

②监视挖掘区域。在挖掘区域内发现大石块、钢轨、枕木头等障碍物时，立即拉红色安全绳，紧急停挖，待障碍排除后继续作业。

(3)作业结束

①到达作业结束地点后，给 1 号位操作人员指示，停止作业走行。

②待 1 号位停止挖掘装置运转后，将红色紧急停挖安全绳解开，收起。

③拆开挖掘装置：

a. 将工具从工具盒中拿到导槽坑旁边。

b. 用撬棍扳开已松扣件处的轨枕。

c. 与 6 号位操作人员配合，用棘轮扳手将挖掘链 T 形螺栓上的螺母卸下，取下 T 形螺栓。T 形螺栓为一次性使用，拆下后不能再使用。

d. 用钩子将挖掘链连接销钩出。

e. 与6号位操作人员配合，用棘轮扳手将水平导槽紧固螺栓卸下，拆开水平导槽与上降导槽的连接。

f. 安装好挖掘链与下降导槽的安全扣带。

g. 插上下降导槽下滑板固定销。

④回收下降导槽：

a. 按照1号位操作人员发出指示，垂直提升下降导槽，水平回位。

b. 导槽收到位后，上好下降导槽垂直安全链及水平安全杆。

⑤回收水平导槽：

a. 与3号位操作人员配合，将水平导槽从导槽坑内提升到钢轨上。

b. 向上扳提升装置液压缸控制阀，将水平导槽举起。

c. 锁定水平导槽连同提升装置。

⑥整理工具：

a. 将所有工具从车下收回车上，整理好归位。

b. 配合3号位操作人员将挖掘链收回到清筛机下部的工具盒内。

c. 将连接用的T形螺栓、连接销、连接紧固螺栓等收回到清筛机下部的工具盒内。

⑦确认无误后，向1号位操作人员汇报作业完毕。

6. 5号位作业标准

(1)作业准备

①解锁：

a. 解除右回填输送带的安全链。

b. 将道砟清扫装置右侧的安全链解除，取出安全锁销。

c. 将后拨道装置解锁，取出安全销。

②操纵工作装置：

a. 操纵分配导板开关，使分配导板处于最后位，便于作业开始时，减少石砟落入后部清扫区域处。

b. 操纵右回填输送带外摆开关，使输送带摆动到合适位置。

c. 张开后拨道装置夹钳，扳下后拨道升降控制手柄，放下后拨道装置，并使后拨道夹钳夹紧钢轨。

d. 操纵清扫装置控制手柄，放下道砟清扫装置到轨枕合适的位置。

e. 如作业开始地点正好在桥头或道口处，等整车通过以后再放下清扫装置和后拨道装置。

f. 根据现场线路脏污情况，操纵排砟闸板处于合适位置，按需增加或减少排砟量。

③配合3号位操作人员完成挖掘装置的对接。

④向1号位操作人员汇报准备完毕。

(2)作业

①操纵回填输送带：

a. 操纵分配导板开关，慢慢调节配砟导板，使道心的石砟符合要求，落砟量以与轨枕中部顶面平行为好。

b. 操纵右回填输送带控制开关，调节回填输送带的水平摆出角度，使石砟回填到轨枕端部。

c. 观察后拨道工作装置情况，根据要求，进行精确拨道。

d. 操纵道砟导向板调节开关，使左右两侧石砟均匀。

②监视工作机构：

a. 监视右回填输送带运转情况，如有异常，停车排除故障后再继续作业。

b. 监视回填道砟的不洁率，如不洁率大于5%，通知1号位，降低作业速度。

(3)作业结束

①回收工作装置：

a. 操纵右回填输送带控制开关，将回填输送带回摆到原锁定位，安装好安全链，并拧紧。

b. 操纵清扫装置控制手柄，将清扫装置收到位后，安装好右边安全链和安全销。

c. 张开后拨道装置夹钳，向上扳后拨道升降控制手柄，回收后拨道装置，插上后拨道安全锁销。

d. 操纵排砟闸板开关，使其处于关闭状态。

e. 如果道心内道砟过多，必须等整车通过收车地点后才可收起道砟清扫装置。

②配合3号位操作人员完成挖掘装置的拆卸。

③向1号位操作人员汇报作业完毕。

7. 6号位作业标准

(1)作业准备

①解锁：

a. 解除左回填输送带的安全链。

b. 将道砟清扫装置左侧的安全链解除，取出安全锁销。

②左回填输送带操作：

a. 操作分配导板开关，使分配导板处于最后位，便于作业开始时，减少石砟落入后部清扫区域处。

b. 操纵左回填输送带外摆开关，使输送带摆动到合适位置。

③配合4号位操作人员完成挖掘装置的对接。

④向1号位操作人员汇报准备完毕。

(2)作业

①操纵回填输送带：

a. 操纵分配导板开关，慢慢调节配砟导板，使道心的道砟符合要求，落砟量以与轨枕中部顶面平行为好。

b. 操纵左回填输送带控制开关，调节回填输送带的水平摆出角度，使道砟回填到轨枕端部。

c. 观察后拨道工作装置情况，根据要求，进行精确拨道。

d. 操纵道砟导向板调节开关，使左右两侧道砟均匀。

②监视工作机构：

a. 监视左回填输送带运转情况，如有异常，停车排除故障后再继续作业。

b. 监视回填道砟的不洁率，如不洁率大于5%，通知1号位，降低作业速度。

(3)作业结束

①回填输送带回收：

a. 操纵左回填输送带控制开关，将回填输送带回摆到原锁定位，安装好安全链，并拧紧。

b. 待 6 号位将清扫装置收起后，安装好左边安全链和安全销。

②配合 4 号位操作人员完成挖掘装置的拆卸。

③向 1 号位操作人员汇报作业完毕。

8. 7 号位作业标准

(1)作业准备

①操纵翻转挡板开关，使翻转装置处于适当位置。

②操纵振动筛调节开关，使振动筛处于水平位。

③操纵道砟分配导流板开关，使其处于中位。

④向 1 号位操作人员汇报作业准备完毕。

(2)作业

①根据现场线路，随时调整振动筛水平位置。

②操纵翻转装置，合理调整筛网上的布砟情况，使其均匀筛分。

③根据 5 号、6 号位操作人员的要求操纵导流板，合理分配落入回填输送带上的回填道砟量。

④监视振动筛，如有异常，停车处理后继续作业。

(3)作业结束

①将振动筛调平，使其与车体平行。

②向 1 号位操作人员汇报作业完成。

9. 8 号位作业标准

(1)作业准备

①根据现场线路情况，清除作业方向障碍物。

②观察作业方向前方情况，做好防护。

③指挥 2 号位操作人员摆动回转装置，确定抛砟点。

④观察线路上的水、电等设施，以及影响作业安全的地方，做好适当处理。

⑤向 1 号位操作人员汇报作业准备完毕。

(2)作业

①严密观察回转污土输送带前端运转情况。

②遇到接触网立柱、高架信号机等障碍物时，指示 2 号位操作人员操作避开这些障碍物。

③做好作业方向的防护工作，如禁止人员站立在回转污土输送带下方和抛砟区域。

④监视回转污土输送带：

监视回转污土输送带发现异常情况时，指示 1 号位停车，排除故障后再继续作业。污土中可用道砟增多时，通知 1 号位操作人员降低作业速度。

(3)作业结束

①到达作业结束地点前，将结束地点处的左右轨枕固定螺母拧松，便于作业完成时，移动两轨枕，使挖掘装置顺利拆卸。

②指挥 2 号位操作人员回收污土输送带。

③向 1 号位操作人员汇报作业完成。

项目小结

本项目包括认知工务机械作业人身安全，认知清筛机挖掘及筛分装置，认知道砟回填及分配污土输送装置，认知起拨道及起重装置，标准化施工作业步骤，标准化施工作业步骤实操等任务，主要介绍了 QS-650 型清筛机挖掘装置，筛分装置，道砟回填分配输送装置，污土输送装置，起拨道装置，起重装置的结构以及工作原理，对相关工作装置的电液控制进行了详细的描述。重点描述了 QS-650 型清筛机标准化施工作业的基本步骤，以及号位人员的操作标准，为学生今后操作 QS-650 型清筛机奠定良好的基础。

复习思考题

1. 挖掘装置由哪几部分组成，功能有哪些？
2. 挖掘链由哪几部分组成，扒指磨损的特点有哪些？
3. 挖掘链有几种速度，是如何实现的？
4. 挖掘链导向装置液压系统中液压阀 4 的作用有哪些？
5. 链条导槽有哪几种，提升、下降、水平导槽在构造上有什么特点？
6. 水平导槽有什么用途，在结构上有什么特点？
7. 筒式激振器的组成与工作原理是什么？
8. QS-650 型清筛机有几层筛网，每层筛网的规格是什么？
9. 振动筛是如何支撑在机架上的，根据电路图分析如何进行调整？
10. 道砟回填装置由哪几部分组成？
11. 简单分析回转污土输送带控制电路。
12. 驱动滚筒与改向滚筒在作用与构造方面有什么不同？
13. 道砟回填输送带是如何实现摆动的？
14. 起拨道装置由哪些部件组成？
15. 夹钳装置的结构特点，如何调整夹钳装置？
16. 分析起道夹钳调整电路图。
17. 道砟清扫装置由哪些部件组成？ 作用是什么？
18. 分析说明起拨道、夹轨器液压系统的工作原理。
19. 分析说明振动筛驱动液压系统的工作原理。
20. 起重设备有哪几种，它们在构造上有什么特点？
21. 主污土输送带由哪些部件组成，它的支架安装结构有什么特点？
22. 后拨道装置在哪个部位？ 由哪几部分组成？

项目5　清筛机保养及常见故障处理

项目描述

本项目主要介绍了QS-650型清筛机日常维修保养的基本内容，与定期维修保养的标准，并对发动机、工作装置、传动系统的一些常见故障处理进行了介绍。为学生在后续工作岗位上维修与保养清筛机奠定理论与实践基础。

学习目标

1.能力目标

(1)具备对QS-650型清筛机的发动机进行日常维护与保养，及定期的维修与保养的能力。

(2)具备对QS-650型清筛机的工作装置进行日常维护与保养的能力。

(3)具备对QS-650型清筛机发动机故障进行处理的能力。

(4)具备对QS-650型清筛机动力传动系统故障进行处理的能力。

(5)具备对QS-650型清筛机工作装置故障进行处理的能力。

2.知识目标

(1)了解和掌握QS-650型清筛机保养维护的基本要求和方法。

(2)掌握QS-650型清筛机发动机日常维护与保养的基本内容。

(3)掌握QS-650型清筛机故障处理的操作流程以及基本方法。

3.素质目标

(1)培养学生良好的职业道德，勤劳苦干的精神。

(2)培养学生勤俭节约，艰苦朴素的工作作风。

(3)培养学生具备强健的身体素质，以及良好的心理素质。

(4)结合QS-650型清筛机工作装置故障处理知识，培养学生理论联系实践逻辑思维与辩证思维能力，以利于形成科学的世界观和方法论。

相关案例

处理清筛机故障，为高铁保驾护航

科技的日新月异给我们的生活带来了翻天覆地的变化，让我们的生活变得更加的高效、便捷。伴随着城市化进程的加快，交通繁忙日益凸显，出行方式的改变不仅缩短了时空距离，更丰富了生活的节奏。李白用一句“朝辞白帝彩云间，千里江陵一日还”抒发了自己对于能够日行千里的惊呼和夸赞，随着铁路的高速发展，今天的你可能在东北欣赏美丽的雪景，明天的你就可能在南方品味鲜花的芬芳，地域的快速切换给予了我们梦幻的感觉，也使我们的生活朝着一个美好的方向努力飞驰。但是铁道线路在运营过程中，经常会发生变形、磨损、腐蚀、脏污以及老化，所以对其进行养护、维修是非常必要的，以保证行车安全，这就迫使大型养路机械的诞生与发展。对碎石道床而言，其不洁度超过 30%时，就应该进行清筛。道床清筛是一项工作量大、劳动强度高的作业项目。目前，我国铁路已越来越多地采用道砟清筛机来完成。道砟清筛机的广泛使用提高了铁路养护与维修的效率。

清筛机维修的线路都在运营，这就要求清筛线路的道砟占用的时间不能太多，即清筛机必须在“天窗时间”内完成作业。所谓“天窗时间”就是留出 1～2 h 不运行火车，在这段时间做相关的铁路设施维修。这个时间比较紧迫、宝贵，这就要求清筛机的作业效率必须高。道砟清筛机的传动形式主要是全液压传动，液压系统在清筛机中占据着举足轻重的位置。其液压系统主要由三大部分组成，即：走行驱动液压系统、挖掘链驱动液压系统、道砟分配控制液压系统；而这些液压系统设备结构都非常复杂，发生故障的概率也比较大。并且液压系统中各元件和工作液体都是在封闭油路内工作的，很难准确的定位发生故障的部位。一旦清筛机液压系统发生故障，需停机维修，严重时不但导致“天窗时间”内完不成作业，甚至会耽误火车不能正常运行，损失重大。本项目将同您一起进行对 QS-650 型清筛机典型故障处理。

任务 5.1　清筛机保养及要求认知

5.1.1　工作任务

熟悉 QS-650 型清筛机保养与维护的基本知识，了解 QS-650 型清筛机检修与保养的基本规定，熟悉 QS-650 型清筛机检修与保养的操作流程。

5.1.2　相关配套知识

QS-650 型清筛机的检查保养与使用是不可分割的统一体，保养是为了更好地使用，使用也必须注重保养。只有对机械进行良好的保养，才能保证机械正常运转，减少机械磨耗，防止机械破损，延长机械使用寿命，甚至可延长 3～5 倍。同时清筛机保养的好坏，关系着整车功率的发挥和运用的可靠性，也直接影响到施工质量及燃料的消耗。所以，机组人员决不能忽视机械平时的维修保养工作。

清筛机的检查保养，一般可分为日常检查保养、定期检查保养和针对性检查保养三大类。

所谓日常检查保养指的是在机械运转之前、运转中和停机后对机械进行的例行保养，主要进行机械的润滑、检查及调整等工作。日常保养必须做到四勤（勤清洗、勤检查、勤紧固、勤调整）、二净（油净、空气净）。日常检查保养的目的是检查和调整机械各部间隙，改善各部润滑条件，以减少零件的磨损。

定期检查保养是根据机械运转的情况，定期对机械进行强制性的检查、调整、维修。定期保养可以及时发现和排除机械中已出现的或即将出现的故障，防患于未然。因此，定期保养对保证机械安全、正常的运转起着十分重要的作用。

针对性检查保养是根据机械的技术状况和使用情况而采取的针对性较强的特殊保养措施。

1. 日常检查保养

(1)发动机

①工作前的检查保养

a. 检查发动机机油油位

柴油发动机在使用期间，每天至少检查一次机油油位。新发动机或经大修后的发动机在磨合期(大约 200 h 内)机油消耗量较大，故每天应检查两次油位。机油标尺刻有点刻度和线刻度两种，对长期停放的发动机在启动前应按点刻度检查机油油面；一般情况，发动机在怠速运转 1～2 min 后停机，待 1～2 min 马上按线刻度检查机油油面。假如油面仅达到下线刻度，就必须添加机油，以免对发动机造成严重损伤。

b. 检查和清洗空气滤清器

燃烧空气中的灰尘，会引起发动机的早期磨损。经常检查和保养空气滤清器，对延长发动机的寿命具有十分重要的作用。

ⓐ集尘器的清理。干式空气滤清器中纸滤筒的使用寿命与是否及时排出集尘器中的灰尘有关，如果不能及时排出尘土，滤筒将很快堵塞。使用中，决不允许集尘器集满一半以上的灰尘。在空气中含尘量很大的工作环境下，应每天清理集尘器。

清理集尘器时，先松开卡箍，将集尘器连同顶盖一同取下。然后从集尘器拆下顶盖，倒出尘土，最后按顺序重新装配好集尘器，装配时应注意使顶盖上的凹槽和集尘器上的凸榫相互对准。当空气滤清器水平安装时，应注意“上”字的标记向上。

对带有排尘阀的滤清器可不进行这一保养，但排尘器阀的排泄口必须经常清理，保持干净。

ⓑ滤筒的保养。滤筒的保养只能根据保养指示器或指示灯的显示进行。对滤筒进行频繁的拆卸和安装会损坏壳体与滤筒间的密封圈，所以只有在必要时才清洗或更换滤筒；但滤筒使用一年(12 个月)或由于黑烟弄脏时则必须予以更换。

发动机停机后，在所装的保养指示器上清楚地看到红色“保养区Ⅰ”，或在发动机运作时，空气滤清器黄色指示灯亮，就应更换或清洗滤筒。

发动机排气冒黑烟或功率下降，表明空气滤清器堵塞，这时也应清洗滤筒。

保养滤筒时拧下六角螺母，取出脏污的滤筒，换上新滤筒或者清洗滤筒。换新滤筒时，必须安装原厂提供的滤筒，其他型号的滤筒会对发动机造成危害。

清洗滤筒有干燥清洗和湿法清洗两种方法。干燥清洗又分拍打清洗和空气清洗；拍打清洗是一种临时性的方法。操作时用手掌轻轻多次垂直敲打滤筒端面和平软表面，使灰尘振落而达到清洗的目的。敲打时注意不得损伤滤筒。空气清洗是用压力不超过 0.5 MPa 的干燥压缩空气对滤筒外部和内部进行吹洗，直到看不到灰尘飞出来为止。湿法清洗则将滤筒放到加入纯洗涤剂的温水中来回摇动、冲洗，然后在清水中再次进行清洗，甩去水并使其干燥。操作时不得使用汽油或热水。

清洗后的滤筒，应用于电照亮检查是否有损伤，若有损伤必须更换，同时检查粘贴的密封垫应无裂缝和损坏。

滤筒每保养一遍，应在安全筒的规定区域做上记号。滤筒保养五遍后，六角螺母和安全筒也必须更换。

在保养过程中发现安全筒有缺陷和损伤时必须更换；安全筒在使用满二年后也必须更换。换下来的安全筒不得清洗后再用。

滤筒保养后，保养指示器还出现指示保养信号时，可按回位按钮，这时红色保养标记应消失，否则，就需要立即更换安全筒。

②其他保养

a. 检查发电机的三角皮带张紧状况，皮带中间用手指能压下 10～15 mm 为正常。

b. 每周清洗一次柴油粗滤器滤芯。

c. 按要求检查蓄电池电解液液面高度。当液面高度小于 10～15 mm 时，一般加蒸馏水保持高度，如液面降低是由于电解液溢出原因，可加入电解液。每周检查一次蓄电池电解液密度，其在全充电状态下应为 1.28～1.30；在半放电状态下应为 1.25；在全放电状态下应为 1.10～1.15。冬季当发动机长期停止运转后，应将蓄电池拆下，放在温室内保存。

(2)动力传动系统

①万向传动轴有裂纹时拆下更换，转动有异常时查明原因排除或更换，连接螺栓松动时重新紧固并锁定。

②分动齿轮箱、车轴齿轮箱的各部螺栓松动时重新紧固。

③每周检查一次分动齿轮箱、车轴齿轮箱的油位，不足时补油。

④车轴齿轮箱每运转 50 h，应往端盖上的油嘴加注规定的润滑油脂。

⑤检查车轴齿轮箱悬挂装置无异状，悬挂杆头螺母松动时重新紧固，减振胶垫老化时更换，拉臂裂纹时更换。

⑥轴箱端盖螺栓松动时应重新紧固。

⑦轮对必须符合相关规范的技术要求。

⑧运行途中停车时，应手触检查轴箱外表温度，最高不应超过 70 ℃。如温度太高或局部温度过高，应打开轴箱端盖，检查润滑油质、油量、滚动轴承、轴承支架的状态，根据不同情况判明原因及时处理。要避免水、砂及其他脏物混入轴箱，保证其寿命。

⑨液压减振器螺栓松动时重新紧固。

⑩螺旋弹簧内外圈卡死时应更换。

(3)液压系统

①检查液压油箱的液压油处于正常油面，如需补油时，用过滤精度为 20 μm 的滤油机过滤后注入。由于静液压系统管路平时并不互相沟通，因此向油箱注油时，不可能一次注满，应实行几次甩车，分几次注油的方式，直至油位达到规定值时止。所以，油位的检查应分刚启动时的检查和正常运转后的每天检查。

②检查各油路的压力，不正确时，查明原因，予以调整。

③检查各橡胶软管、钢管、管接头和各种液压阀等有无泄漏。

④检查各液压泵和液压马达的安装与连接有无松动，运转时有无异响。

⑤察看吸油滤清器及回油滤清器的指示表工作是否正常。滤清器的指示表针处于红区时，应及时清洗滤芯；滤清器的报警指示灯亮及报警蜂鸣器响时，应更换滤芯。

⑥系统在工作中，要经常检查油量、油温、压力、噪声等，若有异常现象应立即停机处理。

(4)制动系统

①检查空压机的工作是否正常，总风显示是否正确(双针压力表的白针在 0.65～0.7 MPa 的范围内)。

②排放各储风缸内积水。每天工作结束后，总风缸、工作风缸、双室风缸、油水分离器等件的排水塞门，应经常开通排放，排出积水。

③检查制动闸瓦的磨损情况，闸瓦间隙应在 3～10 mm。

④制动系统各阀操纵要灵活，不允许有泄漏现象。

⑤试验空气制动,检查空气制动、缓解工作正常。

⑥检查手制动是否有效。

⑦检查旁路制动的性能良好。

(5)电气系统和操作装置

①检查各照明开关的作用及状态,作业灯、前后车灯、司机室内照明灯损坏时更换。

②检查各仪表显示应正常,清除仪表盘面上的灰尘。

③检查指示灯工作状态,尤其要注意检查制动信号灯和走行离合器指示灯的显示是否正确。

④检查故障报警显示系统是否正常。

⑤操纵台上的各操纵手柄、旋钮、按钮、开关应工作正常。

⑥蓄电池连接线应无松动。

⑦柴油机启动前,蓄电池电压应不低于 20 V;启动后,蓄电池电压应在 24～28 V 之间。

⑧检查无线列调、运行监控装置和机车信号的性能是否良好。

(6)工作装置

①向导槽中部和底部的导向滚轮加注润滑油脂。

②检查挖掘链扒齿、紧固螺栓和安全销的状态是否良好。

③检查导槽的连接是否可靠。

④检查导槽中耐磨板固定螺栓有无松动。

⑤检查振动筛筒式激振器油位,不足时按规定补油。

⑥检查振动筛筒式激振器两端连接螺栓的紧固状态,将丢失的螺栓补齐。

⑦检查输送带的滚轮和托架。

(7)气动系统

①检查气动回路油雾器的油位。

②检查气动系统压力是否正常,各管路、气缸等元件有无泄漏。

③检查工作装置的气锁工作正常。

④检查雨刮器、气喇叭等工作正常。

(8)车架结构

①擦洗车体及机外部件。

②按有关规定和要求向各润滑部位加注润滑油。

③检查车钩三态作用良好,折角塞门工作正常。

④检查连接部件与紧固螺栓无松动。

2. 定期检查保养

定期检查保养按照检查时间周期的不同,又分为一级检查保养、二级检查保养和三级检查保养,分别按规定的时间间隔对清筛机进行规定项目的检查保养。在二级、三级保养间隔期间,应安排相应的低一级保养工作。一、二级检查保养由操作人员配合检修专业人员实施,三级检查保养由检修专业人员实施,并可结合年修进行。

(1)一级检查保养

发动机每工作 100 h 和 200 h 进行一次,其他工作装置每工作 50 h 进行一次。一级检查保养时需先完成日常检查保养工作。

①发动机

a. 发动机每工作 100 h 的检查保养

ⓐ取样化验发动机机油。若需更换机油,必须在热机状态下进行。放油时,待全部机油流

出后再把放油塞拧紧。加注新油时必须保证加油口及新机油的清洁，必要时可采取有效的过滤清洗措施。当机油油面至油尺上部刻度时停止加油，经发动机短时间运转后再次检查油面。

ⓑ清洗燃油滤清器的粗滤器。松开压紧螺母将卡环推到一边，取出滤芯，在柴油中清洗滤芯和滤清器体。装配时应将滤清器体正确地同密封圈装在一起。

ⓒ清洗发动机外表面和中冷器。在恶劣的工作条件下，对散热片的清洗尤为重要。因为积附在气缸体、气缸盖和机油散热器上的灰尘及含有柴油和机油的油泥黏附在散热片上，会降低散热效率。特别是气缸盖的垂直散热片通道始终要畅通，应仔细地清洗。

对散热片清洗推荐采用干式清洗法，例如用金属丝刷和压缩空气吹洗，而且应从排风侧开始吹。如用洗涤剂进行清洗，应浸润足够的时间，之后用高压水进行冲洗。最后运转发动机，使残留水分得以蒸发，避免零部件表面生锈。

用洗涤剂蒸汽喷嘴进行清洗是最好的方法。清洗时应对喷油泵、发电机、启动马达等电器进行遮盖保护，防止与水接触。

发动机的排气总管大部分包有绝热材料，如果用易燃剂对发动机进行清洗时，无论如何不得使其与绝热材料接触，否则在发动机运转后，温度升高有产生燃烧事故的危险。

ⓓ在清洗发动机的同时，应检查进气管上的橡胶管和气缸盖上的排气管的密封情况。

ⓔ检查发动机紧急停机装置的作用是否灵活可靠。

b. 发动机每工作 200 h 的保养

ⓐ完成发动机每工作 100 h 的保养项目。

ⓑ更换机油滤清器的滤筒或滤芯。

拆卸机油滤筒时，先用工具将两个卡箍螺丝松开，并向下取出卡箍，用工具将滤筒松开后再用手将其旋出。滤清器托架的密封面脏污时应进行清洗。

安装滤筒时，在橡胶密封圈上涂少量机油，用手转动滤筒，直到靠上密封圈，再用双手将滤筒拧紧，严禁用工具拧紧滤筒。紧固卡箍，防止滤筒自动松动。

装好机油滤清器后进行试运转，应观察机油压力是否正常和滤筒的密封是否良好。

如果发动机安装的是可更换滤芯的机油滤清器时，按下述时间和要求更换和清洗滤芯。

发动机工作 20～30 h 后，卸下机油滤清器总成，用扳手松开螺栓，取出纸质滤芯，换上金属网滤芯或纸质滤芯，拧紧螺栓后，再将机油滤清器总成装到机体上。换上金属网滤芯后，要定期清洗金属网滤芯，一般运转 200 h 清洗一次。根据使用机油的质量，污物对金属网滤芯的堵塞有所不同，故对滤芯的清洗周期，要根据实际而定。

清洗金属网滤芯，先卸下机油滤清器总成，然后用扳手松开螺栓，取出金属网滤芯在柴油中刷洗干净，组装好机油滤清器总成。在清洗中发现金属网损坏，应更换新的滤芯。

ⓒ清洗冷却风扇液力耦合器上的滤清器罩。松开锁紧卡簧后取下风扇护罩，卸下滤清器罩并清洗内部。安装时注意 O 形密封圈的正确位置，若有损伤应立即更换。

ⓓ检查并拧紧发动机上的各紧固螺栓。

②动力传动系统

a. 按操作要求检查各齿轮箱的油位，润滑油不足时，按规定补油。

b. 向传动轴的万向接头加注润滑油脂。

c. 检查车轴齿轮箱的轴端盖的密封状态是否良好。

d. 检查车轴齿轮箱的油位，不足时按要求补油。

e. 检查传动皮带的张紧度是否合适。

③液压系统

a. 按要求检查液压油箱的油位，补油时必须使用精密滤油机。

b. 检查各种软管、接头有无泄漏现象。

c. 检查吸油滤清器及回油滤清器的指示表针是否在正确的位置。

d. 检查各压力阀、方向阀和流量阀的安装及连接是否牢固，清除阀体表面油污。

e. 检查各液压泵、液压马达的工作状态良好，运转时无异常响声。

f. 按规定取样化验液压油的污染程度及进行铁谱分析。

④电气控制系统

a. 清除电气箱内的灰尘。

b. 检查各电路板的插装是否可靠，各接线端子板上线头连接无松动。

c. 检查各继电器、接触器的安装是否牢固，各触脚应保持接触良好，必要时用酒精洗涤各继电器的触脚。

d. 检查各行程开关、限位开关应动作准确、灵敏，安装位置正确，变位、松动时应重新调整并紧固。

e. 检查蓄电池电解液的比重，保养蓄电池各接线端子。

f. 检查各种指示灯的显示是否正确。

g. 检查各照明灯、信号灯。

⑤制动系统和气动系统

a. 向基础制动装置各种连接杆件的铰接处加注润滑油。

b. 向气缸的安装和连接铰接处加注润滑油。

c. 各部管路及阀类的漏泄必须在规定范围内，相应的工作压力符合规定要求。

d. 检查雨刮器工作状态正常。检查风喇叭的工作状态良好。

⑥工作装置

a. 检查挖掘链驱动液压马达的紧固螺钉有无松动。

b. 检查振动筛的道砟导流闸板工作是否良好。

c. 检查导槽上的导向滚轮，并加注润滑油脂。

d. 检查输送带的张紧状态是否符合要求。

e. 检查挖掘链轮的磨损情况。

f. 检查挖掘链轮减速箱的油位，不足时补油。

g. 检查导槽耐磨板的磨损情况和螺钉的紧固状态。

h. 检查、调整枕下的道砟刮板工作状态。

⑦车体结构

a. 彻底清洁车体及司机室内外。

b. 检查清洁空调装置及暖风设备。

c. 检查各焊接部位、连接部位状态是否良好。

(2)二级检查保养

发动机每工作 300 h 和 600 h 进行一次，其他工作装置每工作 200 h 进行一次。二级检查保养需先完成一级检查保养工作。

①发动机

a. 发动机每工作 300 h 后的检查保养

在冷机状态下，用厚度为 0.2～0.3 mm 的塞尺检查气门间隙，不符合要求的气门间隙应加以调整。若外界工作环境灰尘较大时，其检查周期应缩短为 200 h。

b. 发动机每工作 600 h 后的保养

ⓐ完成发动机每工作 300 h 的保养项目。

ⓑ检查气缸盖温报警器的外观状态，从气缸盖上拆下温度传感器(用于温度表)或温度报警开关(用于温度报警灯)，将它们浸入 170～175 ℃的热油中，这时温度表的指针应指到红色区域或报警灯应该发亮。

ⓒ检查直流发电机的状态，按要求清洁整流器，更换限碳刷。

ⓓ检查进、排气总管与气缸盖的连接密封状态，必要时应进一步紧固连接螺栓。

②动力传动系统

a. 化验或更换分动齿轮箱的润滑油。

b. 化验或更换车轴齿轮箱的润滑油。

c. 润滑各传动轴的十字轴。

d. 对齿轮箱悬挂销轴处进行润滑。

③液压系统

a. 检查液压蓄能器的氮气压力，不足时补充氮气。

b. 检查调整各液压回路的压力。

c. 检查各电磁换向阀、电液换向阀的动作状况，必要时按要求进行部分解体清洗。

d. 检查各液压油缸的密封状况。

e. 向液压油缸的安装和连接铰接处加注润滑油。

④制动系统和气动系统

a. 空气制动阀、分配阀、调压阀、中继阀、安全阀、电控阀等作用不良时应更换。

b. 气动换向阀作用不良时，修理或更换。

c. 向手制动齿轮箱加注润滑油。

d. 调整闸瓦间隙：

ⓐ将制动缸活塞行程调整至 80～90 mm。

ⓑ缓解时，制动缸活塞应能恢复到零位，闸瓦与踏面的间隙为 3～10 mm。

ⓒ转动调整螺母，调整闸瓦托的仰角，使闸瓦上下间隙均匀，防止闸瓦上下产生偏磨。

e. 闸瓦厚度小于 15 mm 或有裂纹时，应更换。

⑤电气控制系统

a. 清除各限位开关上的油污，检查各限位开关的动作值是否正确，必要时按操作要求进行调整。

b. 清扫电气控制箱内的尘土，用酒精清洗各继电器的触脚。

⑥工作装置

a. 向所有可以加注润滑油脂的铰接处加注润滑油脂。

b. 清洗振动筛筒式激振器上的空气过滤器。

c. 按要求给离合器轴承加注润滑油脂，并调整离合器间隙。

⑦车体结构

a. 检查车钩、缓冲器和风管。

b. 紧固车体各部螺栓。

c. 检查随车工具及应急救援器材。

(3)三级检查保养

发动机每工作1 200 h和2 400 h进行一次,其他工作装置每工作400 h进行一次。三级检查保养时需先完成二级检查保养工作。

①发动机

a. 发动机每工作1 200 h后的保养

ⓐ完成发动机每工作600 h的保养项目。

ⓑ更换柴油滤清器的滤筒。发动机每工作1 200 h后或平时发现发动机功率下降,必须更换柴油滤清器滤筒。更换的同时将滤清器支架的密封面清洗干净;新滤清器安装好后,应将滤清器内空气排净。具体做法是:将放气螺栓松开2～3圈,把手油泵的手柄向左旋转使其松开,压动手油泵,直到从放气螺塞处外溅柴油无泡沫时,重新拧紧放气螺塞。

ⓒ检查增压空气管道、排气管道和废气涡轮增压器的进出机油管道的紧固、密封情况。尤其要注意增压空气管道与废气涡轮增压器之间连接管的密封和紧固情况。

ⓓ在进入寒冷季节之前要检查加热塞的功能。检查火焰加热塞电器功能时,将发动机启动开关放在预热位置,预热1 min后加热指示灯必须发亮。检查火焰加热塞的柴油供应情况时,将火焰加热塞的连接螺栓松几圈,把发动机启动开关放在启动位置上,启动马达使发动机空转,这时柴油必须从连接螺纹处流出。如果没有柴油流出,其故障在修理车间排除。进行上述检查时,应注意发动机油门必须置于停机位置。

堵塞的火焰加热塞应更换。当火焰加热塞的功能完好时,在启动过程中,火焰加热塞附近的进气管用手接触感到是温热的。

ⓔ发电机保养。在保养发电机时,应注意以下几点:

ⅰ. 发动机运转时,蓄电池、发动机之间的连接线不许断开。当没有蓄电池而发动机又确实必须启动和运转时,需按要求外接直流电源启动。启动前,必须将发电机与调节器开关之间的导线断开。

ⅱ. 蓄电池的连接线不得接错。

ⅲ. 充电指示灯损坏或发生故障时,应立即更换或处理好。

ⅳ. 清洗发动机时应将发电机和调节器加以遮盖,避免进入水和污物。

ⅴ. 不能用触地的方法来检查发电机导线有无电压。

ⅵ. 电焊时,焊机的接地夹子应直接接到要焊接的零件上。

ⅶ. 检查启动电机。

ⅷ. 清洗废气涡轮增压器。清洗时,废气涡轮增压器应仍与排气管紧固在一起。

b. 发动机每工作2 400 h后的保养

ⓐ完成发动机每工作1 200 h的保养项目。

ⓑ按操作要求更换曲轴箱通气阀的阀芯,把四个六角螺栓拆下,取下呼吸器盖,更换阀芯。

ⓒ拆下喷油泵,在喷油泵检测仪上进行检查,按发动机的要求调整到正确的工作压力,必要时进行更换。

除了定期对喷油泵进行保养外,在发动机出现异常现象时有必要进行喷油泵压力的检查。

ⓓ拆下废气涡轮增压器,在柴油或无腐蚀性的洗涤液中清洗增压器外壳和叶轮。重新安装后,应仔细检查各相关部分的紧固情况。

②动力传动系统

a. 化验各齿轮箱的润滑油，润滑油质量指标不符合要求的要进行更换，必要时清洗齿轮箱内部。

b. 对传动轴进行探伤检查。

c. 更换车轴轴承箱的润滑油脂，检查轴承有无损伤，必要时进行探伤。

d. 对车轴进行超声波探伤检查。

e. 对被压减振器和螺旋弹簧进行性能试验。

f. 检查车轮踏面有无超限擦伤和磨损，同轴的两轮踏面直径差不得超过 1 mm，必要时需旋修车轮。

③液压系统

a. 放出液压油箱内的油，取样化验液压油的污染程度和理化性能指标，更换不符合要求的液压油。

b. 彻底清洗液压油箱。

c. 清洗回油滤清器。

d. 清洗或更换吸油滤清器。

e. 用专用的油路清洗设备清洗闭式回路。

f. 更换动作不良的压力阀和方向阀。

g. 对液压油缸进行耐压密封试验，更换失效的密封件。

h. 更换磨损严重和有泄漏现象的液压软管、钢管及管接头。

i. 按操作要求对液压泵和液压马达进行流量、压力的测量。

j. 更换性能不良的液压元件。

④制动系统和气动系统

a. 对空气制动系统按检修规范进行检修。

b. 检测气动换向阀。

⑤电气控制系统

a. 更换绝缘不良的导线。

b. 更换或修理性能不良的电路板。

c. 更换损坏的照明及指示灯。

d. 全面检查和调整电气控制系统的主要参数。

e. 对蓄电池进行修整和充电。

⑥工作装置

a. 向所有的轴承加注润滑油脂。

b. 向各销轴加注润滑油脂。

c. 更换挖掘链轮减速箱内的润滑油。

d. 更换振动筛筒式激振器内的润滑油。

e. 给道砟输送带的转动盘加注润滑油脂。

f. 检修输送带的托架滚轮。

g. 检修振动筛网。

h. 按要求保养主齿轮箱、挖掘链轮减速箱和筒式激振器上的通气器。

i. 向输送带驱动液压马达轴承加注润滑油脂。

j. 更换污土回转输送带减速箱的润滑油。

⑦车体结构

a. 整修外观、焊修开焊处所。

b. 根据情况对车体、司机室等进行油漆处理。

3. 针对性检查保养

QS-650 型清筛机的针对性保养包括临时停放、工地转移、长期封存、磨合期保养等。

(1)临时停放

①每周进行一次全面的日常检查保养工作。

②启动发动机并运转 15～20 min。检查发动机、液压系统、电气系统工作性能。

③在作业工况状态下，使各工作装置在空载状态下运转，直至各摩擦零件表面保持有一定的油膜为止。

(2)工地转移

①工地转移前的检查保养

为了保证行车安全，在工地转移前对机械进行全面的检查保养。

a. 对动力传动系统、空气制动系统按一级检查保养所规定的项目进行一次检查保养。

b. 检查制动闸瓦，调整闸瓦间隙。

c. 进行单车制动和连挂车制动试风。

d. 对工作装置、机械动力间侧门的锁定机构进行加固。

e. 检查车轴齿轮箱内润滑油的加注量。

②工地转移后的检查保养

到达新工地后，在机器开始工作前，必须再次进行检查保养。

a. 解除各工作装置和机械动力间侧门上的加固绳索。

b. 按临时停放要求进行一次检查保养。

(3)长期封存

对长期封存的机械，需由机组留守人员每月进行一次检查保养，其工作内容同于机械临时停放时的检查保养。

(4)磨合期

新机械和大修后的机械，其使用寿命和工作性能在很大程度上取决于初期磨合的质量。因此必须注意机械在磨合期的保养。

机械磨合期一般定为 50 h，发动机的磨合期为 200 h。磨合期保养的内容如下：

①启动发动机，怠速运转不少于 10 min，待机体温度上升后，再带负荷运转。

②磨合期内所带负荷不得超过额定负荷的 75%～80%，最高自行速度不得超过 60 km/h。

③应经常检查各连接部分的松紧程度是否符合要求，传动部件的润滑状态及运转是否正常。

④新发动机或大修后的发动机，初次运用 50 h 后必须更换机油，在更换机油的同时应进行下列检查保养工作：

a. 更换机油滤筒。

b. 检查缸盖上进、排气管的紧固状态。

c. 检查空气滤清器的橡胶管、卡箍等处应紧固无泄漏。

d. 再次拧紧机油的放油螺塞和发动机支架的固定螺栓。

e. 需要时再次调整气门间隙。

f. 机油更换应在发动机热态下进行。旧油放完后，拧紧放油螺塞，加入新机油，直至机油油面达到油尺上部刻度为止。通过短时间的运转后，应再次检查油位。

任务 5.2　发动机故障处理

5.2.1　工作任务

熟悉 QS-650 型清筛机发动机常见故障处理工作标准，尤其是发动机机油温度过高故障处理。

5.2.2　相关配套知识

1. 柴油发动机启动困难

(1)环境温度低，预热装置故障：

①预热塞油路不通或电磁阀上无电压。

②火焰预热塞损坏或不得电。

(2)机油黏度过大，用错牌号的机油，造成启动困难。

(3)燃油系统故障：

①油箱无油，或吸油管堵塞。

②燃油系统中有空气，此时需要松开燃油精滤器的放气螺塞，利用手油泵打油，放出燃油系统的全部空气后再拧紧放气螺塞。

③燃油操纵系统锈死、发卡等。

④增压压力烟度限制器上的启动加浓电磁阀损坏，使调节齿杆锁死，不能进入启动加浓位置。

⑤柴油发动机内部供油系统故障。

2. 启动电动机故障

①启动电动机不能运转。检查蓄电池的蓄电情况，若蓄电充足再检查蓄电池接线柱及导线线头，消除接触不良。

②启动电动机功率不足，空载可以运转，但无力启动柴油发动机。其原因可能是蓄电池蓄电不足或在冷天时发动机机油过黏，或预热装置失灵及发动机未减压启动等。应根据具体情况进行排除。

③启动电动机在柴油发动机启动后，不能停止转动。这种故障是非常危险的。发生这种故障时，应立即拆开蓄电池搭铁线，否则启动电动机在短时内就会烧坏。产生故障的原因是：电磁继电器的三对触点因烧损而焊接在一起，使电路不能切断。铁芯表面或铁芯配合的孔太脏，铁芯回位弹簧太软或折断，使铁芯不能自由退回。拆开启动电动机进行清理、检查。

④启动开关拉到启动位时，只听到启动电动机发出“咔哒”一下响声，启动电动机却不转。发生这种故障的原因是：虽然吸引电磁铁的线圈能吸引衔铁，但不能使控制继电器的触头闭合，因此，听到的只是吸引衔铁的“咔哒”声，而启动电动机主电路却没有接通。这是由于电磁线圈短路或接触不良，电磁力太小所引起的。铁芯表面太脏，修理后换用的弹簧太硬，也可能产生上述故障。

⑤启动电动机功率足够的情况下空转，不能启动柴油发动机。启动机空转有下列情况：启

动电动机小齿轮根本不和飞轮齿圈啮合而空转；吸引电磁铁吸力减小，不能使启动电动机小齿轮在轴上移动，当启动电动机小齿轮尚未与飞轮啮合时，启动电动机便旋转起来；或是安装时不注意，使启动电动机小齿轮与飞轮齿圈端面的距离过大，不能啮合。

3. 柴油发动机温度过高

(1)冷却系统故障

①散热片上的灰尘、油污过厚，需要定期除尘清洗。

②冷却风扇传动轴弹性联轴器坏，或小齿轮箱的轴承坏，致使冷却风扇不工作。

③温度传感器或温度表发生故障，或者传感器的接线有接地现象。

(2)供气系统故障

①空气滤清器脏污或维护指示器损坏。

②增压器压气机端脏污，可使柴油发动机过热，这时必须清洗增压器。

4. 柴油发动机机油压力低或机油油耗高

(1)机油压力太低

①机油黏度不当或质量太差。

②机油液面太低。

③机油使用时间太长，机油太脏，污染了整个发动机的润滑系统。

④机油管路不通畅，如机油滤芯堵塞、型号不对、漏油等。

⑤机油压力传感器损坏或机油压力表工作不正常。

⑥机油泵工作不正常。如油泵磨损、吸油滤油器脏污、连接管或吸油管不密封、机油泵单向阀不密封等。

(2)机油油耗太高

①新发动机或新大修后的发动机磨合不良。

②机油黏度不当或质量太差。

③柴油发动机密封不良而漏油。

④活塞与活塞环之间的间隙过大，或活塞环刮油效果不良，机油窜入燃烧室燃烧(此时发动机常冒蓝烟)。

⑤曲轴箱呼吸器损坏，机油油雾无控制地被吸走。

任务5.3　传动系统故障处理

5.3.1　工作任务

熟悉QS-650型清筛机传动系统常见故障处理，并根据故障原因能够进行相应的修复处理。

5.3.2　相关配套知识

1. 主离合器

主离合器在使用中，常见的故障有打滑、分离不彻底、踏板沉重及有不正常响声等。

(1)离合器打滑

离合器打滑现象表现在：机器起步困难；发动机转速增高时，车速不能随之提高；工作装置动力不足；严重打滑时，有烧焦的气味产生。

造成离合器打滑的根本原因是：离合器压紧力下降；摩擦面状况发生变化，使摩擦系数降低。

影响主离合器压紧力降低的主要因素有：压紧弹簧弹性下降；摩擦片及压盘磨损严重，使压紧弹簧伸长过多。

影响摩擦系数降低的主要因素是：摩擦表面沾有油污；摩擦片硬化或严重烧蚀；摩擦片磨损严重时，铆钉外露。

摩擦片被油玷污，应查明油污来源。当摩擦片油污不严重时，可用汽油洗净，并用压缩空气吹干；若摩擦片表面硬化、严重烧蚀及铆钉外露时，应更换。若压紧弹簧弹性下降或折断，应及时更换。

(2)主离合器分离不彻底

主离合器分离不彻底表现为半离半合状态，其原因是：分离杠杆高度不一致；从动盘翘曲不平；新铆的摩擦片过厚；中间压盘分离机构失调或分离弹簧折断。

排除主离合器分离不彻底的方法有：调整分离杠杆高度及中间压盘分离机构间隙。校正从动盘不平，摩擦片过厚时，应进行修磨，也可在离合器盖与飞轮之间加适当厚度的垫片调整。

(3)主离合器踏板沉重

在这种气助液动的操纵机构中，踏板沉重表明助力系统工作不良。其原因可能是：气压不足或管路漏气；气压作用缸活塞密封圈磨损；排气阀密封不严；随动控制失调。这些故障应在维护中排除。

(4)主离合器有不正常响声

此类故障一般多属于长期使用后，零件磨损或损坏所致。如分离杠杆销轴、滚针轴承及轴承座松旷；压盘或中间压盘凸耳与飞轮导向槽配合间隙过大；从动盘毂与从动轴花键磨损等。

发现主离合器有不正常的响声，一般均应拆卸，进行检查与修理。

2. 万向传动装置

万向传动装置在工作中承受着巨大的扭矩和动负荷，长期使用后，零件会发生磨损，配合间隙增大。此外，轴管弯曲、凹陷，会造成万向传动装置发响和抖振。

(1)万向节的异响

万向节异响，在车速变化时尤为明显。造成这种故障的原因，主要是万向十字轴、滚针轴承严重磨损松旷或滚针断碎。排除故障的办法就是更换轴承。严格按照使用维护规程加注润滑油脂，可有效地防止此类故障的发生。

(2)花键松旷的异响

传动轴花键松旷也会产生异响，特别在油门急剧变化的瞬间，响声尤为严重。因此，在维护保养时，应注重润滑以减轻键槽磨损，并保证传动轴的自由伸缩。

(3)传动轴的抖振

①传动轴不平衡，在旋转时由于离心力的作用会产生抖振，严重时会使传动轴零件迅速损坏，影响分动齿轮箱的正常工作。根据传动轴的构造特点，在使用与维修过程中，应注意保持轴的平衡条件，如消除轴的变形；拆装滑动叉时作记号；检查动平衡片防止脱落；修复十字轴轴承等。

②弹性联轴器失效。

3. 齿轮传动箱

清筛机上的齿轮传动箱有：分动齿轮箱、车轴齿轮箱、挖掘齿轮减速箱和输送带齿轮减速箱等,它们在构造与工作原理方面基本相同,在使用维修中,产生的故障、原因和排除方法也相类似。

齿轮传动箱在使用过程中,由于零件磨损和变形,造成零件配合失常,从而引起一系列故障。常见的故障有:不正常声响及漏油。

(1)不正常响声

齿轮传动箱的不正常响声,主要是轴承磨损松旷和齿轮间不正常啮合而引起的噪声。

①轴承响声。轴承响声是一种杂乱的连续噪声。传动箱轴承经常在高速、重载条件下工作,并承受很大的交变负荷。因此,滚动体与滚道会发生磨损,疲劳剥落、烧蚀等现象,轴承的轴向与径向间隙增加,使滚动体与滚道之间发生撞击而发出噪声。轴承外座圈与轴承座孔磨损松旷也会产生不正常响声。为此,应检查轴承,若有损坏,应予以更换,并重新调整轴承紧度。

②齿轮发响。齿轮正常的啮合间隙和啮合印痕被破坏,是引起齿轮不正常响声的主要原因。如果响声不严重,可继续使用;严重时,可拆开传动箱盖进行检查;若是啮合间隙超过极限、齿轮折断等,应予以更换。

(2)润滑与漏泄

齿轮传动箱都设有润滑系统,其形式有飞溅式和强制式等。清筛机上齿轮传动箱一般都以强制式为主,飞溅式为辅。例如分动箱在外部带有润滑油泵,车轴齿轮箱在内部的第三根轴上安装有柱塞式凸轮油泵。

润滑系统的故障表现在系统的压力高低上,系统压力过高会发生窜油现象,其原因是输油管路堵塞、不畅,必须清洗。系统压力过低会引起齿轮、轴、轴承发热,其原因是多方面的。

车轴齿轮箱润滑系统压力过低的原因有:

①凸轮柱塞泵的柱塞卡死,油泵不能工作。

②系统中单向阀过度磨损泄漏严重。

③吸油滤网堵塞吸不上油。

④润滑油不足。

各种齿轮传动箱都设有明显的润滑油位标记,因此要经常检查油量,缺少时应及时补充。油面变高时,可能是由于固定在齿轮箱上的泵、马达、挂挡油缸泄漏造成的,这时应仔细排查。另外,对齿轮传动箱上的通气孔也应定期检查、清洗,否则通气孔滤网堵塞,会造成密封装置的漏油。

(3)分动齿轮箱支座的松动

分动齿轮箱靠支座用螺栓和减振装置固定在机架上。长期工作后,螺栓会松动;橡胶减振装置会老化。因此,需要定期地检查与更换。

(4)车轴齿轮箱液压自动换挡离合器故障

车轴齿轮箱内"AG""FG"型自动换挡离合器是靠液压操纵控制的,配油环装在车轴齿轮箱的第二根轴上。配油环磨损可造成高、低挡控制油路相互连通,从而使换挡离合器失灵。排除方法是更换磨损的配油环,密封高、低挡的控制油路。

"AG""FG"换挡离合器是液压多片式离合器。当离合器主、被动摩擦片磨损后,会自动压紧补偿,不需要调整。但是,在每年的检修中,应检查摩擦片的磨耗情况,根据要求更换磨损过度的摩擦片。

任务 5.4 工作装置故障处理

5.4.1 工作任务

熟悉 QS-650 型清筛机挖掘装置、振动筛、起拨道装置等工作装置的常见故障，以及处理常见故障的基本方法。

5.4.2 相关配套知识

1. 挖掘装置

挖掘装置的主要故障是磨损和异常响声。

(1)挖掘链的故障与处理

挖掘链由扒板、中间链节、链销轴、扒指及紧固连接件组成。由于挖掘链直接与道砟作用，因此挖掘链各零件磨损十分严重，特别是扒指、扒板、链销轴等。另外，由于长期磨耗也会出现卡链、断链等故障。

①扒指磨损。扒指是挖掘、输送道砟的主要零件之一，磨损磨耗最快。在正常作业情况下，只要扒指磨掉全长的 2/3 就应更换新扒指。另外，安装在扒板上的扒指不应丢失、折断，一经发现必须及时补充、更换，特别是扒板下部的扒指，工作中不能缺少。扒指安装后应能在扒板轴孔中自由转动，这样既可减少挖掘阻力，又可使扒指表面磨耗均匀。

②卡链。卡链是挖掘装置工作中突然出现的故障，其原因可能是：下降导槽伸缩段上的螺栓松动；链节固定销脱落卡住；紧固螺栓松动上窜将链卡住。卡链后应立即停止挖掘，找出卡链的原因，进行紧固或更换失效零件。

③断链。挖掘链长期工作后，链销轴在扒板和中间链节的销孔中被磨细，整条挖掘链也会松弛。挖掘链的松紧程度在链正常情况下除靠张紧油缸调整外，过度松弛必须摘掉链节来调整。一套新的挖掘链一般允许采用 3 次摘掉链节的方法来调整松弛程度。换句话说，就是一套新的挖掘链，通过使用，在摘掉 3 个链节后，再松弛就应更换全套新挖掘链。

断链就是链销轴磨细后，承载能力降低，突然承受尖锋载荷时被拉断的现象。出现这种情况，要及时查明原因，进行处理。

④扒板或链节出现裂纹。扒板和链节受力复杂，在工作中会出现裂纹，经检查发现后应及时采取修复补焊的措施，否则会造成事故。扒板修复后，应防止变形，保证五个扒指间的正确位置与间距。

(2)角滚轮的故障与处理

五个角滚轮支承着挖掘链的运动。由于它们工作载荷大，特别是两个下角滚轮工作条件恶劣，所以磨损极为严重。应经常检查滚轮体、轴承、轴及密封件的磨损情况，如有损伤必须立即停车给予修复或更换。

角滚轮的安装应正确，否则会产生断轴事故。

(3)导槽的故障与处理

提升导槽、下降导槽与水平导槽内设有磨耗板，一般通过每年一次的检修进行检查与更换。但在作业中，对磨损严重的部位，如水平导槽上的拱形耐磨板、左右弯角导槽等，应注重检查，磨损或变形后要及时更换或修复。对导槽的其他部分，在平时的检查中一旦发现问题就要及时处理。

(4)挖掘链轮的故障与处理

链轮在与挖掘链啮合的过程中传递动力,驱动挖掘链工作,链齿逐渐被磨薄、磨尖。挖据装置长时间作业后,链齿的强度、刚度下降,当挖掘链遇到尖锋载荷时,有可能将链齿打断。为避免这种故障,一般在每年一次的检修中,根据链轮磨损的情况,进行修复或更换。

(5)异常响声的故障与处理

为减少噪声和污染,挖掘装置的提升与下降导槽在设计时,采用底板与磨耗板间加橡胶垫板的结构。因此,挖掘装置在一般情况下,作业时产生的噪声符合有关规定。异常响声是指非正常的响声,其产生的原因如下:

①挖掘链与导槽间有脱落的零件或物品。例如:导槽上紧固件松动、脱落;挖掘链的固定销、螺栓松动、窜动等。因此,日常检查保养时,应注意连接零件的紧固情况,发现松动应采取措施拧紧防松。

②润滑不良。挖掘装置工作条件较差,需要按规定进行润滑。

③角滚轮的破损。角滚轮受力情况复杂,表面容易产生缺陷甚至破损、断轴。因此,在角滚轮处发生不正常响声时要及时处理。

④挖掘链与链轮啮合不正确。挖据链被拉长后如调整不当,在与链轮啮合的过程中会发出周期性的不正常响声。

(6)其他部件的故障与处理

张紧油缸导柱、支承套、拢砟板、伸缩导槽、道砟导流闸板及导槽支承座等部件,在每年一次的检修中,都应检查、修复。尽量避免在工地上出现故障。

挖掘装置与道砟直接接触,零部件在工作中的磨损、磨损是正常的。控制磨损速度、减少磨耗可以采用以下措施:

①经常检查各零、部件间的正常间隙,保障挖掘装置的挖掘链在导槽中平稳、均衡、低噪声地运转。

②正确调整挖掘链的松紧度,即下降导槽上张紧油缸调整要适当。

③定期保养及时检修。挖掘链在作业时,运动部件必须得到充分的润滑,防止干摩擦或半干摩擦的出现。例如:角滚轮在作业前和作业半小时后,必须及时加注润滑脂,由前司机室作业司机位旁的集中润滑装置来完成。

在定期保养和每年一次的检修中,如发现挖掘装置中,某些零部件磨损、磨耗严重时,必须查明原因,认真分析,提出修复办法,否则将加剧其他零部件的磨损,甚至造成重大事故。

2. 振动筛

(1)筛分质量不佳的原因与排除。

质量不佳表现在回填的道砟中不清洁,其原因有:

①筛孔堵塞。如果筛机投料过多,特别是筛面上料层过厚,则筛机负荷过重,污砟通过筛网时,不能充分被抛起落入筛孔中,甚至将筛孔堵塞。因此要减轻筛机负荷,减小筛机的投料量,并及时清理筛面。

②筛机给料不均匀。筛机工作必须保持水平位置,特别在曲线上应随时调节筛机的调平装置,检查导板的磨损情况。另外调节挖掘装置的道砟导流闸板投料的位置。

③筛网拉得不紧。筛网拉得不紧或松动时,振动效果差、筛分效率低。排除方法是张紧筛网紧固固定装置。

④筛网严重磨损出现孔洞。此时，要及时更换筛网。

(2)正常作业时筛机振动频率减慢、轴承发热的原因与排除造成正常作业时筛机振动频率减慢，轴承发热原因有：

①轴承缺少润滑油。应检查润滑油位及润滑液压系统工作状况。

②轴承阻涩。应清洗轴承、检查注油系统或更换密封元件。

③加入的润滑油牌号不对。此时，应清洗再加入适当的润滑油。

④轴承损坏或安装不良、密封圈被卡住。在这种情况下，应更换轴承，调整密封套达到正常的间隙。

(3)筛机在工作时发出敲击声的原因与排除

筛机在工作时发出敲击声的原因有：

①轴承损坏。

②筛网拉得不紧或筛面固定得不牢。

③轴承固定螺栓松动。

④减振弹簧断裂或损坏。

检查出敲击声的原因后，对于损坏零部件给予更换，对于松动件要紧固，并检查防松措施，消除故障。

3. 带式输送机

(1)胶带跑偏的调整

胶带跑偏是带式输送机经常遇到的问题，对于托辊槽角为 30°的输送带跑偏的原因及处理方法如下：

①整条输送带安装中心线不直。

②胶带本身弯曲不直或接头不直。排除方法是将胶带修直或在接头处切正、切齐重新胶合。

③滚筒中心线同胶带机架中心线不垂直。这种情况主要是机架安装不正引起的，必须重新组装机架。装配时，应保证驱动滚筒与改向滚筒轴线间的平行度。

调整胶带在滚筒上的跑偏也可以改变滚筒轴承座的位置，调整方法是：哪边跑偏就收紧那边的轴承座，这样使胶带跑偏的那边拉力加大，向拉力小的一边移动。

④托辊组轴线同输送带中心线不垂直。调整方法是输送带往哪边跑偏，就把那边托辊向输送带前进方向移动，一般移动几个托辊组就能能纠正过来。

⑤滚筒不水平。如果滚筒安装超差，应停机调平；如果滚筒制造外径不一致，则需重新加工滚筒外圆。

⑥滚筒表面黏结物料。滚筒表面黏附物料，可使滚筒变成圆锥体，则胶带就会跑偏。特别是输送湿度大的污砟时，如果输送带尾部密封不良时，污土容易落入空载的胶带而黏结于滚筒上。因此，必须经常检查清扫器工作情况，必要时人工清扫。

⑦输送带一加负载就跑偏。这种情况一般由于投料点不在输送带中间，应改动投料处挡板的位置。

⑧机架两侧高低不平使输送带不水平，运行时输送带向负荷轻的一边移动，导致跑偏。此时，应校正机架或将托辊组加垫调平。

⑨输送带无载时发生空车跑偏，而加载后得到纠正。这种现象一般是初张力过大，应进行适当的调整。

(2)带式输送机零部件故障与排除

①胶带。胶带常见故障是撕裂。撕裂后应及时修复或更换。胶带接头采取硫化黏接,不允许打卡子。

②对带有胶面驱动滚筒。当胶面脱落松动后会产生打滑现象,必须更换。

③对带橡胶圈式缓冲的托辊。当托辊橡胶圈脱落松动后会产生打滑现象,必须修复或更换。

④托辊。应保持各种托辊每个都转动灵活,托辊的轴承损坏、密封破坏时,都应及时更换或修复。

⑤拉紧装置。带式输送机采用螺旋式拉紧装置,应经常检查加注润滑脂,防止锈死起不到调整作用。

⑥清扫器。清扫器刮板调整应适度,过紧会造成胶带严重磨损;过松与胶带不能紧密接触,起不到清扫作用。刮板尖要平直并修成锐角,以防止对胶带表面的刮伤。

(3)回转污土输送带前支架液压支撑系统故障与排除

回转污土输送带前支架靠液压系统的油缸支撑到工作状态,伸向机器前方。此时,油缸管路在液压锁的控制下闭锁。如果液压锁失控,即磨损后漏泄,则回转污土输送带在工作中会产生前支架的低头现象,这是不允许的。处理方法是维修或更换液压锁,保证回转污土输送带可靠地工作。

4.起拨道装置

起拨道装置要承受巨大的起道力与拨道力。因此,它的主要故障是由机架变形引起的卡滞、焊缝开裂及夹持滚轮、拨道滚轮的磨损与破坏。

(1)机架的故障与排除

起拨道装置在作业前和维护中应检查各个动作的运动情况,其中有:

①起道油缸上下动作时,机架与支架间运动情况及结构件的焊接情况。

②拨道油缸左右运动时,中心架与导梁之间运动情况及结构件的连接情况。

③夹钳装置的上下调整、夹持动作及滚轮自由转动的情况。

④后拨道装置气缸升降时,机构运动情况和保险机构的运动情况。

检查时,要求各部分动作灵活、平顺;机架、支架的结构件无明显变形,相互运动时无卡滞现象:机架等构件无裂纹;滚轮转动自由,滚轮表面无裂纹、无损伤剥落;整个起、拨道装置无漏泄。检查中发现问题应及时处理,消除其事故隐患后再行作业。

(2)滚轮的故障与排除

起道夹持滚轮和拨道滚轮在作业时,直接与钢轨接触。它们在滚动中传递提升力或拨道力,滚轮表面受力复杂。滚轮除正常磨损外,还可能产生局部损伤,甚至崩裂剥落。

检查滚轮表面与轮缘不应有明显缺陷;滚轮转动自由;轴承密封处无漏泄现象。发现问题要及时处理,更换破损滚轮、轴承、油封等,维修后按规定加注润滑油。

(3)限位、锁定及保险机构的故障与排除

限位、锁定及保险机构是保障机器作业和行车安全的重要机构。要防止和杜绝事故决不能忽视它们的作用。对限位、锁定及保险机构,在作业前后必须按操作规程严格执行。平时应检查其运动部分的灵活程度及机构的可靠程度,有故障时立即排除。

5.电气系统常见故障与排除

(1)蓄电池

蓄电池在使用中常见的故障有外部故障和内部故障。外部故障包括容器或盖子产生裂纹、封口胶破裂、接线松脱、接触不良和电桩腐蚀等,需要加强日常检查保养及时给予修复;内部故障包括极板硫化，极板活性物质脱落，自行放电和极板短路等，应对极板进行除硫处理，更换极板，或更换电解液。

装在车中的蓄电池，常有蓄电不足现象，该故障主要是由于蓄电池使用时间过长，蓄电池容量变小，需要更换。除蓄电池本身故障外，还常有发电机故障、充电线路接头松动、锈蚀或电池搭铁线接触不良、电桩接头松动、用电线路中有搭铁处过度漏电等原因，使蓄电池蓄电不足。应检查到故障所在，并进行修复。

(2)二极管

①二极管击穿

并联在线圈上的二极管击穿后，会形成较大的短路电流。在每条分支电路上都有自动开关和熔断器，会引起自动开关跳闸和熔断器的熔丝烧断。这时除了检查有无电线与车架搭铁现象外，还需要用万用表电阻 R×100 挡检查一下二极管的正反向电阻(断开线圈的接点)。正常值为正向电阻在几百欧左右，越小越好；反向电阻在几十千欧以上，越大越好。如果测出的正反向电阻值都很小或都很大，说明二极管损坏，应更换。

②二极管内部断路

并联在线圈上的二极管在内部断路后，故障现象不十分明显。如果某个继电器断电时，触点火花比较大，而且触点使用寿命明显缩短，除了检查线圈和线路短路故障外，也可对二极管进行检查。对于串联电路的二极管在内部断路后，故障十分明显，会使某一电路断电，这时除了检查电线断路故障外，可对二极管进行检查。

(3)继电器

①继电器不动作

直流电磁继电器和直流电磁阀通电后不动作，有以下原因：线圈引出线接触不良；线圈断线和衔铁卡住。当开关闭合后，继电器或电磁阀不动作，这时可用万用表直流 50 V 电压挡测量线圈出线两端。如果有直流 24 V 电压，则可判断是线圈故障。这时，可停车或在确保其他设备安全的情况下不停车，将继电器或电磁阀线圈脱离电源，用万用表电阻 R×1 挡检查线圈是否断路。

②继电器触点和线路故障

清筛机上所用的继电器数量比较多，这些继电器的触点在使用中会出现故障；同时，为了便于操作和监控，在每个司机室内都设立了各种开关和显示电路，敷设了大量的电线，这些电线在长期的使用中也会出现断线、断路等故障。对于这些问题，都可以通过电位法来排除故障。电位法是在清筛机线路通电的情况下，对故障进行查找的一种方法。

6.液压系统常见故障与排除

(1)液压泵噪声大、温升过高

①空气进入液压泵引起噪声，应检查系统密封情况，排除空气。

②液压泵零件磨损和松动引起噪声，此时需对液压泵检修修理。

③油液质量差，污染严重，黏度过高或过低，都会使油温升高。应经常检查油液的质量，选用合乎要求的液压油。

④泄油管压扁或堵塞，引起液压泵温升过高，应更换泄油管。

⑤外界环境温度高，液压泵的温升也高。

(2)液压马达回转无力或速度低

①液压泵出口压力过低，造成液压马达回转无力。应检查溢流阀或液压泵本身是否出现故障，并有针对性地加以排除。

②液压泵供油量不足，会引起液压马达输入功率不足，因而输出转矩较小。这时，应检查液压泵和供油情况，找出原因加以排除。

(3)油缸动作过快或过慢

①液压系统中有空气。

②控制油缸动作的节流阀失效，需更换或维修。

(4)溢流阀故障

①压力不稳定，压力过高或过低等

a. 调压手轮的锁紧螺母松动，使得压力出现变化，调完压力后需锁紧螺母。

b. 锥阀与阀座接触不良。

c. 油液不清洁，阻尼孔堵塞，这时需要拆开清洗，并检查油质，必要时更换油液。

②溢流阀振动或噪声过大

在高压大流量时，溢流阀振动和噪声更大，有时会发出刺耳的叫声。引起该故障的原因和排除方法有：

a. 阀芯、阀体与孔配合间隙过大或几何形状误差太大，引起泄漏。

b. 压力弹簧变形，刚度变小，这时应更换弹簧。

c. 锁紧螺母松动。压力调节后，要拧紧螺栓。

d. 回油回路有空气或回油管路不通畅。

(5)换向阀阀芯不动作或动作不到位

①滑阀卡住，由于滑阀与阀体配合间隙过小，阀芯在孔中容易卡住不能动作或动作不灵。这时应检查间隙情况，研磨或更换阀芯。

②阀芯(或阀体)碰伤，油液被污染。

③电磁铁故障：

a. 直流电磁铁，因滑阀卡住，铁芯吸不到底而烧毁。这时要清除卡住故障，更换电磁铁。

b. 漏磁、吸力不足。查出漏磁原因，更换电磁铁。

c. 弹簧折断、漏装、太软，都不能使滑阀恢复中位，而引起不换向故障。

d. 电磁换向阀的推杆磨损后长度不够或行程不对，使换向不灵或不到位。解决办法是加以修复或更换推杆。

(6)液压系统油温过高

①油箱中液面太低，油液循环太快。

②冷却器表面脏污，造成散热不良，冷却能力下降。

7. 制动系统常见故障与排除

(1)减压后不起制动作用

①列车管减压后，制动缸达不到规定压力，甚至不出闸。

其主要原因是制动机系统未充满风。因为初充风或紧急制动后的缓解再充风约需1 min；而常用全制动后的缓解再充风约需 20 s。在检查制动系统是否充满风时，可将自动制动阀手柄置于运转位，如果列车管压力立即下降，则表明制动系统未充满风。

②自动制动阀操纵时，制动缸压力难以控制。

制动缸的升压滞后于列车管的减压。当制动缸压力达到要求值时，再用自动制动阀保压是一种错误的操纵。因为列车管已经过量减压，制动缸的最终压力将超过要求值。正确的操纵方法是，当列车管减压量达到要求值时，自动制动阀就予以保压，制动缸滞后一段时间后，就会达到规定的压力。

③紧急制动后,列车管充不上风

a. 紧急放风阀中的放风阀没有复位。因为列车管压力空气排尽后,放风阀要滞后 30～40 s才能复位,应待放风阀关闭后再充风。

b. 紧急放风阀中放风阀下方的柱塞阀传递杆发卡,致使柱塞阀不能复位,中继阀遮断阀管的总风不能排入大气,使中继阀的总风源仍被切断,无法向列车管充风。发生此故障时,应修理传递杆。

(2)制动后不缓解或缓解不良

①列车管减压后,用自动制动阀充风缓解,制动缸不缓解或缓解不到零

产生这一现象的主要原因是作用管有压力空气。因为梭阀的切换作用,使分配阀均衡活塞下侧的压力空气无法排出或排不尽。处理方法如下:

a. 下压自动制动阀手柄,实施单独缓解,排出均衡活塞下侧的压力空气。

b. 将单独制动阀手柄置缓解位,随时排出不管任何原因积存在作用管内的压力空气。

c. 清洗梭阀阀体,清除锈蚀。

②附挂回送时,制动后缓解不良

产生这一现象的原因是长时间的制动保压或梭阀阀体锈蚀,使容积室的一部分压力空气经梭阀泄漏到作用管,致使缓解不良。处理方法如下:

a. 装上单独制动阀手柄并置缓解位,使作用管不能积存压力空气。

b. 清洗梭阀阀体并清除锈蚀。

(3)自动制动阀控制失灵

①在多机重联作业编组换向操纵时,自动制动阀有时产生控制失灵的现象;其原因是被牵引作业车中继阀的列车管截断塞门没有关闭,由于中继阀的非正常动作影响了操纵端自动制动阀的正常操纵,致使全列车列车管的压力控制失灵。在操纵前,务必关闭被牵引作业车中继阀的列车管截断塞门。

②自动制动阀操纵时,均衡风缸不保压。这是因为空气制动阀作用柱塞泄漏,致使均衡风缸不保压。应更换作用柱塞的 O 形橡胶密封圈。

(4)调压阀排风不止

调压阀排风口排风不止,是因为溢流阀泄漏或进风阀口被脏物所垫,造成调压阀膜板室过压而顶开溢流阀。发生此故障时,应研磨溢流阀的金属阀口和清洗进风阀口。

(5)中继阀排风不止

中继阀排风口排风不止,是因为中继阀阀口被脏物所垫、阀口缺损或阀的挡圈折断。应清洗排风阀或更换排风阀的相应部件。

(6)分配阀故障

①分配阀不保压,制动缸的压力上升。这是因为节制阀或滑阀漏泄,均衡阀口的缺损或被脏物所垫,导致此故障。应拆检上述各阀。

②分配阀不保压,制动缸的压力下降。这是因为安全阀阀口或自动制动阀用于单缓的排风阀口被脏物所垫。应研磨安全阀的阀口或清洗排风阀。

③分配阀紧急制动后,制动缸的压力过高。这是因为安全阀的调定压力不稳定。应合理选配增压阀的总风供风和安全阀进风口缩堵的孔径,使之匹配。

④分配阀保压时,排风口排风不止;其主要原因是:

a. 均衡阀口被脏物所垫或均衡阀的橡胶阀面不平整，致使总风向制动缸漏泄，过量的制动缸压力空气由制动缸排气口排出。

b. 作用管管系漏泄，使制动缸压力随之下降。

发生上述故障时，根据故障处所不同，应清洗均衡阀口，用细砂纸磨平均衡阀的橡胶阀面或处理作用管的漏泄处。

QS-650 型清筛机常见故障处理微课见右侧二维码。

QS-650 型清筛机常见故障处理

项目小结

本项目包括认识清筛机保养及要求、发动机故障处理、传动系统故障处理、工作装置故障处理四个任务。

日常检查保养中，主要介绍了发动机、动力传动系统、液压系统、制动系统、电气系统和操作装置、工作装置、气动系统、车架结构等装置的日常保养内容与相关条例。定期保养主要讲述了三个级别的检查保养内容与相关条例。针对性保养，主要讲述了临时停放，工地转移，长期封存，磨合期保养的内容等。

发动机故障处理任务中从发动机启机困难，启动电动机故障，发动机温度过高，发动机机油油耗高等典型故障进行了介绍。

传动系统故障处理主要内容是：主离合器、万向传动装置、齿轮传动箱等装置的常见故障处理。

最后介绍了挖掘装置、振动筛、带式输送机、起拨道装置常见故障处理。

复习思考题

1. QS-650 型清筛机发动机工作前日常检查保养内容有哪些？
2. QS-650 型清筛机工作装置日常检查保养内容有哪些？
3. QS-650 型清筛机液压系统定期检查保养的一级检查保养内容有哪些？
4. 针对性保养中磨合期的保养内容有哪些？
5. 柴油机发动机启动困难故障如何排除？
6. 动力传动系统主离合器打滑怎样处理？
7. 挖掘装置磨损与异常响声故障处理有哪些？
8. 起拨道装置滚轮故障排除有哪些？
9. 输送带跑偏如何调整？
10. 振动筛有哪些常见故障，如何排除？
11. 起拨道装置有哪些常见故障，如何排除？
12. 发电机有哪些常见故障，如何排除？
13. 二极管有哪些常见故障，如何排除？
14. 液压系统有哪些常见故障，如何排除？
15. 制动系统有哪些常见故障，如何排除？

参 考 文 献

[1]寇长青,宋慧京. 全断面枕底清筛机[M]. 北京:中国铁道出版社,1998.

[2]钟声标,毛必显,卢光灿. 全断面道砟清筛机[M]. 北京:中国铁道出版社,2008.

[3]中国铁路总公司. 大型养路机械使用管理规则[M]. 北京:中国铁道出版社,2015.

[4]张永革. 铁路大型清筛设备及运用[M]. 北京:人民交通出版社,2016.